中国循环经济政策与法制发展报告

（2015）

总主编　李玉基

本卷主编　俞金香

中国社会科学出版社

图书在版编目(CIP)数据

中国循环经济政策与法制发展报告.2015 / 李玉基主编;俞金香分册主编.—北京:中国社会科学出版社,2016.3
ISBN 978 – 7 – 5161 – 6076 – 3

Ⅰ.①中… Ⅱ.①李…②俞… Ⅲ.①自然资源 – 资源经济学 – 法律 – 研究报告 – 中国 – 2015 Ⅳ.①D922.604

中国版本图书馆 CIP 数据核字(2015)第 226091 号

出 版 人	赵剑英
责任编辑	梁剑琴 许 琳
责任校对	王佳玉
责任印制	何 艳
出　　版	中国社会科学出版社
社　　址	北京鼓楼西大街甲 158 号
邮　　编	100720
网　　址	http://www.csspw.cn
发 行 部	010 – 84083685
门 市 部	010 – 84029450
经　　销	新华书店及其他书店
印刷装订	北京市兴怀印刷厂
版　　次	2016 年 3 月第 1 版
印　　次	2016 年 3 月第 1 次印刷
开　　本	710×1000　1/16
印　　张	22
插　　页	2
字　　数	372 千字
定　　价	90.00 元

凡购买中国社会科学出版社图书,如有质量问题请与本社营销中心联系调换
电话:010 – 84083683
版权所有　侵权必究

目 录

总报告

第一篇 中国循环经济发展法制化的有利条件 …………………… (3)

第一章 循环经济的概念和特征 ………………………………… (3)
 第一节 循环经济的概念 ………………………………………… (3)
 第二节 循环经济的特征 ………………………………………… (6)

第二章 中国循环经济发展法制化的有利条件 ………………… (11)
 第一节 中国循环经济实践成为立法规范内容的源泉 ………… (11)
 第二节 加强循环经济法制建设已成为国家共识 ……………… (22)
 第三节 有关循环经济法制的研究为循环经济法制化提供了
    理论基础 ……………………………………………… (24)
 第四节 国际有关循环经济的立法为我们提供了经验与借鉴 … (27)
 第五节 民众循环经济意识的逐步提高是中国循环经济法制
    化的社会基础 ………………………………………… (36)

第二篇 政策篇 ………………………………………………………… (38)

第一章 中国循环经济政策发展历程 …………………………… (38)
 第一节 中国循环经济政策的发展历程 ………………………… (38)
 第二节 中国促进循环经济发展的政策动向 …………………… (41)

第二章 中国循环经济发展政策体系 …………………………… (44)
 第一节 循环经济发展政策体系的基本要求 …………………… (44)
 第二节 中国促进循环经济发展的政策构成 …………………… (45)

第三章 中国循环经济发展政策的局限性 ……………………… (62)
 第一节 循环经济发展政策不完善 ……………………………… (62)
 第二节 循环经济发展政策的效果有限 ………………………… (63)

第三节　循环经济发展政策缺乏重要机制 …………………… (64)
　　第四节　对循环经济的资金支持政策回应不足 ………………… (65)
　　第五节　循环经济文化体系建设缺乏政策支撑 ………………… (66)
第四章　中国循环经济发展政策局限性之克服 …………………… (67)
　　第一节　政府主导循环经济政策的制定 ………………………… (67)
　　第二节　循环经济激励政策的完善 ……………………………… (68)
　　第三节　循环经济管理政策的完善 ……………………………… (73)
　　第四节　循环经济技术政策的构建 ……………………………… (74)
　　第五节　循环经济区域联动合作框架的构建 …………………… (76)
　　第六节　循环经济文化和环境意识的社会倡导 ………………… (76)

第三篇　法制篇 ………………………………………………………… (77)

第一章　中国循环经济法制发展历程 ……………………………… (77)
　　第一节　《循环经济促进法》颁布前 …………………………… (77)
　　第二节　《循环经济促进法》颁布后 …………………………… (84)
第二章　中国循环经济法制体系 …………………………………… (87)
　　第一节　宪法 ……………………………………………………… (87)
　　第二节　循环经济促进法 ………………………………………… (88)
　　第三节　环保和能源法律制度 …………………………………… (89)
　　第四节　行政法规和部门规章 …………………………………… (91)
　　第五节　地方性法规和规章 ……………………………………… (91)
　　第六节　其他规范性文件 ………………………………………… (92)
第三章　中国循环经济法制局限性 ………………………………… (94)
　　第一节　循环经济发展迟缓是制约循环经济法制发展的
　　　　　　根源 ……………………………………………………… (94)
　　第二节　法制理念滞后且未真正确立循环经济理念的主导
　　　　　　地位 ……………………………………………………… (95)
　　第三节　循环经济立法质量有待提高 …………………………… (96)
第四章　中国循环经济法制局限性之克服 ………………………… (101)
　　第一节　大力发展循环经济，推动循环经济法制完善 ………… (101)
　　第二节　全面确立"全过程治理"的循环经济立法
　　　　　　理念 ……………………………………………………… (102)
　　第三节　构建完善的循环经济法制体系 ………………………… (103)

分报告一

第一篇 中国工业循环经济政策法制建设现状及评价 ……………… （109）

第一章 中国工业循环经济政策法制建设现状 ……………………… （109）
第一节 中国工业循环经济政策现状 …………………………… （109）
第二节 中国工业循环经济法制现状 …………………………… （115）

第二章 中国工业循环经济政策法制建设评价 ……………………… （119）
第一节 中国工业循环经济政策法制建设取得的成就 ………… （119）
第二节 中国工业循环经济政策法制建设存在的问题 ………… （124）

第二篇 中国农业循环经济政策法制建设现状及评价 ……………… （131）

第一章 中国农业循环经济政策法制建设现状 ……………………… （131）
第一节 农业循环经济之现行政策体系 ………………………… （133）
第二节 农业循环经济之现行法律体系 ………………………… （144）

第二章 中国农业循环经济政策法制建设评价 ……………………… （154）
第一节 中国农业循环经济政策法制建设取得的成就 ………… （154）
第二节 中国农业循环经济政策法制建设存在的问题 ………… （158）

第三篇 中国服务业循环经济政策法制建设现状及评价 …………… （163）

第一章 中国服务业循环经济政策法制建设现状 …………………… （164）
第一节 中国循环型餐饮住宿业政策法制建设现状 …………… （164）
第二节 中国循环型旅游业政策法制建设现状 ………………… （170）
第三节 中国循环型通信服务业政策法制建设现状 …………… （172）
第四节 中国循环型零售批发业政策法制建设现状 …………… （173）
第五节 中国循环型物流业政策法制建设现状 ………………… （174）

第二章 中国服务业循环经济政策法制建设评价 …………………… （176）
第一节 中国服务业循环经济政策法制存在的问题 …………… （176）
第二节 中国服务业循环经济政策法制不足的原因 …………… （178）
第三节 完善中国服务业循环经济政策法制的对策 …………… （179）

第四篇　中国循环型社会政策法制建设现状及评价 (183)

第一章　中国循环型社会法制建设的现状及评价 (183)
第一节　中国循环型社会法制建设的现状 (183)
第二节　中国循环型社会法制建设的评价 (186)

第二章　中国循环型社会政策建设现状及评价 (190)
第一节　中国循环型社会政策建设的现状 (190)
第二节　中国循环型社会政策建设的评价 (200)

分报告二

第一篇　专论篇 (207)

＊中国循环经济制度和政策评论 (207)
第一节　现代循环经济及其制度的本质 (207)
第二节　循环经济制度与政策评价的基本思路 (211)
第三节　过去10年中国发展循环经济的制度与政策 (212)
第四节　循环经济的制度与主要相关政策执行情况评价 (219)
第五节　经济新常态下发展循环经济的法律法规和政策需求与建议 (231)

第二篇　争鸣篇 (245)

第一章　循环经济的基本认识之争 (245)
第一节　循环经济的本质之争 (245)
第二节　循环经济的性质之争 (250)

第二章　循环经济立法必要性之争 (256)
第一节　现阶段无制定循环经济基本法的必要性与可能性 (256)
第二节　宜适时开展循环经济一般性立法 (258)
第三节　宜立即开展循环经济一般性立法 (259)
第四节　本书简评 (262)

第三章　循环经济法的立法模式与法律属性之争 (265)
第一节　循环经济法的立法模式之争 (265)

第二节　循环经济法的法律属性之争："促进法"还是
　　　　　　"强行法" …………………………………………… (268)
　　第三节　学界对《循环经济促进法》实施现状的评价 ………… (270)
　　第四节　本书简评 ……………………………………………… (272)
第四章　循环经济法与相关法律的关系之争 ……………………… (274)
　　第一节　《循环经济促进法》与相关法律协调并行 …………… (274)
　　第二节　《循环经济促进法》可以吸收相关立法 ……………… (277)
　　第三节　《循环经济促进法》与相关法律的冲突难以调和 …… (278)
　　第四节　本书简评 ……………………………………………… (280)
第五章　循环经济法的部门法定位之争 …………………………… (281)
　　第一节　循环经济法属于环境保护法的范畴 ………………… (281)
　　第二节　循环经济法属于经济法的范畴 ……………………… (283)
　　第三节　循环经济法具有综合法性质 ………………………… (285)
　　第四节　循环经济法是一个独立的法律部门 ………………… (287)
　　第五节　本书简评 ……………………………………………… (288)

第三篇　专项立法篇 …………………………………………………… (289)

第一章　中国再生资源循环利用法制建设及其评价 ……………… (289)
　　第一节　概述 …………………………………………………… (289)
　　第二节　中国再生资源循环利用的法制现状 ………………… (290)
　　第三节　中国再生资源回收利用法制的问题和建议 ………… (298)
第二章　中国废旧金属循环利用法制建设及其评价 ……………… (299)
　　第一节　概述 …………………………………………………… (299)
　　第二节　中国废旧金属循环利用法制的发展历程 …………… (299)
　　第三节　中国废旧金属循环利用法制的不足 ………………… (303)
第三章　中国废旧橡胶循环利用法制建设及其评价 ……………… (305)
　　第一节　废旧橡胶产品循环利用法制概述 …………………… (305)
　　第二节　中国橡胶产品循环利用法制评价与未来的工作 …… (308)
第四章　中国城市典型废弃物循环利用法制建设及其评价 ……… (313)
　　第一节　中国城市典型废弃物循环利用法制概述 …………… (313)

第二节　中国城市典型废弃物循环利用法制评价与未来的工作 ……………………………………………………………（317）

附　录

附录一　中央层面有关循环经济法制建设的重要讲话及文件选摘 ………………………………………………………（325）
附录二　中央出台的循环经济相关法律法规与政策 …………（335）
附录三　甘肃省循环经济与可持续发展法制研究中心简介 …（341）
附录四　甘肃省循环经济与可持续发展法制研究中心 2014 年重大工作事项 ………………………………………………（343）
后记 ……………………………………………………………（345）

总报告

第一篇　中国循环经济发展法制化的有利条件

目前中国人均GDP已经超过1000美元，开始向中低收入国家迈进。国际经验表明，从低收入国家步入中低收入国家行列的阶段对任何国家的成长来说都是极为重要的。这个阶段，随着经济快速增长和人口不断增加，水、土地、能源、矿产等资源日渐不足的问题越来越突出，生态建设和环境保护的整体形势也日益严峻。面对这种情况，按照科学发展观的要求，大力发展循环经济就显得尤为重要和迫切。

循环经济作为按照自然生态物质循环方式运行、以资源节约和循环利用为特征促进资源永续利用的经济模式，为工业化以来的传统经济转向经济的可持续发展提供了战略性的理论范式，从根本上消解了环境与发展之间的冲突与矛盾，是保障中国在可持续发展基础上最终实现现代化的必由之路。它与中国提出的全面建设小康社会的环境保护和可持续发展目标，即"可持续发展能力不断增强，生态环境得到改善，资源利用效率显著提高，促进人与自然的和谐，推动整个社会走上生产发展、生活富裕、生态良好的文明发展道路"具有一致性。

第一章　循环经济的概念和特征

第一节　循环经济的概念

一　早期的循环经济概念

20世纪60年代环境保护思潮兴起之时，美国经济学家K.鲍尔丁最早提出了"经济循环"一词。作为研究循环经济的早期代表,鲍尔丁在他的理论中将地球比喻成一艘在太空中依靠不断消耗自身能源而生存的宇宙飞船,如果人类不加节制地开发资源,利用环境,破坏生态,总有一天地球会如宇宙飞船一般油尽灯枯,走向灭亡。这就是著名的"宇宙飞船"理论。这一理论的灵感源于当时的阿波罗登月计划中宇航员的"物质循环生存方式"。这一理论提醒人类应当摒弃传统的线性"单向经济",服从于生态反馈性的"循环经济"。但上述理论在当时并未得到人们的足够重视,直至1992年联合国环境与发展大会,随着"可持续发展"这一理念的提出,循环经济概念才受到广泛关注。受到可持续发展这一理念的影响,早期的循环经济被定义为:在社会经济发展系统中,统筹环境与资源利用,依靠"生态循环"方式控制物质流和能量流的流程和流向,达到资源消耗的减量化,废弃物无害化和再资源化,以实现经济发展的可持续化。

二 生态学角度的循环经济概念

循环经济理论是以生态经济学理论为基础的。生态经济学是以生态学原理为基础,经济学原理为主导,以人类经济活动为中心,运用系统工程方法研究生态和经济的结合,从整体上研究生态系统和生产力系统的相互影响、相互制约和相互作用,揭示自然和社会之间的本质联系和规律,改变生产和消费方式,高效合理利用一切可用资源。[①] 而物质循环就是生态经济的一项基本功能。因此,循环经济本质上是一种生态经济。循环经济的核心理念是人类社会的经济活动需要遵循生态学规律,并在生态规律的指导下实现经济活动的循环化。在此基础上,循环经济的概念为:以清洁生产技术、环境无害化技术、废弃物回收利用和再资源化技术为先导,以环境友好的方式利用自然资源,推动传统的经济流程从开环型转向循环型,通过元素代谢、工业共生、物质循环的方式,构建物质流、能量流和信息流高效耦合的生态化的产业链,实现资源消耗减量化和利用高效化,废弃物资源化和无害化,实现经济活动的生态化和循环化。[②]

在此需注意的是,循环经济与生态经济其本质具有一致性,但还是两个不同的概念。生态经济的关键词是经济与生态的协调发展和有机结合,它强调在生态规律指导之下经济运作模式的转变。而循环经济的关键词是循环,

---

[①] 许涤新主编:《生态经济学》,浙江人民出版社1987年版。
[②] 陈克杰:《企业绿色质量管理研究》,《商业研究》2010年第5期。

它强调在社会经济发展中资源的循环利用，能源的环流运行，产业的高效低耗运作。两种理论强调的是同一种经济模式，这种模式既不是以牺牲生态的平衡来保证经济增长，也不是以牺牲经济的增长来维持生态的平衡，而是协调经济与生态互助、互促的一种经济与生态共荣的经济模式。

三 经济流程角度的循环经济概念

传统的经济流程被称为 R－P－C 即开环型经济流程：资源—产品—污染物排放（Resource→Product→Cast off）。这是一种单向的线形经济流程。这种经济流程的特点是：资源的高消耗、低利用和废物的高排放。在这种经济模式之下，人类最大限度地攫取地球上的资源，并低效率对资源进行一次性利用，把产生的废弃物不加处理地排入大自然，以资源的耗损与环境的破坏来换取经济的增长。与此不同，循环经济流程被称为 R－P－R，即闭环型经济流程：资源—产品—再生资源（Resource→Product→Reuse）。此种经济是一种反馈式环形模式，其特点是：资源的低消耗、高利用以及废弃物的重复利用。它强调了对资源的"物尽其用"，人类应以与环境和谐的方式来实现经济生活对环境的最小化影响。基于此经济流程角度，循环经济可以被定义为：人类在经济活动中使自然资源得到合理、持久和优化的高效利用，遵循生态规律进行生产、消费和废物处理，最大限度地实现资源的优化配置，最小限度地影响自然环境和生态平衡。

四 中国特色循环经济的概念

20世纪90年代中期，"循环经济"这一专业术语由环保界人士引入中国。起初，中国学者在定义"循环经济"这一概念时多引入国际上的基本概念"物质闭环流动型经济"，但在随后的深入阐述中由于角度和侧重点有所不同，给出的概念也不尽相同。直至2004年9月27日，国家发展与改革委员会主任马凯同志在全国循环经济工作会议上发表的《贯彻和落实科学发展观，大力推进循环经济发展》的讲话中明确给出了循环经济的概念："循环经济是一种以资源的高效利用和循环利用为核心，以'减量化、再利用、资源化'为原则，以低消耗、低排放、高效率为基本特征，符合可持续发展理念的经济增长模式，是对'大量生产、大量消费、大量废弃'的传统增长模式的根本变革。"[①] 这一概念成为目前中国社会主要推崇的循环

---

① 马凯：《贯彻和落实科学发展观，大力推进循环经济发展》。

经济概念。

中国特色的循环经济要求以"减量化、再利用、资源化"为人类从事经济活动，进行社会经济发展的原则。"减量化"（Reduce）指减少资源的用量，以提高资源利用率的方法来达到既定生产任务，从根本上节省资源降低污染。"再利用"（Reuse）是指尽量杜绝资源的一次性使用，生产和制造可以以原形态、原功能被重复使用的产品。"资源化"（Resources）指原产品在被利用后仍可以作为一种资源进行再制造和生产，此原则也被简称为"3R"原则。这是一种引自德国的先进理论思想。此原则明确地指出了循环经济的核心、原则和基本特征，同时也体现了可持续发展的理念和统筹人与自然和谐发展的科学发展观，要求我们走"科技含量高、经济效益好、资源消耗低、环境污染少、人力资源优势得到充分发挥"的新型工业化道路。

第二节 循环经济的特征

传统的经济模式是以资源—产品—废物排放为基本流程的一种单向流动的线性模式。人类社会自进入工业革命时期以来，在传统经济模式的作用之下，以史无前例的惊人速度进行着社会的生产，并创造出巨大的社会财富，形成了以财富的原始积累为核心的价值观。在此影响之下，同时受到利益的驱使，人们将关注重心放在大规模的物质生产之上，逐渐忽视了环境与生态利益。按照传统的经济模式进行大规模地物质生产，同时也意味着大量的资源开采，但由于技术手段的限制，只能不计损耗地扩大物质与能源基数，来完成既定生产任务，以满足社会发展的需求，并将在生产、使用、消费过程中产生的废弃物不经处理、不计后果地直接排入自然环境中。

随着科技水平的提升和人类文明的发展，在急剧扩增的人口压力和日益增长的物质生活需求之下，人类开始意识到长期以来对大自然的无度索取，对资源的肆意滥用，对生态环境的无视破坏，最终面临资源匮乏、生态失衡、环境恶化等种种局面，人类自身文明的发展乃至社会生存都面临着严重威胁。传统的以牺牲生态环境为手段获得经济数量型增长的经济模式必然被一种新的经济模式所取代，即循环经济。这种新的生产力发展方式，实现了生态与经济的协调共荣，为人类社会的可持续发展开辟了新的道路。循环经济的主要特征有：

一 优化资源配置，实现资源的综合开发和高效利用，最大限度地减少资源损耗与生态环境破坏

工业革命以来，传统的经济模式促使人们高强度地大量开采自然环境中的物质和能源，并粗犷、一次性地使用这些资源，同时经过生产加工将资源变为废料排回大自然。在自然资源严重匮乏的今天，循环经济出现的目的就是保护日益枯竭的地球资源，维护生态环境的自我再生和修复，实现资源的优化配置：首先，在国民经济的各个行业以及社会的各个层面之中建立起生态产业链，在不同类型的企业和不同类别的产业中，对其所包含的工业层次进行有机整合，达到多层次重复、高效地利用资源，降低能源浪费，形成流动的物质能量环，使各行业、企业在经济循环运转过程中，更具规模地高效发展；其次，在不同产业的各项流程以及同一流程的不同层级之间建立横向共生，通过不同产业各项流程和同一流程不同层级间的能量耦合进行资源共享，实现能源的多级流动、循环、充分利用。

循环经济相较于传统经济这种高消耗、高排放、低利用的经济模式，是一种友好环境的新型经济发展模式。这种新型的经济模式除了以科学的方法来解决资源在社会生产发展中的最优化配置，同时依靠科技水平和产业制度的改革，不断提高初始资源的利用率和资源中可使用元素的单位产出量。在最先进科学技术的影响下，改进资源的开采方法，利用更合理的资源开采和元素提取手段，用尽可能少的原料，完成既定的生产任务，在源头上减少人类向自然的索取，达到资源的高效利用，实现人类经济活动对环境最小的影响。

二 实施清洁生产，从产品生产优先到服务优先，强化产品使用而并非强化物质消耗

（一）实施清洁生产

面对有限的环境资源，为在取得良好的环境和经济效益的同时，提高资源的利用率，削减污染，避免资源浪费，革新产品工艺过程、改良生产是循环经济体系中重要又关键的一步，清洁生产是循环经济生产过程的基石。1989年，联合国环境规划署在对工业生产中污染防治理论与实践的总结上，首次提出了"清洁生产"一词。该思想倡导的"将整体预防的环境战略可持续地应用于生产过程、产品和服务中，以增加生态效率和减

少人类环境的风险"①这一理念,契合了循环经济对物质生产的科学化要求。清洁生产包含了清洁的能源、清洁的生产过程、清洁的产品和尽可能清洁的排放物四项内容,是以污染预防为核心,从源头防控环境污染的手段。这种手段由单个生产者和消费者的微观层次的行为,在产业生态链中经过区域内和产业层次间的物质资源与能源的循环利用,转变为政府、企业和消费者在经济市场中的一种宏观层次的友好环境行为,从而上升为循环经济形态。同时,清洁生产也作为循环经济过程中一种生产的革新手段,以实现节约型社会为目的。

(二)从优化产品生产到优化产品服务,从强化物质消耗到强化产品使用

在传统的单向开环型经济模式中,企业以产品的快速更新换代来加速产品的大量生产以此获取更大的经济效益。而产品的过快更新必然导致产品的生命周期减短,使用时间减少,造成资源的浪费。相较于传统企业的这种不计环境资源消耗成本来获取利益的生产模式,循环经济则是一种以强化产品的使用来代替高强度的物质消耗,以一种更合理的可满足人们使用需求的高质量产品服务来更新原有的物质产品销售的科学节能模式。这种经济模式不再以实现产品交换价值的一种线性经济为重心,而是将其重心转移至以实现产品的使用价值为目的的循环经济上。从产品销售到服务销售,人们不必为了使用而购买产品,只需到出售可以满足产品使用需求的系统中,购买产品的使用服务即可。这一转变使得产品的使用周期变长,使用效率提升,避免了产品的高生产、高销售、高消耗、低寿命、低利用,优化了产品的服务质量,逐步实现工业社会向服务型社会的转型。

强化产品的使用减少资源消耗的关键在于:首先,延长产品的使用,即最大限度地使用产品的各项功能,延长产品使用周期,以减少资源浪费和废料的产生,降低资源的消耗。为达此目的,对产品的生产和使用要求有:同类型的产品要求标准化及相关产品的高兼容性设计;生产方提供高质量的产品维修和保养服务;充分使用产品的各项功能,实现其功能的层次性使用,例如,由主要功能的使用到次要功能,再到其辅助功能,再到其备用功能,进行多极化利用,不因产品某一项功能尤其是主要功能的丧失而浪费其他功能的正常使用;扩大二手市场,提倡物重其能而非物重其新。其次,资源共享、集成规模的使用产品,避免单个分散使用而造成的浪费。这就要求:提

---

① 联合国环境规划署:《关于"可持续发展"的声明》。

倡合资购买，共同使用；加大产品的多功能、多用途设计，而并非单一的强化主要功能；短暂性使用产品，为消费者提供产品的使用服务销售，并非单纯销售产品；废弃产品的回收再制造，将废弃的产品作为原料以补充资源，可降低生产成本，减少资源开采，环保节约。

三 实施废弃物回收循环利用，实现资源的综合利用和再生资源的产生，促进社会、经济、自然的协调可持续发展

循环经济利用物质资源能量的循环流动，重构经济系统，将各种可利用的废弃物回收作为原材料，发展成为再生资源输入到再生产过程中，使废弃物得到再生利用，以补充日渐短缺的环境资源。简而言之，就是人类在生产和消费过程中所产生的失去原有全部或者部分使用价值的产品，经过回收，加工使其重新获得使用价值。为了使再生资源市场发展得又好又快，在循环经济的运作过程中应当提高生产者与消费者的资源再生意识；制定各种经济政策，刺激和鼓励资源的再生和循环利用；规范资源的回收和加工，建立合理的资源再生体系；大力发展先进的科学技术，利用技术性的生产手段，加大资源的再生和利用力度，提高资源再生的产量和再生资源的质量。废物回收、资源的再生利用开启了经济系统的良性循环，进一步升华了人类的可持续发展战略，使得社会、经济、生态在平衡中稳步前进。

四 倡导新的环境友好型生活方式

循环经济倡导的是新的节约、文明、低碳的环境友好型的生活方式。这种消费模式蕴含着由简约消费观和生活质量观组成的新理念。简约消费观是一种适度消耗的消费理念，是一种崇尚绿色的消费理念，亦是一种关注循环的消费理念；要求消费文化的重新定位；要求人们亲近自然、了解自然、融于自然、保护自然；提倡人们以实际行动保护地球母亲，保护所在社区，保护子孙后代；要求人们在消费时尽量选择低（无）污染、可再生、易降解、对公共健康无危害的环保产品，避免使用和购买一次性、高能耗、低使用率的产品；在消费的同时对废物分类处理，从源头上减少对于环境的污染；反对过度消费、奢侈消费、一次性消费等传统消费观念，使人们养成适度、健康、节约、可持续的新型绿色消费观念。循环经济同时以新的生活质量观和幸福观为基础，从追求单纯的物质满足转向追求社会和精神的满足。生活质量涉及社会关系的满足、工作方式的满足和闲暇时间的满足等方面，循环经济模式要求全新的生活质量观判据的确立。

五 完成经济结构的转型，实现新的经济增长方式

在循环经济模式下，社会、经济、环境协调发展，形成一种全新的、充满生命力的经济增长方式。传统的经济模式以大量的环境资源投入为手段，以高强度、低质量的物质产品生产为目的，将资源源源不断地变为废料回归自然，来实现经济的数量型增长。长期以来企业、工厂以各自为单位孤立地进行生产，造成了社会产业系统间信息传递的闭塞，资源无法共享，使得物质能量无法在产业中顺利流通并进行多级利用，产生了一次性、线性、大消耗和高成本的经济发展结构。在资源匮乏、污染严重、生态失衡、社会发展受到钳制的今天，循环经济着眼于各产业之间的有机联系，在各产业之间建立起流动产业链，实现资源的可持续循环利用，打通了各企业之间的信息沟通渠道，共享协调资源的配置，是一种经济与环境协调共生的新型经济增长模式。这种增长模式，遵循生态系统的运行方式和规律，是社会生产从工业社会的数量型物质产品增长转变成服务社会的质量型产品服务增长。

第二章　中国循环经济发展法制化的有利条件

第一节　中国循环经济实践成为立法规范内容的源泉

一　中国循环经济发展的历程

中国的循环经济发展经历了四个主要阶段：第一个阶段是循环经济理念的萌芽和倡导阶段（20世纪末—2002年）：20世纪90年代，当时中国处于有计划的商品经济时期，众所周知，经济领域内物资匮乏，生产方式落后，资源缺乏，无论企业、居民都存有纯朴的节约再利用和再使用的意识及行动，"新三年，旧三年，缝缝补补又三年"是当时生活状态的真实写照。在机构设置上，国家并无环保部，但城市有一个"三废利用办公室"，国家物资部下有一个资源利用体系开展较低水平的资源循环利用活动。1998年成立环保局，后来成为正部级单位。20世纪90年代以后，环境污染压力逐渐增大，开始强调要管理环境问题，要进行清洁生产和废物再利用，更重要的是要尽可能安全地处置污染物，这样的理念就是我们熟悉的"末端治理"模式的出现。实践证明，"先污染、后治理"的末端治理模式是问题产生后进行处理的被动措施，其不仅治理成本高，而且不可能从源头上避免废弃物的产生。循环经济概念自1998年传入中国后，立刻引起专家学者的兴趣，并很快得到了普及。这个阶段可以说是循环经济发展的前奏阶段。第二个阶段是国家决策阶段（2003—2005年）：国家环保总局自2002年起，出于环境管理的需要开始推广循环经济发展模式，该模式首先使用于治理污水的实践，希望可以通过循环经济模式从源头上杜绝废弃物的产生，结果发现，发展循环经济治理污水的成本反而大于收益，看来环保部门无法解决这个问题，循环经济不单纯是环保问题，环保部门独立也难完成发展循环经济的大任。2004年9月，国家将发展循环经济的权限交给国家发展改革委，下设的资源节约与环境保护司专门从资源开采、价格管理进行统筹管理，此时中国的循环经济开始进入一个较快的发展期。第三个阶段是循环经济的试点示范阶段（2006—2009年）。从2009年开始，中国的循环经济就开始进入全面推进阶段。

二 中国循环经济实践成为立法规范内容的源泉

就循环经济的核心内涵而言，这是一种建立在物质不断循环利用的基础上的经济资源运行模式，是对物质闭环流动型经济的简称。循环经济不同于传统线性经济模式，其要求物质、能量的梯次和闭路循环使用，在环境方面则表现为低污染或低排放，甚至零污染或零排放。全国人大环境与资源委员会前主任委员曲格平认为："发展知识经济和循环经济成为国际社会两大趋势。"[①] 可以说，如同"知识经济"一样，"循环经济"已经融入中国主流经济概念中，将对中国未来经济发展产生深远的影响。

（一）中国循环经济实践概述

1. 企业清洁生产工作的全面推进

中国从1993年起开始推行清洁生产试点工作。2003年《清洁生产促进法》实施后，各级主管部门将实施清洁生产作为促进节能减排的重要措施，不断完善政策、加大支持、强化服务，清洁生产推行工作取得积极进展。截至2012年年底，在20多个省（自治区、直辖市）的20000多家企业开展了清洁生产审核。中央与地方制定颁布了《关于加快推行清洁生产的意见》《清洁生产审核暂行办法》等一系列推进清洁生产的政策、法规和制度，发布《工业企业清洁生产审核技术导则》《工业清洁生产评价指标体系编制通则》以及30个行业清洁生产评价指标体系等清洁生产标准，中央财政设立了清洁生产专项资金，地方工业主管部门加大节能减排资金对清洁生产的支持力度，累计安排财政专项资金16亿元，带动社会投资1200亿元，实施清洁生产技术改造项目5万多项。发布3批清洁生产技术导向目录、27个重点行业清洁生产技术推行方案；重点领域清洁生产技术研发加快，轻工、石化、建材、有色、纺织等行业成功开发出一批先进的清洁生产技术；电解锰、铅锌冶炼、电石法聚氯乙烯、氮肥、发酵等行业重大关键共性清洁生产技术产业化示范应用取得进展，为全面推广应用奠定了技术基础。清洁生产促进节能减排效果明显。钢铁、有色、化工、建材、轻工、纺织等重点工业行业的清洁生产审核有序推进，实施了一批清洁生产技术改造项目，企业资

---

① 曲格平：《发展循环经济是21世纪的大趋势》，《中国环保产业》2001年第S1期。

源能源利用效率有效提高，污染物产生量大幅削减。据统计，通过实施清洁生产，2003—2010年累计削减二氧化硫产生量93.9万吨、化学需氧量245.6万吨、氨氮5.6万吨，节能约5614万吨标准煤，为节能减排做出了重要贡献。[①] 在发展中国家，中国是国际上公认的清洁生产做得最好的国家。

2. 生态工业园区的大力建设

从1999年开始，国家环保总局在全国率先进行了推进生态工业、促进区域环境污染综合整治的理论研究和实践探索。国家生态工业示范园区建设在环境保护部、商务部、科技部的推动下，稳步、健康、有序地发展。截至2012年11月，三部委已组织专家论证通过66个国家生态工业示范园区的建设规划，其中17家已通过验收并正式得到了国家生态工业示范园区的命名。已命名和正在创建的国家生态工业示范园区已覆盖中国东中西部的21个省份。涵盖综合类、行业类和静脉产业类三类园区。目前已批准建设和通过验收的66个国家生态工业园区中，国家级经开区30家，国家高新区15家，约占总量的70%，在国家生态工业示范园区建设工作中发挥了良好的示范带头作用。

生态工业园区主要污染物化学需氧量和二氧化硫排放量在所在地区排放总量中的比重较小，以较小的环境负荷产生了显著的经济贡献。根据对已验收的17个国家生态工业示范园区建设前后的分析，在平均3—4年的建设周期内，园区平均工业增加值增长率超过50%；化学需氧量和二氧化硫排放量下降约20%和40%，远高于国家"十一五"期间化学需氧量、二氧化硫分别减排12.49%和14.29%的实际水平。同时，单位工业增加值的化学需氧量排放量、二氧化硫排放量、新鲜水用量和固废产生量平均下降幅度均超过20%，有力地支持了区域节能减排。

3. 农业循环经济模式的大力推广

从20世纪90年代起，农业部在全国批准了两批共51个生态农业示范县。2002年，农业部从全国各地实施的370种模式中选出了具有代表性的十大生态农业模式和技术体系，并正式将这十大模式作为今后一段时间农业部的重点任务加以推广。这十大典型模式和配套技术是：北方"四位一体"生态模式及配套技术；南方"猪—沼—果（菜）"生态模式及配套技术；平原农林牧复合生态模式及配套技术；草地生态恢复与持续利用生态模式及配

---

① http://www.askci.com/news/201203/02/151558_84.shtml.

套技术；生态种植模式及配套技术；生态畜牧业生产模式及配套技术；生态渔业模式及配套技术；丘陵山区小流域综合治理模式及配套技术；设施生态农业模式及配套技术；观光生态农业模式及配套技术。迄今为止，虽然仍然面临许多深入发展的困境，但这十大生态农业模式可以说是开局良好。

4. 区域循环经济发展势头良好

截至 2015 年 7 月，批准了资源型和资源匮乏型城市等涉及东、中、西部和老工业基地的 10 个省市开展循环经济试点。试点单位涉及钢铁、有色、化工等 7 个行业的 42 家企业、再生资源回收利用等 4 个领域的 17 家单位、国家和省级开发区、重化工集中地区和农业示范区等 13 个产业园区。这些省市通过引入循环经济理念，用生态链把工业与农业、生产与消费、城区与郊区、行业与行业有机结合起来，改变了传统的经济发展模式，促进了区域经济发展，推进了环境友好型社会的建设。以北京市为例，一些包装材料，如烟酒的包装纸盒，由零售商退给批发商，批发商再集中退给生产企业进行再利用；一些废旧物资被拾荒者或废旧物资收购者零散地回收之后，集中于北京郊区与河北、天津交界的地方进行分类。废金属一般进入本地的冶炼厂，旧家具往往就地或异地销售，餐饮企业的废油和屠宰厂的废动物组织在郊区被提炼再生，废纸张、塑料、废木材、废家电一般进入河北、山东等地。其中废纸张被重新制成纸浆，废塑料被重新制成塑料制品进入市场，废木材被制成大芯板、三夹板等建筑装饰材料，废旧家电和电子产品被修理或重新组装后进入经济比较落后的农村。这种跨地区的废旧物资回收、再生和循环利用的经济已经出现了网络化和规模化的格局，如河北保定是华北利用废旧木材制造大芯板的重要基地，河北文安县和雄县是华北两个废旧塑料的回收加工基地。规模化的循环经济提高了当地的就业率，改善了当地的财政状况。[①]

5. 循环经济宏观效益呈现

虽然与发达国家相比，中国循环经济实践还处于早期摸索和局部试点阶段，但累积起来的宏观经济效应已经开始显现出来。统计数字显示：以 2005 年为基期计算，2013 年中国循环经济发展指数达到 137.6，平均每年提高 4 个百分点，循环经济发展成效明显。[②] 资源消耗减量化稳步推进：2013 年中国资源消耗强度指数为 134.7，比 2005 年提高 34.7 个百分点，年均提高 3.8 个百

[①] 俞金香：《循环经济法律保障机制研究》，法律出版社 2009 年版。
[②] 数据来源于国家统计局网站 2005—2013 年循环经济发展指数。

分点。与2005年相比，5个资源消耗指标中有4个明显下降：单位GDP用水量下降49.1%，单位GDP生物质资源消耗下降37.5%，单位GDP能源消耗下降26.4%，单位GDP非金属消耗下降17.4%。废物排放减量化效果明显：2013年中国废物排放强度指数为146.5，年均提高4.9个百分点。期间，由于工业固体废物等排放大幅增长，2011年的废物排放强度指数曾比2010年下降6个百分点，但2012年和2013年已明显回升。与2005年相比，2013年单位GDP主要污染物排放量和废水排放量下降明显，其中：单位GDP工业废水化学需氧量排放量下降60.3%，单位GDP工业废水氨氮排放量下降48.6%，单位GDP工业二氧化硫排放量下降62.8%，单位GDP废水排放量下降38.5%，但单位工业增加值固体废物产生量不降反升，比2005年上升10.7%。污染物处置水平大幅提高：2013年中国污染物处置率指数为174.6，指数逐年上升，年均提高7.2个百分点，在4个分类指数中增幅最大。与2005年相比，2013年污染物处置率各项指标均明显提高，其中：城市污水处理率提高37.3个百分点，城市生活垃圾无害化处理率提高37.6个百分点，工业废水化学需氧量去除率提高19.4个百分点，工业废水氨氮去除率提高34.4个百分点，工业二氧化硫去除率提高37.5个百分点。废物回用进展相对较慢：2013年中国废物回用率指数为108.2，在4个分类指数中增幅最小。2011年以来该指数连续下降，主要是由废钢等废旧资源回用率下降引起的。从各项指标来看，与2005年相比有升有降，其中：能源回收利用率提高0.5个百分点，工业用水重复利用率提高4.4个百分点，工业固体废物综合利用率提高5.5个百分点，废铅回用率提高8.8个百分点，但废钢回用率下降6.6个百分点，废铜回用率下降8.2个百分点，废铝回用率下降0.9个百分点。

中国各项循环经济工作正在稳步推进，从试点到正式推行，从对数量的要求到对质量的要求，循环经济发展在中国方兴未艾。2015年4月，国家发展改革委经商有关部门发布《2015年循环经济推进计划》，对于当前循环经济发展的总体要求是：以资源高效循环利用为核心，着力构建循环型产业体系（工业体系、农业体系、服务业体系），推动区域和社会层面循环经济发展，以推广循环经济典型模式为抓手，提升重点领域循环经济发展水平，要大力传播循环经济理念，推行绿色生活方式，加强政策和制度供给，营造公开、公平、公正的政策和市场环境，进一步发挥循环经济在经济转型升级中的作用。

不难看出，当可持续发展战略与观念的确立成为中国走向现代化的一个重要标志，当循环经济在中国发展得蓬蓬勃勃，当国家不断加大循环经济投资，在治理污染、改善生态方面找措施、对策和技术，为循环经济成为一种现实发展做了很多的物质、思想和对策上的准备时，一方面，迫切要求加快循环经济配套法律法规的立法进程，为不断铺开的循环经济建设提供支持条件；另一方面，自上而下、快速掀起的循环经济实践，使得这一涉及面广泛的新生事物，给循环经济立法带来了新的挑战。

(二) 中国循环经济发展的特点

作为一个农业大国，中国在工业化发展道路上，仍处于低成本的原料供给阶段，且经济发展受到有限资源的束缚，面临着高能源消耗产业对环境和生态的巨大冲击。在当前发展循环经济的过程中，产业革新、技术转型、园区构建、项目绿化、意识宣传等都有着明显的中国特色，具体而言，循环经济在中国的发展有以下特点：

1. 循环经济哲学思潮早已形成

中国古代，虽无"循环经济"一词，但通过实践已经对早期的自然循环经济有了一定程度的认识。古代先哲在对于人、自然、社会、资源的有关哲学问题的思考与辨析中，构建了一种与现代以循环经济为发展趋势的生态哲学不谋而合的思想体系。

(1) 天人合一

"天"字在中国封建社会中被赋予了多层含义，它并非单指自然界中的天，也用来形容自然界中作用于人类社会生产、生活的客观规律，当然也被封建统治者抽象为一种神圣不可侵犯的权威力量用于封建道德的教化。"天人合一"在理论上并非仅指现代生态学中所提及的生态平衡，也用于社会教化，协调人际。但是，尽管如此，不可否认"天""人"和谐共处，是各学派先哲们的共同价值取向。

《周易》中写到"天尊地卑，乾坤定矣"[①]，此种理念主张人为天地所生成，天地为人之父母，彰显二者和谐互融的伦理纲常关系。其所蕴含的"天人合一"思想迎合了人与自然和谐共处的哲学理念；《礼记》中提到"唯天地至诚，故能尽其性，能尽其性，则能尽人之性，能尽人之性，则能尽物之性，能尽物之性，则可以赞天地之化育，能赞天地之化育，则可以与天地参矣"[②]。此中所包含的物尽其用的哲学理念也符合了循环经济的理论思想。后期儒家学说的代表朱熹认为"天地以生物为心，天包着地，别无所为，只是生物而

---

① 《易经·系辞上》第一章。
② 《礼记·中庸》第二十二章。

已,亘古至今,生生不息,人物则得此生物之心以为心"①。儒家学说认为"天人合一"之"一"为其代表思想"仁"之意,朱熹译之为"生生"。其认为,人因受道德教化而境界高于世间万物,应当以呵护礼教的方式对待自然;庄子曰"天地与我并生,而万物与我为一"②,"人与天一也"③,道家思想遵循着人即使因其道德理性而有别于世间之物,但也只是万物之中的一类而已,人应当理性地认清自我在自然中的位置,天人皆源于自然,始于万物,应当遵循自然规律,遵守自然法则,人与自然和谐共生。

(2) 人与自然关系

儒家学说以"仁"为主要思想,主张"仁"是道德的核心。在以"仁"为道德化标准的封建礼教影响下,作为道德的主体——人被认为与自然界的其他存在物有着等级上的差别,正是这种差别决定了世间万物必须优先满足人对其的需求,但在以"仁"为主的思想教化下,人类又被要求应当遵循自然规律,不得随意破坏生态环境,任意索取。例如曾子言:"树以时伐焉木,禽兽以时杀焉。"子曰:"开蛰不杀当天道也,方长不折则恕也,恕当仁也。"④ 这些话强调树木按特定时节砍伐,禽兽也应按时节诛杀,不得随意杀生。《月令》中言"孟春之月,禁止伐木,毋履巢,毋杀孩虫胎天飞鸟,毋麑,毋卵,毋聚大众,毋置城郭,掩骼埋胔。是月也,不可以称兵,称兵必天殃,兵戎不起,不可从我始。仲春之月,毋竭川泽,毋漉陂池,毋焚山林……"⑤ 这些话就要求人们要以生物繁衍生息的节气,按度索取,才能维护物种和数量,保证自然界对人类需求的供给,经久不衰,这也是现代循环经济中可持续思想的体现。

(3) 带有循环经济色彩的传统消费理念——节用

古代诸家学说虽出发角度各有不同,但无一不主张"节用"为社会的主要消费观念。节用即节俭,节约自古以来作为传统的消费观念,在物欲横流的今天对社会的可持续发展、俭省资源而言是重要的理论源泉。儒家思想认为"俭"在经济内涵上是一种经济节流思想,是补充经济发展的可行之道;在政治内涵上"俭"所创造的社会剩余财富用来维持严格等级上的封建礼制。道家思想主张人应节欲。相对于有限的物质资源和社会财富而言人

---

① 《朱子语类》卷六。
② 《庄子齐物论》。
③ 《庄子·山木》。
④ 《大戴礼记卫将军文子》。
⑤ 《礼记·月令》。

的欲望是无限的。人类应当克制除维持生存以外的种种欲望和需求。老子言："我有三宝，持而保之。一曰慈，二曰俭，三曰不敢为天下先。慈，故能勇；俭，故能广；不敢为天下先，故能成器长。今舍慈且勇，舍俭且广，舍后且先，死矣！"① 这种"宝俭"的思想认为社会财富的产生不是依靠生产发展所带来的财富积累，而是应该依靠消费限制所形成的财富结余，"俭"为生财之道，故不可舍俭而求"广"。

生产力低下的古代社会，用来缓解人们需求与物质资源不足之间矛盾的节用思想，对于现今社会人们物欲膨胀、资源紧缺这一窘境，仍然是保护资源，解决资源枯竭，平衡人类与环境关系的有效途径。

(4) 利用物质循环发展农业

《易经》中云"地力常新"，意思是土地越种越肥，是古人对循环经济的实践代表之一。《知本提纲》中提到"土宜者，气脉不一，美恶不同，随土用粪，如因病下药"。这句话讲的是在中国古代，古人以人畜的粪便等可以利用的一切废料作为再生资源用于农业生产。而人畜的粪便在用于农耕时应讲究根据土质的不同，所用的肥料不同，应当因地施肥。在中国南方地区，在此基础之上更是利用猪粪产生沼气，形成了"猪—沼—果"的生态农业模式。与此类似，唐代在珠江三角洲地区出现了"桑基鱼塘"；明末清初在浙江地区出现了"农—桑—鱼—畜"的生态农田，这皆为古人利用物质循环的理念变废为宝发展生态农业，开创自然循环经济的范例。

2. 在缓慢发展中排除困难，曲折前进

中国作为一个人口众多的资源大国，人均资源占有量远低于世界水平。同时中国是一个在经济上后崛起的国家，在发展的同时面临着全球资源已被发达国家瓜分殆尽的局面，所以中国不可能重复传统工业大国先发展后治理的老路。但是在边发展边治理的道路上，循环经济在中国的推行确实受到诸多因素的制约：

(1) 循环经济的含义广泛，理解多样，难抓其根本

循环经济的概念问题一直是学术界广为争议难以统一的问题之一。由于各学者对循环经济进行分析的角度有所不同，所以对循环经济的认识也各有侧重。有人将循环经济理解为普通的环境保护策略，就是废物处理，节约资源；有人则认为循环经济是研究经济发展与生态环境的关系；有人则望文生义，认为循环经济就是物质的循环利用，只要发展循环经济就会出现增长，

---

① 《老子》第六十七章。

这就使得循环经济概念在人们心中空洞、模糊、不切实际。循环经济不是个筐，什么都能往里放。对于发展循环经济，既不能寄希望于一日建成罗马，要预计发展的长期性和艰巨性；也不能轻视循环经济蕴含的巨大的生产力，患上"循环经济发展冷漠症"；更不能在党和中央政府大力推进循环经济发展的今天，仍然持怀疑、观望态度，行动上阳奉阴违、拖拖拉拉，上有政策、下有对策，将科学发展观的实质扭曲贯彻。

（2）循环经济理论的深刻理解需要时间

要发展循环经济，就要理解循环经济，要理解循环经济就不能只停留在概念层面。循环经济涉及的经济学、生态学、工程学等多门交叉学科理论复杂深刻，需要融会贯通。对于生态文明理论和循环经济理论的深刻认知应该贯彻到每一个公民的内心。思想指导行动，尽管循环经济思想的宣传和灌输可能需要几十年甚至上百年的时间，但从现在做起永远不晚。这样，行动中的循环经济才会真正得到落实。循环经济在中国历经近三十年的发展，对循环经济理论的深刻理解还存在理解者数量少、理论复杂难理解、理解需要长时间的消化等问题，这从根本上影响了政府的宣传力度和动员积极性，进而影响了宣传的效果，这就要求我们无论从理论上倡导循环经济还是在实践中去推广循环经济，都应该有充分的思想准备去克服上述困难。

（3）循环经济发展水平的差异化

自20世纪90年代中国正式引入循环经济到源自德国的"3R"原理成为中国循环经济的指导原则，再到循环经济融合了中国的可持续发展战略方针和"新型工业"在中国的建设，至此，循环经济作为科学发展观的一项重要内容，在全国范围内从不同层面改善循环经济使其稳步前进。但由于中国地广人多、经济发展区域化严重，加之各地区资源储备不同、经济发展水平和工业化程度不同、产业结构各异、科技水平参差不齐以及公民的环保意识和资源意识不同，循环经济在中国各地的实施难度、发展办法、发展水平及效益成果等也有很大差异。各地方政府在理解中央政策上的不同、具体实施措施上的不同、利益目标的不同也增加了循环经济发展水平上的差异。

（4）产权交易市场不完善、交易费用过高使经济手段的运用受到限制

在中国自然资源交易权制度安排中，只有土地和矿产资源被赋予了有条件的交易权，其他自然资源的交易权安排尚处于"原始部落"状态。中国对矿产资源交易权附加的条件是禁止牟利性交易，这相当于"交易"只是政府行政安排或分配的另一种形式，真正意义上的交易产权实际上仍不存在，由此导致自然资源浪费使用现象严重。同时，发达国家治理污染所采取

的庇古手段（征税、补贴、押金—退款）和科斯手段（自愿协商、排污权交易）在中国发挥其作用的前提基础也十分薄弱。庇古手段发挥作用的关键在于对私人成本和社会成本拥有充分的信息，从而确定合理的税费数量。而在现实中确定经济主体废弃物排放所造成的边际外部成本非常困难，市场经济本身又缺乏能够使企业如实向政府报告其真实的私人成本和收益的激励机制，政府相关部门难以通过计算私人成本和社会成本的差额来确定排污收费量。科斯手段作用的前提包括经济运行高度市场化、产权明晰、交易费用为零或较低等，这些条件目前在中国并不具备。中国正处于市场化改革进程中，政府的力量依然很大，距真正意义上的市场经济还存在较大的差距。另外，法制不够健全、信用缺失等都会导致巨大的交易费用。因此，在中国一些城市污染治理过程中所试行的污染权交易制度效果并不理想。

（5）企业发展循环经济的技术力量薄弱，缺乏强有力的技术支撑

循环经济的发展离不开大量先进适用技术的支撑，没有生态化技术创新及其产业化，循环经济就失去了技术基础。目前，中国企业生态化技术创新能力及采用率较低，大多处于自发或被迫状态。

①技术力量薄弱。中国科技发展水平不均衡，虽然有些技术位于世界领先水平，但与发达国家相比，总体上仍处于落后状态，这也是中国企业生产中单位产值能耗、物耗高于发达国家几倍甚至几十倍，单位产值的污染物排放量是发达国家几倍甚至几十倍的一个主要原因。技术水平滞后使发展循环经济的成本效益不高，如将废弃物资源化的成本比购买新原材料的价格更高，企业自然缺乏对废弃物再生利用的积极性。

②技术市场发育不成熟。中国绝大多数企业特别是中小企业缺乏生态化技术创新能力。由于中国正处于社会主义市场经济发展初期阶段，市场体系刚刚建立起来，技术市场远未成熟，企业不能及时获得生态化技术创新的信息，也难以把握相关技术领域的发展动态和发展趋势。这样不仅影响企业生态化技术成果的先进性，也影响技术引进的质量和水平，造成不必要的浪费。

（6）废弃物回收利用体系尚未完全建立起来

据《2003年中国环境状况公报》显示：2003年，中国工业固体废弃物产生量为10.0亿吨，比上年增加6.3%；工业固体废弃物利用量为5.6亿吨，综合利用率为55.8%，比上年增加3.8%；危险废物产生量1171万吨，比上年增加17.1%，其中有毒有害固体废弃物大都未经严格的无害化和科学的安全处理。城市生活垃圾年产量为14857万吨，人均440多千克（已高于一些欧洲国家的水平），比上年增加8.8%，生活垃圾无害化处理率为

50.8%，被丢弃的可再生资源价值超过百亿元。一方面是宝贵的资源得不到充分利用，另一方面废弃物的堆积和排放已经成为严重的污染源。从中国废弃物的回收利用体系来看，目前主要存在两个问题：

①从源头对垃圾进行分类至今未能全面展开。由于缺乏对垃圾分类的宣传教育及必要的设施，居民对垃圾随意丢弃的危害认识不足，也没有充分意识到垃圾分类给自己带来的好处。如废电池在家中存放会对人体产生危害，混杂在生活垃圾中一起扔掉时，随着电池中有毒物质渗入土壤和水源，再通过农作物进入食物链，仍会威胁人类的健康。而对其进行分类回收则相当于回收了镉、镍、锰、锌等宝贵的重金属。

②废弃物的回收与利用仍存在脱节现象。目前，中国城市垃圾的回收主要由个体人员经营，回收市场比较混乱，废弃物的回收利用率和再资源化率偏低——能够收集某种废弃物的人员没有能力处理，而有能力处理的企业又苦于废弃物回收不上来，企业生产原料不足，无法取得经济效益。资源回收与利用之间尚缺乏有效的疏通渠道。

(7) 政府推动机制紊乱

由于利益主体视角的不同，在发展循环经济这个大战略上，中央政府的态度是积极的、明确的，而地方政府的态度则是比较暧昧的甚至是消极的；环保部门比较积极、比较努力，而经济部门则比较消极、比较松懈。所以，尽管中国政府高度重视发展循环经济，但实际成效却不大，循环经济仍然是国民经济中一个薄弱的环节。

(8) 社会动员机制尚未形成

其一，中国公民由于信息机制不畅通很难获得循环经济的信息资源，这就很容易造成一般社会成员对发展循环经济的重要性认识不足，缺乏绿色消费观念和环境保护意识，社会参与意识薄弱。其二，中国目前缺乏大量的群众性的环保组织，造成中间环节的缺失，单纯依靠政府的推动在某些情况下很难取得预期效果。

三 循环经济在中国不可能一蹴而就，是一个历史过程，具有阶段性

早在20世纪60年代，鲍尔丁就提出了"循环经济"这一概念，但是，循环经济概念及其理论并未立刻被人们奉为真理，相反，该理论基本上是处于沉默状态，实践中也并未有相应举措。20世纪70年代，西方工业化进程的飞速推进导致的全球性污染和生态破坏使得人们的环境意识苏醒，人类开

始秉承"末端治理"这一理念，通过管理废弃物来治理环境污染，这似乎可以称为循环经济发展的萌芽阶段；20世纪80年代，资源短缺这一迫在眉睫的发展困境引起全球关注，废弃物的再生利用价值因化学和物理工业深度发展的技术支撑得以充分实现，废弃物被作为原料成为再生资源，投入到生产制造中进行循环利用，以弥补资源的不足，循环经济进入了初步发展阶段。但这一时期由于生产技术的落后，循环经济理论事实上并没有得到特别显著的实践成果。20世纪90年代，由于科技水平的日新月异，直接推动了生产技术的突飞猛进，人们开始觉醒，要彻底平衡经济发展与环境污染，单纯地依靠净化废弃物和资源的循环利用，是远远不够的，还应当从根本上发展循环经济，提高资源的利用效率，革新技术，减少废弃物的产生。此时，循环经济理念也顺应时势传入中国。

以国际背景为视角，来审视循环经济在中国的发展历程，不难发现，在中国循环经济并不是经济形态的突变，也不可能一蹴而就，而是历史的一步步传承，有其独特的阶段性：1993—1999年在全国范围的企业、工业园区内开展"预防为主，防治结合"的清洁生产，并于1998年引入了德国的"3R"理论，政府开始在全国范围内宣传循环经济；2004—2005年，中国经济飞速发展，经济、社会、环境矛盾日益加剧，政府开始以国策支持循环经济发展；2006年以来，开始大力提倡循环经济，在全国范围内进行循环经济试点。目前循环经济在中国已经开始全面实施。中国先后制定了多部相关法律法规，2009年1月1日《循环经济促进法》正式实施，标志着中国循环经济的发展有了切实的法律依靠。对于中国循环经济发展的研究，不能孤立探索，应当重视其发展的阶段性，将其融入中国经济发展的历史脉络，结合国民经济各个行业深入发展的状况进行分析。

第二节 加强循环经济法制建设已成为国家共识

2002年10月16日，江泽民同志在全球环境基金第二届成员国大会上强调指出，中国高度重视可持续发展战略和环境保护的基本国策。只有走以最有效利用资源和保护环境为基础的循环经济之路，可持续发展才能实现。

2003年11月17日，胡锦涛总书记在中央经济工作会议上强调，我们要积极发展循环经济，实现自然生态系统和社会经济系统的良性循环，为子孙后代留下充足的发展条件和发展空间。

2004年2月21日，温家宝总理在省部级主要领导干部"树立和落实科学发展观"专题研究班结业式上的讲话中指出：要大力发展循环经济，在经济建设中充分利用资源，提高资源利用效率，减少环境污染。在全社会进一步树立节约资源、保护环境的意识，形成有利于节约资源、减少污染的生产模式和消费模式，建设资源节约型和生态保护型社会。

2004年4月30日—5月6日期间，胡锦涛同志在江苏省视察时指出："可持续发展战略事关中华民族的长远发展，事关子孙后代的福祉，具有全局性、根本性、长期性。各地区在推进发展的过程中，要抓好资源的节约和综合利用，大力发展循环经济，抓好生态环境保护和建设，构建资源节约型国民经济体系和资源节约型社会。"

2004年11月初，国家发展改革委、国家环保总局等多家单位牵头在上海召开了"中国循环经济发展论坛2004年会"。特别是在2004年底召开的中央经济工作会议上，"循环经济"模式首次被提到2005年的中国经济战略中，成为国家的发展战略。胡锦涛同志指出："要加快转变经济增长方式，将循环经济的发展理念贯穿到区域经济发展、城乡建设和产品生产中，使资源得到最有效的利用。"

2005年3月5日，温家宝同志在《政府工作报告》中再次提出"中国要大力发展循环经济、缓解能源和重要原材料供求矛盾、提高我国经济持续增长的资源保障能力，根本出路在于节约。必须转变经济增长方式，坚持开发与节约并举，把节约使用资源放在优先位置，建设资源节约型社会。这是一项符合中国国情、在整个现代化建设进程中必须始终坚持的重要方针，是一项需要锲而不舍抓好的长期任务。当前，要突出抓好节煤、节电、节油、节水和降低重要原材料消耗工作。发展循环经济，可以提高资源利用效率，降低废弃物排放，提高工作效益。这是许多发达国家的成功做法，也是我国应对环境压力的必然选择。要研究制定鼓励废物回收和自然资源再生利用的政策法规，开展清洁生产，加强工业废石、废渣、废液、废水和废旧工业品的二次开发利用，建立一批循环经济型企业。建立城乡废旧物资和再生资源回收系统，提高资源循环利用率和无害化处理率"。温家宝同志还强调，加快发展循环经济。要切实做到从节约资源中求发展，从保护环境中求发展。坚持开发和节约并举，把节约放在首位的方针。

2005年3月12日，中央再次召开人口环境资源座谈会。在会议上，胡锦涛总书记做了重要讲话，其中又提到要加大污染治理的力度、发展循环经济。他特别强调要"大力宣传循环经济理念，加快制定循环经济促进法"。

2006年3月，《国民经济和社会发展第十一个五年规划纲要》指出：

"必须加快转变经济增长方式。要把节约资源作为基本国策，发展循环经济，保护生态环境，加快建设节约型、环境友好型社会，促进经济发展与人口、资源、环境相协调。"

2006年4月第六次全国环境保护大会上，温家宝总理提出了做好环保工作要实现三个转变，即从重经济增长轻环境保护转变为环境保护与经济增长并重；从环境保护滞后于经济发展转变为环境保护和经济发展同步；从主要由行政办法保护环境转变为综合采用法律、经济、技术和必要的行政办法解决经济问题。三个转变为发展循环经济和环境保护提供了新的机遇。

在党中央和中央政府的关注下，2008年8月29日十一届全国人大常委会四次会议表决通过《循环经济促进法》，于2009年1月1日起施行，迄今已经6年有余。

党的十六大报告提出要从物质文明、政治文明、精神文明、生态文明四个方面整合的意义上全面建设小康社会。党的十七大报告明确要求建设生态文明、发展循环经济。党的十八大报告把生态文明建设提升到了"五位一体"总体布局的战略高度，有关内容和要求写入了新修订的党章。

可见，党中央对循环经济的发展给予了持续的、相当的关注，高度重视循环经济的发展，各级政府近年来也一直致力于大力发展循环经济、加强循环经济法规体系建设。发展循环经济、加强循环经济法制建设已经成为党和国家的共识。

第三节 有关循环经济法制的研究为循环经济法制化提供了理论基础

一 循环经济与循环经济法制研究队伍逐渐壮大

全国各地有越来越多的循环经济研究中心出现，代表性的有中国社会科学院中国循环经济与环境评估预测研究中心，北京循环经济战略研究院，四川循环经济研究中心，山东省国合循环经济研究中心，清华大学循环经济产业研究中心，兰州大学中国西部循环经济研究中心，东北大学、中国环境科学研究院和清华大学三家组成的国家环境保护生态工业重点实验室，环境保护部循环经济和生态工业的技术支持机构国家清洁生产中心、政策研究中心等，部分环保部门也建立了相应的研究机构。特别值得一提的是，甘肃省循环经济与可持续发展法制研究中心是我国唯一一个专门进行循环经济法制研究的机构,该机构对循环经济与可持续发展法制问题进行了卓有成效的研究。同时,循环经济领域的国际、国内学术交流十分踊跃:2003年9月,中国与德国在柏林联合召开中德循环经济研讨会;2003年,中国与日本环境省联合召开循环经济理论研讨会;2004年12月,致公党中央、国家环保总局和南开大学联合主办了"环境与循环经济国际研讨会";2004—2005年,中方共派出4期"日本循环型社会现状与课题"考察团;2005年6月在银川召开了APEC循环经济与中国西部大开发国际会议;2005年9月在北京召开了第七届"3R"循环经济国际会议;2005年11月在杭州召开了循环经济与区域可持续发展国际会议;2006年11月博鳌亚洲论坛循环经济国际峰会在深圳举行;2006年7月在苏州召开了首届中国国际循环经济博览会暨循环经济立法与政策研讨会;2010年4月第五届全国循环经济与工业生态学术研讨会在天津召开;2013年5月第16届科博会循环经济研讨会于北京召开;一些试点示范省市、园区开展了循环经济的国际交流与合作(苏州高新区、贵阳市、中国—欧盟环境管理合作计划等)……从理论到实践,循环经济的发展开始逐步走向深入。

二 循环经济学的研究成果为循环经济法制层面的研究提供了坚实基础

20世纪90年代初,同济大学的诸大建教授最早将循环经济的思想和理论引入中国,而后仅仅几年的时间,循环经济理念就在中国产生了广泛的影响,尤其是引起了中国高层的高度重视,"大力发展循环经济"被写进了党的十六届四中全会、五中全会的决议,循环经济的研究得到了进一步迅猛发展。吴季松、冯之浚、张凯、孟赤兵等学者较早深入地论述了发展循环经济的必然性、循环经济的内涵、模式、政策等问题。诸大建教授用生态经济学和工业生态学的理论和方法研究中国的绿色发展,认识到发展循环经济不仅仅是废弃物回收利用的问题,需要从认识、政策、技术等方面深化循环经济的理论与实践,开拓性地进行理论创新、政策创新和技术创新。诸大建教授对于循环经济的行为准则、主要技术、产业体系等均进行了精辟的分析,指出循环经济是符合生态规律的,因此也是可持续的,发展循环经济,实现经济、社会的可持续发展,不是单纯的循环经济问题,而是超越循环经济的整体可持续发展问题。中央党校研究室主任梁言顺博士提出了"低代价经济增长理论",并进一步发展为"两循环三增长"理论,山东理工大学的张录强博士在该理论的基础上进一步深化,提出更具有普遍科学意义和实践价值的"生态环境与经济社会整体可持续发展理论",也称"广义循环经济理论",包括生态建设、环境保护、循环经济、社会和谐与文明进步等方面的内容。生态建设、环境保护、循环经济属于技术层面,意在构建"人与自然和谐"的技术模式;社会和谐属于制度层面,意在促进"人与人和谐"社会环境的形成;而文明进步属于精神文化层面,重在促进"人与自身和谐"观念的建立。这些论著使我们了解了循环经济所依据的基本理论,掌握了循环经济的内涵、特点、发展战略、政策以及中国发展循环经济的客观必然性、紧迫性等多个问题。随着循环经济在中国的迅速发展,仅仅局限于经济学领域对循环经济的研究是不够的,循环经济制度研究的缺乏推动了法学界对相关问题的研究。

三 循环经济法制研究成果反哺循环经济立法工作的开展

一大批法学界专家学者对循环经济法制问题提出了一系列理论框架,为推动中国的循环经济法制化作了较好的理论准备。循环经济法制研究逐步展开,并有一定发展。纵观循环经济法制的研究成果,有一个明显的界分:2009年以前的成果主要集中在循环经济的立法现状及问题、应然的法律调整模式、立法理念、立法价值、法律体系的构成、国外循环经济法制的介绍和循环经济立法的近期规划等方面;2009年之后的成果主要集中于循环经济现行立法的不足与完善、循环经济法的部门法归属、循环经济的地方性立法和循环经济专项立法的得失等方面。前一时期代表性的成果有唐荣智等的《论循环经济及其法律调整》(《北京市政法管理干部学院学报》2001年第4期)、俞金香的《循环经济法律调整模式研究》(《甘肃社会科学》2003年第3期)、孙佑海的《论循环经济的立法问题研究》(《环境保护》2005年第1期)、常纪文的《欧盟循环经济立法经验及其对我国的启示》(《当代法学》2005年第1期)、王灿发的《循环经济立法的必要性及其定位》(《东南学术》2006年第3期)、冯之浚的《循环经济与立法研究》(中国政府门户网站www.gov.cn 2006年10月11日)、陈泉生的《循环经济法初探》(《福州大学学报》2007年第1期)、俞金香的《循环经济法制保障研究》(法律出版社2009年版)和俞金香的《循环经济法制之理念基础剖析》(《甘肃政法学院学报》2008年第6期)等。后一时期的代表性成果有俞金香的《循环经济利益与循环经济法益互动性探讨》(《西北师范大学学报》2010年第6期)、孙佑海的《循环经济法律保障机制研究》(中国法制出版社2013年版)、俞金香的《循环经济法视野下的公众参与机制及其保障》

(《河南财经政法大学学报》2012年第6期)和俞金香的《循环经济法律概念的再界定》(《北方民族大学学报》2013年第6期)等。这两个时期一个明显的变化是相关学者开始从研究纯粹宏观的循环经济法律问题转向研究循环经济的具体法律问题，逐渐开始注重循环经济法制研究的"落地"性。整体而言，近几年循环经济法制方面的专著、论文和教材的数量均呈现逐年上升趋势，但是研究的质量未见明显提升。这是有一定原因的：第一，循环经济法制尚不是主流法学研究的关注点，对其具有学术兴趣的学者并不多，学术成果相对少，研究的角度单一，研究的点比较分散，研究不够深入；第二，由于循环经济本身的技术性和专业性，限制了法学领域学者的准确理解及相关研究范围的拓展；第三，虽然循环经济的发展应该是一个可持续的发展命题，循环经济领域内的各类研究风生水起，但循环经济法制领域的研究却没有呈现正相关的现象，循环经济法制的研究目前在法学界尚属于"小众"课题，学者大多将循环经济法作为环境法的一个分支学科加以研究，代表人物主要集中在环境法学界，没有特别高质量的成果出现。这些循环经济法制研究成果的出现，既是中国循环经济法制化历程的记录，同时反哺中国循环经济立法工作的开展。

第四节 国际有关循环经济的立法为我们提供了经验与借鉴

当前，由于环境资源问题已经超越民族国家的界限，成为一个区域性、国际性乃至全球性的问题。加强循环经济立法已成为各国政府控制城市生活废弃物、节约能源、回收资源的重要措施。

一 国际有关循环经济的立法概述

日本资源极度贫乏，因而更重视废弃物和废旧物资的回收再生利用工作。日本先后制定了《容器包装物循环法》(1995)、《家电循环法》(1998)、《资源有效利用法促进》(2000)、《建筑材料循环法》(2000)、《食品循环法》(2000)、《绿色采购法》(2000)、《促进循环型社会建设基本法》(2001)、《汽车循环利用法》(2002)等。在德国，以《循环经济和废弃物处置法》为龙头法，《废旧汽车处理条例》(1998)、《废电池处理条例》(1998)、《垃圾法》《联邦水土保持与旧废弃物法令》以及《电子废物和电子设备处理条例》(1999)、《持续推动生态税改革法》《森林繁殖材料法》以及《废木材处理条例》(2002)、《再生能源法》(2003)和《电子电气设备法》(2005)等单行法规发挥循环经济发展保障作用。在美国，1965年通过了《资源保护和回收法》，70年代则主要通过了《清洁空气法》《资源回收法》《联邦杀虫剂、杀真菌剂和杀鼠剂法》《安全饮用水法》《林业和山地可更新资源规划法》《资源保持和回收法》《水土资源保持法》等循环经济类型的法律。其他如欧盟在2003年2月颁布《废弃的电器电子产品管理指令》（WEEE）和《禁止在电器电子产品中使用有害物质的规定》（ROHS），法国早在20世纪末就制定了《垃圾处理法》《包装条例》，韩国在20世纪末制定了《环境政策基本法》《环境污染损害纠纷调整法》《关于处罚污水、粪便等畜产废水特别措施法》《海洋污染防止法》（修订）等法律法规，甚至第三世界的拉丁美洲的一些国家如巴西和墨西哥等国家在诸如土地的利用、森林资源、生态系统和生物遗产、水资源、海洋与海岸线资源、居民居住环境、能源、非能源矿物资源和工业等保护方面均可见循环经济立法的身影。上述国家有关循环经济方面的法制经验和很多做法为中国循环经济法制工作提供了巨大的可供借鉴的资源，开阔了我们的立法视野和立法思路。

二 当今国际社会循环经济法律调整的主流趋势

（一）共性分析

通过整体分析，美国、日本、德国、韩国等在循环经济法律调整中表现出的共性在于：首先，在循环经济的操作原则上基本取得了一致。循环经济的建立依赖于一组"减量化、再使用、再循环"为内容的行为原则，即"3R"原则。每一个原则对于循环经济都是必不可少的。其次，重视法律法规对于循环经济的保障作用。在明确确立了循环经济发展理念后，各国的相同做法是重视法制的保障作用，在很短的时间内制定了大量的循环经济性质的法律法规，且在涵盖范围上涉及行业广、产品多、内容细，并对已有的不符合循环经济理念的法律法规进行修改完善，循环经济法律实施效果显著。最后，整体采用的是综合法加单项立法结合的立法模式（美国除外），比较符合人们对于循环经济认识逐渐深入的规律，也符合循环经济按照行业发展统筹布局的特殊发展规律（单行法）。

（二）差异比较

发达国家循环经济法律调整的不同之处主要表现在：美国是一个环保主义流行的国家，既注重污染预防又重视循环消费，属于"污染预防型"立法模式。德国注重首先避免废物的产生，其次才是对废物的回收和利用，循环经济法的核心是废物处理法律制度。韩国则主要注重循环经济理念下的废物处理立法的具体制度的设计，通过具体制度的建立完善来促使废物处理减量化、资源化和无害化，充分实现了"3R"原则的有序性。日本在循环经济方面的立法可谓"青出于蓝而胜于蓝"。日本的立法目标是建立循环型社会，所以其循环经济立法体系相对完善，注重在立法体系的框架下规范和控制废物处理、资源的循环和再生利用。因此，中国循环经济立法应该从中国的实际情况出发，分别借鉴上述国家的优点，构建起循环经济法律、法规及其相关的规章、政策措施体系和可操作性强的具体法律制度，实现中国循环经济理念下废物处理、资源的再生利用和再循环的系统化、配套化、社会化、集约化、市场化、企业化、规范化、法治化，实现中国经济、环境和社会相互协调的可持续发展。

三 发达国家循环经济法制化的经验

从宏观上看，发达国家开始循环经济立法大多起源于环境保护的需要。之前环境立法的主要目的是救济被害，即以事后救济为中心，通过修改民法典或者制定民事特别法的方式来完成。之后，为防止环境侵害现象的不断发生，以及对于经济可循环发展的考虑，各国开始加强对于经济发展中开发利用资源和向环境排放污染物行为的行政管理。以事前防范为中心，通过行政指标和环境标准的形式规定行政的界限，同时辅以刑罚手段制裁排放污染、破坏环境及生态系统的犯罪行为。而所有这些，都是通过制定环境基本法或循环经济专门法和修改刑法的方法完成的。

从微观上看，笔者认为，发达国家循环经济立法的最大特点有三：一是从便于理解和适用的角度出发，循环经济立法对于行为模式和法律后果的规定较为具体；二是由于循环经济立法动因在于公众，因此公众的参与比较积极，这样可以最大限度地保障公民基本权利的实现；三是为顺应环境利益与经济利益之间冲突，在不同时期的不同表现，对循环经济法律的修改也较为频繁。

循环经济法律法规的内容是随着各个时期经济发展和环境保护内容的变化而变化的。但其重点是如何通过各种法律制度实现经济有效循环的目的。从各国循环经济的立法状况来看，循环经济法制建设必须包含以下内容：

（一）生产者责任扩大制度

生产者责任扩大制度（Extended Producer ponsibility）是指生产者对于产品的责任扩展到产品生命周期的后阶段，即产品的使用结束之后。该制度要求生产者不仅对产品的性能负责，而且对产品从生产到废弃对环境产生的影响负全部责任。因此，生产者必须在生产源头就考虑如何抑制废弃物的产生，设计出"环境友好"产品。必须考虑包括原材料的选择、生产过程的确定、产品使用过程以及废弃等各个环节对环境的影响。生产者责任扩大制度在 DSD 双元回收系统的帮助下为德国循环经济的发展奠定了良好的基础，并迅速传至整个欧洲。如瑞典在 1994 年成立了 4 家专门的包装回收公司：瑞典纸和纸板回收公司、瑞典塑料循环公司、瑞典波纹纸板回收公司和瑞典金属循环公司。加上 1986 年成立的瑞典玻璃回收公司，五大公司的业务涵盖了一切可能的包装材料的回收再利用，以帮助企业履行"生产者责任制"所规定的义务。除瑞典玻璃回收公司外，其余 4 家公司共同组建了 REPA 公司（生产者责任制登记公司）作为其业务的服务机构。企业可通过成为 REPA 的会员并交纳会员费和回收费，让 REPA 代为履行其"生产者责任制"的义务。4 家公司还组建了瑞典包装回收公司，专门负责与地方政府的协调以及对社会进行相关的环保知识宣传。自"生产者责任制"实行以来，瑞典国家环保局每年都根据材料回收公司的总结制作一个评估报告。评估报告显示，即使算上由此增加的汽车运输所引起的能源消耗和环境污染，包装回收利用"生产者责任制"还是大大减少了原来通过焚烧和填埋给环境带来的负担以及所需耗费的能源。[①]

日本在循环型社会建设过程中也将责任扩大到生产者，但与德国生产者责任扩大制度的内容不完全相同，其中重要的差别在于生产者责任扩大的费用由谁来承担。从德国来看，由于包装材料已经由 DSD 企业成员付过费用，因此，消费者在丢弃这些包装材料时只需分类处理，不再需要缴费。而日本的循环型社会基本法虽然规定了经营者必须承担扩大了的生产者责任，但是对费用的分担并没有作出明确的规定。从个别法规来看，《容器包装物循环法》规定回收的费用由生产者负担，而《家电循环法》则规定由消费者负担。对消费者而言，旧家电报废时必须支付两部分费用：生产者对其进行再商品化的费用和零售商回收的费用，这样必然加重了消费者的负担。

生产者责任扩大制度在韩国体现为"废弃物再利用责任制"。2002 年，韩国将 1992 年就开始实施的"废弃物预付金制度"改为"废弃物再利用责任制"，从限制废弃物改为对其进行再利用。该制度规定了废旧家用电器、轮胎、润滑油、日光灯、电池、纸袋、塑料包装材料、金属罐头盒、玻璃瓶等 18 种产品必须由生产者负责回收和循环利用。如果生产者回收和循环利

[①] 宗禾：《循环经济生生不息》，《中国财经报》2004 年 4 月 12 日。

用的废旧物品达不到规定的比例,政府将对其进行罚款。

(二) 循环名录制度和循环目标制度

各国和地区关于循环名录的规定也很普遍,如欧盟通过一些特别性的指令要求一些国家对特定的废物采取循环利用的措施。欧盟1994年制定的关于包装物和废弃的指令适用于在共同体市场中存放的所有包装。

同时,为了提高循环经济发展水平,许多国家或地区的立法规定了循环目标,这些目标集中体现在对循环再利用率目标的规定。如欧盟1994年制定的《包装和包装废弃物指令》要求在指令实施的五年时间内,占总重量50%—65%的包装废物应被再生,夹杂在包装废物中占总重量25%—45%的包装材料至少应被循环使用15%。1995年英国的《环境法》第94节第1条规定,政府的条例可以对需要再利用、回收或再循环的相关产品、材料的规格应当实现的目标,包括重量、体积和其他内容,作出规定。该节第4条规定,为了将产品或材料的再利用、回收或再循环至少维持在一个最低水平,国务大臣可以制定有关条例。该节第5条规定,只要提到增加产品或材料的再利用、回收或再循环时,就包括将产品或材料的利用至少维持在一个最低水平。德国规定,玻璃、马口铁、铝、纸板和塑料的回收率自1995年7月1日起要达到80%。法国规定,从2003年起,包装废弃物的85%应得到循环利用。日本提出,到2010年循环经济要达到三个关键性指标:资源生产率(资源生产率=产值/资源投入量)要达到39万日元/吨,比2000年提高40%。循环利用率要达到14%,比2000年提高40%。垃圾最终掩埋量为2800万吨,相当于2000年的一半。[①] 日本《废旧家电回收法》规定,制造商和进口商对电视、冰箱、洗衣机、空调等有回收和再次产品化的义务。其中冰箱、洗衣机的再次产品化率至少为50%,阴极射线管电视机的回收率至少为55%,房间空调器的回收率至少为60%。在规定时间内,生产企业若达不到上述标准将受到相应处罚。美国环境署1998年宣布,用5年时间使城市垃圾回收利用率达到25%,2005年再提高到35%。各州据此纷纷立法对本州居民提出更加严格的要求,其中纽约州和加利福尼亚州提出垃圾回收利用率50%的目标,而新泽西州和罗得岛州的目标更是高达60%和70%。[②]

[①] 曹鹏程:《从垃圾中"淘金"》,《人民日报》2004年7月14日。
[②] 周宏春、刘燕华:《循环经济学》,中国发展出版社2005年版,第251页。

（三）政府投资与激励制度

为了促进循环经济的发展，各个国家纷纷制定一系列的优惠、奖励和激励制度，并通过经济杠杆调动企业及居民节约资源及对废弃物进行循环利用的积极性。

1. 政府投资制度。2003年，美国根据《能源政策法》拨款3亿美元，用来支持太阳能工程项目的实施，以便在2010年前在联邦机构的屋顶安装2万套太阳能系统。日本国会每年通过的与环保有关的预算超过1万亿日元，其中用于垃圾处理和循环利用的预算约为1500亿日元。在日本，工业垃圾的处理和循环利用由企业自行负责，但日本政府仍通过提供补助金、低息贷款、免税等手段帮助企业建立循环经济生产系统。韩国政府也十分重视对资源循环利用的投资，自2000—2005年，韩国政府和民间共投资80亿韩元，普及太阳能高效造氧技术，以替代化石能源，减少温室效应。

2. 政府优先采购制度。美国几乎所有的州都有要求政府对可再生产品实行优先购买的相关政策和法规。联邦审核人员有权对各联邦代理机构的再生产品购买进行检查，对未能按照规定购买的行为处以罚金。为了扩大可再生能源市场，美国政府部门带头使用，并要求联邦机构使用可再生能源的比例在2011年达到总能耗的7.5%。

3. 资源回收奖励制度。为了鼓励市民回收利用废弃物，日本的许多城市对资源回收实行奖励。例如，大阪市设立了80多处牛奶盒回收点，并发放牛奶纸盒卡，盖满回收图章后即可凭卡免费获得图书。美国政府在起模范作用的同时，鼓励公众的绿色消费，如消费者购买节能设备也将获得抵税优惠。

4. 税费制度。税费作为经济杠杆在引导企业及居民的循环经济实践中起着重要的作用。为了减少废弃物产生及循环利用，各个国家制定了不同的税费制度。如德国居民水费中含有污水治理费，市民用水每立方米的费用为7.5马克，其中的2.5马克归饮水公司，5马克给废水公司。废水公司又将所得款项的1/3拨给污水处理厂，2/3拨给污水输送管道系统。北欧国家普遍征收化石能源税，一些国家除了太阳能、风能等可再生资源外，对汽油等还要征收生态税。垃圾收费是韩国实施环境保护和资源循环利用的重要措施。1994年起，韩国开始实行"垃圾容量制"。无论居民、企业、商家还是机关单位都必须购买各管辖区出售的环保塑料垃圾袋。垃圾袋容量最小的为5升，最大的为100升，价格随容量增加而提高。垃圾必须分类并按容量装在垃圾袋中，不用环保塑料袋包装并乱扔垃圾者将被罚款100万韩元（约合990美元)。因为垃圾袋是有偿的,丢弃的垃圾越多,使用的垃圾袋也就越多,花费的钱也相应越多。为此,人们不得不控制垃圾的产生和排放,以达到节约的目的。据统计,韩国目前全国生活废弃物和垃圾的排放量比这种制度实施前的1994年减少了40%。[①]

5. 监管制度。一些国家对废弃物循环利用的监督和管理制度非常严格。例如,韩国的"资源再生公社"就是一家专门对废弃物循环利用进行监管的国营企业。依据相关的管理章程,"资源再生公社"通过抽查和现场调查等形式,堵塞废弃物循环利用中的漏洞,违约者将被处以最高100万韩元的罚款。自"资源再生公社"成立以来,韩国的废弃物循环利用率有了明显提高。

(四)发挥中介优势

为了解决生产企业本身难以在全国范围内履行回收义务的问题,许多国家积极发挥非营利的中介组织的作用。中介组织形式多样,如德国的回收中介组织、瑞典的回收公司、日本的回收情报网络等均属这一类型。其中,最为典型的是法国的行业协会。法国市镇级机构几十年来不仅始终保持着就地解决自产垃圾的传统,而且十分重视地区、部门与行业之间的协作,其中各相关行业协会的作用功不可没。例如,2002年1月29日,法国政府将废旧轮胎列入国家强制回收项目,责令法国境内的轮胎生产与销售商自2003年起,每年投放市场多少新轮胎,次年必须回收吨数相等的旧轮胎,回收费用全部由生产和销售商承担。据此,法国旧轮胎回收与环保协会发动米其林、固特异、普利司通等14家生产和销售商成立了联营公司承包废旧轮胎回收任务,再与100多家环保企业签约,组织协调旧轮胎的回收、分类、翻新、分解和再生材料生产,以规模化经营降低成本,实现旧轮胎回收一条龙服务。[②] 除了法国之外,与DSD(绿点公司)同属德国科隆的原材料再利用协会VFW也回收销售包装,是绿点公司的竞争伙伴。

(五)鼓励公众参与

公众的广泛参与是国外循环经济发展的重要特征。各个国家充分运用各种手段开展宣传教育,提高民众对资源环境的关注,改变其传统生活方式,使循环经济理念深入人心。如美国环境署与全国物质循环利用联合会专门开设网点,宣传有关再生物质的知识,成立了"美国回收利用日"组织,将每年的11月15日定为"回收利用日"。美国各类环保组织也经常举办活

---

① 徐宝康:《韩国:节约到牙齿》,《人民日报》2005年1月26日。
② 周辑:《法国和日本的循环经济立法》,《人民日报》2005年8月26日。

动,鼓励居民积极参与社区里的再生物质利用项目,购物时使用可循环利用的包装品,购买可以维修和重新使用的物品等。法国规定,资源回收是全社会的责任,每人每年要回收4千克的电子垃圾。韩国256个市民团体自发组织了"市民能源联盟",在全国推动以节电为主题的节能活动。他们计划通过会员制,在2007年前吸收100万个家庭参加节能活动。联盟与家庭会员签订协议,确定每月用电计划,请电力公司定期核准,对节电优秀家庭进行表彰和奖励,以此带动更多的家庭会员参与节电。联盟还计划吸收公共团体、商业单位和工厂参加节能活动,在全国实现每年节电120亿千瓦时、节约资金68亿美元的目标。[①] 日本大阪市每年9月发动市民开展公共垃圾收集活动,并向100万户家庭发放介绍垃圾处理和再生利用知识的宣传册,鼓励市民积极参与废旧资源回收和垃圾减量化工作。

此外,循环经济的发展离不开技术的支撑,先进适用的生态循环技术和设备是发展循环经济的基础条件。目前各国采取的对策主要包括:强制或鼓励重新设计工艺流程,使其不再产生废弃物;强制或鼓励重新设计产品,使之容易拆卸和再循环利用;鼓励开发并使用需要较少材料的新技术等。比如一些国家对企业的污染防治设备、技术研究及开发项目提供财政补贴、贴息贷款或优惠贷款。如日本《公害对策基本法》规定:"国家和地方政府应努力采取必要的金融和税收措施,鼓励企业修建和改进公害防治设施。"而美国则于1995年设立"总统绿色化学挑战奖",旨在重视和支持那些具有基础性和创新性,并对工业界有使用价值的化学工艺新方法,以通过减少资源消耗来实现对于污染的防治。多年来,美国政府还通过财政手段鼓励可再生能源的开发和利用,例如,资助相关的科研项目。为可再生能源的有关项目提供抵税优惠,提高抵税优惠额度,扩大受惠的可再生能源范围。

总之,各国一切关于循环经济发展的措施都包括在循环经济法律法规之中。

四 发达国家循环经济法制化对中国的启示

"鉴古以知今,借洋为我用。"在经济一体化、信息全球化的当代,中国循环经济法制建设也面临着与世界潮流相互融合的趋势。国外在循环经济法制方面的成功做法,虽然因为制度、国情、文化、历史等方面的差异我们不能照搬,但在经济社会全球化、一体化所带来的趋同浪潮面前,其借鉴意

---

① 徐宝康:《韩国:节约到牙齿》,《人民日报》2005年1月26日。

义不容小觑。

(一) 更新观念，强化循环经济法制建设

国外循环经济立法的先进经验和中国深刻的历史教训，都一再告诉我们，要实现循环经济的目标，必须在观念上取得重大突破，彻底抛弃忽视法治、轻慢环境保护和资源利用的落后观念，从行动中体现出对循环经济法制建设的真正重视。更多地通过法律规范而非以行政手段来调节错综复杂的循环经济关系。这既是国内外循环经济法制经验的明确启示，也是现代循环经济法制化趋势的内在要求。

(二) 坚持"法随时转"，使循环经济立法与国家经济发展良性互动

从国外的循环经济立法来看，应验了"法随时转"这一立法至理，国外的循环经济立法不仅表现出法律应有的前瞻性、稳定性，而且体现出相当的灵活性、变化性，可谓"与时俱进"。在日本，循环经济法案都具有相对的稳定性，如日本1993年的《环境基本法》就没有脱离1967年的基本框架。但根据不同时期的实际情况，又会对这些法案进行修改、补充和完善。例如，日本2000年《促进建立循环型社会建设基本法》颁布以来，先后通过约10个法案，几乎每1—2年就通过一个。循环经济立法的"与时俱进"，不仅弥补了原有法案的不足，而且使之更加适应不断变化的情况所提出的各种新要求，这既有利于保障循环经济的发展，又能巩固循环经济发展成果，推动循环经济发展的逐步深入，并形成经济与立法的良性循环。在中国，不仅循环经济立法有待改进和完善，而且与经济改革的关系也需要进一步协调。从历史的纵向发展角度来看，《环境保护法》《大气污染防治法》《水污染防治法》《固体废物污染环境防治法》等环境立法，对于保护环境、防治污染、提高资源再利用率等，起到了一定的作用。但是，迄今为止，中国只有《清洁生产法》《循环经济促进法》属于循环经济型立法，循环经济立法尚无体系。许多循环经济模式推行中的改革难题，也需要立法的引导与促进。为此，循环经济立法要加强与现实的回应，及时"变法"以顺应经济发展的新需要，不断以法的形式巩固循环经济成果，为循环经济模式的进一步广泛推广保驾护航，并以此获得更为显著的发展，形成两者良性互动的优化格局。

(三) 健全循环经济立法体制，规范立法程序，确保循环经济法规的权威性

国外的循环经济法规，实施相当顺利，皆因其循环经济立法机制健全、程序严格、过程规范，使循环经济法规具有很强的权威性。而中国目前的一

些循环经济法规，由于立法主体、创制主体、审议过程不够严格规范，存在越权立法、审议无度、主体混乱等问题，以致循环经济法规效力权威受损、实施不够有力。国外的有益经验告诉我们，必须注重健全循环经济立法机制；明确划分立法权限，防止循环经济立法权限的不当运用，并杜绝越权立法，尤其要警惕隐性越权立法；制定专门的循环经济法律，具体规定循环经济法规的创制程序。进一步强化权力机关在循环经济立法中的地位和作用，淡化循环经济立法中的行政部门色彩，确保循环经济立法程序的严格规范，为循环经济法规的有利实施准备条件。

（四）综合设计循环经济立法、执法与司法，强化公众参与循环经济执法保障

国外循环经济法规的良好施行，有赖于它们健全的立法机制。中国过去循环经济法律规范不力的恶劣后果已经相当明显。从有关循环经济及清洁生产的立法机制来看，事前的批准制度不够完善，事后的备案制度软弱无力，撤销制度名不副实；从有关循环经济及清洁生产的法律规定来看，实体性规范较多、程序性规范太少，而且相关法律对于某些内容的规定过于抽象，多是一些原则性规定，缺乏详细的实施细则，并没有解决"怎么办"的问题。这给执法造成了相当大的困难。这就需要完善批准制度、提高备案制度实施中的强制性、加大撤销制度的实施力度，增强循环经济法规的协调性，为循环经济执法、司法奠定良好的立法基础。另外，充分利用社会舆论应有的循环经济法制监督作用，是循环经济法制建设的重要内容，也是"环境立国"必不可少的保障措施。

第五节 民众循环经济意识的逐步提高是中国循环经济法制化的社会基础

循环经济意识，是指人们在认知循环经济状况和了解循环经济规则的基础上，根据自己的基本价值观念而生发的参与循环经济的自觉性，它最终体现为有利于循环经济的行为。简言之，循环经济意识即是人们参与循环经济的自觉性。意识是行为的指南，公众事后参与的行为是循环经济意识的外在表现，公众的循环经济意识是决定公众事后参与动力的重要因素。因此，我们首先需要提高公众的循环经济意识。公众循环经济意识的提高需要一个渐进过程，不能急功近利。提高公众循环经济意识的形式有很多，通过循环经济意识的宣传教育，可以培养人们的环境保护和循环经济心理意识，增强对

循环经济的关注程度,加深对环境污染与生态破坏后果的认知程度,形成循环经济观念、环境代价意识和朴素自然观等;通过循环经济意识的宣传教育,可以使人们清醒地认识到环境、资源问题的客观状况,增加对于环境状况的判断力和敏感性,加深了解根本性的环境问题,使得公众能主动地获取循环经济知识;通过循环经济意识的宣传教育,可以将环境危机感深植入公众心中,从而激发公众的循环经济责任感和参与意识。毫无疑问,加强循环经济意识的宣传教育,是提高公众事后参与积极性的一条重要途径。

在一系列关于发展循环经济的重大决策及相关法律法规的指引和政府相关部门的大力推动下,我们已经采用形式多样的宣传活动,提高全社会对发展循环经济,包括清洁生产的重大意义的认识,把节约资源、保护环境变成全体公民的自觉行动。例如,举办各种形式的循环经济方面的研讨会;组织循环经济、生态工业建设试点交流会;在《中国环境报》上组织循环经济专版;在《人民日报》上宣传发展循环经济的典型经验;在中央电视台等媒体上进行专题报道,组织各级各类循环经济知识竞赛、建设各类循环经济示范基地、在中小学开展生态文明教育活动;等等。可以说,由社会各界密切协作的循环经济宣传教育网络已经初步形成。通过宣传、倡导生态化消费,反对"反生态文明"的生活方式,彻底改变现行的生产方式、消费方式和传统的发展观念,努力倡导人与自然和谐的新的生产方式和消费方式,以实现我国生态系统良性循环,城乡环境清洁、优美、安静,成为我们可期待的目标。法律的核心是通过权利义务的设定调整法律关系主体间的利益关系,进而实现法治秩序的形成。人们是否能够便利地实现法律赋予其自身的各种权利,是衡量一个国家法治建设实际水平的根本标准。而权利的实现有赖于制度的保障,合法、合理、有效的法律制度是权利实现的重要条件。循环经济法制化保障民众的环境权、环境利益、资源利益得到保障和实现,民众循环经济意识的逐步提高、民众积极参与循环经济的发展、民众循环经济参政议政能力的提高反过来会助推中国循环经济发展走上法制化的轨道,是中国循环经济法制化的基础。

第二篇　政策篇

第一章　中国循环经济政策发展历程

第一节　中国循环经济政策的发展历程[①]

循环经济在中国的发展大致经历了理念倡导、国家决策和试点示范三个阶段，目前始进入全面推进阶段。

一　理念倡导阶段（20世纪末—2002年）

20世纪末，根据德国和日本的相关做法，[②] 中国学者开始介绍循环经济的概念。当时，中国已基本走出"短缺经济"[③] 时代，正处在开始高度重视转变经济增长方式的经济战略调整时期，[④] 环境管理战略也处在从末端治理向源头和过程控制的重要转型时期，清洁生产推进工作比较活跃[⑤]。循环经

[①] 任勇、周国梅等：《中国循环经济发展的模式与政策》，中国环境科学出版社2009年版，第1—3页。

[②] 德国1994年制定、1996年实施了《物质闭路循环和废物管理法》，日本2000年颁布了《促进循环社会建设基本法》，同期，日本还颁布和修订了2部废物处置和资源有效利用的综合法律及6部不同废物循环利用的专项法，共同组成了循环社会建设的法律体系。因此，普遍认为德国、日本是国际上率先系统开展循环经济立法和实践的国家。

[③] 商品需求大于供给的情况。

[④] 中国政府在"九五"时期（1995—2000年）正式提出，实施可持续发展和科教兴国两大战略，实行两个具有全局性意义的根本转变：一是经济体制由传统的计划经济体制向社会主义市场经济体制转变；二是经济增长方式由粗放型向集约型转变。

[⑤] 从1997年开始，中国发布了一系列推动清洁生产的政策文件，2002年颁布了《清洁生产促进法》。

济理念首先引起了中国环境保护部门的高度重视。原国家环保总局在三个方面对倡导循环经济理念发挥了实质性的作用：一是组织专家学者研究循环经济的理论和实践问题；二是组织和指导企业开展清洁生产活动，并于1999年启动了生态工业园区建设示范工作，探讨循环经济相关实践的具体做法和经验；三是向中央政府提出发展循环经济的建议。2002年10月，江泽民同志在全球环境基金第二届成员国大会上指出："只有走以最有效利用资源和保护环境为基础的循环经济之路，可持续发展才能得到实现。"这是中国政府最高领导人首次提到循环经济概念。

二 国家决策阶段（2003—2005年）

从2003年开始，"循环经济"一词频繁出现在中国国家主席胡锦涛和国务院总理温家宝等国家领导人的有关讲话中，发展循环经济问题正式进入中央政府的决策议事日程。到2004年，中央经济工作会议首次明确提出，将发展循环经济作为经济发展的长期战略任务。2005年，中国政府正式决定（见中共中央《关于制定国民经济和社会发展第十一个五年规划的建议》），将发展循环经济纳入"十一五"国民经济和社会发展规划之中；同年7月，国务院发布了《关于加快发展循环经济的若干意见》（以下简称《若干意见》），标志着中国发展循环经济的国家意愿确立。

在此阶段，原国家环保总局在继续宣传和普及循环经济理念与知识的同时，开展的一项重要工作是建立了贵阳市、辽宁省和江苏省等数个区域循环经济试点和十多个生态工业园区试点，为全面推进循环经济实践积累经验。

中国资源，特别是矿产资源和化石能源短缺问题及严重的环境污染与生态退化问题已成为一个不争的事实。进入21世纪，这一问题尤为凸显，成为制约中国现代化建设的"瓶颈"。所以，缓解经济增长与资源环境的矛盾是中国发展经济的现实需求。在更高层面上，新一届中国政府领导集体在2003年提出了以人为本，全面、协调、可持续的科学发展观。科学发展观内涵丰富，其中，走新型工业化道路，提高发展质量，节约资源，保护环境，促进人与自然和谐是重要方面。所以，针对严峻的资源环境形势，中国政府在2005年又提出了建设资源节约型、环境友好型社会的战略目标。2005年12月，国务院发布了《关于落实科学发展观加强环境保护的决定》。在2006年6月召开的第六次全国环境保护大会上，温家宝总理就处理好环境保护与经济发展的战略关系和保护环境的措施问题，提出了实现"三个转变"的要求。① 在2006年召开的中国共产党十六届五中全会上，中国政府将建设社会主义和谐社会作为发展的目标，强调人与自然和谐发展。在2007年召开的十届全国人大五次会议上，中国政府又首次将经济发展的指导原则从"又快又好"调整为"又好又快"，表明了确定经济增长目标要以资源能源效率和污染减排为基础。随后，2007年召开的中共十七大又提出了建设生态文明的新理念和战略，并将发展循环经济作为生态文明建设的重要内容。至此，中国明显开始进入环境与发展的战略转型时期，而且，十七大以科学发展观为统领，为这种战略转型构建了明确的路线图。这是循环经济在中国能得到高度关注并被迅速推动的政治和政策基础。

三 试点示范阶段（2006—2009年）

以《若干意见》和《国民经济和社会发展第十一个五年规划纲要》为标志，中国的循环经济发展进入全面试点示范阶段，确定了以国家发展改革委为主，国家环保总局等相关部委配合的管理体制。2005年10月，以国家发展改革委会同国家环保总局等6部委联合发布了循环经济试点工作方案，在重点行业、重点领域、产业园区和省市组织开展循环经济试点工作。重点行业包括钢铁、有色金属、煤炭、电力、化工、建材、轻工7大高能耗、高污染行业。重点领域指废弃物再利用和资源化领域。产业园区包括不同类型的工业和农业园区。省市试点是指选择不同类型的省市开展区域循环经济试点。2005年启动的第一批试点单位包括10个省市、13个再生产业园区或企业、42家企业。2007年启动的第二批试点单位新增加了17个省市、16个再生产业园区或企业、37家企业、4个农业村镇或企业、19个工业园区。此外，环保部、商务部和科技部联合开展了25家生态工业建设试点。

四 全面推进阶段（2009年至今）

从2009年开始，中国的循环经济发展进入全面推进阶段，主要表现在两个方面：第一，总体上看，循环经济试点数量和范围正在迅速增多和扩

---

① 一是从重经济增长轻环境保护转变为保护环境与经济增长并重，把加强环境保护作为调整经济结构、转变经济增长方式的重要手段，在保护环境中求发展。二是从环境保护滞后于经济发展转变为环境保护和经济发展同步，做到不欠新账、多还旧账，改变先污染后治理、边治理边破坏的状况。三是从主要用行政办法保护环境转变为综合运用法律、经济、技术和必要的行政办法解决环境问题，自觉遵循经济规律和自然规律，提高环境保护工作水平。

大，覆盖了27个省市和众多行业，呈现出全面实践的态势；第二，从2009年1月1日起，《循环经济促进法》正式开始实施。该法的实施无疑意味着循环经济实践的全面铺开。

第二节 中国促进循环经济发展的政策动向[①]

一 直接推动循环经济发展的政策动向

从2005年开始，中国制定循环经济政策的进程大大加快。除了《若干意见》、《国民经济和社会发展第十一个五年规划纲要》（简称《十一五规划》）和《循环经济试点工作方案》外，还有5项政策文件对中国循环经济的发展起着直接的推动作用。

（一）2005年6月，国务院发布了《关于做好建设节约型社会近期重点工作的通知》，该文件虽没有规定具体的政策，但它促进了各种已有政策的落实，并促使各部门和地方政府出台一些新的政策，促进能源、水、原材料和土地节约工作，加强废弃物的综合利用。

（二）2005年12月，国家发展改革委宣布将采取八大措施，推进循环经济发展。这八项措施包括：（1）建立促进循环经济发展的法律法规体系；（2）抓好国家循环经济首批试点工作；（3）处理好发展循环经济的政策机制；（4）加大自主创新，推进技术进步；（5）加快结构调整；（6）加快研究建立科学的循环经济评价评估体系和完善制度；（7）用国债资金支持一批重点项目；（8）加强对循环经济工作的组织领导与宣传教育，促进全社会的循环经济意识等。

（三）全国人大于2008年审议通过《循环经济法》。同时，有关部门研究制定关于电子废弃物、废旧轮胎和包装物等的回收和再利用的专项法规和政策。

（四）2006年9月，国家环保总局发布了静脉产业类、行业类和综合类生态工业园区标准，用以评价和规范生态工业园区建设。

（五）2006年10月，财政部和国家环保总局联合发布了《关于环境标志产品政府采购实施的意见》，要求各级国家机关、事业单位和团体组织用财政性资金进行采购的，要优先采购环境标志产品，不得采购危害环境及人

---

① 世界银行：《促进中国循环经济发展的政策研究》，2007年。

体健康的产品。这是中国开始建立公共绿色采购的重要标志。

二 推动循环经济发展的相关政策动向

2005年以后，在中国出台的一系列新政策中，有些政策虽然不是直接针对循环经济问题制定的，但对发展循环经济创造了良好的政策环境，有着重要的促进作用。其中，最典型的是节能减排目标及其政策措施。中国《十一五规划》规定，与2005年相比，到2010年，单位GDP能耗要降低20%，二氧化硫和化学需氧量（COD）等主要污染物总量要减少10%，这是两个必须完成的约束性指标。完成这两个节能减排指标成为中国政府最重要的任务之一，为此，2007年4月成立了以温家宝总理为组长的国务院节能减排工作领导小组，并采取了十大措施：（1）通过调整和优化产业及能源结构，控制能源消耗和污染排放的增加；（2）通过加大投入，实施节能减排重点工程；（3）通过发展循环经济，创新经济增长模式；（4）通过技术开发和推广，提高节能减排的技术水平；（5）通过提高能力建设，强化节能减排管理；（6）通过健全法制和加大监督检查执法力度，提高节能减排政策的实施效果；（7）通过完善价格、税收和财政政策，形成节能减排的激励和约束机制；（8）通过强化宣传，提高全民节约意识；（9）通过政府的表率作用，推动全社会的节能减排工作；（10）通过建立强有力协调机制，加强对节能减排工作的领导。2006年以来，中国政府在资源节约和环境保护的相关经济政策方面也开始了较大力度的改革。例如，对高能耗产品和行业的生产用电，实行高于一般行业的价格；将部分特种钢材及不锈钢板、冷板、涂镀等高端产品的出口退税率降为5%，普碳钢、热板、型材、盘条等钢材产品则取消出口退税，其他数种高能耗高污染产品也不再享受出口退税优惠；资源税改革也进入快车道。

三 中国循环经济政策的发展趋势[①]

世界银行组织在2009年8月公布的政策研究报告——《中国循环经济的发展：要点和建议》中提到，中国政府应进一步从政策手段、企业和社区参与、能力建设和政府角色定位四个方面进一步采取行动，以提高政府为发展循环经济所付出努力的效果，有力推动循环经济发展。报告同时指出，

---

① 郗永勤、赵宏伟：《中国循环经济的动因、演进、特点与评价》，《中国行政管理》2010年第10期。

中国政府促进循环经济发展的机构安排尚显薄弱且具有临时性，目前只有国家发展改革委专门设立的一个处级部门致力于此项工作，其他许多政府机构只是选择性地参与。由各级政府和不同机构所制定的与循环经济相关的政策，并不都是协调一致的，有时互相矛盾。这需要进一步加强政府部门间包括中央和省一级相关政策和信息的协调一致。联合国环境规划署执行主任阿希姆·施泰纳对中国推动循环经济工作表示充分肯定，他认为中国政府为应对国际金融危机，不仅努力促进经济恢复和增长，而且加大在环保、节能等领域的投入，积极促进发展方式转变，受到国际社会的广泛欢迎和好评。德国循环经济学家伯恩哈特·蓝宁阁认为，中国在回收方面做得不错，但是中国还需要一个更加正规的回收系统，特别是要关注有机垃圾的处理。日本循环经济立法专家小柳秀明提到，中国二氧化硫和二氧化碳的排放情况比日本要高很多，中国要改善这种状况，今后需要国家、地方政府和公民共同推动循环经济。亚太经合组织专家、日本经济产业研究所副所长田边靖雄高度评价中国致力于发展循环经济的功效，他认为对于世界上第一人口大国的中国来说，积极实施循环经济，处理好经济发展与生态保护的协调关系，对世界的和谐、亚太地区的环境都将产生无法取代的影响和作用。

从来自世界银行、联合国环境规划署、德国、日本、亚太经合组织等国际社会的报告或专家的评价中可以看到，国际社会对于这些年中国政府发展循环经济所取得的成效给予了充分肯定，但是通过他们的评价我们也能发现中国循环经济政策还有很多需要完善的地方，比如政策的可操作性不强、部门间相关政策缺乏协调性、政策约束性不够、缺乏必要的配套制度等。2009年哥本哈根联合国气候变化大会前夕，中国政府做出到2020年单位国内生产总值二氧化碳排放比2005年下降40%—45%的庄严承诺，由此表明了中国政府对未来经济实现更加可持续发展、建设资源节约型和环境友好型社会的决心。2009年实施的《循环经济促进法》阐明了中国资源和环境问题的实质，明确了中国发展循环经济的原则和目标，又创设了发展循环经济所需配套的制度和机制，给未来中国循环经济政策的发展指明了方向。

第二章　中国循环经济发展政策体系

第一节　循环经济发展政策体系的基本要求

一　循环经济发展政策体系的含义[①]

循环经济政策体系是指政府机构为推进资源合理化利用、实现经济社会可持续发展，依法制定的激励与约束政府、企业和居民行为的一系列行为准则。中国循环经济政策包括法律、法规和规章等构成的制度体系，按照权威性可以划分为不同层次。中国中央层面循环经济政策可以划分为三个层次，第一个层次是法律，第二个层次是国务院有关规章，第三个层次是各专业管理部门规章。其他国家法规政策也具有层次性。例如在法律上，日本循环经济第一个层面为基本法，如《促进建立循环社会基本法》；第二个层面为综合性法律，如《促进资源有效利用法》；第三个层面为具体行业和产品的专项法律，如《绿色采购法》。

二　循环经济政策发展体系的基本要求[②]

（一）针对性

循环经济政策必须能够为解决不同地区、各个行业生产实际中出现的资源与环境问题提供宏观指导和政策支持，能够使其循环经济的行为得到保障，从而推进循环经济的健康发展。

（二）可执行性

循环经济政策中所涉及的指标体系、规划目标、适用范围、主要内容、

[①] 周达：《我国循环经济政策现状、环境及导向研究》，《兰州商学院学报》2010年第2期。
[②] 郗永勤、杨欣：《我国循环经济政策体系的优化与设计》，《集美大学学报》（哲学社会科学版）2012年第2期。

重点任务、奖惩手段和保障措施等必须具有可执行性。

(三) 可持续性

循环经济发展政策尤其是各类发展规划,既要能够引导一个国家(地区)一定时期内循环经济的健康发展,又要能够为下一阶段的发展提供经验教训和重要铺垫,使其能够根据实际状况加以调整和完善。

(四) 涉及内容的广泛性

循环经济政策体系涉及工业、农业、服务业、能源、土地资源、水资源等多个方面,覆盖国家机关、地方政府、企业、中介组织、社会公众等众多主体,需要将全社会的力量凝聚在一起。

(五) 政策目标的层次性

为了更好地促进循环经济发展,我们将循环经济政策体系的设计分为三个层面,即小循环、中循环和大循环。分别从企业、区域和整个社会的角度来研究其各自发展中所需的政策法规,从而达到对循环经济政策体系进行系统性研究的目标。

第二节 中国促进循环经济发展的政策构成

近年来,中国循环经济发展所涉及的范围不断扩展,涉及农业、工业和第三产业,资源、能源使用,环境保护等多个领域,成为对传统经济发展模式的一种变革。要求在保证经济发展的同时,提高资源能源使用效率,降低环境污染水平,走人与自然和谐发展的道路。现阶段,中国循环经济实践的重点领域集中在废旧资源综合利用及相关环保产业、生态工业、资源能源开发利用、生态农业和环境友好型产品五个方面。

一 废旧资源综合利用及相关环保产业政策[①]

废旧资源综合利用产业是生态工业内部和生产与消费领域间的连接产业,是循环经济体系中的重要产业,是目前发达国家循环经济发展的重点领域,在日本被称为"静脉"产业。中国废旧资源综合利用产业发展历史较长,大致经历了两个阶段。第一阶段是从新中国成立初期到20世纪70年

---

① 任勇、周国梅:《中国循环经济发展的模式与政策》,中国环境科学出版社2009年版,第192—195页。

代，由私有、公司合营回收利用体系逐渐发展为公有制下的、分别由物资部、供销社管理的废旧物资回收利用两大系统。第二阶段是改革开放后，国营回收利用体系逐渐衰退，民营企业和无组织的"拾荒大军"突起。该阶段的另一个重要特征是环保产业逐渐发展壮大，形成囊括废旧资源综合利用或者是相互交叉的较大产业体系。所以，国家的相关政策既包括一般废旧资源（也称废旧物资）的回收利用，也涉及工业和生活废弃物的回收、利用和安全处置等方面。

国家一直重视废旧资源综合利用及环保产业发展。从20世纪80年代开始，国务院、国家发展改革委（原计委）、原国家经贸委、财政部、税务总局、中国人民银行等先后发布了20多个政策文件。从政策结构来看，分为指导性政策和经济激励政策。

（一）指导性政策

严格地讲，中国没有针对资源综合利用和环保产业的法律法规，多属产业指导性政策，但环境保护法律法规，特别是《固体废物污染环境防治法》和《水污染防治法》对促进环保产业发展发挥了重要的促进作用。

1. 关于产业发展地位和方向的规定

1985年，国务院批转了国家经贸委《关于开展资源综合利用若干问题的暂行规定》，要求社会各领域积极开展资源综合利用活动。并出台了《资源综合利用目录》，包括工业"三废"回收利用；工矿企业余热、余压和低热值燃料（煤矸石、石煤等）生产的热力与电力；用林木采伐、造材截头和加工剩余物生产的产品等。1989年，国务院发布了《关于当前产业政策要点的决定》，将环境保护和能源利用列为国家产业重点。根据《关于当前产业政策要点的决定》，国务院环保委员会制定了《环境保护产业发展若干意见》，出台了《环保产业发展目录》。1991年，国务院将能源科学和新能源、高新节能技术、生态科学和环境保护技术划定为高新技术。1992年，国务院环保委员会对促进环保产业发展又提出了若干措施，并以通知的形式发布。到1996年，国务院批转了国家经贸委等部门《关于进一步开展资源综合利用意见的通知》。该通知是对1985年《关于开展资源综合利用若干问题的暂行规定》的深化，从适应经济增长方式转变和实施可持续发展战略的高度，对资源利用、废弃物综合利用和无害化处理提出了更高要求。对1986年修订的《资源综合利用目录》进行了增补，扩大了资源综合利用的范围和领域，对固体废弃物、废水（液）、废气等提出了综合利用的要求。2003年国务院办公厅发布了《关于开展资源节约活动的通知》，将"三废"

综合利用和相关环保产业技术发展放到了更高的战略地位。同年，国家发展改革委修订了《资源综合利用目录》。

2. 关于产业发展机制的要求

1992年国务院环保委员会印发的《关于促进环境保护产业发展若干措施的通知》明确指出，"要把生产和开发环保产品和提供服务的企事业单位推向市场，供需结合、有偿服务、平等竞争、优胜劣汰，把环保产业纳入社会主义市场经济的轨道"。《环保产业发展"十五"规划》也要求："坚持以市场为导向、以科技为先导、以效益为中心、以企业为主体的原则，加强政策引导，依靠技术进步，培育规范市场，加强监督管理，逐步建立与社会主义市场经济体制相适应的环保产业宏观调控体系，统一开放、竞争有序的环保产业市场运行机制。"

垃圾和污水处理是资源综合利用和环保产业体制与机制转型中最后的领域，也是最难的领域。为此，从2002年开始，国家发展改革委、建设部、环保总局、财政部等部委就垃圾和污水收费及产业化、市场化发展问题联合发布了几个重要指导意见，对加快环保产业特别是污水和垃圾处理体制及机制转型发挥了重要推动作用，吸引了社会投资主体，引入了市场运作机制。在许多城市，市场化既解决了污水和垃圾处理设施建设的资金短缺问题，也提高了处理的质量和效率。目前，国家已将污水和垃圾处理市场化纳入整个公用事业体制改革框架之中。

3. 规划引导

为贯彻落实《国民经济和社会发展第十个五年规划纲要》，在研究分析环保产业现状及发展趋势的基础上，国家制定了《环保产业"十五"规划》，提出"十五"期间环保产业年均增长率要达到15%左右，自主研发具有国际先进水平的环保技术和产品，淘汰技术落后的环保产品，形成3—5家具有国际竞争力的环保产业大公司和企业集团，提高环保产业社会化服务水平等目标；把大气污染防治领域、水污染防治领域、固体废弃物处理处置领域、节水技术和设备、资源综合利用、环境服务等10个领域作为环保产业发展的重点发展领域；并提出了制定和完善环保产业政策，依靠技术进步，加强监督管理，培育和规范环保产业市场，探索建立适应社会主义市场经济体制要求的环保产业发展机制等措施。

（二）经济激励政策

20世纪90年代，中国发布了不少废旧资源综合利用的经济激励政策，涉及税收优惠、处理处置收费和信贷支持等方面。

1. 税收优惠政策

税收优惠政策是废旧资源综合利用产业政策的重点，并在近些年不断得到加强和延续。在所得税方面，财政部和国家税务总局1994年发布的《关于企业所得税若干优惠政策的通知》规定，企业利用废水、废气、废渣等废弃物为主要原料进行生产的，可在5年内减征或者免征所得税，优惠范围参考1985年发布的《资源综合利用目录》；此外，对国务院批准的高新技术产业开发区内的高新技术企业，按15%的税率减征所得税，新办的高新技术企业自投产年度起，免征所得税2年。1994年，国家税务总局和国家计委还发布了《关于固定资产投资方向调节税资源综合利用、仓储设施税目税率注释的通知》和《关于固定资产投资方向调节税城市建设类税目注释的通知》，对资源综合利用，特别是污水处理厂、垃圾处理厂和转运站适用投资方向零税率的范围做了详细规定。该项政策目前已废止。

在增值税优惠方面，从1995年开始，国家先后发布了5个通知。1995年，财政部和国家税务总局下发了《关于对废旧物资回收经营企业增值税先征后返的通知》，要求在1995年内，对从事废旧物资经营的增值税纳税人，按现行规定计算缴纳增值税后，实行增值税先征后返，按已入库增值税额的70%返还企业。1997年，该项政策以另外一个通知的形式得以巩固和加强。

对于综合利用产品增值税问题，财政部和国家税务总局在1995年发布了《关于对部分资源综合利用产品免征增值税的通知》，对企业生产的原料中掺有不少于30%的煤矸石、石煤、粉煤灰、烧煤锅炉的炉底渣的建材产品，对企业利用废液（渣）生产的黄金、白银，在1995年年内免征增值税。1996年，另一个类似的通知要求继续执行该项政策。到1998年，《关于部分资源综合利用及其他产品增值税政策问题的通知》对该政策作了些调整，规定利用石煤生产的电力按增值税应纳税税额减半征收，对燃煤电厂烟气脱硫副产品实行增值税即征即退的政策等。

对于污水收费的增值税收问题，财政部和国家税务总局2001年下发的《关于污水处理有关增值税政策的通知》规定，对各级政府及主管部门委托自来水厂（公司）随水费收取的污水处理费，免征增值税。

此外，资源综合利用和环保产业可以享受有关高新技术、企业技术研发、国产设备投资等方面的税收优惠政策。1991年，国家将能源科学和新能源、高新节能技术、生态科学和环境保护技术划定为高新技术，国家认定的高新技术开发区内的这些企业可以享受《国家高新技术产业开发区若干政策的暂行规定》和国家税务局制定的《国家高新技术产业开发区税收政策的规定》中的优惠政策，如高新技术企业生产的出口产品，除国家限制出口或另有规定的产品以外，免征出口关税。

2. 信贷支持政策

严格地讲，中国没有发布专门针对废旧资源综合利用和相关环保产业的信贷支持政策。但1995年中国人民银行下发的《关于贯彻信贷政策与加强环境保护工作有关问题的通知》（以下简称《通知》）对环保产业有一定的积极推动作用。《通知》要求，各级金融部门对国家明令禁止、不符合环境保护规定的项目和企业不得发放贷款，并收回已发放的贷款；对国家严格限制的行业，必须通过环保部门的审核后，金融机构才能对企业提供贷款；对于环境有利、治理污染的企业要予以积极的贷款支持，从多层面推动环保产业的发展。

3. 处理处置收费政策

20世纪90年代以后，在中国废旧资源综合利用，特别是相关环保产业发展政策中具有创新意义的是对城镇生活污水和垃圾开征处理处置费。1999—2002年，相关部委先后联合发布了3个有关征收生活污水和垃圾处理费的通知。这项政策的意义不仅在于为城市政府筹集污水和垃圾处理资金开辟了一个新的渠道，而且为建立一个新的市场，吸引民间资本进入，壮大环保产业创造了前提条件；也对中水回用和垃圾深度综合利用活动发挥了重要的激励作用。

（三）生态工业政策[①]

在中国现行的工业政策体系中，产业结构调整政策、生态工业园区建设和清洁生产政策是促进工业体系生态化的重要政策要素。目前，从这些政策的构成和内容上看，生态工业园区政策基本缺位，是今后建立和完善的重点环节；产业结构调整和清洁生产政策在2004年取得了重要进展，基本可以满足目前循环经济发展的要求，今后一段时间的重点是切实落实好这些政策。

1. 产业结构调整政策

从"九五"开始，中国将产业结构调整摆到了转变经济增长方式的战略高度，制定了许多重要政策。产业结构调整的核心任务是产业结构升级。

---

① 任勇、周国梅等：《中国循环经济发展的模式与政策》，中国环境科学出版社2009年版，第195—197页。

围绕这一任务，中国加速发展资金、技术相对密集的产业和装备工业、高新技术产业，并积极使用新技术改造传统产业，也就是通过产业技术的升级来实现产业结构的战略性调整。在鼓励新产业发展和改造落后产业方面，原国家计委、原国家经贸委先后发布了《当前国家重点鼓励发展的产业、产品和技术目录》（2000年修订）和《淘汰落后生产能力、工艺和产品的目录》（第一批、第二批、第三批），对引导投资和政府投资管理部门管理投资项目发挥了重要的指导作用。仅1999年的第一批淘汰目录就淘汰了违反国家法律法规、生产方式落后、产品质量低劣、环境污染严重、原料和能源消耗高的10个行业的落后生产能力、工艺和产品，共114个项目。特别是按照国务院《关于环境保护若干问题的决定》要求，全国关闭了8.4万家严重浪费资源、污染环境的小企业；淘汰了一批落后的生产能力和设备，限制发展了一批高物耗、高污染的产业，促进了传统产业的技术改造。经济增长方式的转变和结构调整明显地提高了产业的资源能源效率，降低了污染排放强度。1990—2000年，中国GDP万元产值能耗由5.32吨标准煤下降到2.77吨标准煤，年均节能率接近5%，能源效率由1980年的25%上升到目前的34%左右。据统计，1981—2000年，全国累计节约能源10亿吨左右标准煤，对控制大气污染发挥了重要作用。按照中国1990年消耗每吨标准煤排放0.58吨二氧化碳、0.023吨二氧化硫计算，这一时期相当于减少排放约5.8亿吨二氧化碳、约2300万吨二氧化硫。

目前，国家发展改革委新制定的《产业结构调整方向暂行规定》（以下简称《暂行规定》）已于2005年12月2日颁布实施。根据《暂行规定》，产业结构调整的目标是：按照5个统筹的要求，推进产业结构优化升级，逐步形成以高新技术产业为先导、基础产业和制造业为支撑、服务业全面发展的产业格局，提高产业整体国际竞争力。产业结构调整的原则是：坚持以人为本和科学发展观，促进国民经济持续、快速、协调、健康发展；坚持以信息化带动工业化，以工业化促进信息化，走科技含量高、经济效益好、资源消耗低、环境污染少、人力资源得到充分发挥的新型工业化道路。围绕《暂行规定》，制定了新的《产业结构调整指导目录》（以下简称《目录》）。《目录》分为鼓励类、限制类和淘汰类。

在政策措施方面，《暂行规定》也做出了实质性的规定。对鼓励类投资项目：（1）在投资总额内进口的自用设备，除《国内投资项目不予免税的进口商品目录》和《外商投资项目不予免税的进口商品目录》所列商品外，免征关税和进口环节增值税；（2）对设在西部地区鼓励类产业项目营业收入占企业总收入70%以上的企业，在2010年以前，按减15%的税率征收企业所得税。对限制类投资项目：各级政府投资主管部门要严格按照有关投资管理规定进行核准；对未经核准的限制类投资项目，政府不予投资，各银行、金融机构不予贷款，土地管理、城市规划、环境保护、消防、海关等部门不得办理有关手续；凡违背规定进行投融资建设的，要追究有关人员的责任。对淘汰类项目，禁止投资：①各地区、各部门和有关企业要制订规划，采取有力措施，限期坚决淘汰；②一律不得进口、转移、生产、销售、使用和采用淘汰的生产能力、工艺和产品；③对不按期淘汰落后生产能力、工艺和产品的企业，有关部门要限令其停产，属取证产品的，质检等部门要取消其生产许可证，工商行政管理部门要吊销其营业执照，有关金融机构要停止贷款；④对情节严重者，要依法追究直接负责的主管人员和其他直接责任人员的法律责任。

总体上看，《暂行规定》符合科学发展观和走新型工业化道路的要求，是全面建设小康社会新形势下中国产业结构调整的重要政策创新，对促进产业生态化将有重要的推动作用。

2. 生态工业园区建设政策

严格意义上讲，中国生态工业园区还没有建立起配套政策，原国家环保总局只是发布了启动和规范试点的管理规定：《国家生态工业示范园区申报、命名和管理规定（试行）》和《生态工业示范园区规划指南（试行）》。生态工业园区作为生态工业的重要形式之一，国家应高度重视建立相关政策。截至2014年年底，经国务院批准的经济技术开发区有218个，地方批准的有一大批。高新技术产业园区是为了提高经济发展的技术含量，在一定区域内建立起来的技术密集型开发区，主要侧重于经济发展"质"的提高。截至2015年3月，经国务院批准的高新技术产业园区有129个。[①] 经过较长一段时间的快速发展，中国国家级的经济技术开发区和高新技术产业园区以及部分地方建立的相关园区都已发展成为带动当地经济增长和技术扩散的龙头，是中国产业技术和经济的最高水平。按照产业升级转型的一般规律，这些园区的下一步发展方向必然是以降低资源能源消耗、提高经济产出、减少污染排放——提高生态效率为核心的产业生态化。所以，在走新型工业化道路的大背景下，国家要抓住园区产业升级和转型的必然规律和机遇，积极引导，将现有国家经济技术开发区和高新技术产业园区及部分地方政府建立的

---

① 以上数据来自中国政府网。

相关园区逐步改造成生态工业园区。

3. 清洁生产政策

中国的清洁生产政策包括法律法规、技术指导目录及标准和能力建设三个方面。总体上，中国的相关政策处于世界先进水平，基本可以满足现阶段循环经济发展战略对清洁生产的要求。2002年颁布的《清洁生产促进法》和2004年8月由国家发展改革委和国家环保总局联合发布的《清洁生产审核暂行办法》（以下简称《办法》）是中国清洁生产政策取得重要突破的标志。特别是《办法》解决了中国清洁生产实践中长期存在的经济激励不足和强制实施没有法律依据的两大难题，具体表现在3个方面：（1）实行自愿性审核和强制性审核相结合。（2）对强制审核配套了较严格的管理措施：建立了信息发布和公众监督制度；规定了明确的实施审核的时间期限；确定了违法责任。（3）建立了配套支持政策。

为了贯彻落实《清洁生产促进法》，国家经贸委于2000年发布了第一批《国家重点行业清洁生产技术导向目录》，涉及冶金、石化、化工、轻工和纺织5个重点行业，共57项清洁生产技术，并详细地说明了每种技术的适用范围和投资效益分析方法。2003年，国家经贸委和国家环保总局联合公布了第二批《国家重点行业清洁生产技术导向目录》，涉及冶金、机械、有色金属、石油和建材5个重点行业，共56项清洁生产技术。与第一批目录相比，第二批目录增加了清洁生产技术供给信息。同年，中国发布并实施了《清洁生产标准石油炼制业》（HU/T 125—2003）和《清洁生产标准炼焦行业》（HJ/T 126—2003），并准备在其他污染或资源浪费严重的行业（如钢铁行业、电镀行业、水泥行业等）制定了清洁生产标准。

此外，中国清洁生产审核机构的建设和审核队伍的培养是与整个清洁生产工作推进过程同步进行的。2001年，国家环保总局专门发布了《关于开展清洁生产审计机构试点工作的通知》。《清洁生产促进法》和《清洁生产审核暂行办法》对清洁审核机构和队伍建设也做出具体规定。据统计，目前中国已在20多个省（区、市）的20多个行业、400多家企业开展了清洁生产审计，建立了20个行业或地方的清洁生产中心，1万多人次参加了不同类型的清洁生产培训班。

（四）资源能源开发利用政策[①]

资源和能源开发利用是循环经济建设的重要环节。资源和能源的开发效

[①] 任勇、周国梅等：《中国循环经济发展的模式与政策》，中国环境科学出版社2009年版，第200—202页。

率、转换效率、利用效率和再利用程度是衡量循环经济的重要标志。中国人均资源和能源占有率低下，对社会经济发展保障不足，资源和能源开发利用效率低是中国发展循环经济的主要制约因素。

1. 自然资源开发利用政策

自然资源开发利用是国民经济运转的基础。中国近些年加强了资源开发利用管理，出台了一系列提高资源利用和转化效率的政策，其中最为关键的是逐步完善了自然资源的价格机制，促进了资源的合理开发和保护以及节约利用。自然资源涉及的面较广，这里重点分析水、土地、矿产三种重要资源的政策情况。

（1）立法方面：中国非常重视资源的开发管理，对重要资源都进行了专门立法，如《水法》（1988年）、《土地管理法》（1986年）、《矿产资源法》（1986年）、《煤炭法》（1996年）和若干配套法规。基于这些基本法律法规，各行政主管部门出台了一系列具体政策措施。例如，原国家计委、财政部、建设部、水利部、国家环保总局2002年颁布的《关于进一步推进城市供水价格改革工作的通知》，对在建立合理的供水价格形成机制，健全完善各项配套措施，加大污水处理费征收力度，提高水资源费征收标准，引入市场机制等方面提出了具体要求。总体上来说，在水资源和矿产资源的开发利用中，政府更倾向于利用价格机制来调控资源的开发和利用效率。

（2）经济政策方面：与资源开发利用有关的经济政策主要包括两个方面：资源的定价政策和税收与补偿政策。资源定价政策主要有：《城市供水价格管理办法》（1998年）、《城镇土地使用税暂行条例》（1988年）、《探矿权采矿权使用费和价款管理办法》（1999年）等；资源税收与补偿政策主要有：《资源税暂行条例》（1993年）、《矿产资源补偿费征收管理规定》（1994年）、《大中型水利水电工程建设征地补偿和移民安置条例》（1991年）等。

为了更好地解决当前经济发展中出现的过于依赖资源消耗的问题，国家积极调整资源性产品与最终产品的比价关系，促进资源的综合利用。如1998年制定的《城市供水价格管理办法》，对城市供水价格的确定和供水企业的净资产利润率做出了规定，也制定了污水处理价格和供水定价方式的管理办法，要求在水资源的使用价格中充分体现资源的全部价值。

为解决当前中国多种资源价格并不能完全反映资源真实价值的情况，一些行政主管部门制定了资源税和补偿政策，一方面，对资源价格体系起到有效的补充作用；另一方面，也有利于促进资源的高效利用。例如，1993年颁布的《资源税暂行条例》，规定国内开采矿产品或者生产盐的单位和个人，应当缴纳资源税，资源税的税目、税额依照《资源税税目税额幅度表》及财政部的有关规定执行。1994年颁布的《矿产资源补偿费征收管理规定》要求，在中华人民共和国领域和其他管辖海域开采矿产资源应当依照规定缴纳矿产资源补偿费，体现资源的价值。

2. 能源政策

从20世纪90年代中期开始，节约能源、提高能源利用效率逐渐成为中国能源政策的主体。1997年颁布了《能源节约法》，并陆续发布了主要行业和部分产品的能效标准，开展了各种节能降耗活动，制定了5年能源节约规划，在改进能源效率上取得了很大成效。"九五"期间，中国万元GDP能耗（1990年价）由1995年的3.97吨标准煤下降到2000年的2.77吨标准煤，累计节约和少用能源达4.1亿吨标准煤。按"九五"期间直接节能量计算，节约的能源价值约660亿元。《能源节约与资源综合利用"十五"规划》对节约能源和提高能效方面也提出了较高要求，把节约和替代石油技术、洁净煤技术、"三废"综合利用技术等技术创新和节油示范工程、绿色照明示范工程、节约型清洁型企业示范工程等重大示范工程项目作为发展的重点；提出了加强法制建设，制定和实施能源效率标准和认证标识制度，促进能源结构优化，提高能源节约与资源综合利用整体技术水平，研究制定适应市场经济要求的激励政策，探索建立市场经济条件下推动能源节约与资源综合利用的新机制等措施。

进入21世纪，在全面建设小康社会面临资源能源和环境瓶颈约束的严峻形势下，节约能源和再生能源开发政策得到前所未有的加强。仅2004年以来，国家就出台了5项相关政策和法律：国务院办公厅《关于开展资源节约活动的通知》《可再生能源法》《节能中长期规划》《能源效率标识管理办法》和《政府节能产品采购通知》。这些政策充分反映了科学发展观和新型工业化道路的要求，基本上可以满足现阶段循环经济的实践需要。

3. 可再生能源开发政策

可再生能源包括风能、太阳能、水能、生物质能、地热能、海洋能等非化石能源。对于促进中国可再生能源开发，优化能源结构，《可再生能源法》提出了具体的实质性措施，是一部非常先进的法律。目前的迫切任务是制定配套的实施政策和机制，切实落实好法律规定的要求。

4. 生态农业政策①

与中国较长的生态农业实践历史相比，有关政策建设相对滞后。1993年，农业部、国家计委、国家科委、财政部、林业部、水利部和国家环保总局七部委，联合在全国组织开展了51个生态农业示范县建设。经过十多年的努力，全国已基本形成了国家、省、试点县三级生态农业管理和推广体系，生态农业实践逐步走上制度化和规范化的道路。

中国现有与生态农业有关的政策主要是规范性和管理性政策，如《关于开展全国生态示范区建设试点工作的通知》（国家环保总局，1995）、《无公害农产品管理办法》（国家认证认可监督管理委员会、国家质量监督检验检疫总局，2002）、《关于加快绿色食品发展的意见》（农业部，2002）、《全面推进"无公害食品行动计划"的实施意见》（农业部，2002）、《无公害农产品标志管理办法》（农业部、国家认证认可监督管理委员会，2003）、《关于进一步规范无公害农产品产地认定和产品认证有关工作的通知》（农业部、国家认证认可监督管理委员会，2003）等。这些规范性文件的共同点是，都要求加快生态农业建设，推广无公害食品生产。

5. 环境友好型产品相关政策②

环境友好型产品在中国还是一个较新的概念，目前还没有统一的外延和内涵上的界定，一般认为是指那些采用对环境有益的原材料生产的或资源能源利用率高的产品、生产过程中对环境污染小的产品、使用后对环境污染小的产品、能改善环境质量的产品等，产品的形式既可以是物质形态的产品，也可以是非物质形态的服务。

中国环境友好型产品政策主要是标识（或标志）制度和采购制度。标识制度包括环境标识制度、绿色食品标识制度、有机食品标识制度、无公害食品标识制度、环境友好型企业标识制度和能源效率标识制度6类，其中，前4种标识制度是中国目前较为普遍应用的制度；环境标识制度有10年的实践历史；环境友好型企业标志制度试验不到2年的时间。能源效率标识是附在产品或产品最小包装上的一种信息标签，用于表示用能产品的能源效率等级等性能指标，为用户和消费者的购买决策提供必要的信息，以引导用户和消费者选择高效节能产品。

国家发展改革委、国家质检总局联合发布的《能源效率标识管理办法》

---

① 任勇、周国梅等：《中国循环经济发展的模式与政策》，中国环境科学出版社2009年版，第203页。

② 同上。

规定，国家发展改革委、国家质检总局和国家认监委负责能源效率标识制度的建立并组织实施。《实行能源效率标识的产品目录》规定，凡列入该目录的产品，应当在产品或者产品最小包装的明显部位标注统一的能源效率标识，并在产品说明书中说明。

财政部、国家发展改革委于2004年12月发布的《节能产品政府采购实施意见》（以下简称《实施意见》）揭开了中国政府绿色采购的历史。《实施意见》要求，各级国家机关、事业单位和团体组织（统称"采购人"）用财政性资金进行采购的，应当优先采购节能产品，逐步淘汰低能效产品；政府采购属于节能清单中产品时，在技术、服务等指标同等条件下，应当优先采购节能清单所列的节能产品；采购人或其委托的采购代理机构未按上述要求采购的，有关部门要按照有关法律、法规和规章予以处理，财政部门根据情况可以拒付采购资金。

二 中国循环经济发展政策体系的特点[①]

（一）政策重点由资源有效利用向经济社会资源环境的可持续发展转变

中国循环经济政策的演进历程表明，循环经济政策的发展经历了一个思路逐渐清晰、重点逐步调整、体系不断完善的过程。在中国尚处于循环经济政策的萌芽阶段时，政府主要从有效利用资源和保护环境等角度来制定循环经济政策，主要是把循环经济作为有效利用资源、减轻环境污染的途径。而后，随着中国循环经济理论研究和政策实践的不断深入，政府制定循环经济政策的重点逐渐由有效利用资源和保护环境转向转变经济发展方式和实现经济社会资源环境的全面、协调与可持续发展。2009年实施的《循环经济促进法》第1章第1条就提到"为了促进循环经济发展，提高资源利用效率，保护和改善环境，实现可持续发展，制定本法"。2010年出台的《关于支持循环经济发展的投融资政策措施意见的通知》中再一次明确提出，将发展循环经济作为实施可持续发展战略的重要内容。

（二）政策范围从企业和园区逐步扩大到区域和社会层面

目前，中国尚处在以重化工为特征的工业化中期阶段，从这一基本国情出发，中国循环经济的政策除了涉及消费领域的废弃物处理问题外，在生产领域实施清洁生产和建设生态工业园区、保护生态环境等都成为政策关注的

---

① 郗永勤、赵宏伟：《中国循环经济的动因、演进、特点与评价》，《中国行政管理》2010年10期。

重点。中国的循环经济是一种独特的发展模式,它是从企业"小循环"到工业园"中循环"再到社会"大循环"。从 1997 年国家环保总局《关于推行清洁生产的若干意见》在企业推行清洁生产开始,中国政府通过试点示范、规划指导等一系列政策措施,全面推动企业、园区和城市的循环经济建设;2006 年国家环保总局发布关于生态工业园区建设的规划、标准;2009 年国务院批复了我国第一个针对区域循环经济发展的《甘肃省循环经济总体规划》。纵观中国循环经济政策的演进历程,可以清晰地表明,中国循环经济政策的实施范围是从企业到园区、到区域、再到社会,不断发展,逐步扩大,目前已经深入到中国经济社会等活动的方方面面,涉及生产、流通和消费的整个过程。

(三) 政策手段由以行政方式为主向以法律法规和经济政策为主转变

在现行经济体制下,单纯依靠行政手段是不能适应循环经济发展的实际需要的,作为一种新的经济发展模式,循环经济的发展迫切需要加强政府的支持和调控能力,要求政府充分利用财政、金融、产业、分配等宏观经济政策和法律法规来推动循环经济的发展。从 20 世纪末中国开始进行循环经济实践以来,这些年先后颁布、修订了《固体废物污染环境防治法》《节约能源法》《清洁生产促进法》《可再生能源法》《循环经济促进法》等多部涉及循环经济主要内容的法律,以及《关于开展资源综合利用若干问题的暂行规定》《关于推行清洁生产的若干意见》《关于加快发展循环经济的若干意见》等一系列政策文件。经济政策方面,中国政府先后公布了一系列促进产业结构调整、所得税及增值税优惠、循环经济投融资的政策措施来激励循环经济的发展,并于 2005 年和 2007 年先后启动了两批循环经济试点。2009 年实施的《循环经济促进法》以对循环经济进行引导、鼓励、支持和保障的法律规范为主要内容,不侧重直接行政控制和制裁,这也是该法称为"促进法"的主要原因之一。到目前为止,中国已初步形成了以法律法规和经济手段为主的支持循环经济发展的法规和政策体系。

(四) 政策方法由末端治理向源头治理再向全过程治理转变

循环经济是一种以资源的高效利用和循环利用为核心,以"减量化、再利用、资源化"为原则,以低消耗、低排放、高效率为特征,符合可持续发展理念的经济增长模式,是对"大量生产、大量消费、大量废弃"的传统增长模式的根本变革。循环经济的实质是以尽可能少的资源消耗、尽可能小的环境代价实现最大的发展效益。它将传统经济"资源—产品—废弃物"的物质单向线性流动方式改变成为一种按照生态规律、把经济活动组织成为"资源—产品—再生资源"的闭环反馈式循环流程的经济发展模式。中国循环经济政策在萌芽时期比较注重对废弃物的回收利用,是一种注重末端治理的政策,但随着中国循环经济政策的不断演进,到了初步形成时期,伴随着清洁生产政策的实施,已经开始重视源头控制。近年来,随着《循环经济促进法》的颁布,在全社会范围内优化配置资源的理念逐步树立起来。从废弃物回收利用到清洁生产再到循环型社会建设的循环经济发展历程表明,中国循环经济的政策方法正在实现由末端治理到源头治理再到全过程治理的根本性转变。

三 中国循环经济发展政策体系的框架①

总体上看,中国循环经济政策体系正在沿着两条途径不断得到建立和完善,初步形成了特有的框架体系。一是以《循环经济促进法》为龙头形成的循环经济专项法律制度和政策;二是将循环经济原则纳入相关法律法规和政策之中,或者称为循环经济相关法律。

从现有的情况看,专门针对循环经济发展的政策框架包括七大类:

(一)综合类政策

2005年7月,国务院发布《关于加快发展循环经济的若干意见》;2005年10月,国家发展改革委和国家环保总局等6部委联合发布循环经济试点方案;2008年8月通过、2009年1月实施《循环经济促进法》。

(二)《清洁生产促进法》(2003年)及其配套政策

(三)有关废旧资源综合利用的管理和优惠政策

(四)评价标准

2006年9月,国家环保总局发布了静脉产业类、行业类和综合类生态工业园区标准,用以评价和规范生态工业园区建设。2007年6月,国家发展改革委、国家环保总局和国家统计局联合发布的《循环经济指标体系》,包括综合类和工业园区类。

(五)有关生态工业园建设方面的政策

在多年试点的基础上,2007年,国家环保总局、商务部、科技部联合发布文件,要求现有经济开发区、高新技术开发区按照循环经济原则,改造

---

① 任勇、周国梅等:《中国循环经济发展的模式与政策》,中国环境科学出版社2009年版,第6—7页。

和建设生态工业园区。

(六) 绿色消费类政策

2006年10月,财政部和国家环保总局联合发布了《关于环境标志产品政府采购实施的意见》,要求各级国家机关、事业单位和团体组织用财政性资金进行采购的,要优先采购环境标志产品,不得采购危害环境及人体健康的产品。这是中国开始建立公共绿色采购的重要标志。

(七) 循环经济试点的投资政策

从第一批循环经济试点工作启动以来,国家发展改革委对试点项目提供了一定数量的专项资金支持。

除了专门针对循环经济发展的上述七类政策外,循环经济相关法律和政策对循环经济发展发挥着简洁的或基础性的作用。主要包括三大类:一般性的资源能源和环境政策,特别是节能减排政策;明确纳入循环经济原则和要求的资源能源和环境政策,例如新修订的《节约能源法》和《固体废物污染环境防治法》;资源能源等价格和税收政策,例如燃油税,以及大排量汽车、木制一次性筷子、实木地板等产品消费税和产品出口退税等政策的改革对循环经济的发展发挥着重要的基础性推动作用。

四 建立健全中国循环经济政策发展体系的必要性[①]

(一) 中国面临严峻的资源环境形势

中国资源消耗量高、利用率低、环境污染严重,经济增长方式粗放,突出表现为"高投入、高消耗、高排放、难循环、低效率",资源环境问题已成为制约经济发展的瓶颈。

1. 资源总量大,但人均资源占有量小

按储量计算,中国矿产资源量居世界第三,可开发利用的水资源居世界第一,森林面积居世界第四,国土面积居世界第三。但是,中国矿产、水、森林、耕地、草地、石油、天然气的人均占有量分别不足世界平均水平的50%、28%、14%、32%、32%、12%和5%。

2. 资源消耗量高,资源利用效率低

2006年,中国经济增长10.7%,已经连续四年经济增长保持在10%以上,按现行汇率计算,中国GDP总量大约占世界GDP总量的5.5%。但是,

---

① 谢海燕:《中国循环经济政策体系研究报告》,知识产权出版社2010年版,第7—8页。

能源消耗达到了 24.6 亿吨标准煤，占世界能源消耗的 15% 左右；钢铁表观消费量为 3.88 亿吨，占 30%；水泥消耗 12.4 亿吨，占 54%。即使考虑汇率因素，中国能源、资源的产出效率与发达国家相比也较低。①

3. 环境污染和生态破坏问题日益严重

"十一五"以来，全国各地狠抓节能减排工作，取得了一定成效。根据《2008 年全国环境统计公报》和《2008 年中国环境状况公报》，与 2005 年相比，2008 年全国化学需氧量排放量和二氧化硫排放量分别下降 6.61% 和 8.95%，继续保持了双下降的良好态势。但总的来看，中国污染物排放总量和排放强度依然很大，面临的环境形势仍十分严峻。2008 年，全国地表水污染依然严重，七大水系水质总体为中度污染，湖泊富营养化问题突出，近岸海域水质总体为轻度污染；农村环境问题日益突出，生活污染加剧，资源污染加重，工矿污染凸显，饮水安全存在隐患，呈现出污染从城市向农村转移的态势。同时，中国生态环境恶化的总体趋势还没有得到有效遏制，植被破坏、水土流失、土地沙化、生物多样性减少与丧失、土壤污染威胁农产品安全等问题越来越严重，致使一些生态环境脆弱的地区陷入人畜无饮水、草木难生长的境地。

4. 由资源环境问题所带来的国际压力越来越大

一方面，近年来由于国内矿产资源消费大幅度上升，大宗矿产供需缺口日益加大，对外依存度不断上升。目前中国约 50% 的铁矿石和氧化铝、40% 以上的石油和 60% 以上的铜矿资源依赖进口。另一方面，中国二氧化碳、二氧化硫等大气污染物的排放量居世界前列，并且还在迅速增长。在全球气候变暖、酸雨问题日益受到关注的今天，中国受到的国际压力也越来越大。虽然中国人均污染物排放量与其他国家相比相对较少，但在国际社会，近年来"中国威胁论"抬头，出现了"中国能源威胁论""中国环境威胁论"等方面的言论。

可见，资源环境问题已经影响到中国经济的可持续发展。发展循环经济是节约资源、建立和完善促进循环经济发展的政策体系，提高资源利用效率、减少环境污染，是解决中国资源环境问题、转变中国经济发展方式的重要途径。

(二) 中国循环经济实践发展迅速，亟须政策引导和扶持

随着国家第一批和第二批循环经济试点及各地省级循环经济试点工作的

---

① 马凯：《转变经济增长方式实现又好又快发展——在中国发展高层论坛 2007 年会上的演讲》，http://www.sdpc.gov.cn/ldjh/t20070319—121938.htm。

展开，循环经济在中国发展非常迅速。不仅试点企业，许多非试点企业也积极探索发展循环经济。许多地方、企业勇于探索与创新，从实践中开拓出独具特色的循环经济发展模式。但部分地方和企业对循环经济认识不足，在实践中存在不少问题：一是认为循环经济就是资源综合利用，在发展循环经济的过程中过分关注于废弃物的"循环"，而忽略了资源节约（减量化）与再利用。更为严重的是，少数企业在废弃物循环利用过程中还产生了二次污染。这些做法与循环经济的"3R"原则是背道而驰的。二是认为循环经济就是延伸产业链条。部分企业在发展循环经济时，不以资源的高效利用为目标，不顾经济效益，盲目延伸产业链，为了"循环"而"循环"，出现了所谓的"循环"不"经济"现象。三是极少数企业打着循环经济的旗号，发展高耗能、高污染产业，似乎只要是发展循环经济就不用遵守环境保护标准了。同时，许多省市、园区、企业反映，在发展循环经济过程中遇到了政策障碍，国家有关部门的政策不协调甚至相互矛盾，不是促进而是阻碍了循环经济的发展。因此，亟须有关部门制定统一的循环经济政策体系，建立促进循环经济发展的激励机制和约束机制，引导和规范我国循环经济的发展，为企业创造良好、公平的市场环境，使节约资源、资源利用效率高、环境污染少的企业能够在市场竞争中处于优势地位，淘汰浪费资源能源、高污染的企业。

（三）贯彻落实《循环经济促进法》，是促进循环经济发展的需要

《循环经济促进法》已于2009年1月1日正式施行，该法规定了促进循环经济发展的激励措施，主要包括：设立发展循环经济的专项资金，安排财政性资金支持循环经济重大科技攻关项目，国家对促进循环经济发展的产业活动给予税收优惠，国家实行有利于资源节约和合理利用的价格政策，实行有利于循环经济发展的政府采购政策，对在循环经济管理、科学技术研究、产品开发、示范和推广工作中做出显著成绩的单位和个人给予表彰和奖励等。《循环经济促进法》是制定循环经济政策的依据。为了贯彻落实《循环经济促进法》中的相关规定，必须在梳理现行资源环境政策的基础上，制定一套循环经济政策框架体系，并在该框架体系下，调整、完善现有宏观经济政策，促进我国循环经济的发展。

第三章 中国循环经济发展政策的局限性

中国与循环经济相关的法规政策众多，对促进中国循环经济的发展发挥了重要作用。但从总体上看，中国循环经济相关政策还不完善，不成体系，有的政策制定时间较早，已不能适应当前形势的需要；有的政策甚至与循环经济理念背道而驰；有的政策缺失，成为宏观调控的漏洞。具体可概括为如下几个方面。

第一节 循环经济发展政策不完善

一 产业政策不完善，市场准入制度尚未建立[①]

近年来，中国出台的产业政策已逐步纳入资源节约、环境友好等重要指标，但总的来看，中国产业政策仍然保留着计划配置资源的特点，运用最多的是直接管制手段，促进循环经济发展的市场准入制度尚未建立。具体表现如下：一是中国现在已有各种污染物排放标准，但缺乏产品和行业的能耗与物耗标准。二是对于从事资源回收、拆解、再生的企业应有相关行政主管部门的许可证，而目前这方面政策还不是很完善，不少没有资质进行废弃物循环利用的小企业、小作坊从事相关作业，在一些地区造成严重的二次污染。三是中央政府出台的产业政策，在一些地方执行走样，如一些进入淘汰产品、技术、工艺目录名单的，并没有得到执行；一些高污染的产业，如草浆、小化工等并没有因为"准入"制度而淘汰。

二 进出口政策需动态调整[②]

近年来，钢铁、水泥、电解铝、焦炭等行业投资过快增长，产能盲目扩

[①] 谢海燕：《中国循环经济政策体系研究报告》，知识产权出版社 2010 年版，第 14 页。
[②] 同上书，第 16 页。

大，钢坯及钢锭、电解铝、铁合金、部分有色金属等高耗能、高污染、资源性产品出口大量增加，加剧了国内能源、原材料、运输紧张的矛盾和资源环境压力。国家出台了一系列政策，控制部分高耗能、高污染和资源性产品出口，取得了一定成效，但调控力度还不够强，仍需进一步完善和调整。

三　技术政策调整滞后[①]

促进循环经济发展的技术政策较少，且比较零散，不成体系，导致中国发展循环经济最关键的开采技术、节能技术、能源梯级利用技术和资源综合利用技术缺乏，企业开发能力低，发展循环经济的动力不足。

第二节　循环经济发展政策的效果有限

一　财税政策促进资源节约，抑制资源浪费的力度有限[②]

中国促进循环经济发展的财税优惠政策主要集中在资源综合利用方面，优惠面不够广，力度不够大；同时抑制资源浪费的约束性政策较少。(1)现行增值税是按照产品增值部分缴纳税收，循环利用资源的企业原材料成本低，增值部分所占比重较高，因此循环利用资源反而需要缴纳更高比例的税。此外，利用废旧物资进行生产的企业因废旧物资大多是从民间收购，无法取得增值税专用发票，不能进行进项税额抵扣，加重了该类企业的税收负担，不利于资源循环利用。(2)资源税征收范围过窄，如土地、淡水、森林、草原等自然资源没有列入；征收税率过低，起不到调节资源合理利用的作用。(3)消费税在征税范围、税目设置、税率结构等方面也存在与当前循环经济发展形势不相适应的问题。(4)缺少专门的环境保护税种，与环境保护有关的税种主要是资源税、消费税、城建税等，零星、分散、缺乏系统性，而且这几项收入合计占税收总额的比重只有8%左右，达不到运用税收手段保护自然生态环境、促进资源节约利用的预期效果。

二　一些政策在实践中难以落实

比如废弃物循环利用将减少环境保护部门的排污费收入，循环经济项目

[①] 谢海燕：《中国循环经济政策体系研究报告》，知识产权出版社2010年版，第16页。
[②] 同上书，第14页。

占用土地将挤占其他效益更高的项目用地指标,循环经济产品的市场准入优先将加大有关部门的管理成本,对循环经济项目进行财政补贴将增加地方财政负担,非电力企业循环经济发电上网将会加大电网管理难度等问题,都制约着循环经济的发展。[1]

三 现有循环经济政策的可操作性不强

美国学者艾利森曾认为,实现政策目标过程中方案确定的功能只占10%,而其余的90%取决于有效的执行,公共政策的可操作性是最为关键的。循环经济政策作为一项公共政策,在市场经济体系中它的公平性、普适性、合理性和明晰性都相当重要,所有这些决定了它的可操作性。中国循环经济政策可操作性不强来源于以下两个方面:(1)过度依赖行政手段忽视市场机制,导致政策的公平性、普适性、合理性和明晰性缺失;(2)在中国现行行政管理体制下,地方缺少与中央配套的法规,执行循环经济的主体、程序、条件根本没有明确,地方循环经济执行力缺乏强度。[2]

第三节 循环经济发展政策缺乏重要机制

一 资源性产品价格形成机制不健全[3]

目前,中国自然资源价格和排污收费偏低,价格形成机制不健全,尚不具备促进循环经济自发运行的市场条件。首先,在现有制度和价格体系下,自然资源价格偏低,不能反映资源的全部价值和资源的稀缺程度,更没有反映生态环境补偿成本,企业没有进行技术改造、节约资源的动力,客观上刺激了企业浪费资源和能源。其次,由于对资源回收利用企业的政策优惠不明显,使得回收废旧资源利用往往比开发利用现成的资源成本还高,造成废弃物的资源化利用发展缓慢。如企业一旦使用其他企业的废弃物,如工业废渣、粉煤灰等,原来的废物产生者不仅不付费,而且还要向使用者收费,使资源综合利用企业无利可图,严重挫伤其积极性。最后,由于排污费收费偏低,致使许多企业宁愿选择违法排污并缴纳罚款,导致恶意偷排、故意不正常运转污染防治设施、长期超标排放等持续性环境违法行为大量存在。

---

[1] 齐建国:《中国循环经济发展的进程与政策建议》,《经济纵横》2010年第10期。
[2] 周达:《我国循环经济政策现状、环境及导向研究》,《兰州商学院学报》2010年第2期。
[3] 谢海燕:《中国循环经济政策体系研究报告》,知识产权出版社2010年版,第15页。

二 公众参与机制尚未建立

发展循环经济需要政府、企业、科技界和社会公众共同参与。目前，中国公众参与循环经济建设的途径有限，有关政策较少，仅在引导绿色消费方面有一些原则性规定。而对于公众如何监督企业发展循环经济的情况、行业协会如何参与循环经济发展等，均存在政策上的空白。

三 缺乏循环经济区域联动的体制机制

循环经济既可以在不同产业之间进行，也可以发生在一个企业的内部。循环经济一定是发生在一个系统中，但由于不同地区的自然资源基础条件、经济社会发展水平、生活方式等方面的差异，在很多情况下这个系统并不仅仅局限于某个行政区，可能会跨诸多权力分割的区域。同时，循环经济强调连续性，假如这个系统中有一个环节断裂，循环经济链的运转也会中断。分析中国循环经济制度可以发现，目前中国循环经济管理实际有两个层面：一个是中央政府对各地区政府的垂直管理，另一个是中央部门针对行业的专项管理。目前的循环经济管理模式恰好出现了区域与区域之间的"盲点"。这样就形成了一个矛盾，当循环经济需要进行区域合作的时候，什么样的组织、政策、人员来保证其运行，当前的制度并没有予以明确。实际上，这样的盲点在中国其他方面也是存在的，归纳起来，"条""块"结合的管理方式往往会形成"一条腿长，一条腿短"的局面，当然既有经济原因也有政治原因。[①]

第四节 对循环经济的资金支持政策回应不足

虽然国家已将循环经济和资源节约列为国债投资重点，但总的来看，对循环经济的资金支持有限，向社会筹集资金的商业融资手段的作用严重不足或缺位。银行信贷、企业债券等渠道因缺少相关政策和制度扶持，没有发挥应有的作用。尤其是中小企业，往往享受不到优惠政策。此外，中国金融机构和环保部门刚开始探索建立绿色信贷机制，在利用绿色信贷机制遏制高耗能高污染产业盲目扩张方面仍有大量工作可做。

---

① 周达：《我国循环经济政策现状、环境及导向研究》，《兰州商学院学报》2010年第2期。

第五节　循环经济文化体系建设缺乏政策支撑

循环经济思想在中国虽然已经广泛普及，但对循环经济的认识仍然存在很多误区。包括一些非循环经济领域的专家在内，仍然认为循环经济只是废弃物再生利用，没有建立起从城市设计、工业园区设计、工程设计、产品设计开始即按照循环经济原理进行规划设计、进行资源配置、构建循环经济产业链网络体系和从产品生产、包装运输、使用消费、报废回收、再生利用的全过程进行产品全寿命周期管理的现代循环经济文化体系。[①]

[①] 齐建国：《中国循环经济发展的进程与政策建议》，《经济纵横》2010 年第 10 期。

第四章　中国循环经济发展政策局限性之克服

发展循环经济是中国实施可持续发展的必然选择，也是对可持续发展战略的深化和具体化。从传统经济发展模式向循环经济的转变是一项复杂的系统工程，需要构建相应的保障循环经济发展的经济政策予以支撑。中国的循环经济政策必须在借鉴发达国家经验的基础上具有自己的特色，必须针对需要优先解决的问题，按照从易到难、逐步推进的策略制定切实可行的相互协调的政策体系。[1] 坚持发挥市场机制作用与政府宏观调控相结合、依法管理与政策激励相结合、政府推动与社会参与相结合，努力形成促进循环经济发展的政策体系和社会氛围。[2] 因此，唯有对循环经济发展政策体系的完善，才能有效地克服目前政策体系存在的局限性。中国循环经济发展政策体系的完善，体现在以下六个方面。

第一节　政府主导循环经济政策的制定[3]

中国是一个处于转轨时期的发展中国家，政府在经济社会发展中仍然起着核心作用。宏观经济政策的杠杆作用同其他制度的、法律的以及社会的因素一样，对环境有关的行为具有极为显著的影响。[4] 发展循环经济是一项系统工程，必须切实加强政府领导，协调行动，在充分发挥市场配置资源基础作用的同时，强化政府在循环经济建设方面的综合能力，切实解决地方保护、部门交叉造成的政出多门、责任不落实、执法不统一等问题。因此，发展循环经济，政府是决定性因素。所以，发展循环经济的政府引导政策，必须首先针对政府部门进行激励。

---

[1] 解振华：《领导干部循环经济知识读本》，中国环境科学出版社2005年版，第183页。
[2] 马凯：《贯彻落实科学发展观，大力推进循环经济发展——2004年9月28日在"全国循环经济工作会议"上的讲话》，载孟赤兵等主编《循环经济要览》，航空工业出版社2005年版，第43页。
[3] 吴大华：《中国特色的循环经济发展研究》，科学出版社2011年版，第119页。
[4] 厉以宁：《中国的环境与可持续发展——CCICED环境经济工作组研究成果概要》，经济科学出版社2004年版，前言第5页。

第一，把发展循环经济作为全面贯彻落实科学发展观，构建社会主义和谐社会的重要载体之一，纳入各级政府业绩考核指标之中。

第二，把发展循环经济纳入国民经济和社会发展总体计划之中，像对待发展高新技术产业和资源开发一样对待循环经济发展，在财政预算中，安排相应的预算，使循环经济进入主流经济计划。

第三，政府有必要指定或设置专门的部门（建议发展改革部门作为行政主管部），统筹循环经济发展政策的制定，指导和协调循环经济的建设，以避免出现权责不清、推诿扯皮现象。这一部门的权利和责任应通过法律规定的形式确定下来。

第四，制订专门的循环经济发展规划，确定循环经济发展的近期和远期目标及推进步骤，并应针对形势变化进行滚动修订。特别需要指出的是，制订循环经济规划一定要与国民经济和社会发展规划紧密结合，与本地区产业结构调整升级、环境保护和生态建设、城市发展规划和农村基础设施建设等紧密结合。

第二节 循环经济激励政策的完善

发展循环经济特别要注意充分利用经济激励政策。[①] 经济政策主要是综合运用市场经济手段，通过产业政策、税收政策、财政政策、金融政策、产业布局政策、规模经济政策，以及价格政策等经济手段，对循环经济项目和以循环经济模式进行生产的项目予以扶持，对不符合循环经济要求的项目予以限制或禁止。

一 循环经济产业政策[②]

循环经济产业政策可以分为两类。第一类是直接针对循环利用资源和废弃物再生产业（静脉产业）的政策。第二类是针对所有产业内的资源循环利用和清洁生产的政策。

（一）废弃物综合回收再生与安全处置产业——静脉产业发展政策

静脉产业是循环经济的主导产业。大力发展静脉产业不仅有利于环境保护，而且可以增加短缺资源的供给和能源替代，增加就业，促进经济增长。

---

① 张坤：《循环经济理论与实践》，中国环境科学出版社2003年版。
② 吴大华：《中国特色的循环经济发展研究》，科学出版社2011年版，第120页。

对于静脉产业的发展发达国家无一例外地给予了支持。

首先，要明确规定废弃物处理的优先顺序。要遵循"再制造—再利用—再生利用—循环利用"绝对优先，无害化处理第二的原则。

其次，要加快制定静脉产业和循环经济产品的行业标准和技术标准，把静脉产业纳入国家重点支持的产业之中，规范静脉产业发展。

最后，要制定对静脉产业的支持政策。支持政策应包括以下内容：(1) 土地利用优先；(2) 税收减免；(3) 财政资助；(4) 贷款优先和政府贴息；(5) 产品市场准入优先和政府采购优先；(6) 政府给予技术开发资助。各级政府应该尽快针对静脉产业制定优先发展的产业领域和产品目录，并对具体支持政策做出量化规定。

(二) 企业内的资源循环利用和清洁生产政策

主要包括以下内容：(1) 规定企业建立物质流核算制度，为废弃物管理提供基础数据信息；(2) 广泛开展清洁生产审核，于2010年在重点产业内把清洁生产审核的范围扩大到80%以上；(3) 借鉴欧盟的经验，对企业开征废弃物排放和处理税，逆向激励企业循环利用资源，减少废弃物产生；(4) 对企业用于资源循环利用和清洁生产的技术开发、专利和设备投资给予税收抵扣和加速折旧等优惠。

二 循环经济税收政策[①]

税收政策是落实循环经济产业政策的最重要手段之一。对此，中国著名经济学家厉以宁教授指出："中国环境税收改革应被作为一项影响重大的环境—经济综合手段加以考虑，税收可采用排污税、产品税、税收差别、税收减免等方式，对水污染、煤炭、汽油和柴油、木材、化肥、废物等征收环境税。"[②] 循环经济要解决的主要问题是资源短缺和环境问题，中央政府应该考虑提高初始资源税，提高初始资源的成本价格，以提高循环利用资源的成本优势。对于循环利用资源的企业，应该在营业税、关税、增值税等方面给予一定的减免优惠。考虑到现实中税收制度的复杂性，为了防止税收的流失，可以采取先征后退的方法。

---

① 吴大华：《中国特色的循环经济发展研究》，科学出版社2011年版，第121页。

② 厉以宁等：《中国的环境与可持续发展——CCICED环境经济工作组研究成果概要》，经济科学出版社2004年版，前言第5页。

（一）将资源税税率普遍提高20%。

（二）对静脉产业免征增值税和企业所得税。

（三）对进口资源适度征收关税，以保证国产资源的竞争力。

（四）全面停止高能耗产品的出口退税。

（五）对循环经济企业进口技术和设备免征关税。

（六）对循环经济产品出口全面退税。

（七）对节能和节约资源的技术和设备投资全面推行税收抵扣，促进节能和节约资源技术的推广和扩散。

（八）对节能节水类的建筑给予核减相应税收的优惠。例如，按照循环经济要求全面采取节能节水技术，使用节能产品的商品房开发，可以适当减征相应税收。

（九）加快从增值税向消费税的转轨步伐。这里应该特别指出两点：一是中国现行的增值税制度对循环经济中的资源消耗减量化和静脉产业都具有负面作用。因为它是按照资源在企业内的增值比例纳税，越是节约和高效利用资源，企业的增值比例就越高，也就必须缴纳更多的税。从这一角度来说，增值税制度激励浪费资源，抑制资源的循环利用。因此，国家有必要重新审视增值税制度，加快由增值税向消费税制度的过渡。因为消费税可抑制过度消费，像过度包装等问题，可以得到一定程度的抑制。二是尽快全面停止资源与能源密集产品的出口退税政策。从中国的资源禀赋条件和能源供需矛盾出发，除个别品种需要品种和结构调剂外，不应鼓励资源和能源出口。

三 循环经济财政政策[①]

财政政策是政府为达到一定社会发展目标而采取的主要宏观调控政策。主要政策手段有财政直接投资、财政补贴（包括为特定项目和特定企业贴息）、政府采购支出和财政转移支付等。对于发展循环经济来说，财政支持政策应主要限制在财政补贴、政府采购等方面。对于财政直接投资，要非常谨慎，应该主要限定于循环经济基础设施建设、共用技术的研究开发等领域。

（一）应尽快制定循环经济财政补贴政策。对于重要的静脉产业和重要资源的循环经济项目，在发展初期，政府财政可以对市场风险比较大的产业项目进行扶持。例如，政府提供一定比例的投资参股，进行贷款贴息等，以

[①] 吴大华：《中国特色的循环经济发展研究》，科学出版社2011年版，第122页。

便降低市场风险。

（二）制定循环经济产品政府优先采购的政策。政府采购政策是发达国家常用的对特定产业和特定产品的支持政策。它一方面可以保证循环经济产品具有比较稳定的市场；另一方面可以起到示范和导向作用。

（三）循环经济基础设施和静脉产业网络的财政投资政策。为了加速循环经济的发展，对于单个企业无法承担的大型循环经济基础设施。例如，对于大型废弃物集散设施，危险废弃物和有毒废弃物的收集与存储设施，废水网管建设等，各级政府应该像对待城市基础设施一样，纳入政府的财政投资计划，进行投资建设。

（四）各级财政要加大对节约资源和能源的重大技术研究与开发的投入。

（五）尽快研究制定对国家和地区重点生态保护地区生态补偿政策，加大财政转移支付的力度。

四 循环经济金融政策[1]

循环经济金融政策包括信贷政策和融资政策。

（一）信贷政策主要包括通过政策性贷款，支持循环经济的发展。政策性贷款主要由国家发展银行来操作，用于对循环经济产业和项目的间接融资支持。

（二）投融资政策的范围较为广泛，包括以下几个方面。第一，通过优惠政策，鼓励民间资金进入循环经济领域，尤其是静脉产业领域。第二，政府财政提供"种子"基金，补贴循环经济项目。第三，通过资本市场直接融资。这需要得到政府的特殊许可和优惠政策，成立上市公司，发展循环经济产业。第四，建立循环经济基金[2]。

五 循环经济产业布局政策[3]

循环经济的发展与产业布局密切相关，布局政策主要包括以下两方面内容。

---

[1] 吴大华：《中国特色的循环经济发展研究》，科学出版社2011年版，第122页。

[2] 基金的来源可以包括：第一，发行专门政府债券；第二，面向社会发行循环经济彩票；第三，排污费按比例投入；第四，资源税按比例投入；第五，大宗产品的回收抵押金；第六，民间资金捐助和国际援助资金。基金应主要用于支持循环经济技术研究与开发、资助重大循环经济项目等。

[3] 吴大华：《中国特色的循环经济发展研究》，科学出版社2011年版，第123页。

第一，以国家生态和环境保护为目标，进行国土整治和分区域功能规划。对于生态敏感区域和涉及国家环境与资源安全的重点区域，应该坚决限制特定产业的发展，集中推进循环经济发展模式，以解决经济增长和环境保护的矛盾。

第二，必须坚决改变过去的分散发展乡镇企业的产业布局政策，与城市化建设相结合，积极推进企业集聚。城镇的工业发展应该全面采取生态型工业开发区的模式，按照循环经济思路，分门别类地规划好开发区的建设规划，使得企业布局按照物质循环利用网络要求进行，有利于静脉产业的配套发展。

六 规模经济政策[①]

为了从基础上节约资源，提高效率，应该强化企业的经济规模效应。规模经济政策包括三个层次。

第一层次的政策是鼓励单个生产企业以最佳规模进行生产经营。只有达到规模经济，才能实现单位产出的成本最小化。因此，应该通过严格执行环境保护法和行政控制双重手段，实施强化限制"五小工业"的政策。

第二层次的政策是促进企业在空间上的集聚规模效应。也就是说，要推进产业布局的专业化和集聚化。因此，要结合循环经济产业布局政策，开展生态工业设计和工业生态园建设，积极鼓励小企业向开发区集聚。

第三层次的政策是推进循环经济静脉产业的规模化。这是防止二次污染、提高废弃物再生和循环利用技术水平的重要前提。发展循环经济应该避免"蜂拥"现象，应该研究制定静脉产业的市场准入标准。

七 循环经济价格政策[②]

主要是通过调整资源和能源价格的手段，达到促进节约资源和能源，积极回收利用资源和从废弃物中采集能源的目的。

（一）完善自然资源价格形成机制，调整资源型产品与最终产品的比价关系，通过提高资源使用的成本来促使企业尽可能节约使用和循环利用资源。

（二）调整水、热、电、气等的价格，积极推进居民生活用水用电的阶

[①] 吴大华：《中国特色的循环经济发展研究》，科学出版社2011年版，第123页。
[②] 同上。

梯式价格制度，对国家淘汰类和限制类项目及高耗能企业实行差别电价，鼓励企业和居民节约用水和用电。

（三）合理确定再生水价格和回收能源价格，既要考虑回收处理企业的收益，也要考虑利用再生资源和回收能源的企业和居民的成本。对于二者难以平衡的回收资源和产品，国家应考虑实行价格补贴。

（四）对于提高电价和水价可能给低收入居民带来附加支出的问题，可以通过提高各种低保户的生活保障金或价格补贴的办法解决。

第三节 循环经济管理政策的完善

管理政策主要是运用收费、制定资源和能源消耗标准、技术标准、环境标志、清洁生产审核、产品生命周期评价等手段或工具达到促进企业循环利用资源的目的。

一 建立以生产者责任为主导的废旧产品回收政策[①]

发达国家对废旧产品和包装等废弃物回收实行了两个体系：一是以德国为代表的生产者责任体系；二是以日本为代表的消费者责任体系。根据中国的具体国情，我们应该采取德国的以生产者责任为主导的政策。这种体系便于管理，可以不直接增加消费者的负担。近期可以优先做两件事情：(1) 尽快制定大宗产品的回收抵押金制度，确定抵押金标准；(2) 鼓励生产者建立废旧产品回收与循环利用联盟，完善废旧产品回收利用体系。

二 完善排污费和污水处理费等收费政策[②]

对污染排放收费特别是对超标准排放进行惩罚性收费，可以从逆向激励企业以减少污染排放为目标进行废弃物循环利用和无害化处理，收取的费用主要用于污染的治理和补贴废弃物回收、再生利用和无害化处理。近年来，中国已经陆续开征排污费和污水处理费等收费科目，但与发达国家相比，中国的排污费和废弃物处理费的征收标准明显过低，不仅远低于污染损害补偿费用，甚至也明显低于污染治理费用。应考虑在一般排污收费的基础上，进

---

① 吴大华：《中国特色的循环经济发展研究》，科学出版社2011年版，第124页。
② 同上。

一步提高污染超标排放的收费标准。①

三 制定和完善促进循环经济的标准体系

国务院《关于加快发展循环经济的若干意见》指出，"制定和完善促进循环经济的标准体系"。要求要加快制定高耗能、高耗水及高污染行业市场准入标准和合格评定制度，制定重点行业清洁生产评价指标体系和涉及循环经济的有关污染控制标准。加强节能、节水等资源节约标准化工作，完善主要用能设备及建筑能效标准、重点用水行业取水定额标准和主要耗能（水）行业节能（水）设计规范。建立和完善强制性产品能效标识、再利用品标识、节能建筑标识和环境标志制度，开展节能、节水、环保产品认证以及环境管理体系认证。

四 制定和发布循环经济产品标志

这不仅可以推动循环经济产品和环境友好产品的开发和使用，还有助于提高公众的环境保护意识。

五 积极推行清洁生产审核和产品生命周期评价等管理手段

要促使环境管理部门和企业更加有重点地针对一些废弃物产生的关键环节进行管理和控制，减少或延缓废弃物的产生。

此外，针对一些具体问题制定具体的政策。例如，对产品的过度包装进行限制等。②

第四节 循环经济技术政策的构建③

被誉为"20 世纪末最具影响力的经济学家"的美国麻省理工学院教授

---

① 第一，可以逐步提高各项排污收费标准，增加的收费应主要用作循环经济基金，支持循环经济的发展。第二，尽快实行产品回收押金制度，鼓励消费者使用资源节约型产品和积极协助回收废弃物。例如，大件消费品按照价格的 5% 征收抵押金，由国家循环经济基金托管，产品报废送到回收系统后再由国家循环经济基金返还。第三，对部分回收困难或回收成本较高的产品可以在价格中强制征收资源回收处理费，也可以借鉴德国的双元回收系统的方法。第四，合理分配各种收费和提高资源价格所产生的收益，建立生态和环境的经济补偿机制。第五，全面提高包括污水、垃圾在内的城市废弃物处理费的收费标准。为了避免因此而使低收入居民增加负担，可对低收入人群给予相应补贴。
② 吴大华：《中国特色的循环经济发展研究》，科学出版社 2011 年版，第 125 页。
③ 同上书，第 126 页。

莱斯特·梭罗认为，真正决定中国未来成功的因素是，是否愿意投身于现代技术革命。他认为，中国从原来的技术强国沦落为今天的落后者，原因是历史上错过了两次工业革命。因此，对于今天的中国来讲，其能否崛起的关键取决于中国的每一个人想做什么，他们将以一种什么样的态度去面对技术，并且面对由此产生的风险。① 现阶段，技术是制约中国发展循环经济的关键性问题，国家要从宏观上制定有利于循环经济发展的技术政策。技术政策在发展循环经济中主要从两个方面发挥作用：一是通过技术手段强制淘汰不符合环保要求的企业和产品，或要求其进行技术改造；二是支持和鼓励环境保护技术与静脉产业技术的创新、开发和引进，并通过技术服务加以推广和利用。

一　强制淘汰和技术改造政策

根据发展循环经济的要求修订强制淘汰的生产能力、工艺和产品目录，对那些生产方式落后、环境污染严重、原材料和能源消耗高的落后生产能力、工艺和产品，通过关停等强制性手段予以淘汰。而对那些生产方式相对落后、在一定程度上污染环境、原材料消耗和能耗比较高但通过技术改造能够减少或消除环境污染、降低消耗的企业和产品，通过政府给予一定的政策扶持鼓励它们按照循环经济的要求进行技术升级、设备换代和改进工艺环节，以达到环境保护和提高企业竞争力的目的。

二　技术创新政策

技术创新是发展循环经济的重要支撑，循环经济的发展面临着许多技术瓶颈，如能量梯级利用技术、有毒有害原材料替代技术、特殊物质的回收处理技术、资源性产品的产业链延长技术以及降低回收利用成本的技术等。国家应当加大对循环经济技术研究开发的资金扶持力度，通过设立循环经济技术开发基金和奖励基金等办法，鼓励国内研究机构和企业进行技术创新。

三　技术引进和利用政策

应当通过补贴、税收减免、抵扣等政策支持和鼓励企业积极引进外国的先进循环经济技术，支持和鼓励企业进行技术改造。还可以采取政府购买此类技术无偿或低价提供给企业使用的办法，加快新技术的应用和推广。

---

① ［美］莱斯特·梭罗：《中国兴衰论》，秦海译，《竞争力》2002年第7期。

第五节　循环经济区域联动合作框架的构建

各区域经济社会发展、资源减量利用、污染物减量排放、资源再利用、资源环境安全等方面差异较大，从而导致各区域之间循环经济发展水平有很大不同。因此，政策在设计各区域循环经济联动体系时，必须考虑各区域循环经济发展基础的差异。不同区域循环经济发展的控制指标十分不平衡，加强不同区域之间的协调和合作能力，利用优势区域的技术和经验支援不发达区域，将有利于中国区域循环经济发展水平的整体提高。要推动不同区域循环经济规划发展的实施。因地制宜地运用法律、行政手段，并制定适合市场经济体制的经济政策来推动不同区域循环经济规划发展的实施，循环经济发展水平较低的区域可借鉴循环经济发展水平较高的区域的先进经验。同时还应将构建区域循环经济体系与区域发展战略转型有机结合起来，以发展循环经济为契机，通过优化产业结构、合理配置资源，着力促进经济发展方式转变，协调区域发展的可持续道路。①

第六节　循环经济文化和环境意识的社会倡导

责任和义务可以通过法律的形式固定下来，但任何法律都无法把所有的问题规定详尽，而且执法需要成本。如果抛开道德约束，完全依靠法律和政策去保护环境，则社会可能无法承担执法需要的巨大成本。因此，发展循环经济不可能完全依赖政策和法律去推进。通过循环经济伦理和道德的建设，可以培养社会公众的环境意识，使节约资源和减少污染排放成为一种社会文化，成为大众的自觉行为。倡导节约，建立循环经济文化和社会意识，政府应该带好头。如果我们能把保护环境、节约资源确立为人们的道德准则，把建设循环经济体系当作所有社会成员的伦理，就会在全社会范围内逐步形成循环经济文化和社会意识，那么我们就可以在平凡的生活习惯中保护环境，建立起循环经济的发展模式，从而完成可持续发展这一人类的伟大事业。

---

① 周达：《我国循环经济政策现状、环境及导向研究》，《兰州商学院学报》2010年第2期。

第三篇 法制篇

第一章 中国循环经济法制发展历程

　　作为国家重大战略之一,发展循环经济已成为中国的必然选择,加快循环经济法制建设,建立完善的法制体系是推动循环经济健康发展的重要保障。加快循环经济法制建设是世界环境与资源保护立法的大趋势,是中国经济社会可持续发展的必然选择,有利于建立支撑循环经济的科学体系,是国家进行循环经济规范调控的重要手段。

　　新中国成立之初,中国就开始制定与循环经济有关的资源综合利用、节约能源、环境保护等法规制度,20世纪70年代相关立法步伐进一步加快。21世纪初,中国明确提出循环经济概念,循环经济法逐步与环境法、经济法脱离,成为独立的部门法。2009年,《中华人民共和国循环经济促进法》(以下简称《循环经济促进法》)正式实施,开创了中国循环经济立法新时代,标志着中国循环经济立法进入新阶段,在中国循环经济立法史上具有划时代的里程碑意义。

　　总体来看,以《循环经济促进法》的颁布实施为界,中国循环经济立法大致可分为两个阶段。《循环经济促进法》实施之前,中国的循环经济立法一直处于环境污染防治这一循环经济的初级阶段,涉及循环经济的法律条款多集中于环境保护和资源法相关法律法规之中。《循环经济促进法》是中国第一部关于循环经济的综合性专门立法,其对循环经济的基本概念、基本制度及中国循环经济法制建设的基本思路等内容做出法律规定,是当前中国循环经济基础法律。

第一节 《循环经济促进法》颁布前

　　《循环经济促进法》颁布实施以前,中国虽然没有专门的循环经济法律法规，但在环境保护或资源立法过程中，制定出台了多项与循环经济相关的法律法规、政策、技术标准等，相关环境资源法都不同程度地涉及循环经济立法理念，为循环经济法制建设奠定了基础。现有循环经济法律制度是在环保资源法的基础上发展起来的，因此，循环经济立法历程与环境资源立法历程密不可分。在这一立法过程中，随着人们在环境保护、资源利用等方面认识的不断变化，相关立法主导思想也随之变化，大致经历了环境污染末端治理、减量化、再利用和资源化三个阶段。因此与循环经济有关的相关立法可以根据其立法主导思想的不同而分为三类。

一 以环境污染防治为主导思想

新中国成立初期，中国就制定了一系列与循环经济有关的环境污染防治方面的法规文件，如《水土保护暂行纲要》（1957年）、《关于注意处理工矿企业排除有毒废水、废气问题的通知》（1957年）、《放射性工作卫生防护暂行规定》（1960年）、《关于工业废水危险情况和加强处理利用的报告》（1960年）等。上述法规文件对新中国成立初期防止环境污染、保护生态环境发挥了重要的规范指导作用。

20世纪70年代后，中国环境问题日益严重，环境保护迫在眉睫，国家开始注重用法规和政策手段推动环境保护工作。在1973年第一次全国环境保护工作会议上，国家计委拟订的《关于保护和改善环境的若干规定》中明确提出"预防为主、防治结合"的预防环境污染方针，提出努力改革生产工艺，不生产或者少生产废气、废水、废渣，要求加强管理，消除跑、冒、滴、漏等要求。1977年，国家计划委等部门联合发布了《关于治理工业"三废"开展综合利用的几项规定》，专项治理工业"三废"。1983年，国务院颁布了《关于结合技术改造防治工业污染的决定》，要求把技术改造和治理"三废"有机结合，利用先进技术，发展对环境无污染或少污染的产品，以此减少"废弃、废水、废渣"产生。上述法规文件在致力于保护环境、防治工业污染的同时，体现出循环经济"减量化"的基本原则。

《环境保护法》作为中国环境保护的基本法，于1989年正式实施，标志着中国环保事业进入法制化轨道，为推进中国环境保护事业发展提供了基本法律保障。但随着经济社会的发展，1989年《环境保护法》的立法理念已经过时，无法适应当前环境保护、污染防治和生态文明建设的需求，明显滞后于经济社会发展和环境保护实践。国家于2014年对《环境保护法》进行了修订，明确了21世纪中国环境保护的指导思想，加强了政府责任和责任监督，规范了相关法律制度，使《环境保护法》的操作性和实效性显著提高。此次修订把保护环境定为基本国策，明确指出"为保护和改善环境，防治污染和其他公害，保障公众健康，推进生态文明建设，促进经济社会可持续发展而制定该法"，第四条提出"国家采取有利于节约和循环利用资源、保护和改善环境、促进人与自然和谐的经济、技术政策和措施，使经济社会发展与环境保护相协调"，体现了循环经济和生态文明的立法理念。新修订的《环境保护法》必将在推进中国循环经济、生态文明和经济社会可持续发展过程中发挥巨大作用，成为中国循环经济法律体系的重要组成部分。

为预防因规划和建设项目实施对环境造成不良影响，中国于2002年10月通过了《环境影响评价法》。该法通过对各种规划和建设项目实施后可能造成的环境影响提前进行分析、预测和评估，提出预防或者减轻不良环境影响的对策和措施，从而有效预防因规划和建设项目实施后对环境造成的不良影响。评价范围不仅包括规划和建设项目实施之前进行的预先评价，还包括实施之后的跟踪评价或后评价，体现了循环经济污染预防全过程控制的理念。为保证《环境影响评价法》的有效实施，国家环保总局等部门先后发布了《环境影响评价审查专家库管理办法》《专项规划环境影响报告书审查办法》等配套法规制度。

在《环境保护法》的统领下，国家先后颁布实施了《水污染防治法》《海洋环境保护法》《水土保持法》《大气污染防治法》《防沙治沙法》《固体废物污染环境防治法》等多部环境保护法律制度。近年来，根据经济社会发展和环境保护的实际需求，中国对相关法律法规进行了修订完善，修改后的法律法规基本上都融入了循环经济的立法理念。

从立法精神上来看，上述环境保护法律制度立法精神基本上还停留在环境污染危害末端治理的层面上。但必须看到，上述法律制度是借鉴和总结了国内外环境污染防治、可持续发展的经验，为循环经济发展提供了一定的法律依据和保障。特别是经过修订完善后，设置了污染总量控制、采取先进科学技术和设备、清洁生产、"三同时"制度、环境影响评价等制度，更多地体现了循环经济的理念和内容。例如2008年修订后的《水污染防治法》规定"对造成水污染的企业进行整顿和技术改造，减少废水和污染物排放量"，减少废水和污染物排放量正是循环经济减量化原则的体现。

二 以减量化为主导思想

随着中国经济社会的发展和环境保护事业的持续推进，中国环境保护的立法理念也逐步从注重环境污染的末端治理转变为以循环经济的减量化原则为指导，开始注重从源头削减污染，推进清洁生产，尽可能减少生产生活过程中的资源能源消耗和废物产生，以减轻或者消除对环境的污染。

为推进全社会节约能源，提高能源利用效率和经济效益，从源头上遏制和减少环境污染，1997年全国人大通过了《节约能源法》，该法是目前中国唯一一部规定从源头节约能源的专门立法，明确了中国节约能源的指导思想和基本法律制度，为中国推进能源节约提供了基本法律依据和保障。该法规定国家通过采取技术上可行、经济上合理以及环境和社会可以承受的措施，加强对煤炭、原油、天然气、电力、焦炭、煤气、热力、成品油、液化石油气、生物质能和其他直接或者通过加工、转换而取得有用能的各种资源的用能管理，以减少从能源生产到消费各个环节中的损失和浪费，更加有效、合理地利用能源，充分体现了循环经济的减量化理念。

清洁生产是推进减量化的主要途径和手段之一，1993年召开的第二次全国工业污染防治工作会议提出，工业污染防治必须从单纯的末端治理向对生产全过程控制转变，清洁生产法制建设被提上日程。1997年国家环保总局出台《关于推行清洁生产的若干意见》，提出要结合建立现代企业制度和环境管理制度改革推进清洁生产，要求地方环境保护主管部门将清洁生产纳入现有的环境管理政策，制定有利于清洁生产的环境经济政策，以保证清洁生产的顺利进行。为指导企业更好地开展清洁生产，国家环保总局会同相关部门制定了《企业清洁生产审计手册》，以及啤酒、造纸、有机化工、电镀、纺织等行业的清洁生产审计指南。1998年出台的《建设项目环境保护管理条例》提出，工业建设项目应当采用能耗物少、污染排放量少的清洁生产工艺，合理利用自然资源，防止环境污染和生态破坏。

2002年，中国通过了《清洁生产促进法》，该法明确提出"调整产业结构，发展循环经济，实现资源的高效利用和循环利用"，这是中国首次提出"循环经济"概念。该法对清洁生产的一般原则、管理体制、基本制度、清洁生产的推行、鼓励措施和法律责任等作出了规定，是中国第一部专门以实施污染预防、提高资源利用效率为主要内容，规范清洁生产的法律，成为中国推行清洁生产、落实循环经济减量化原则的基本法，是中国循环经济法制体系的重要组成部分。《清洁生产促进法》的实施，改变了以往环境污染"末端治理"的模式，将减少污染物产生排放、污染预防措施贯穿于产品的整个生命周期，对生产设计、能源与原材料选用、工艺技术与设备维护管理等生产和服务的各个环节实行全过程控制，从生产和服务源头减少资源的浪费,实现废物产生排放最小化,控制污染的产生,促进资源的循环利用。在产品设计阶段,要求"对原料使用、资源消耗、资源综合利用以及污染物产生与处置等进行分析论证,优先采用资源利用率高以及污染物产生量少的清洁生产技术工艺和设备"。在产品生产阶段,要求考虑产品及其包装物"在生命周期中对人类健康和环境的影响,优先选择无毒、无害、易于降解或者便于回收利用的方案"。在产品流通和消费阶段,要求企业"在经济技术可行的条件下对生产和服务过程中产生的废物、余热等进行自行回收利用或者转让给有条件的其他企业和个人利用"。

为推动《清洁生产促进法》的有效贯彻落实,国家环保总局于2004年制定出台了《清洁生产审核暂行办法》,明确了清洁生产的审核范围、实施、组织管理和奖惩措施,以及企业实施清洁生产审核的义务,政府部门推行清洁生产审核的监管和服务职能。国家发展改革委、环保部等部门还制定了《清洁发展机制项目运行管理暂行办法》《重点行业清洁生产评价指标体系》等配套法规制度。

为了防治固体废物污染环境,维护生态安全,1995年中国通过了《固体废物污染环境防治法》,为防治固体废物污染环境提供了基本法律依据。《固体废物污染环境防治法》是现行所有环境立法中对循环经济的发展最为有利的立法,是中国目前循环经济法律体系的重要组成部分。该法强调废物的减量化、资源化、再循环、再利用,明确鼓励转变生产方式和生活方式、鼓励绿色采购、抑制过度包装等,对固体废弃物实行全过程控制。不仅要求在生产和消费中减少废物的排放,而且要求在资源开发等方面减少废物的排放,将减少废物的要求从工业生产领域延伸至农业生产和城市生活等领域。

2004年修订后的《固体废物污染环境防治法》,全面融入了循环经济的立法理念,将"鼓励固体废物的循环利用,全面落实污染者责任"作为该法的重要原则。与原法相比增加了体现污染预防理念、促进清洁生产、加强固体废物回收利用等方面的重要内容,在固体废物的减量化、资源化方面迈出了可喜的一大步。该法第3条规定:"国家对固体废物污染环境的防治,实行减少固体废物的产生量和危害性,充分合理利用固体废物和无害化处理固体废物的原则,促进清洁生产和循环经济发展。国家采取有利于固体废物综合利用活动的经济、技术政策和措施,对固体废物实行充分回收和合理利用。"这一条款的修订充分体现了循环经济"减量化、再利用、资源化"三原则的要求。该法还明确了生产者、销售者、进口者、使用者对其产生的固体废物承担污染防治责任,确立了生产者责任延伸制度,规定"产品的生产者、销售者、进口者、使用者对其产生的固体废物依法承担污染防治责任",将生产者在固体废物污染防治方面的责任不仅限于生产过程中,在产品销售后也要承担一定的责任。规定"生产、销售、进口依法被列入强制回收目录的产品和包装物的企业,必须依照国家有关规定对该产品和包装物进行回收",建立了强制回收制度。同时,该法对于固体废物污染损害赔偿实行举证责任倒置制度,加大了污染者的法律责任。

另外,相关法律对消费领域发展循环经济也做出了相应规定,如《清洁生产促进法》《固体废物污染环境防治法》《水法》等在一定程度上都涉及消费领域,要求节约能源,减少污染物产生、排放,提倡绿色消费。

三 以资源再利用和资源化为主导思想

新中国成立初期,中国就开展了一系列与循环经济相关的资源保护、综合利用工作,制定了相关法规制度,如《矿业暂行条例》(1951年)、《国家建设征用土地办法》(1951年)、《森林保护条例》(1963年)、《矿产资源保护试行条例》(1965年)、《水产资源繁殖保护条例(草案)》(1957年)等,为新中国成立初期中国资源的合理、有效利用提供了法律依据。

1985年,国务院批转了国家经济委员会起草的《关于开展资源综合利用若干问题的暂行规定》,为资源综合利用工作的开展提供了法规依据。该规定提出国家鼓励企业开展资源综合利用,对综合利用资源的生产和建设,实行优惠政策,从资金、税收等方面予以支持,鼓励企业通过引进先进技术、设备开展资源综合利用,对发展综合利用有贡献的单位和个人进行奖励。国家经贸委还会同有关部门编制了《资源综合利用目录》,为企业开展资源综合利用提供技术标准。

随着人口的增加和经济的发展,中国资源相对不足的矛盾日益突出,为适应经济增长方式转变和实施可持续发展战略的需要,实现资源优化配置和经济社会可持续发展,1996年,国务院又批转了国家经贸委等部门起草的《关于进一步开展资源综合利用的意见》,将资源综合利用确定为国民经济和社会发展的一项长远战略方针。该意见进一步明确了综合利用资源的范围,提出一系列优惠政策,指出在综合利用资源的同时要防止资源浪费和环境污染。提出对共生、伴生矿产资源,生产过程中产生的废渣、废水(液)、废气、余热、余压等,生产和消费过程中产生的各种废旧物资要进行回收和再生利用,并要求企业建立废旧物资回收利用和修旧利废制度,搞好废旧物资的回收和再生利用。

为推动资源综合利用工作的有序开展，2006年国家发展改革委及有关部门联合发布了《国家鼓励的资源综合利用管理办法》，明确了资源综合利用认定审查程序、认定时限、认定条件和量化指标等内容。国家还相继颁布了《资源综合利用认定管理办法》《粉煤灰综合利用管理办法》《资源综合利用电厂（机组）认定管理办法》《资源综合利用目录》《关于调整汽车报废标准若干规定的通知》等一系列法规制度和标准。资源的综合利用在很大程度上体现了循环经济对资源利用的要求和废物资源化的理念。

此外，《矿产资源法》《土地管理法》《水法》《草原法》《森林法》《渔业法》等资源法律，以及《固体废物污染防治法》《清洁生产促进法》等法律也对资源综合利用做出相应规定。例如，2008年修订的《水污染防治法》规定："国务院有关部门和地方各级人民政府应当合理规划工业布局，对造成水污染的企业进行整顿和技术改造，采取综合防治措施，提高水的重复利用率，合理利用资源，减少废水和污染物排放量"，对水资源的重复利用正是循环经济资源再利用思想的体现。《固体废物污染环境防治法》规定："国家鼓励、支持综合利用资源，对固体废物实行充分回收和合理利用，并采取有利于固体废物综合利用活动的经济、技术政策和措施。"《清洁生产促进法》规定："调整产业结构，发展循环经济，促进企业在资源和废物综合利用等领域进行合作，实现资源的高效利用和循环利用。"

另外，国家对资源回收利用做出了一系列规定，1991年国务院发布了《关于加强再生资源回收利用管理工作的通知》，明确了再生资源的概念，规定了废金属资源的回收利用、再生资源回收利用以及税收、价格优惠政策等内容，为再生资源的回收利用提供了政策依据。

2005年通过的《可再生资源法》以促进可再生能源的开发利用、增加能源供应、改善能源结构、保障能源安全、从源头上防止环境污染、实现经济社会的可持续发展为目的，体现了循环经济所倡导的减量化、再利用和资源化原则。该法规定国家将可再生能源的开发利用列为能源发展的优先领域，通过制定可再生能源开发利用总量目标并采取相应措施，推动再生能源市场的建立和发展。同时，国家鼓励所有经济主体参与可再生能源的开发利用，依法保护可再生能源开发利用。

为推动《可再生资源法》的贯彻落实，相关部门及时出台了配套法规制度，2005年国家发展改革委发布了《可再生能源产业发展指导目录》，将风能、太阳能等6大类88个项目列入其中，国家对这些项目予以重点支持。2007年商务部、环保部等部门联合出台《再生资源回收管理办法》，为促进再生资源回收,规范再生资源回收行业的发展,节约资源,实现经济与社会可持续发展提供依据。

一些地方也相继制定了资源综合利用的地方性法规和规章,如《山东省资源综合利用条例》《江西省资源综合利用条例》《湖北省资源综合利用条例》《浙江省资源综合利用条例》《广东省资源综合利用管理办法》《湖南省资源综合利用认定管理实施细则》《江苏省资源综合利用认定管理办法》《河北省资源综合利用认定管理办法》《山西省关于全面推进资源节约与综合利用的决定》等,以及《广东省节约能源条例》《贵州省节约能源条例》等。以上法规条例的出台,有力地推动了中国资源综合利用的立法发展。

第二节 《循环经济促进法》颁布后

2009年1月1日,《中华人民共和国循环经济促进法》(以下简称《循环经济促进法》)正式施行,该法是在中国经济社会高速发展、环境污染加重趋势尚未得到根本遏制、生态破坏问题日趋严重、资源能源形势更加严峻、国际环境压力日益加大的背景下出台的。该法把发展循环经济确定为国家经济社会发展的重大战略,对循环经济、减量化、再利用、资源化等循环经济基本概念做出界定,确定了发展循环经济的基本原则和基本管理制度,对开展减量化、再利用和资源化活动进行了规范,并确定了相关激励政策和法律责任。《循环经济促进法》的颁布实施,是全面落实科学发展观,依法推进资源节约型、环境友好型、生态文明型社会建设的现实需要,是落实党中央提出的实现循环经济较大规模发展战略目标的重要举措,为促进经济发展模式转变,进一步加强环境保护提供了法律保障,标志着中国循环经济正式步入了法制化的轨道,开启了中国循环经济法制建设的新纪元。

《循环经济促进法》实施前,已有多部相关法规出台。2004年,国家发展改革委提出从4个方面推动循环经济的发展:大力推进节能降耗,提高资源利用效率;全面推行清洁生产,从源头减少污染物的产生;大力开展资源综合利用,最大限度利用资源,减少废物的最终处置;大力发展环保产业,为循环经济发展提供物质技术保障。

2005年国务院《关于加快发展循环经济的若干意见》的出台,是转变经济增长模式的一个突破口,标志着发展循环经济已经上升到国家发展战略层面，使中国发展循环经济有了明确的政策依据。该意见明确了发展循环经济的指导思想、基本原则和主要目标，确定了发展循环经济的重点工作和重点领域，提出要加强对循环经济发展的宏观指导，加快循环经济技术开发和标准体系建设，建立和完善促进循环经济发展的政策机制，坚持依法推进循环经济发展，要加强对发展循环经济工作的组织和领导。

随后，国家环保总局发布了《关于推进循环经济发展的指导意见》，就环境保护方面推进循环经济发展提出具体意见，指出要加快改变以末端治理为主的传统污染防治模式，增强环境保护监督管理能力，保护和改善环境，推进经济社会可持续发展，尽快推进资源节约型和环境友好型、生态文明型社会建设。

2007年国家发展改革委等部门编制了《循环经济评价指标体系》及其说明，从宏观层面和工业园区层面初步建立了循环经济的评价指标体系。2010年，为全面贯彻落实《循环经济促进法》，指导各地科学编制本地区的循环经济发展规划，国家发展改革委组织编写了《循环经济发展规划编制指南》。

《国民经济和社会发展第十一个五年规划纲要》明确了"十一五"期间中国发展循环经济的指导思想、基本原则、具体措施、工作步骤等内容。提出要"发展循环经济，保护生态环境，加快建设资源节约型、环境友好型社会，促进经济发展与人口、资源、环境相协调，实现可持续发展"，专章对"发展循环经济"作出规定，要求"坚持开发节约并重、节约优先，按照减量化、再利用、资源化的原则，在资源开采、生产消耗、废物产生、消费等环节，逐步建立全社会的资源循环利用体系"。在此基础上，纲要要求强化促进循环经济发展的政策措施，加快循环经济立法，制定和完善推进循环经济发展的制度和标准。

《国民经济和社会发展第十二个五年规划纲要》专章规定大力发展循环经济，要求按照减量化、再利用、资源化的原则，减量化优先，以提高资源产出效率为目标，推进生产、流通、消费各环节循环经济发展，加快构建覆盖全社会的资源循环利用体系。指出要推行循环型生产方式，推行清洁生产，健全资源循环利用回收体系，推广绿色消费模式，强化政策和技术支持力度。要求加快建设资源节约型、环境友好型社会，提高生态文明水平。两个纲要成为我国"十一五""十二五"时期发展循环经济的纲领性文件。

2013年国务院发布《循环经济发展战略及近期行动计划》，对发展循环经济作出战略规划，对今后一个时期的工作进行具体部署。该计划回顾了近年来中国循环经济发展取得的成效，分析了当前循环经济发展面临的形势，提出循环经济发展战略的指导思想、基本原则和主要目标，提出要构建循环型的工业、农业、服务业体系，推进社会层面循环经济发展，明确完善再生资源回收体系，推动再生资源利用产业化发展。

第二章　中国循环经济法制体系

总体上看，中国循环经济立法还处于起步探索阶段，综合性法律缺位，现有法律法规的法律位阶较低，立法质量也有待提高，配套法规制度也跟不上。但经过多年的持续努力，中国在循环经济立法方面也进行了大量探索实践，并取得了一定成效，《清洁生产促进法》《固体废物环境污染防治法》《循环经济促进法》等法律的颁布实施为构建我国循环经济法制体系奠定了一定基础，加上国务院及行政部门所制定的有关法规规章，初步规范了中国循环经济的发展。这些法律法规对发展循环经济所实行的环境规划制度、环境标准制度、环境影响评价制度、生产者责任延伸制度、污染物排放总量控制制度、落后生产工艺技术淘汰制度、污染物排放重点监管制度等制度，从不同角度做出了规定，加上环保法、能源法建立的环境质量标准、污染物排放标准、环境基础标准、样品标准和方法标准等标准体系，均为中国循环经济法制体系的建立奠定了基础。中国已形成了在《宪法》指导下，以《循环经济促进法》为基础，与体现循环经济思想的环资法等相关法律、行政法规、地方法规、部门规章、地方政府规章等相配套的循环经济法律体系雏形，各类规范性文件、行业标准体系也对循环经济法律体系进行了有益补充。

第一节　宪法

宪法是国家的根本大法，具有最高法律效力，任何法律法规都是在宪法指导下制定的，必须体现宪法思想。中国现行宪法虽然没有对发展循环经济做出明确规定，也没有提出"循环经济"概念，但其相关条款间接反映了循环经济的理念和内容，为把发展循环经济提升到国家战略层面提供了宪法依据。例如《宪法》第9条第2款规定："国家保障自然资源的合理利用。保护珍贵的动物和植物。禁止任何组织或者个人利用任何手段侵占或者破坏自然资源。"该条是循环经济资源使用最少化和效率最大化发展思想的体现，为资源综合利用、再利用、资源化等循环经济法律制度的制定提供了宪法依据。第14条规定："国家厉行节约、反对浪费"，是循环经济减量化、可持续发展理念的体现，为减量化、节约能源等循环经济法律制度的制定提供了宪法依据。第26条规定："保护和改善生活环境和生态环境，防止污染和其他公害"，是循环经济防治环境污染、减量化、生态效率最优化等理念的体现，为环境污染防治、废物排放最小化和清洁生产等循环经济法律制度的制定提供了宪法依据。

第二节 循环经济促进法

2009年1月1日起，《循环经济促进法》正式实施。该法明确指出"为了促进循环经济发展，提高资源利用效率，保护和改善环境，实现可持续发展，制定本法"。要求以尽可能少的资源消耗和尽可能小的环境代价，取得最大的经济产出和最少的废物排放，实现经济、环境和社会效益相统一，建设资源节约型和环境友好型社会。《循环经济促进法》的颁布实施，确立了中国循环经济发展的基本法律制度和政策框架体系，是中国第一部循环经济综合性立法，标志着中国循环经济正式走上法制化轨道，是中国目前循环经济领域的基础性法律。《循环经济促进法》从立法上把发展循环经济确认为国家经济社会发展的一项重大战略，明确了发展循环经济的基本原则及循环经济在经济社会发展战略中的地位，规定了发展循环经济的基本管理制度，在三大产业以及生产、消费等环节中实施循环经济的主要措施，各级政府、企业、个人在发展循环经济中的职责以及发展循环经济的激励措施和法律责任等。该法对循环经济的基本概念进行了立法定义，为加快中国循环经济法制建设步伐打下了良好的基础。

《循环经济促进法》确立了中国循环经济多项基本法律制度，为今后循环经济法律制度建设奠定了坚实基础：一是确立了循环经济规划制度。《循环经济促进法》规定了编制循环经济发展规划的程序和内容，为政府及部门编制循环经济发展规划提供了法律依据。二是确立了抑制资源浪费和污染物排放的总量调控制度。《循环经济促进法》明确要求各级政府必须依据上级政府制定的本区域污染物排放总量控制指标和建设用地、用水总量控制指标，规划和调整本行政区域的经济和产业结构，把本地的资源和环境承载能力作为规划经济和社会发展规模的重要依据，对资源利用和污染物排放严格实行总量控制。三是确立以生产者为主的责任延伸制度。《循环经济促进法》根据产业的特点，对生产者在产品废弃后应当承担的回收、利用、处置等责任作出了明确规定。第 15 条分别对政府、企业事业单位和公民在发展循环经济过程中的有关权利义务作了规定，规范了相关法律行为。四是建立循环经济的评价和考核制度。该法明确由国务院循环经济发展综合管理部门会同有关主管部门建立和完善循环经济评价指标体系，并由上级人民政府根据前款规定的循环经济主要评价指标，对下级人民政府发展循环经济的状况定期进行考核，并将主要评价指标完成情况作为对地方人民政府及其负责人考核评价的内容。五是对高耗能、高耗水企业设立重点监管制度。为保证节能减排任务的落实，《循环经济促进法》规定，国家对钢铁、有色金属、煤炭、电力、石油加工、化工、建材、建筑、造纸、印染等行业年综合能源消费量、用水量超过国家规定总量的重点企业，实行能耗、水耗的重点监督管理制度。六是对实施减量化、再利用、资源化做出具体规定。"减量化、再利用、资源化"是循环经济的基本原则，《循环经济促进法》是按照实施"减量化、再利用、资源化"的顺序设计该法的法律框架，并以此为主线解决发展循环经济所面临的突出问题，对在生产、流通和消费过程中如何有效实施"减量化、再利用、资源化"做出具体规定。七是建立激励机制。主要包括建立循环经济发展专项资金，对循环经济重大科技攻关项目实行财政支持，对促进循环经济发展的产业活动给予税收优惠，对有关循环经济项目实行投资倾斜，实行有利于循环经济发展的价格政策、收费制度和有利于循环经济发展的政府采购政策等。八是建立了法律责任追究制度。《循环经济促进法》专设法律责任一章，对有关主体不履行法定义务的行为规定了相应的处罚条款，以保障该法的有效实施。

第三节 环保和能源法律制度

中国循环经济的概念是建立在对传统的环境保护和资源综合利用工作的整合梳理基础上的，因此循环经济法不可能脱离环境保护法和资源法而存在，循环经济法的实施必须得到环境保护法和资源法的配合和补充。在当前中国循环经济法律体系尚未建立的情况下，现有的环境保护法和能源法有关法律制度，体现或涉及的循环经济法律思想，为循环经济法律制度建设发展奠定了基础。特别是进入 21 世纪以来，中国对多部环保和能源法律制度进行了修订完善，更多地吸纳了循环经济立法理念和要求，以实现资源节约型、环境友好型、生态文明型社会为目标，对政府、企业和社会公众在防止环境污染、节约能源、发展循环经济、实现可持续发展中的权利义务作出了更加明确的规定，建立了多项体现循环经济法律理念和要求的法律制度，为中国循环经济法制建设提供了重要支撑。

《环境保护法》第13条规定各级政府编制本辖区环境保护规划，确立了环境规划制度，为循环经济规划制度的建立奠定了基础。《环境保护法》和《环境影响评价法》建立的环境影响评价制度、保护环境考核评价制度，以及《节约能源法》节能考核评价制度均为循环经济评价考核制度的建立奠定了基础。《环境保护法》《大气污染防治法》《水污染防治法》均明确规定了实施污染物排放总量控制制度，为循环经济总量调控制度的建立奠定了基础。《环境保护法》建立的清洁生产制度、"三同时"制度、排污收费制度、限期治理制度、排污重点监管制度等均体现了循环经济的减量化原则。《节约能源法》建立的节能产品认证制度、效能标识管理制度，《产品质量法》建立的产品质量认证制度，《清洁生产促进法》建立的环保与资源产品标识制度等，都为循环经济标识标志制度的建立奠定了基础。《环境保护法》《清洁生产促进法》《节约能源法》对《循环经济促进法》实行的耗能、排污重点监督管理制度作出了规定。《节约能源法》《清洁生产促进法》《固体废物污染环境防治法》均对《循环经济促进法》实行的落后产品、生产工艺、生产技术和生产设备的限期淘汰制度做出了规定，并要求国务院有关部门制定并发布限期淘汰的生产技术、工艺、设备以及产品的名录，保障该项制度的有效实施。《固体废物污染环境防治法》第3条规定："国家对固体废物污染环境的防治，实行减少固体废物的产生量和危害性、充分合理利用固体废物和无害化处置固体废物的原则，促进清洁生产和循环经济发展。国家采取有利于固体废物综合利用活动的经济、技术政策和措施，对固体废物实行充分回收和合理利用。"充分体现了循环经济减量化、再利用和资源化的原则和要求。第5条第2款规定："产品的生产者、销售者、进口者、使用者对其产生的固体废物依法承担污染防治责任。"确立了以生产者为主的责任延伸制度，为《循环经济促进法》以生产者为主的责任延伸制度的建立奠定基础。第17条规定："贮存、运输、利用、处置固体废物的单位和个人，必须采取防扬散、防流失、防渗漏或者其他防止污染环境的措施。"对固体废物实行生产、销售、使用全过程管理，改变了以往"末端治理"的模式，充分体现了循环经济全过程控制的发展理念。《环境保护法》《水土保持法》等法律规定的生态保护补偿制度、生态效益补偿制度等均体现了循环经济可持续发展的理念。

第四节 行政法规和部门规章

从实际情况看，中国发展循环经济采取了自上而下的"政府推动型"发展模式。中国循环经济主要是依靠政府行政力量推动发展的，具有显著的行政色彩。因此，循环经济立法也是从行政法规和部门规章开始的，国务院行政法规和国家部委的行政规章在当前中国循环经济法制体系中发挥着至关重要的作用，许多循环经济制度最先体现为行政法规或规章。中国目前没有关于循环经济的专门行政法规，但相关法规涉及循环经济思想和内容。例如，为了防止建设项目产生新的污染、破坏生态环境，国务院于1998年颁布了《建设项目环境保护管理条例》，规定工业建设项目应当采用能耗物耗少、污染排放量少的清洁生产工艺，合理利用自然资源，防止环境污染和生态破坏，专章对环境影响评价作出了规定，建立了完善的环境影响评价制度，为循环经济评价和考核制度的建立奠定了基础。国务院颁布的《水污染防治法实施细则》《淮河流域水污染防治暂行条例》《森林法实施条例》《退耕还林条例》《报废汽车回收管理办法》《医疗废物管理条例》《野生植物保护条例》《电子废弃物污染环境防治管理办法》《电子信息产品污染控制管理办法》等行政法规均涉及循环经济方面的内容。部门规章方面，为推进和规范公众参与环境影响评价活动，2006年国家环保总局颁布了《环境影响评价公众参与暂行办法》，对公众参与环境影响评价的主体范围、具体程序、组织形式和公众参与意见的处理等作出规定，为公众参与环境影响评价制度的具体贯彻实施提供了依据。财政部、国家发展改革委于2012年出台《循环经济发展专项资金管理暂行办法》，对循环经济发展专项资金的使用和安排原则、支持范围、支持方法等做出规定，规范了循环经济发展专项资金管理，提高资金使用效益，为推动循环经济发展提供了财政资金保障。国务院相关部委还先后出台了《清洁生产审核暂行办法》《能源效率标示管理办法》《民用建筑节能管理规定》《新能源基本建设项目管理的暂行规定》《煤炭生产许可证管理办法实施细则》《清洁发展机制项目运行管理办法》等，在循环经济发展过程中发挥了重要的规范指导作用。

第五节 地方性法规和规章

在国家提出发展循环经济战略后，各地也结合实际探索发展循环经济，制定了相应的法规制度，成为中国循环经济法制体系的重要组成部分。贵阳市于2004年颁布了《贵阳市建设循环经济生态城市条例》，成为中国第一部地方性循环经济专门立法，为贵阳市循环经济发展提供了法律保障，对其他省市出台循环经济法规制度具有重要的借鉴意义。2006年深圳市颁布了《深圳经济特区循环经济促进条例》，明确了发展循环经济应当以减量化、再利用、资源化为原则，要最大限度地降低资源消耗、减少废弃物的生产、实现资源高效利用和循环利用，并规定了深圳市发展循环经济的相关制度和措施，成为中国较早出台的地方性循环经济法规制度。2009年后，为配合国家《循环经济促进法》的贯彻实施，陕西省、甘肃省、山西省、广东省、山东省、重庆市等省市先后颁布实施了循环经济促进条例，江苏等省市相关法规也即将出台或在酝酿之中。另外，云南省出台了《云南省清洁生产审核实施办法》，陕西省出台了《关于积极推进清洁生产的若干意见》，重庆市政府出台了《关于发展循环经济的决定》，太原市出台了《太原市清洁生产条例》等地方性法规和规章。各地循环经济法规制度的颁布实施，在为推动地方循环经济发展提供法律保障的同时，也为国家层面的循环经济立法奠定了理论和实践基础，提供了良好的立法经验。

第六节　其他规范性文件

为了推进循环经济法律法规的有效执行，国务院、各部委及地方政府出台了一系列配套的规范性文件，这些规范性文件虽不属于循环经济法律体系的组成部分，但却是对循环经济法律体系的重要补充。实践中，这些规范性文件具有较强的针对性、时效性和操作性，在当前中国循环经济法律体系尚未建立的情况下，这些规范性文件是不可或缺的，在推动循环经济法制建设方面发挥着十分重要的作用。

国民经济和社会发展"十一五""十二五"规划纲要均把发展循环经济提高到国家战略层面，提出大力发展循环经济的战略思想和具体举措，为"十一五""十二五"期间发展循环经济提供了政策依据。2005年，国务院出台了《关于加快发展循环经济的若干意见》，第（五）条重点工作提出："要全面推行清洁生产，从源头减少废物的产生，实现由末端治理向污染预防和生产全过程控制转变。要大力开展资源综合利用，最大程度实现废物资源化和再生资源回收利用。"对如何实施循环经济减量化、再利用、资源化作出了具体规定。在第（六）条重点环节中提出："要加强对冶金、有色、电力、煤炭、石化、化工、建材（筑）、轻工、纺织、农业等重点行业能源、原材料、水等资源消耗管理"，是对重点行业耗能重点监管制度的落实。第（八）条明确提出要建立循环经济评价指标体系和统计核算制度，要求有关部门"加快研究建立循环经济评价指标体系，逐步纳入国民经济和社会发展计划，并建立循环经济的统计核算制度"。第（十四）条提出要建立和完善促进循环经济的标准体系，要求"加快制定高耗能、高耗水及高污染行业市场准入标准和合格评定制度，制定重点行业清洁生产评价指标体系和涉及循环经济的有关污染控制标准，加强节能、节水等资源节约标准化工作。建立和完善强制性产品能效标识、再利用品标识、节能建筑标识和环境标志制度，开展节能、节水、环保产品认证以及环境管理体系认证"。由此可见，国务院《关于加快发展循环经济的若干意见》为《循环经济促进法》诸多制度的确立奠定了基础，在推动中国循环经济法制建设中发挥了重要作用。国务院于2013年印发《循环经济发展战略及近期行动计划》，对构建循环型的工业、农业、服务业体系，以及发展绿色建筑、绿色消费、综合交通等社会层面的循环经济做出规定。在当前中国工业、农业、服务业等领域的循环经济单行法律尚未建立的情况下，《循环经济发展战略及近期行动计划》对如何构建循环型的工业、农业、服务业体系作出规定，无疑发挥着临时性法律规范作用，是对法律缺位的有效补充。另外，国务院及部委相继出台了《关于环境保护若干问题的决定》《关于推行清洁生产的若干意见》《促进产业调整暂行规定》《节能中长期规划》《关于推进城市污水、垃圾处理产业化发展的意见》《关于进一步支持可再生能源发展有关问题的通知》等。

各地政府及有关部门也结合实际制定出台了一系列规范性文件。如辽宁省人民政府出台了《辽宁省发展循环经济试点方案》，浙江省政府出台了《关于加快循环经济发展的若干意见》，湖南省政府出台了《湖南省循环经济发展战略及近期行动计划》，广东省政府出台了《关于加快循环经济发展实施方案》等规范性文件，在推动地方循环经济发展方面发挥着重要的规范性指导作用。

第三章 中国循环经济法制局限性

虽然目前中国对于循环经济关注的程度比较高，社会各界对循环经济法制建设寄予厚望，中国在循环经济法制建设方面也做了不少理论和实践探索，并取得了一定成就。但由于中国循环经济起步较晚且发展缓慢，循环经济法制建设目前仍处于起步探索阶段，仍面临来自思想观念、经济发展、政策制度、法治理念、立法水平等诸多方面因素的制约，中国循环经济法制发展面临较大的局限性。

第一节 循环经济发展迟缓是制约循环经济法制发展的根源

循环经济在中国刚刚起步，是一种新兴的经济发展模式，发展循环经济目前更多地停留在理论层面，还只是一种理念，中国只在某些经济领域和产业发展循环经济，远没有覆盖整个社会领域。循环经济理论研究仍停留在中国资源环境问题剖析和对发展循环经济必要性等初级问题的研究上，较少对循环经济的深层次理论根源和理论背景进行研究，致使发展循环经济缺乏强有力的理论支撑。部分地方政府、企业和社会公众对循环经济的认识不足，甚至比较陌生，循环经济还远没有成为全社会和经济发展的主流思想，政府部门和社会公众难以有效地履行推动循环经济发展的职责，无法营造推动循环经济发展的良好外部环境，发展循环经济的社会基础还非常薄弱。实践中，虽然各地都在积极开展循环经济试点，但中国发展循环经济的历程与试点工作是同步进行的，因此许多试点的经验还未总结和推广，各地、各行业对循环经济的理解尚未完全统一，实践的内容和标准也各不相同。另外，循环经济试点具有一定的地域性和行业性，局限性较大。因此中国循环经济总体上还处于自发的探索阶段，导致循环经济发展较为缓慢。循环经济发展不成熟，循环经济发展过程中相关的法律关系和调整范围难以确定，相关主体的权利义务也就难以确定，致使相关法律没有明确的规范对象和目标，循环经济法制建设缺乏经济社会基础，严重制约了循环经济法制建设。

第二节　法制理念滞后且未真正确立循环经济理念的主导地位

当前，环境保护法律无疑是中国循环经济法律体系的主干，但现有的环境保护法律仍是以环境污染的末端治理为主导思想，其法律定位仍是环境污染防治法律制度，循环经济法治理念虽有所涉及，但远未确立主导思想地位。在末端治理理念指导下建立的法律制度存在许多与发展循环经济不相适应甚至相抵触的地方，难以适应新形势下污染防治、建设生态文明和推进循环经济发展的需要。虽然中国《清洁生产促进法》《固体废物环境污染防治法》《循环经济促进法》等法律的颁布，充分体现了循环经济的立法理念和要求，但并未改变循环经济理念边缘化的现状。首先，循环经济法制思想未能在较高位阶的法律中得到确认和宣示。例如《宪法》尚未针对发展循环经济作出明确规定，《宪法》第9条第2款规定："国家保障自然资源的合理利用，保护珍贵的动物和植物。禁止任何组织或者个人利用任何手段侵占或者破坏自然资源。"该款规定是针对环境保护而设定的，并非针对发展循环经济。中国环保资源基本法也未将循环经济理念上升到指导思想的高度，环境保护的末端治理仍是其主导思想。其次，未形成循环经济体系化立法思想。现有的环保等法律还是以环境污染治理为立足点，受各自法律定位所限，循环经济的理念和思想在现有立法中体现得较为零散，循环经济"减量化、再利用、资源化"的体系化思想尚未树立，没有形成关于循环经济的体系化思维、综合性的制度设计和法律体系。再次，污染防治单行法未将循环经济理念作为主导思想。如《固体废物污染环境防治法》《大气污染防治法》《水污染防治法》等，均未将循环经济作为指导原则，仍以污染的"末端治理"为核心。2004年修订的《固体废物污染环境防治法》的立法目的是"为了防治固体废物污染环境"，把"防治"作为废物治理的首要目标，对废物污染是一种被动防治的态度，体现了"末端控制"的治理理念，而非循环利用理念。《清洁生产促进法》虽促使各级政府、有关部门、生产和服务企业积极推行和实施清洁生产，推动经济向着循环经济的方向发展，但该法主要针对生产领域，特别是工业生产领域较"末端治理"虽有所进步，但在指导思想上，还未转变到以全过程控制、从源头减少资源消耗和资源循环利用为主的清洁生产上来，并未从根本上树立循环经济理念。《水污染防治法》虽把"保证水资源的有效利用"作为立法目的，但立法核心却是水污染防治，主要是关于污染物排放、水污染防治的监督管理、防止地表水和地下水污染等，并没有特别制定水资源合理处置和有效利用的法律制度和政策措施，未能为水资源合理处置和有效利用提供应有的法律保障。最后，涉及循环经济思想的法律规定操作性较差。《循环经济促进法》《清洁生产促进法》等循环经济主干法律，均定位为"促进法"，而非规范性和执行力较强的"硬法"，缺乏应有的强制执行力和激励机制，难以有效通过国家强制力将循环经济思想渗透到社会生产生活和法律行为之中。同时，现行法律对政府、企业和公众在推进循环经济建设中的权利义务规定较为原则，且缺乏相应的配套法规制度，可操作性较差，致使有关法律规定难以发挥应有的法律规范指导作用。

第三节 循环经济立法质量有待提高

目前，中国系统的循环经济法制体系尚未建立，现行循环经济法律以环境保护法、资源法等其他部门法为主，受各自立法定位所限，现行循环经济立法无论从立法结构、法律内容、法律效力、执行效果等各方面来看，都存在诸多问题与不足，立法质量亟须提高。

一 结构方面

从立法的实际情况看，中国循环经济立法还处于初级起步阶段，循环经济立法思路尚未完全理顺，没有形成完善的循环经济法律框架，以循环经济法治理念为主导思想的立法屈指可数，统领全局的循环经济基础法和相关领域的单行法律缺失，现有法律有关循环经济的规定较为零散，相互之间协调性较差，甚至相互冲突，循环经济配套法规制度明显欠缺，循环经济法律体系远未形成。

(一) 综合性法律

尽管《循环经济促进法》于2009年得以正式实施，但定性为"促进法"，从严格意义上说，该法只是从宏观上对今后循环经济立法进行方向性的指引，仍然需要通过更多的单行法和相应的政策来对循环经济法律体系进行充实完善，致使该法作为循环经济基本法的效能大打折扣，无法从全局统领中国循环经济法制发展。

(二) 单行法律

循环经济的发展，涉及全社会各行各业，因此在重视综合性循环经济法律建设的同时，也要加强各领域单项法律建设，使综合性法律和单行法律各司其职，共同发挥作用。但目前中国工业、农业、服务业以及社会层面各个领域的循环经济单行法均未出台，严重制约了相关领域和行业循环经济的发展。例如废物再利用方面，配套单行法的缺失导致逆向物流系统无法形成，资源再生利用这一回流产业无法找到明确的市场定位，从根源上影响了该产业的发展。许多生产消耗大但废弃物回收价值高的行业，由于没有相应的单行法为其明确再生产目标，导致行业内闭路反馈式经济发展模式无法通过法律引导得以实现。

(三) 相关法律

作为中国循环经济法律重要组成部分的《清洁生产促进法》《固体废物污染环境防治法》等，仅从某一领域或方面对发展循环经济做出规范，而《环境保护法》《水污染治理法》《大气防治法》等法律仅从某个方面反映了循环经济的理念和内容，且上述法律的定位是环境保护法，其立法根本目标是保护环境，而非促进循环经济发展，因此难以形成以循环经济理念为主导的体系。由于没有国家层面统领全局的循环经济专门法律，造成现行各相关法律各自为政，调整主体单一，法律之间协调性较差。

(四) 配套法规制度

相关法律的实施细则等配套法规制度，对法律的有效实施起着关键作用，是法律体系的重要组成部分，但中国循环经济法律的配套法规制度建设相当滞后。例如《循环经济促进法》的配套实施细则至今尚未出台，成为影响该法实施效果的一个重要因素。

二 内容方面

从内容上看，中国循环经济立法极不健全，相当领域的立法处于空白状况，很多方面无法可依。目前真正意义法律层面的循环经济专门立法仅有《循环经济促进法》一部，尚未出台一部行业领域的循环经济单行法，严重制约了行业循环经济的规范化发展。

目前，中国与循环经济有关的法律主要有《清洁生产促进法》《固体废物污染环境防治法》《节约能源法》《可再生资源法》《环境保护法》《水污染防治法》《大气污染防治法》等，这些法律在一定程度上都体现了循环经济的部分内容和要求，对体现循环经济思想的清洁生产、资源综合利用、再利用、废物再生利用和无害化处理、能源节约、可持续消费等方面均有所涉及。但上述法律的定位为环境保护法和资源法，相关规定是站在环境保护和节约能源的角度作出的，而非发展循环经济的角度，且有关循环经济的规定比较零散、片面。例如《清洁生产促进法》，虽被视为是最能体现循环经济思想的一部法律，但清洁生产只是循环经济的一个方面，该法只着眼于企业内部生产领域，而对企业与企业之间、整个经济社会层面如何开展清洁生产并未作出规定，与循环经济覆盖整个社会经济活动的要求相差甚远。《固体废物污染环境防治法》也只是原则性地规定了包装物、农用薄膜的回收利用，而未涉及诸如废塑料、废玻璃、废旧家电、建筑废物、厨房垃圾等废物的专业性循环利用问题。

作为循环经济立法的最根本原则，废弃物再利用和资源化原则在立法方面没有实质性进展。涉及资源回收再利用的法律较为笼统，对包装废品、农业废弃物、工业废弃物、废玻璃、废塑料、旧家电、建筑废弃物、废旧汽车等废物循环利用没有专门立法。目前再利用和资源化的法律只有《可再生资源法》和国务院《关于进一步开展资源综合利用的意见》等，且《可再生资源法》主要涉及风能、太阳能等清洁能源，未涉及废物的再利用和资源化。

完善的标准体系是循环经济法律法规得以实施的重要保障，但目前中国清洁生产、绿色消费、节能减排以及环境影响、循环经济考核评价等方面的标准体系均不健全，成为制约有关法律制度实施的重要障碍。

三 效力方面

从效力上看，中国循环经济立法效力层次偏低，权威性较差。法律层面的循环经济专门立法仅有《循环经济促进法》一部，行政法规、地方性行政法规、部门规章层面的专门立法屈指可数，具有重大指导意义的国务院《关于加快发展循环经济的若干意见》、国家环保总局《关于推进循环经济发展的指导意见》、国务院《循环经济发展战略及近期行动计划》仅为规范性文件。其他体现循环经济理念和内容多以"意见""决定""暂行规定""通知"等形式出现，法律效力阶位普遍不高。以资源综合利用方面的立法为例，大多是"规定""意见"之类的行政规章，如《关于开展资源综合利用若干问题的暂行规定》（1985年）、《关于加强再生资源回收管理工作的通知》（1991年）、《关于进一步开展资源综合利用的意见》（1996年）等。

循环经济是实现经济社会可持续发展的重要途径，是中国经济社会发展的必然趋势，现有相关立法效力的层次偏低，与循环经济的作用和地位极不相称，难以有效地发挥对经济社会发展的规范指导作用，难以将循环经济的理念和要求渗透到经济社会之中，势必会影响循环经济在中国的推进发展。

四 实施方面

中国现有循环经济立法普遍过于原则化，可操作性不强，法律责任落实不到位，加之配套法规制度不健全，致使中国循环经济法律制度实施效果不够理想。

循环经济立法遵守了中国"宜粗不宜细""原则性和灵活性相结合"的立法原则，许多规定过于原则化和抽象，部分规定是引导性的，有的只是宣示性条文，缺乏应有的法律强制力和可操作性。如《循环经济促进法》规定："公民有权举报浪费资源、破坏环境的行为，有权了解政府发展循环经济的信息并提出意见和建议。"但未规定公民在什么情况下可以了解政府发展循环经济的信息，向哪个部门了解并提出建议，也未规定政府是否有义务向社会公示相关信息，致使该条规定难以落实。再如《循环经济促进法》规定了公众参与原则，《水污染防治法》也规定了公众参与环境影响评价的权利，但却因缺乏相应的途径、形式和程序规定使之成为一纸空文。《清洁生产促进法》对清洁生产监测的主体、内容以及监测的程序等均有所规定，但是对需要监测的污染物的种类等只作了笼统规定，而且这种监测实行的是企业自我监测，由于没有具体、明确的监测规定和有效的责任机制，致使清洁生产检测制度的实施效果不理想。

循环经济法律责任分担不尽合理，部分法律责任落实不到位。社会公众是良好生态环境的受益者、资源的使用者，也是环境污染、资源短缺的直接受害者，是最主要的循环经济法律主体。要实现循环经济法治目标，单靠政府和生产者承担责任是不够的，必须把整个社会都调动起来，使政府、企业、公众三者之间适当分责。但目前循环经济立法主要对地方政府和生产企业的法律责任进行了规定，而未对社会公众特别是居民消费者在循环经济发展过程中应承担的义务和法律责任作出明确规定，因此，循环经济法律关系主体责任分担不合理。在目前社会公众循环经济理念和法治理念较为薄弱的情况下，法律责任分担不均导致生产和消费无法实现良性互动，使《废弃家电及电子产品回收处理管理条例》等消费废弃物回收类法律法规难以得到有效执行。同时，许多法律规定未设置相应的责任条款，造成一些规定成为"裸法",不具有强制执行性。例如《循环经济促进法》规定:"企业对生产过程中产生的废物不具备综合利用条件的,应当提供给具备条件的生产经营者进行综合利用。"但对该条未设置责任条款,致使对于不具备综合利用条件的企业自行处理废物的行为无法追究法律责任。

配套法规制度的缺失是影响循环经济法律实施效果的一大因素。《水污染防治法》《大气污染防治法》《固体废物污染环境防治法》均规定企业应当采用利用率高、污染物排放量少的清洁生产工艺,减少污染物的产生。但有关技术指标、操作规程的配套制度迟迟未出台,使得上述条款在实际中难以执行。《清洁生产促进法》规定了企业实施清洁生产的应然模式以及国家给予其鼓励和指导的政策,但缺乏与之相应的重点行业清洁生产评价指标体系、清洁生产的技术与工艺标准、清洁生产表彰奖励措施等配套制度,使得清洁生产难以有效推行。

第四章　中国循环经济法制局限性之克服

循环经济作为一种新的经济发展模式，是在中国传统的高消耗、高排放、低收益经济增长模式导致环境恶化、资源约束的背景下发展起来的。循环经济是建设资源节约型、环境友好型社会，实现经济社会可持续发展的根本途径，循环经济必将成为中国经济发展的主流模式。但目前循环经济立法远不能满足循环经济发展需求，加快循环经济立法势在必行。另外，循环经济立法已具备了良好的条件。国家已把发展循环经济提高到国家战略层面，运用法律手段推动循环经济发展是国家既定的方针决策。近年来中央、地方循环经济发展和立法探索为循环经济立法提供了理论实践基础。同时，国外立法的成功经验也为我们加快循环经济立法提供有益参考。因此，中国应当充分认识循环经济立法的必要性和可行性，在认清中国循环经济发展和立法形势的基础上，积极借鉴国外先进立法经验，加快推动中国循环经济法制建设步伐。

第一节　大力发展循环经济，推动循环经济法制完善

转变传统经济社会发展思想观念，树立循环经济发展理念是发展循环经济的重要前提。摒弃传统的发展思维和模式，彻底改变重开发、轻节约，重速度、轻效率，片面追求经济增长、忽视资源环境的倾向，把发展循环经济提升到国家经济社会发展的战略高度。通过各种途径加强对循环经济的宣传教育，提高全社会特别是各级政府对发展循环经济重要性、紧迫性的认识，树立新的经济社会发展观，使循环经济成为社会发展的主流思想。引导企业和社会公众参与循环经济建设，使按照循环经济模式进行生产生活成为社会公众的自觉行为，确立循环经济在中国经济社会发展中的主导地位。积极总结推广循环经济试点经验，逐步实现循环经济在工业、农业、服务业、消费等各个领域的全面发展。在总结借鉴国外循环经济发展经验的基础上，探索

出符合国情的循环经济发展途径和模式，从工业领域入手，改变"高消耗、高污染、低效益"的经济增长模式，逐步向清洁生产、资源循环利用、循环型社会等层面发展。要通过完善的市场机制推动循环经济发展，注重各种经济手段的运用，除采取价格、税收、信贷等常规经济手段外，还要探索一些新的经济手段，如环境税、财政刺激、环境损害责任保险、环境标志等，并在条件成熟时以法律的形式固定下来，以更好地促进循环经济的发展。另外，通过完善循环经济评价机制和相应干部考核机制，推动形成有利于发展循环经济的外部环境，理顺循环经济的发展体制。注重增加支持循环经济发展的科技投入，为循环经济发展提供良好的技术支撑。只有循环经济的成熟发展，才能明确循环经济立法的法律关系和调整范围，使相关法律有明确的规范对象和目标，为循环经济法制建设提供坚实的经济社会基础。

第二节 全面确立"全过程治理"的循环经济立法理念

法治理念是法律制度制定和实施的指导思想和价值取向。因此，必须冲破传统环境资源法指导理念的制约，从环境污染"末端治理"向"全过程治理"转变，围绕循环经济"注重节约，减少资源和产品消耗；注重循环，开发新资源，注重废物的再利用和资源化；坚持减量化、再利用和资源化三原则"的基本理念，用全新的立法理念指导循环经济法制建设，更多地通过法律规范而非以行政手段来调节错综复杂的循环经济关系。立法思想必须从传统的"人类利益中心主义"向"生态利益中心主义"转变、从"经济利益优先"向"生态利益优先"转变，要把节约资源、保护环境同经济发展和社会进步有机结合，既保证资源和环境对经济发展的支持，又保证经济发展对促进资源节约和环境改善的支持，实现符合可持续发展战略的良性循环，这是国内外循环经济法制建设经验的明确启示，也是现代循环经济法制建设的内在要求。

不同于环境资源立法关注污染预防和末端治理的理念，循环经济的立法理念关注的是经济的循环可持续发展，把"减量化、再利用和资源化"作为立法的基本原则。现阶段，中国强调把减量化作为循环经济立法的首要原则，虽然对资源回收再利用提出了相关要求，但内容大多过于笼统，无法适应当前循环经济发展和立法要求。综观世界各国的循环经济立法，几乎都是把减量化、再利用和资源化作为循环经济立法的共同原则。因此，随着中国循环经济的发展和立法的不断完善，再利用和资源化原则必须提高到与减量化原则同等的地位。

第三节 构建完善的循环经济法制体系

世界上很多国家都通过立法强制推动循环经济发展，如日本、德国、韩国等发达国家，都制定了综合性和单行性的循环经济法律，通过健全循环经济法律法规体系，体现国家发展循环经济的战略意图。由此可以看出，完善的法律体系对推动循环经济发展十分重要。中国应建立在宪法指导下的，以循环经济基本法为基础，循环经济单行法等实施性法律法规为辅助，与其他相关经济环保法律法规相配套的循环经济法律体系。

一 在宪法中明确循环经济的法律地位

宪法是国家的根本大法，具有至高无上的权威，任何一部法律的制定都必须符合宪法精神。随着中国循环经济的不断发展和循环经济立法的日益成熟，循环经济法已逐步脱离环保法而成为一部独立的部门法，但宪法未就发展循环经济做出明确规定。缺乏明确的宪法依据，成为制约循环经济法制发展的重要因素，因此在宪法中确认循环经济，是建立循环经济法律体系最关键的环节。宪法应当明确规定发展循环经济是中国的基本国策，明确国家发展循环经济的战略意图和发展循环经济的目标、原则，以及政府、企业、个人在发展循环经济中的权利与义务。如此一来，有了充分的宪法依据，循环经济立法才能顺利推进。

二 制定循环经济基本法

循环经济法对中国而言是一部新的部门法，制定一部具有较强前瞻性、全局性和指导性的循环经济基本法，对整个循环经济法的发展具有重要影响，其既是对宪法精神的顺承落实，又是其他单行法和相关法律发展的基础。同时，具有指导性的部门基本法，往往有着巨大的教化作用，有利于培育社会公众的法制观念和法律意识，推动相关政策和制度的建设发展。

在目前形势下，《循环经济促进法》无疑充当着循环经济基本法的角色，但该法作为循环经济基本法存在较大缺陷。原因在于，循环经济法的调整对象涉及经济社会发展的各个方面，包括政府行政管理、企业生产、公民生活等各领域，对相关法律的实用性、操作性要求较高。因此，发展循环经济需要刚性法律，必须用刚性法律来规范推动循环经济发展，这也是中国循环经济"政府推动型"模式的内在要求。但从法律名称上看，《循环经济促进法》是指导型、促进型的法律，许多条款是指引性、鼓励性的，导致该法难以对某些法律行为进行规制，不能有效发挥基本法应有的效能。因此，中国应当在全面实施《循环经济促进法》的基础上，将其引导和鼓励性条款改为硬性条款，增加具有全局性和前瞻性的条款，进一步明确循环经济的发展方向、法律地位、法律原则、基本制度以及各类主体的权利义务，增强法律的权威性和实施力，从而有效发挥循环经济基本法作用。

三 制定循环经济单行法

发展循环经济涉及工业、农业、服务业等各个领域和行业，不同领域和行业发展循环经济的重点、模式和具体要求存在较大差异。因此，在重视综合性循环经济法律建设的同时，必须重视各领域、各行业单项法规的建设，使综合性法律和单行法规各司其职，同步发展。单行法是专门调整特定领域和行业循环经济关系的法律，是综合性循环经济基本法的具体化，在整个循环经济法律体系中占有重要地位。一方面，根据行业特征制定相关的循环经济单行法律，如《工业循环经济法》《农业循环经济法》《服务循环经济法》《消费循环经济法》《社会循环经济法》等。另一方面，根据具体资源、产品的特点，进一步制定更为详细的专项立法，如《建筑材料循环法》《可循环性食品资源循环法》《容器与包装循环利用法》《废旧家用电器循环法》《废旧汽车和废旧轮胎回收法》《绿色采购法》等。同时，应及时制定与相关法律配套的实施细则，以解决法律规定过于原则、缺乏可操作性问题。

四 制定和完善专门的循环经济行政法规和规章

国务院及各级地方政府、应根据循环经济发展及其立法情况，制定出台比法律更具针对性、灵活性和时效性的行政法规、部门和地方规章，例如《资源综合利用条例》《再生资源回收利用条例》等，作为循环经济法律体系的重要组成部分，推动建立完善的循环经济法律体系。

五 调整、修订相关法律法规

以循环经济立法思想为主导，对环保法、资源法等相关法律法规进行修订完善，是建立循环经济法律体系，解决部门法之间不衔接、不协调问题的关键。特别应抓紧修订《清洁生产促进法》《固体废物污染环境防治法》《节约能源法》等几部关键法律。修改《清洁生产促进法》时，应增加工业企业以外企业开展清洁生产的规定，修订《固体废物污染环境防治法》时，应增加促进发展循环经济、资源回收利用等规定，修订《节约能源法》时，应强化法律责任部门，加大对浪费资源行为的法律责任的追究力度。此外，还应对《环境保护法》《环境影响评价法》《可再生资源法》等相关法律进行相应的修订完善，理顺其与循环经济法之间的关系。

六　建立完善的循环经济技术标准体系

标准是重要的技术法规，是法律得以有效实施的重要保障。因此，应当建立完善符合循环经济发展要求的技术标准体系。在抓紧制定清洁生产、资源节约、废物回收利用、资源再利用、绿色消费等技术规则和标准体系的同时，分行业制定循环经济发展考核评价体系，为工业、农业、建筑业、服务业、消费等领域循环经济发展提供技术标准。

分报告一

第一篇　中国工业循环经济政策法制建设现状及评价

工业是社会化大分工的产物，也是第二产业的重要组成部分，在传统工业向现代工业过渡的过程中，工业在国民经济中所发挥的作用也日渐明显。它不但为参与国民经济运行的其他部门提供了必不可少的原材料，同时也决定着一个国家现代化发展的速度、规模和水平。自新中国成立至今，中国的工业发展取得了举世瞩目的成就，2014年中国的工业生产总值达到4万亿美元，超越美国成为世界头号工业生产国。工业的发展在为人类社会发展带来巨大福利的同时，也带来诸多负面的效应，例如对资源能源的不合理利用导致的浪费现象以及环境问题的凸显等。因此，必须尽力扭转这种发展局面，将循环经济的理念应用到工业生产领域，促进工业经济增长模式的转变，发展工业循环经济，从而实现工业的可持续发展。

工业循环经济是以循环经济的理论为基础，在遵循生态规律的前提下将工业生产的所有环节纳入其中的新型工业发展模式。工业循环经济的发展可以分步骤逐步进行：首先，在企业内部积极倡导资源能源的节约利用并实行清洁生产；其次，建立工业生态园区，实行共生企业的互利发展；最后，建立全社会的再生资源产业化。

第一章　中国工业循环经济政策法制建设现状

第一节　中国工业循环经济政策现状

一　工业循环经济相关政策主要内容

自20世纪90年代循环经济的理念被引入中国之后，在国民生产的各个行业都受到了高度关注。与此同时，一系列与循环经济相关的政策及法规相继出台，为各行业的发展指明了路径。在工业领域，与循环经济相关的政策主要包括：

（一）国务院《关于印发〈中国制造 2025〉的通知》

2015 年 5 月 19 日，《关于印发〈中国制造 2025〉的通知》指出，制造业是国民经济的主体，是立国之本、兴国之器、强国之基。新中国成立尤其是改革开放以来，中国制造业持续快速发展，建成了门类齐全、独立完整的产业体系，有力地推动了工业化和现代化的进程。然而，与世界先进水平相比，在自主创新能力、资源、利用效率、产业结构水平、信息化程度、质量效益等方面还存在明显的差距。因此，该文件将绿色发展作为制造业今后发展的指导思想，要求坚持把可持续发展作为建设制造强国的重要着力点，加强节能环保技术、工艺、装备推广应用，全面推行清洁生产。发展循环经济，提高资源回收利用效率，构建绿色制造体系，走生态文明的发展道路。其中要求到 2025 年，规模以上单位工业增加值能耗①下降幅度比 2015 年下降 34%，单位工业增加值二氧化碳排放量下降 40%，单位工业增加值用水量下降 41%，工业固体废物综合利用率达 79%。该文件同时将全面推进绿色制造作为发展战略的任务和重点。要求组织实施传统制造业能效提升、清洁生产、节水治污、循环利用等专项技术改造。开展重大节能环保、资源综合利用、再制造、低碳技术产业化示范。实施重点区域、流域、行业清洁生产水平提升计划，扎实推进大气、水、土壤污染源头防治专项。制定绿色产品、绿色工厂、绿色园区、绿色企业标准体系，开展绿色评价。到 2020 年，建成千家绿色示范工厂和百家绿色示范园区，部分重化工行业能源资源消耗出现拐点，重点行业主要污染物排放强度下降 20%。到 2025 年，制造业绿色发展和主要产品单耗达到世界先进水平，绿色制造体系基本建立。

（二）国务院《关于促进企业技术改造的指导意见》

2012 年 9 月 10 日，《关于促进企业技术改造的指导意见》规定，技术改造是企业采用新技术、新工艺、新设备、新材料对现有设施、工艺条件及生产服务等进行改造提升、淘汰落后产能、实现内涵式发展的投资活动，是实现技术进步、提高生产效率、推进节能减排、促进安全生产的重要途径。同时，该文件将促进绿色发展作为促进企业技术改造的重点任务，实施提升

---

① 单位工业增加值能耗是指一定时期内，一个国家或地区每生产一个单位的工业增加值所消耗的能源，即单位工业增加值能耗＝工业能源消费量/工业增加值。

工业能效、清洁生产、资源综合利用等技术改造。加快推广国内外先进节能、节水、节材技术和工艺，推广工业产品绿色设计研发系统，提高能源资源利用效率。提高成熟适用清洁生产技术普及率。加强重金属和危险化学品污染防治。支持工业废物、废旧产品和材料回收利用以及低品位、共伴生矿产资源综合利用，积极发展循环经济和再制造产业。培育一批资源节约型、环境友好型示范企业。

（三）国务院《关于印发"十二五"国家战略性新兴产业发展规划的通知》

2012年7月20日，国务院发布《关于印发"十二五"国家战略性新兴产业发展规划的通知》，该文件将节能环保作为重点发展方向和主要任务。要求高效节能产业到2020年形成适合中国国情的节能技术装备和产品体系，主要节能装备、主要行业单位产出能耗指标达到国际先进水平；先进环保产业到2020年重点领域环保技术及装备达到国际领先水平，环保装备标准化、系列化、成套化水平显著提高，建立统一开放、竞争有序的环保产业市场和环保服务体系；污染治理设施建设和运营基本实现专业化、社会化；资源循环利用产业到2020年形成再利用、资源化产业技术创新体系，形成一批具有核心竞争力的资源循环利用技术装备和产品制造企业，建成技术先进、覆盖城乡的资源回收和循环利用产业体系。

（四）国务院《关于印发工业转型升级规划2011—2015年的通知》

2012年1月19日，《关于印发工业转型升级规划2011—2015年的通知》对"十一五"期间中国工业发展取得的成就进行回顾。其中，"十一五"期间规模以上企业单位工业增加值能耗累计下降26%，单位工业增加值用水量下降36.7%，工业化学需氧量及二氧化硫排放总量分别下降17%和15%；工业固体废物综合利用率达69%，大宗固体废物等综合利用取得明显进展。同时，该文件将促进工业绿色低碳发展作为工业转型升级的重点任务。具体包括：第一，大力推进工业节能降耗；第二，促进工业清洁生产和污染治理；第三，发展循环经济和再制造产业；第四，积极推广低碳技术；第五，加快淘汰落后产能；第六，提高工业企业安全生产水平。该文件将生态环保作为推动产业集聚发展的原则之一，要求加强污染集中治理、力争创建节能环保水平高的国家新型工业化产业示范基地。

（五）国务院《关于进一步加强淘汰落后产能工作的通知》

2010年4月6日，国务院对深入贯彻落实科学发展观，加快转变经济发展方式，促进产业结构调整和优化升级，推进节能减排，进一步加强淘汰落后产能工作做出通知,该通知要求以电力、煤炭、钢铁、水泥、有色金属、焦炭、造纸、制革、印染等行业为重点,按照国务院《关于发布实施〈促进产业结构调整暂行规定〉的决定》、国务院《关于印发节能减排综合性工作方案的通知》、国务院批转发展改革委等部门关于《抑制部分行业产能过剩和重复建设引导产业健康发展若干意见的通知》《产业结构调整指导目录》以及国务院制定的钢铁、有色金属、轻工、纺织等产业调整和振兴规划等文件规定的淘汰落后产能的范围和要求,按期淘汰落后产能。该通知对包括电力行业、煤炭行业、焦炭行业、铁合金行业、电石行业、钢铁行业、有色金属行业、建材行业、轻工业、纺织行业在内的重点行业淘汰落后产能的具体目标任务进行了具体的规定,明确提出其在 2010—2012 年年底之前的具体目标。

(六) 国务院《关于进一步实施东北地区等老工业基地振兴战略的若干意见》

2009 年 9 月 11 日,《关于进一步实施东北地区等老工业基地振兴战略的若干意见》提出,将积极推进资源型城市转型,促进可持续发展和切实保护好生态环境,把发展绿色经济作为推进东北地区等老工业基地全面振兴的意见。其中,加强生态建设和积极推进节能减排是其重要举措,该文件要求严格执行相关法律法规、规划和产业政策,加强重点污染源总量控制。限制高耗能、高污染行业扩张,关停小火电、小钢铁、小造纸、小水泥等污染严重的小企业。以能源、原材料、装备制造和农产品加工等行业为重点,加强对各类工业园区的建设管理,推行清洁生产。支持开发和应用低碳技术。鼓励发展循环经济。大力推广应用节能技术产品,发展节约能源、节省土地的环保型建筑和绿色建筑,组织实施好节能产品惠民工程。

(七) 国务院《关于加快振兴装备制造业的若干意见(摘要)》

2008 年 3 月 28 日,《关于加快振兴装备制造业的若干意见(摘要)》对装备制造业的发展方向进行了明确的规定,指出将对国家经济安全和国防建设有重要影响,对促进国民经济可持续发展有显著效果,对结构调整、产业升级有积极带动作用,能够尽快扩大自主装备市场占有率的重大技术装备和产品作为重点,加大政策支持和引导力度,实现关键领域的重大突破。具体表现为发展大型清洁高效发电装备,包括百万千瓦级核电机组、超临界火电机组、燃气—蒸汽联合循环机组、整体煤气化燃气—蒸汽联合循环机组、大型循环流化床锅炉、大型水电机组及抽水蓄能水电站机组、大型空冷电站机组及大功率风力发电机等新型能源装备,满足电力建设需要。

（八）国务院办公厅转发发展改革委等部门《关于制止钢铁电解铝水泥行业盲目投资若干意见的通知》

2003 年 12 月 23 日，《关于制止钢铁电解铝水泥行业盲目投资若干意见的通知》对关于制止钢铁电解铝水泥行业盲目投资的事项做出明确的指导意见。该文件主要涉及相关行业中出现的生产能力过剩、市场无序竞争、浪费资源和环境污染，甚至造成金融风险和经济社会其他方面的隐患等问题。第一，该文件要求严格市场准入管理，主要为了保证技术的先进性和满足环境保护的要求，实现钢铁工业可持续发展。同时要求强化环境监督和执法。根据《环境保护法》和《环境影响评价法》的有关规定，加强对现有钢铁生产企业执行环保标准情况的监督检查。国家环保总局要定期发布环保不达标钢铁生产企业名单。对达不到排放标准或超过排污总量指标的钢铁生产企业实行限期治理，在限期治理期间，按照达标排放和环境保护行政主管部门下达的污染物排放总量控制的要求限产限排，限期治理不合格的要给予停产处理。对未按法定程序向环境保护行政主管部门报批环境影响报告书擅自开工建设的项目，在建的一律停建，投产的一律停产，并依照有关法律法规进行处理。第二，该意见要求整顿开采秩序，合理利用资源。为保护好有限的铝土矿资源，要加强对铝土矿开采秩序的治理整顿，依法关闭破坏资源、污染环境、布局不合理和不符合安全生产条件的矿点。矿产资源开采登记管理部门必须严格依法审批和颁发采矿许可证，从严审批铝土矿勘查许可证，严格控制新建铝土矿矿山。今后新建氧化铝企业，必须按照有关法律法规规定，申请铝土矿采矿权，按照批准的开发利用方案配套建设矿山，依法开采铝土矿资源。任何未按国家规定审批和没有落实合法铝土矿来源的氧化铝建设项目，一律不得自行开工建设。氧化铝生产企业不得收购无证开采的铝土矿，正在进行收购的必须立即停止。有关部门要采取切实有效的措施，鼓励使用国外铝土矿资源。第三，该意见要求科学规划布局，在发展水泥工业中应遵循"控制总量、调整结构、提高质量、保护环境"的原则，统筹考虑本地资源、能源、市场需求等情况，认真做好水泥工业规划和布局。各地区要有针对性地采取措施，切实制止低水平重复建设。同时，加强环境监督。要求环境保护行政主管部门对新、改、扩建水泥生产项目要严格执行环境影响评价、"三同时"（同时设计、同时施工、同时投产使用）和污染物排放总量控制制度。对现有水泥生产企业要严格执行污染物排放许可证制度，没有排污许可证的一律不准排污。逐步安装在线监控装置，提高监控能力。对超过国家或地方规定污染物排放标准，以及污染物排放总量控制指标的水泥生产企业，各级地方人民政府按照管理权限对超标企业实行限期治理，限期治理期间要实行限产达标排放，限期治理到期后仍然达不到要求的，必须停产整治，直至关闭或取缔。要抓紧修订《水泥工业污染物排放控制标准》，改变现行水泥生产污染物排放按建厂时间划分的不合理做法，统一水泥企业的污染排放标准。与此同时，还要加强对资源的管理。加强石灰石矿产资源管理，在保护生态环境的前提下，确保石灰石及配料采矿权布局合理，合理开发利用石灰石资源。制定和完善在石灰石矿山开发中的环境保护、土地复垦和生态恢复，以及水泥生产过程中的清洁生产、资源节约和综合利用等方面的政策和措施。

二 工业循环经济相关政策的主要特点

（一）倡导绿色发展和可持续发展

绿色即生态环保的意思，可持续强调发展的连续性。在工业发展过程中倡导绿色和可持续发展是加入了对资源和环境因素的考量。这也与构建全面、协调、可持续发展的理念一致，实践中的具体作为表现为：在原材料的选取上，采用对环境污染小、回收利用难度低、更符合生态环保要求的物质，同时在生产的过程中采用相关的手段对已经进入再利用和资源化的废弃物重新加以利用，降低对环境的潜在危害，从而使工业发展能够在符合经济和环境要求的前提下有规律地持续发展。因此在与工业循环经济相关的政策中都将绿色发展和可持续发展作为发展的指导思想提出，其目的是加快转变经济发展方式，促进产业结构调整和优化升级，推进节能减排。

（二）注重工业科技发展

工业科技在工业生产领域的运用主要表现为新技术、新工艺、新设备的运用和落后生产技术的淘汰。工业的发展对环境和资源的不利影响最为突出，因为工业发展需要大量资源能源的投入作为发展的物质保障，同时需要向环境排放大量的废弃物质，因此需要采用新科技的要求最为迫切。在工业生产过程中加大对科技的投入不但有利于资源的节约利用，同时还能够降低对环境的负面影响。先进工业技术的大规模采用在另一方面可以提升产品的科技含量，从而带动工业发展的速度和质量，最终形成工业良性循环发展的局面。工业技术的采用也是发展清洁生产的重要举措，清洁生产就是将环境保护和污染预防应用于生产的过程中，以减少对人类和环境的风险。从本质上来说，清洁生产就是对生产过程（广义上也包含产品）采取整体的环境策略，减少甚至消除其对环境和人类产生危害的可能性，同时充分满足人类的发展需要，使经济效益、社会效益和环境效益都能够最大化。可见，科技能够贯穿于工业生产的全过程，并在不同的环节都产生正面效益，因此，加大工业科技投入也显得尤为重要。

（三）加强工业生态建设和积极推进节能减排

工业生态建设是在工业生产的过程中加入对生态环境的综合考虑，依据生态学的原理，以节约资源、清洁生产和废弃物多层次循环利用为特征，以现代科学技术为依托，运用生态规律、经济规律和系统工程的方法经营和管理的新型工业建设模式。节能是在工业生产的输入端上降低对资源的使用量，减排是在工业生产的输出端上降低对环境的危害，但其最终的目的都是对资源能源的节约和对环境的保护。实践中的做法可以概括为：对"高投入、低产出、高污染"的小企业实施综合整顿，并在必要的情况下对其予以关停，对"低投入、高产出、低污染"的符合生态环境要求的企业给予优先发展的机会。

（四）加强环境监督和执法力度

在执法领域对不符合循环经济发展要求的工业企业采取相关措施可以引导企业自身的行为，从而对其他企业形成示范作用，因此加强对工业企业的环境监督和执法力度也显得尤为重要。在部分地区，已经对不符合环境要求的个别企业及负责人以及行政主管人员采取了必要的处罚措施。例如，在国务院办公厅《关于江苏铁本钢铁有限公司违法违规建设钢铁项目调查处理情况的通报》中提到，该公司主要涉嫌虚假注册合资（独资）公司问题，违规审批项目问题，非法批准征用、占用土地问题，违反环境保护有关规定的问题，偷税漏税问题，违规贷款问题六项违法事项，同时在该通报中，对负有责任的8人采取了警告、责令辞职、撤销职务等处罚措施。

第二节 中国工业循环经济法制现状

一 与工业循环经济相关的法律

与政策的灵活性相比较，通过法律的形式将有关工业循环经济的制度加以明确规定，使其更具有稳定性，更能为实践所广泛应用。在目前中国的法律体系中，有关工业循环经济的法律主要包括：

（一）《循环经济促进法》

《循环经济促进法》是循环经济领域的基本法。该法于2008年8月29

日由十一届全国人民代表大会四次会议通过，2009年1月1日起实施。该法从减量化、再利用和资源化的不同视角分别对包括工业在内的社会生产生活各环节加以规范，涵盖了基本管理制度、奖惩措施以及法律责任等方方面面。

《循环经济促进法》中有关工业循环经济的规范贯穿了从工业产品原材料的开发利用到工业生产过程以及工业产品的产出等全部环节。例如该法第18条明确规定：禁止生产、进口、销售列入淘汰名录的设备、材料和产品，禁止使用列入淘汰名录的技术、工艺、设备和材料。同时，该法第20条规定：工业企业应当采用先进或者适用的节水技术、工艺和设备，制订并实施节水计划，加强节水管理，对生产用水进行全过程控制。这些规范都是在法律层面对有关工业循环经济的运行过程加以引导和规范，使其朝着更加健康有序的方向发展。

（二）《节约能源法》

《节约能源法》于1997年11月1日由八届全国人民代表大会常务委员会二十八次会议通过，2007年10月28日由十届全国人民代表大会常务委员会三十次会议修订通过，自2008年4月1日起施行。该法的立法宗旨是推动全社会节约能源，提高能源利用效率，保护和改善环境，促进经济社会全面协调可持续发展。

《节约能源法》将工业节能作为单独一部分进行了规定。涉及工业生产过程中的资源开发、合理配置与新技术的开发应用，并引导包含电力、钢铁、有色金属、建材、石油加工、化工、煤炭在内等主要耗能行业发展节能技术。虽然该法中有关工业节能的规定只有5条，内容不足以涵盖工业生产的各领域、各环节，但对于工业节能在实践中的运行起到了不容小觑的作用，对今后相关领域的立法也具有借鉴意义。

（三）《清洁生产促进法》

《清洁生产促进法》于2002年6月29日由九届全国人民代表大会常务委员会二十八次会议通过，并于2003年1月1日起施行。该法总共六章，其中对清洁生产的推行与实施进行了重点规定。其中对工业生产领域所涉及的资源开发、环境保护、污染防治以及提高资源利用水平都作出了明确的规定，在该法中还对使用有毒有害原料进行生产的行为加以规范。同时，《清洁生产法》与其他有关工业循环经济的法律法规一样倡导在工业生产领域广泛采用资源利用率高、污染物产生量少的工艺和设备，替代资源利用率低、污染物产生量多的工艺和设备。

(四)《固体废物污染环境防治法》

《固体废物污染环境防治法》于 2004 年 12 月 29 日由十届全国人民代表大会常务委员会十三次会议修订通过，2013 年 6 月 29 日由十二届全国人民代表大会常务委员会三次会议修正，并于当日起施行。该法与《节约能源法》同样将工业固体废物污染环境的防治作为专门一节进行明确规定，但与《节约能源法》不同的是，在该法中关于工业固体废物的规定更为详尽，内容更为充实。包括：工业生产工艺、工业废弃物环境污染防治责任制度、工业固体废弃物的储存和处置、工业产品的拆解和利用，同时也涉及企业对于原材料和生产工艺的选择等方方面面。

(五)《大气污染防治法》

《大气污染防治法》于 1987 年 9 月 5 日由六届全国人民代表大会常务委员会二十二次会议通过，随后经过多次修订后于 2016 年 1 月 1 日起施行。该法从不同的污染源着手，主要针对大气污染的防治进行立法，其中在第四章第二节对工业污染防治进行了立法规定。

《大气污染防治法》对大气污染较为严重的钢铁、建材、有色金属、石油、化工制药、矿产开采企业的大气污染防治进行了重点规范，对工业企业所应当采用的大气污染防治措施和技术采用也进行了统一的规定，同时还对可燃性气体的回收利用以及最终处置进行了规范。与其他法律规范不同的是，《大气污染防治法》是仅仅针对大气污染的专门性立法，其所涉及的范围与之前的法律规范相比较也更为广泛。

此外，与工业循环经济相关的法律还包括《煤炭法》《建筑法》等。囿于发展时间和技术手段的局限，到目前为止工业循环经济在中国仍处于发展的初级阶段，在许多领域并没有形成完全的工业循环发展模式，相应的法律制度建设也存在不健全甚至缺位的状况，但随着时间的推移以及技术手段的革新，在未来的实践中，工业循环经济以及与此相关的法制建设必然会取得长足的发展。

二 与工业循环经济相关法律的主要内容

(一) 加强资源能源节约建设

资源与能源是维持工业发展最为重要的保障，没有能源的供应，工业的发展将成为无源之水、无本之木，没有任何发展的可能和空间，但其他产业的发展同样需要依赖于资源能源的供应，因此对于能源的节约使用不但是保障工业长久发展的必要之举，也是保障全社会稳定有序发展的当务之急。有关工业循环经济的相关法律法规也将对能源的保护作为立法的重要关注点。以《循环经济促进法》为例，该法将减量化作为重点章节，规定了工业生产过程有关节水、节肥、节药、节地、节财以及海水淡化处理，清洁替代能源的开发利用等。

（二）加强环境保护建设

环境是全人类生产生活中的载体，保护环境已经成为中国的基本国策之一，在社会生活的不同领域都应当对环境保护加以重视，而工业生产自身的特殊性决定其对环境的危害最为严重，损害后果也最为直接。在工业生产中不仅仅倚重于能源资源的供应，同时也需要环境作为依托，工业生产所产生的废水、废气、废渣会对不同的环境要素造成不同的损害结果，在相关法律中对环境保护加以明确规定显得尤为重要。在实践中，不单工业生产的过程会对环境产生严重的危害，废弃后的工业产品如果得不到及时合理的处置也会对环境造成难以预计的危害后果。因此，与工业循环经济相关的法律规范均对环境保护有所涉及，同时也规定了必要的奖励及惩罚措施。

（三）加强工业技术发展建设

在工业生产的过程中，技术的发展不但可以产生更大的社会经济效益，同样也能够增加产品的技术含量。技术可以应用到工业生产的不同领域，在工业产品生产原材料的开发利用环节加大技术投入量可以起到降低开采风险、节约能源资源的作用，也有利于新的可替代能源的开发利用；在工业产品的生产过程中加大技术投入量能够减少产品生产过程中对环境产生的危害，例如采用清洁的生产技术能够降低工业"三废"的产生，从而减轻对环境的压力；在对废弃的工业产品的处理过程中加大科技的投入量能够使废弃的工业产品得到及时有效的处理，降低其对环境的潜在危害。可见，加强工业技术的发展可以带动资源能源的节约以及环境保护等其他方面，因此，加强工业技术的发展也成为工业循环发展的关注点，倡导采用先进的技术、工艺、设备发展工业。

第二章 中国工业循环经济政策法制建设评价

第一节 中国工业循环经济政策法制建设取得的成就

工业循环经济是循环经济理念在工业生产领域的应用,作为一种新型的工业经济发展模式,要想全面的施行和发展,政策法律手段是必不可少的保障之一。近年来,中国以可持续发展为目标,制定、修订了一系列涉及工业循环经济发展的政策、法律、行政法规、部门规章、地方性法规和地方政府规章,在政策法制制度建设方面取得了很大的成就。主要体现在以下几个方面:

一 工业循环经济政策法制内容不断丰富、体系不断完善

中国工业循环经济法制建设虽然起步较晚,但是已经取得了一定的成就。国家相继出台了大量工业循环经济发展法律和政策,主要包括《清洁生产促进法》《国家重点行业清洁生产技术导向目录》《固体废物污染环境防治法》《资源综合利用目录》《循环经济试点市与生态工业示范园区的申报、命令和管理规定》《关于加快发展循环经济的若干意见》《循环经济促进法》等。此外,一些地方还颁布了有利于地方循环经济发展的政策和地方性法规。

国务院于2005年6月发布了《关于做好建设资源节约型社会近期重点工作的通知》,2005年7月发布了《关于加快发展循环经济的若干意见》。这两份文件成为中国发展循环经济的纲领性文件,提出了发展循环经济的指导思想、基本原则和主要目标。按照上述两个文件的要求,国家发展改革委同国家环保总局、科技部、财政部、统计局等有关部门于2005年10月发布了在重点行业、重点领域、产业园区和省市组织开展循环经济试点工作的《循环经济试点工作方案》,确定了国家循环经济试点单位(第一批),2007年12月开始第二批循环经济试点工作。2006年3月,《国民经济和社会发

展第十一个五年规划纲要》中,把发展循环经济单列为一章进行了专门规划。国家还制订了行业循环经济支撑技术支持计划和中长期循环经济规划等,后者还专门设立了循环经济关键技术发展规划。这标志着中国发展循环经济已经成为国家发展战略的重要内容。另外,在制定《循环经济促进法》的基础上,中国政府在其他配套法律法规和政策层面也做出了相应努力。2012 年国家对《清洁生产促进法》进行了修订,为配合清洁生产的深入实施,先后颁布了 50 余个行业的清洁生产标准和近 10 个行业的清洁生产评价指标体系,系统、规范的清洁生产技术支撑文件体系基本建立。后续颁布或者修订的环境保护法律如《固体废物污染环境防治法》等均提出了清洁生产的要求,为实施污染预防战略和开展清洁生产提供了坚实的法律基础。2014 年新修订的《环境保护法》以基本法形式确立了清洁生产的国家战略。同时,还制定了循环经济评价指标体系、行业清洁生产标准和评价指标体系、生态工业园区标准、再生利用企业污染控制标准等。

由于我国的法律体制和循环经济发展实践的原因,中国循环经济法制体系在构成上具有与其他发达国家不同的特点,中国循环经济法制体系在构成内容上,主要包括以下五个方面:

(一)法律

目前中国含有工业循环经济内容的法律较少,体现循环经济内容较多的主要有 3 部法律:《节约能源法》、《清洁生产促进法》和《固体废物污染环境防治法》。

(二)行政法规

中国没有专门的关于工业循环经济的行政法规,只是在如《矿产资源开采登记管理办法》等一些行政法规中包含有工业循环经济方面的内容。

(三)地方性法规

从中国地方工业循环经济实践层面来看,许多省、直辖市、自治区均将发展工业循环经济作为政府工作的重要目标,并通过一系列的文件将这些既定的方针、战略固定下来。但真正体现工业循环经济要求的地方性法规并不普遍。

(四)行政规章

包含有工业循环经济内容的行政规章比较庞杂,主要可以分为国务院各部门制定的行政规章和地方人民政府制定的行政规章两大部分,这些行政规章从不同侧面对发展工业循环经济做出了规定。

(五) 政策性文件

中国现行发展工业循环经济的规定更多的是通过政策的形式体现出来，它是中国工业循环经济法制的重要组成部分。

二 从纲领性政策走向具体性政策

清洁生产是工业循环经济的重要内容，在国家政策的引导下，工业循环经济在企业层次得到逐步开展。目前，陕西、辽宁、江苏等省以及沈阳、太原等城市先后制定了地方清洁生产政策和法规。自2002年中国颁布《清洁生产促进法》后，中国已在20多个省（自治区、直辖市）的20多个行业、400多家企业开展了清洁生产审计，建立了20个行业或地方的清洁生产中心，1万多人次参加了不同类型的清洁生产培训班，有5000多家企业通过了ISO14001环境管理体系认证，几百种产品获得了环境标志。

循环经济实践中的减量化、再利用、资源化原则的实施都不能脱离科技的支撑。政府很重视清洁生产科技的开发与应用，已经成立了21个清洁生产中心，其中1个国家级中心、4个工业行业中心（包括石化、化工、冶金和飞机制造业）以及16个地方中心，对地区和行业的清洁生产提供具体指导和咨询服务。国家经济贸易委员会在2000年组织编制了《国家重点行业清洁生产技术导向目录（第一批）》，目录涉及冶金、石化、化工、轻工和纺织5个重点行业，介绍了行业主管部门经过筛选、评审后确定的57项清洁生产技术。这些技术经过生产实践证明，具有明显的环境效益、经济效益和社会效益，为国内这几个行业提供了清洁生产上的技术支持。另外，还编制了啤酒、酒精、丝绸印染、制药、电镀、涂料制造、农药加工、造纸、水泥、酒店等若干行业的清洁生产方案，向更多企业提供技术指导。

另外，积极推进工业循环经济示范项目也取得了可喜的成绩。按照循环经济理念，在企业相对集中的地区或开发区，国家创建了一批循环经济示范项目，如广西贵港生态工业园区、广东南海生态工业园区、内蒙古包头生态工业园区、湖南长沙黄兴生态工业园区、新疆石河子生态工业园区、山东鲁北生态工业园区、天津经济技术开发区生态工业园区、苏州高新区生态工业园区、大连开发区生态工业园区。这些示范项目在资源一体化管理、固体废物的高品质利用、危险废物管理、建设共享和产业链接、绿色社区建设等方面取得了可喜的成绩，并积累了丰富的经验。

三 在工程技术层次上创建了新的工业技术经济范式

在企业层面上，对于新建生产项目，从规划设计开始，即按照工业循环经济原理进行，企业的基础设施建设、厂房车间的布局都充分考虑物质流和资源循环利用的成本最小化。企业产品生产工艺按照资源节约、环境友好和循环利用原则进行技术体系选择和配置，做到废水分级循环利用和余热余能梯级利用；通过技术链条和产业链的纵向延伸和横向扩展，实现副产品和废弃物循环利用，使企业自身形成多产品的循环经济联合体，或与其他企业合作组成循环经济联合体，具备条件的老企业按照工业循环经济原则进行技术改造，规模较小、在单个企业内部循环利用不具备规模经济效益的副产品和废弃物，则由政府或市场组织，由专门的企业进行循环再生利用。这样，就形成了多种多样的企业循环经济技术经济范式。

在区域层面上，按照工业循环经济要求实施"产业集聚、企业入园、优化布局、产业成链、创新管理、物质循环"的原则，通过经济技术开发园区的模式进行工业企业布局，每一个工业园区都形成一个综合集成的工业循环经济联合体，形成了多种区域循环经济发展的新技术经济范式。

在社会层面上，按照规模工业循环经济要求，形成基于市场机制的多层次废弃物回收、分类、运输、再制造、再生利用体系。其中，个体废弃物收购与分类者、中小型废弃物集散商、以个体为主导的社会废弃物运输商、专业化的废弃物拆解商、专业化的再生利用厂商是社会层面循环经济的主体。有特殊安全和环境准入要求的废弃物循环利用（例如，危险废弃物、发动机再制造等）则由国家指定的具有相关技术资质的企业进行回收、运输、再生利用和安全处理。

四 催生了一批工业新技术

在中国工业循环经济发展的实践中，催生了一批新技术，也促进了一批成熟技术在资源循环利用中的扩散和应用。仅以山东4家循环经济试点企业为例即可见一斑。山东泉林纸业集团独立自主开发了具有自主知识产权的草浆原色纸生产技术体系，彻底改变了草浆造纸高污染低效益的现状。山东济南复强动力有限公司引进欧美再制造专用设备、管理模式、营销体系，与国内装甲兵工程学院制造技术国防科技重点实验室合作，开发和应用了具有中国自主知识产权的现代表面工程技术，使中国汽车发动机再制造技术达到了国际先进水平。山东莱钢应用转底炉技术处理钢铁厂含铁粉尘，解决了保护高炉炉衬的问题。山东新汶矿业集团几年来共完成各类技术攻关、新技术推广及系统优化项目 800 余项，自主研发了一系列具有自主知识产权的循环经济关键技术，提高了循环经济的经济效益和物质再生利用效率。

五　初步形成了基于循环经济的绿色发展理念

自 2004 年以来，中国从党和国家最高领导层到企业和居民，已逐步建立起大力发展循环经济、建立资源节约型和环境友好型社会、实现可持续发展的文化理念，循环经济理念正逐步渗透到社会各领域，并已转变为多数人的实际行动。基于循环经济的绿色发展、循环发展、清洁发展、低碳发展、可持续发展理念已经深入人心。工业循环经济是循环经济的核心，亦形成了工业循环经济的绿色发展理念。

六　区域循环经济发展成效初显

循环经济，在以美国为代表的西方国家是以生态工业园区的形式出现并发展的，中国开展循环经济的实践相对较晚。从 2005 年起，中国的工业循环经济试点工作正式启动，2007 年 12 月第二批试点单位工作正式启动。第二批涉及的重点行业 11 个（42 家企业），重点领域 4 个（17 家企业），新增 20 个产业园区，涉及 4 省 13 市，共计 96 个试点单位。2014 年 1 月，国家发展改革委正式确立包括河北省承德市、吉林省吉林市、山西省晋城市及北京市延庆县在内的 40 个地区为国家循环经济发展示范城市（县）创建地区，各地循环经济发展势头正猛。[①]《循环经济促进法》2009 年 1 月 1 日开始正式实施。国家发展改革委于 2010 年 12 月发布了《循环经济发展规划编制指南》，指导全国各地科学编制循环经济发展规划，落实《循环经济促进法》的规定。目前，大部分地区出台地方性法律法规及政策直接规范循环经济的生态园区建设、生态省（市）建设、绩效评估及统计考核等，循环经济各项指标及标准也日趋规范和严肃。各地区在积极认真编制符合本区域实际、凸显区域特色的循环经济发展规划的基础上设立了专门的循环经济主管机构，赋予其较高地位及权威，明确其职责，并采取一系列措施落实发展循环经济的资金来源、投入及使用。部分省市公共机构废旧商品回收体系建设起步良好。从中央到地方，区域循环经济建设力度加大，示范试点工作非常活跃，区域循环经济基础设施建设步伐明显加快，生态园区建设如雨后春

[①] 俞金香：《我国区域循环经济发展问题研究》，博士学位论文，兰州大学，2014 年，第 25 页。

笋、欣欣向荣。区域环境气候质量得到明显改善，节能减排效益大幅度提升。企业内部"小循环"成效突出，清洁生产得到大力实施，循环经济产业链跨区、跨市、跨省协调、合作、交流趋于频繁，循环经济实践平台拓展、区域化成效初显。

第二节 中国工业循环经济政策法制建设存在的问题

循环经济是按照生态原则指导经济活动，以"减量化、再利用、资源化"为基本原则，在物质不断循环利用的基础上发展经济，建立"资源—产品—再生资源"的新经济模式，以彻底改变"资源—产品—污染排放"的直线、单向流动的传统经济模式。它要求把经济活动组织成一个"资源—产品—再生资源"的网状经济，最大限度地利用资源与能源，从而把经济活动对环境的影响降低到尽可能最低的程度。工业循环经济是循环经济的主体和核心。其发展可以实现资源优化配置、结构优化调整、废物优化利用、最大限度减少资源浪费，降低资源开采对生态环境的破坏，促进和带动节约型社会和循环经济发展，实现经济效益、生态效益、社会效益的共赢。目前国家已经编制发布了《国家鼓励发展的资源节约综合利用和环境保护技术目录》《国家重点行业清洁生产技术导向目录》《重点行业循环经济支撑技术》和钢铁、铝、海洋化工等行业发展循环经济环境保护导则，要加大力度对这些技术通过现场交流会、推广会等方式予以推广。同时建立工业循环经济信息交流平台和技术咨询服务体系，并鼓励和引导企业加快循环经济技术改造的步伐，提升企业自主创新能力。

法律是推动工业循环经济发展的根本，虽然中国已颁布实施了很多和循环经济发展相关的法律法规，但总体来说，现有的法律法规仍存在漏洞和不完善之处，严重制约着循环经济的发展。主要存在以下问题：

一 循环经济法律体系不够健全

（一）专项领域相关立法处于空白

为了提高资源利用率，减少资源消耗，资源循环再生利用是一项重要的措施。各发达国家除了颁布各种综合性法律来促进资源循环的再生利用，还对容器、包装、电子产品、化工产品乃至食品等废弃物垃圾进行专业化分类，并提出再生利用的专门方法。中国也在号召提升资源利用率，并制定鼓励资源综合利用的各种方法，然而相关立法仍处于空白状态，没有一部专项

《资源综合利用法》，使得中国的资源利用率在国际上仍处于比较落后的状态，与发达国家相比具有较大差距。

(二) 配套法规、实施细则滞后

由于许多法律法规过于抽象，原则性强，缺少配套法规、实施细则，导致可操作性不够，现实成效不大，造成中国现有工业循环经济法律规范不能有效保障经济的"循环"发展。如，《清洁生产法》的实施细则至今仍未出台，以致相关条款如同一纸空文，降低了该法的权威性。另外，《循环经济促进法》《废弃电器电子产品回收处理管理条例》中存在部分立法缺陷。如《循环经济促进法》虽然关注到了生产、流通领域内资源和能源循环利用、回收的重要性，但对生活中的循环经济强调不够，对于生活中的废弃物减少等未置一词。又如《废弃电器电子产品回收处理管理条例》对于废弃物回收产业的监督管理强调不够。目前，中国城市废弃物的回收主要是靠进城的农民工，基本上处于无序状态。农民工没有受过专门的回收知识培训，这就导致了废弃物的二次污染现象严重，回收效率低下。现行《废弃电器电子产品回收处理管理条例》没有涉及废弃物回收流程的监管以及回收人员的专业化问题。

(三) 缺乏严格的实施机制和责任机制

现行的有关循环经济的法律制度，重原则性规定轻程序性规定，缺乏可操作性。因此，环境责任制度的力度不够，导致执行困难，在执行上很难收到良好的效果。纵观中国的立法发展历史，各项立法的普遍特点是原则与指导思想规定较多，具体的实施细则过少，造成立法过于抽象与执行上的具体依据缺乏。如1989年《环境保护法》第25条，虽然明确规定了"新建工业企业和现有工业企业的技术改造，应当采用资源利用率高、污染物排放量少的设备和工艺，采用经济合理的废弃物综合利用技术和污染物处理技术"，但是由于没有任何具体的技术指标、操作程序、未予执行的法律责任追究等内容的规定，导致在违法行为的处罚上没有任何具体的执行依据，缺乏法本身具有的强制力，使环境保护达不到应有的效果。[1] 有关清洁生产的规定，虽然涉及政府在清洁生产方面的某些职责以及企业在清洁生产方面的某些权利义务，但过于抽象、笼统，缺乏协调与配合，可操作性差，政策宣示的性质较为明显而法律意义不突出。因而，该法并未为企业开展清洁生产

---

[1] 李长友：《我国循环经济的法制保障研究》，博士学位论文，中央民族大学，2010年，第52页。

提供切实可行的法律支持与保障措施。① 工业循环经济的发展，不仅需要政府的倡导和企业的自律，而且需要广大社会公众的积极参与。《清洁生产促进法》虽然对公众参与制度作了原则性的规定，但是对于公众的概念、公众如何参与以及公众参与的法律依据等均未做明确规定，因此，此种意义上的公众参与制度形同虚设。《清洁生产促进法》对清洁生产监测的主体、监测的内容以及监测的程序等均有所规定，但是对于需要监测的污染物的具体种类等只是做出了笼统的规定，而且这种监测制度实行的是企业自我监测的方式，由于没有具体、明确的监测规定及有效的责任机制，这一制度也只能流于形式。此外，对于违法责任的追究处理方面，除依据《清洁生产促进法》追究违法者（主要是指违法企业）的法律责任外，还可以依据一些与之相关的法律法规，如产品质量法、民法、刑法等。但是这些相关法律法规中有关环境侵权救济的规定范围狭窄，内容不完善，程序不健全，不足以及时、有效地救济缺乏专业知识和技术的社会公众。因此，我国现有的环境保护法律制度对资源环境的保护力度不够，不能保证有效地遏制环境污染、推进工业循环经济的发展。随着经济的发展，改进现有的环境保护法律制度，建立、健全具有良好的实施机制和责任机制的新的循环经济法律制度是十分必要的。

二 相关主体权责不明

我国对废弃物回收利用的主体权责并不明确，生产者的责任仅限于在生产过程中，产品一旦流转到市场就不对其进行管理，消费者购买使用后所产生的废弃物对环境的危害无人问津。必须明确产品的主体权责，遵循"受益者付费"的原则，这一原则是指，生产者不仅要保障产品在生产过程中清洁生产，而且产品经消费者使用后产生的废弃物也由生产者进行分类回收处理，在这一过程中，生产者会在产品的销售价格中加入对产品进行回收利用的费用，这样生产者进行废弃物处理的同时，消费者实际上在价格转移的作用下也间接地为废弃物处理付费了，这样既解决了产品废弃物的无人处理的问题，又不会因权责分配不均产生争议。在这种情况下，社会经济活动中的每个主体权责明确，每个人都为工业循环经济的发展做出了贡献。

三 未充分贯彻循环经济理念

中国当前的工业循环经济立法虽然在一定程度上体现了循环经济理念，

---

① 王明远：《清洁生产法论》，清华大学出版社2004年版，第106页。

但总体来说仍然是比较狭隘，中国循环经济立法尚未进入环境保护和经济建设一体化的阶段。虽然以《清洁生产促进法》和《固体废物污染环境防治法》为代表的几部新近立法中体现了循环经济理念，但关于产业结构优化升级、经济结构合理布局、资源综合利用、产品清洁生产、生活中绿色消费的"减量化"理念的地位并没有得到应有提升。环境资源立法仍然停留在"先污染后治理"的阶段，注重污染产生后的处理过程。环境影响评价制度在一定程度上体现了预防思想，要求预测评价经济活动对于环境不良影响并设计相应的防治环境污染设施，但是本质上并没有将环保真正融入经济发展和消费的血脉之中。

四 经济政策、技术因素的制约

中国尚未形成完整的发展循环经济的政策体系，在发展工业循环经济的过程中，最主要的是企业生产者的生产行为，而从目前的经济政策来看，追求利润最大化的企业，并不能在进行清洁生产的过程中获益，所以企业在发展工业循环经济的过程中缺乏积极性。首先，政府未实行有效的激励政策。政府对积极进行清洁生产、节约能源的企业并未给予政策上的激励，这大大地打消了企业发展工业循环经济的积极性。其次，财税政策不完善。政府对那些积极进行技术研发、循环利用生产废弃物、节能节水的企业和个人没有明显的财税鼓励，对那些大量排放生产废弃物的企业也没有明显的税收管制。最后，政府对资源性产品没有制定良好的价格机制。不完善的市场供求机制使得资源性产品的价格并不能按其自身的稀缺性定价，因此企业在大量使用资源性产品时不用支付和其价值相符的成本。

一直以来，中国经济的增长都是以能源消耗为代价的，缺乏与之相适应的技术，技术力量的薄弱，严重地制约了中国工业循环经济的发展。在发展工业循环经济的过程中，强调资源的回收再利用、重视清洁生产的重要性，在生产消费过程中，要做到资源的回收利用和清洁生产，都必须以特定的技术为支撑。近年来，中国在资源的回收利用技术及水处理技术上有了很大的进步，但总的来说，还不足以推进中国工业循环经济的顺利发展。对于企业来说，中小企业缺乏进行技术研发的资金和人力，大型企业在技术研发的过程往往因成本过高而终止。与此同时，在社会层面上不同企业间对相关技术信息的获取是有局限性的，缺乏一个供企业间进行信息交流的公共的平台和管道，这对技术研发也产生了阻碍。

五　循环经济执法存在阻碍

中国循环经济执法中存在执法主体职责不明确、执法不严、执法力量薄弱等问题，使得法律对循环经济发展的保障作用难以得到实现，阻碍循环经济的发展。

从执法主体上看，《循环经济促进法》中明确规定："国务院经济综合宏观调控部门负责组织协调、监督管理全国循环经济发展工作；国务院环境保护等有关部门按照职责负责有关循环经济的管理工作。"该法的表述没有明确循环经济的具体执法部门，容易产生多头管理等问题。

从执法客观环境上看，中国循环经济法律制度供给不足，使得执法缺少有力的法律武器。此外，各职能部门之间存在协调障碍，难以实现真正统一、协调的监督管理。就行政处罚权而言，从法律规定看，享有行政处罚权的有县级以上人民政府质量监督行政主管部门、经济贸易行政主管部门、环境保护行政主管部门、城市规划行政管理部门等。设定多个行政处罚部门的目的在于使处罚更加具体、管理更加明确。但在实践中，一旦出现违反循环经济法律规定的行为，涉及的部门也不会是唯一的，会出现多个行政部门争抢处罚权的情况。

从执法队伍本身看，目前中国的执法队伍素质与循环经济执法方面的实际需求仍是存在差距的，不仅有职业道德上的素质差距，还有循环经济专业性知识上的技能差距，以致对违法事实难以做出正确的判断、定性，其思想素质、业务水平不能满足执法要求。

此外，行政执法中未充分引入公众参与机制的境况使得中国的循环经济行政执法行为往往在公众的监督范围之外。公众参与行政执法的渠道少、流于形式等现状也使得公众参与机制的作用在行政执法中没有得到充分发挥。

六　企业参与动力不足

企业是消耗资源及排放废物的最重要主体。据统计，中国国民经济诸行业单位产值污染物排放位于前八位的行业均为工业部门，约70%的废弃物来自企业的排放。[①] 因此，将企业吸引至发展循环经济的队伍中是至关重要的，《循环经济促进法》在企业激励机制方面虽已有涉及，如专项资金激励、税收优惠激励、投资计划激励、信贷激励等，但就现状看，仍有不足，

---

① 郭晓超：《中日循环经济比较研究》，硕士学位论文，苏州大学，2008年，第32页。

主要体现在以下两方面：

一是税费政策不完善使得企业难以建立发展工业循环经济的责任感。经济利益的导向永远是企业行动的原动力，在当前生产技术条件下，利用再生资源的成本高于购买新资源的现象是普遍存在的，这就导致企业缺乏利用再生资源进行生产的动力。以矿产资源税的征收为例，矿产资源的自然分布造成其开采时开采难易程度不同，开采难度大的必然也会加大开采成本，而我国对矿产征收资源税的依据是开采量，这就会导致开采商为实现开采量最大化和开采成本的最小化，忽略不易开采的矿产，这种"吃菜心"的开采方式会造成资源结构的破坏，甚至会引起严重的环境灾难。

二是废弃物排放的费用征收不合理。目前中国对废弃物征收的排污费集中在产品的生产环节末端，对企业和消费者而言，当产品进入流通环节后，其消费和报废后的回收处理是几乎不需要支付任何费用的。此外，排污费用较低的政策不利于激发企业从源头上预防、减少废弃物产生的积极性。

七 政府的宏观经济调控功能没有得到有效发挥

循环经济的发展，需要政府充分发挥其宏观经济调控功能，提供良好的社会环境和有力的制度支撑。当前，工业循环经济作为实现经济可持续发展的重要举措虽然得到了国家和政府的认可，但是，政府并没有采取切实可行的具体措施推进工业循环经济的发展，没有将发展工业展循环经济作为宏观经济调控政策的基本内容：首先是国家的宏观调控政策主要集中于利用财政政策和金融政策调控经济总量，很少在总量调控的同时对不同部门和不同种类的企业和产品进行精细的分类调控，使得政府不同部门存在按照部门利益和业绩需要进行"有选择"地执行的现象。基于这种状况，各级政府和综合经济管理部门没有把发展循环经济作为整体政策中的一个环节进行具体落实，使循环经济的发展仍然边缘于主体经济政策之外。例如，当前宏观调控中，中国人民银行对金融机构实行窗口指导，限制对钢铁、电解铝、水泥等过热行业的贷款。国家发展改革委也发布了控制钢铁、电解铝、水泥3行业投资的意见。在两部门对钢铁的限制中，并没有区分单纯性地扩张生产规模的项目和循环利用资源的项目，而是一律给予限制。其结果是一些循环利用资源的项目也被卡住了；其次，工业循环经济的发展需要政府的主导，但是这并不意味着政府对各项具体事务都要进行直接管制。从中国建立工业循环经济生态城市的几个试点城市的基本思路和实施计划内容来看，政府在工业循环经济发展中没有进行合理的定位，越位现象严重。政府不仅做了政策制定、法规建立等基础工作,还将本属于市场的工作进行了行政规划和干预,没能留给市场主体充分的空间进行自我选择和发展,使工业循环经济体制建立缺乏来自公众的推动和需求。目前中国的循环经济省市的试点建设中,普遍存在对技术的重视远高于对制度的重视的现象。基本操作模式是以政府作为推动主体。靠这种模式发展循环经济、建设循环型社会是不可能实现的。[①]

[①] 李长友:《我国循环经济的法制保障研究》,博士学位论文,中央民族大学,2010年,第53—54页。

第二篇　中国农业循环经济政策法制建设现状及评价

第一章　中国农业循环经济政策法制建设现状

夫稼，为之者人也，生之者地也，养之者天也。农业是国民经济的基础，农业的可持续发展是经济社会可持续发展的根本保障，也是全社会实现科学发展的重要内容。新中国成立至今，中国农业发展取得了举世瞩目的成就，用不到世界7%的耕地养活了世界22%以上的人口。但是，中国农业发展基本是沿用粗放型的增长模式，对农业采取掠夺性经营，农业建设主要依靠大量资源投入来促进农业增长。[1] 自然资源的过度开采与化肥、农药的过度施用，使得水土流失、耕地沙化、土壤污染等变得突出。[2] 农业的资源利用效率低下，农村生态环境遭到严重损害，中国农业发展受到资源环境约束更加显现。因此，必须改变那种以牺牲资源和环境为代价换取经济增长的方式，将循环经济的理念应用到农业生产领域，促进农业经济增长模式的转变，发展农业循环经济，有效地利用资源和保护生态环境，从而实现农业的可持续发展。

---

[1] 目前，中国每年用于农业的化肥施用量5800多万吨、农药使用量180多万吨、劳动力投入量2.5亿多个，平均每亩化肥施用量32千克、农药使用量近1千克、劳动力投入量0.14个，均远高于世界平均水平。转引自许世卫《未来10—20年里中国农业迎新发展机遇》，《农产品市场周刊》2015年第4期。

[2] 据统计，目前中国的耕地退化率已超过40%，水土流失面积为350万平方千米，占国土面积的37.42%，每年流失表层土在50亿吨以上，丧失的肥力高出全国化肥的产量；土地沙化面积约169万平方千米，且每年扩大3000平方千米，相当于每年损失一个中等县的土地面积；土壤盐渍化发展突出，现已形成的盐渍化土地近37万平方千米，加上原生的盐渍化土地，面积已达80多万平方千米；土壤肥力严重下降。转引自赵媛、于鹏等《乡村可持续发展：目标与方向》，南京师范大学出版社2009年版，第12页。

农业循环经济是指在农业生产领域，遵循生态规律和经济规律，以"减量化、再利用、资源化"为基本原则，实现农业可持续发展的经济活动。其实质是依靠科学技术、政策手段和市场机制，调控农业生产和消费活动，将传统"资源—产品—废弃物"的线性物质流动方式改造成"资源—产品—废弃物—再生资源"的循环流动方式，以环境友好的方式利用自然资源和环境容量，实现农业活动的生态化转向。其内涵是将生态环境保护与农业经济建设融为一体，实现经济、社会与生态效益的有机统一。即"构建循环性农业体系：在农业领域推动资源利用节约化、生产过程清洁化、产业链接循环化、废物处理资源化，形成农林牧渔多业共生的循环型农业生产方式，改善农村生态环境，提高农业综合效益"[1]。农业部科教司副司长王衍亮在2014中国循环经济发展论坛上指出，中国政府积极采取措施，发展农业循环经济，"从大产业、大生态、大农村的角度，大力普及农村沼气，实施农村清洁工程，推进人畜粪便、农作物秸秆、生活垃圾和污水的资源化利用，推广测土配方施肥、农药减施、旱作节水、免耕栽培等节肥、节药和节水技术，提高资源和投入品利用效率，取得了明显成效：以农村沼气建设为重点，推进畜禽粪便循环利用；以农村清洁工程建设为重点，推进生活垃圾等生活废弃物循环利用；以农作物秸秆综合利用为重点，推进农业生产废弃物循环利用；以环境友好技术应用为重点，推进农业清洁生产"[2]。可以看出，中国农业循环经济发展取得了明显进展，但究其根本，农业循环经济在中国尚属新生事物，处于发展的初步阶段，"为了从指导思想上、从制度保障上充分体现农业循环经济和实现可持续发展的要求，迫切需要建立农业循环经济方面的专门法律、法规，并构建一系列相互配套、切实有效的法律、法规、政策和技术支撑体系，这样才能让农业循环经济更好更健康地发展下去"[3]。在依法治国的今天，法律的欠缺和不完善，无疑是新事物发展面临的一个主要问题。法律制度对促进农业循环经济的发展具有根本性的保障作用，因而有必要对当前中国农业循环经济政策法制现状进行分析、研究，进而有针对性地提出完善对策。

---

[1] 参见《"十二五"循环经济发展规划》。
[2] 王衍亮：《中国农业循环经济发展现状与对策措施》，《农村经济》2015年第1期。
[3] 郑学敏、付立新：《农业循环经济发展研究》，《经济问题》2010年第3期。

第一节　农业循环经济之现行政策体系

长期以来，中国遵循的是"政策之治"的经济发展道路①。这种"政策之治"，虽然带来了不少负面影响，但却保证了中国改革在以社会稳定为前提的平缓而追求立竿见影效应的道路上发展。中国自20世纪90年代引入循环经济理论以来，党和国家高度重视循环经济建设，在工业、农业、服务业等领域改革经济增长模式，全面构建循环经济发展体系。但当前循环经济还处在初级阶段，需要不断地探索、试验，其推进过程中存在不少阻力和障碍，对可能出现的问题估计不足的情况也时有发生。而政策的灵活性和开放性使其能够应对循环经济发展过程中遇到的各种问题，可以根据实践的发展不断作出新的调整。因此，在中国循环经济的发展进程中，政策承担了"开路先锋"的重任。我们先制定各种积极有效的政策，等时机成熟时，再将经过实践检验的科学的政策上升为法律，这样不仅有利于循环经济的发展，也有利于保证法律的科学性和稳定性。政策在促进农业循环经济持续发展过程中也发挥着不可替代的作用。

农业循环经济发展政策主要体现在党和国家的重要会议、红头文件以及重大决议中，为农业循环经济发展创造了良好的政策环境，以此推动中国循环经济的持续发展。

一　农业循环经济相关重要会议及会议文件

（一）"生态农业"阶段

中国自20世纪90年代开始引入循环经济理论，但在之前，我们已经在实现农业可持续发展领域展开了相关的探索、研究。1980年，在银川召开了全国农业生态经济学术讨论会，在这次会上中国第一次使用了"生态农业"这一术语，随后国务院环境保护领导小组开始组织生态农业的试点工作。1984年5月，国务院发布《关于环境保护工作的决定》，正式提出："要认真保护农业生态环境。各级环境保护部门要会同有关部门积极推广生态农业，防止农业环境的污染和破坏。"1985年6月，国务院环境保护委员会转发了《关于发展生态农业、加强农业生态环境保护工作的意见》，对生

---

① 王蓉：《起草〈贵阳市建设循环经济城市条例〉的基本考虑》，《环境保护》2004年第4期。

态农业的试点工作提出了具体的要求，明确指出："发展生态农业是实现这两个转化的重要措施之一，适合我国人多地少的国情。这对于农业生态环境保护，促进农村经济持续稳定的增长有着巨大的促进作用。"1991年国家在《国民经济和社会发展十年规划和第八个五年计划纲要》中提出了"继续搞好环境治理示范工程和生态农业试点"；1992年国家把发展生态农业作为环境与发展十大对策之一，提出要增加生态农业的投入，推广生态农业。1993年，在北京召开了全国生态农业县工作会议，经国务院批准，由农业部、林业部、水利部、国家计委、国家科委、财政部、国家环保局组成生态农业县建设领导小组，在不同生态类型地区，选择51县作为试点。1994年国务院批准了7部、委（局）提出的《关于加快发展生态农业的报告》，要求各地积极开展生态农业建设试点工作，并发展生态农业被写入《中国21世纪议程》。1995年中共中央十四届五中全会提出"大力发展生态农业"；1997年党的十五大又一次提出发展生态农业。1997年8月5日江泽民总书记在姜春云副总理《关于陕北地区治理水土流失建设生态农业的调查报告》上作了"植树造林、绿化荒漠、建设生态农业"的重要批示。"大力发展生态农业"列入《国民经济和社会发展"九五"计划和2010年远景规划纲要》，发展生态农业作为中国实施可持续发展战略重要措施之一的政策方针得到确立，而且试点规模已从生态农业户、村、乡、农场逐步发展到生态农业县。2000年3月又启动了第二批51个县推行生态农业县建设，同时提出了在全国大力推广和发展生态农业的任务。温家宝同志对此作了指示："全国生态农业试点县建设开展5年来取得了显著成效，形成了一套较为完善的支持体系。要认真总结经验，加强组织领导，依靠科技创新，把生态农业建设与农业结构调整结合起来，与发展无公害农业结合起来，把我国生态农业建设提高到一个新的水平。"

"生态农业"通过遵循生态学、生态经济学和系统学等学科的理念，优化组织农业生产，使农业生产的外部负效应最小化，对环境的损害最小化。"但是我们必须看到生态农业只是在低层次上实现了物质能量的循环，物质尤其是农业废弃物利用率低，在低层次上开发利用，还必须进一步发展。"[①]同时，生态农业"侧重于生产环节，更加重视生态效益；即侧重于农业生产对生态环境的无害化，没有特别强调经济效益"[②]。后来，随着循环经济

[①] 陈德敏、王文献：《循环农业——中国未来农业的发展模式》，《经济师》2002年第11期。
[②] 张秀明、姜志德：《生态农业与循环农业的比较》，《农机化研究》2009年第6期。

理念的引入，我国在"生态农业"的基础上，进一步提出了"循环农业"，彻底改革传统经济增长模式，开始大力发展农业循环经济。农业循环经济以资源循环利用为核心，按照"3R"原则合理组织农业生产的各个环节，在农业的生产端减少农药和化肥的使用；在输出端，倡导绿色消费，使农产品的废弃物排放最小化。农业循环经济贯穿于农业生产到农产品的消费的整个过程，涉及经济和消费领域。既考虑到生态效益，又强调经济效益，以最小的成本（经济和生态成本）达到最大产出的目的。

（二）农业循环经济阶段

1. 农业循环经济的形成

从 2002 年开始，循环经济理念迅速上升至国家层面。10 月 16 日，江泽民同志在全球环境基金第二届成员国大会上强调指出，中国高度重视可持续发展战略和环境保护的基本国策。只有走以最有效利用资源和保护环境为基础的循环经济之路，可持续发展才能得到实现。11 月，党的十六大把实施可持续发展战略，实现经济发展与人口、资源、环境相协调作为党领导人民建设中国特色社会主义必须坚持的基本经验之一。把环境保护和可持续发展作为全面建设小康社会的四大目标之一，要求"可持续发展能力不断增强，生态环境得到改善，资源利用效率显著提高，促进人与自然的和谐，推动整个社会走上生产发展、生活富裕、生态良好的文明发展道路"。

2003 年，党的十六届三中全会强调要树立和落实科学发展观，坚持在经济发展的基础上促进社会全面进步和人的和谐发展，坚持在开发利用自然中实现人与自然的和谐相处，实现经济社会的可持续发展。胡锦涛同志明确指出："要加快转变经济增长方式，将循环经济的发展理念贯彻到区域经济、城乡发展和产品生产中，使资源得到最有效的利用，最大限度地减少废弃物排放，逐步使生态步入良性循环，努力建设环境保护模范城市、生态示范区、生态省。"

2004 年，胡锦涛同志在江苏省视察时指出："可持续发展战略事关中华民族的长远发展，事关子孙后代的福祉，具有全局性、根本性、长期性。各地区在推进发展的过程中，要抓好资源的节约和综合利用，大力发展循环经济，抓好生态环境保护和建设，构建资源节约型国民经济体系和资源节约型社会。"9 月，国家发展改革委会同有关部门在北京召开了全国循环经济工作会议，对全国推进循环经济工作进行了总体部署。11 月初，国家发展改革委、国家环资委、国家环保总局等多家单位牵头在上海召开了"中国循环经济发展论坛 2004 年会"。特别是在 2004 年年底召开的中央经济会议上，

"循环经济"模式首次被提到2005年的中国经济战略中，成为国家的发展战略。党的十六届四中全会、五中全会决议中也明确提出要大力发展循环经济，把发展循环经济作为调整经济结构和布局，实现经济增长方式转变的重大举措。与此相对应，中国从战略上实现了由"生态农业"向农业循环经济的转变，农业循环经济作为一种全新的农业经济增长模式深入人心。

2. 农业循环经济的实施

2005年7月，国务院发布《关于加快发展循环经济的若干意见》，对"发展循环经济的指导思想、基本原则和主要目标""发展循环经济的重点工作和重点环节""加强对循环经济发展的宏观指导""加快循环经济技术开发和标准体系建设""建立和完善促进循环经济发展的政策机制""坚持依法推进循环经济发展""加强对发展循环经济工作的组织和领导"七个方面进行了规定，标志着循环经济工作进入全面试点阶段。10月，《循环经济试点工作方案》出台。

2006年，中国《国民经济和社会发展第十一个五年规划纲要》指出："必须加快转变经济增长方式。要把节约资源作为基本国策，发展循环经济，保护生态环境，加快建设节约型、环境友好型社会，促进经济发展与人口、资源、环境相协调。"

2007年，胡锦涛总书记在党的十七大报告中，明确提出使"循环经济形成较大规模"，并将其作为实现全面建设小康社会奋斗目标的新要求。随后，农业部开始实施循环农业促进行动，制订了《循环农业促进行动实施方案》，着力从四个方面推动循环农业的发展：一是扎实推进沼气和乡村清洁工程建设。二是开展农业和农村减排工作。三是启动全国循环农业的试点工作。四是强化循环农业的科技支撑力量。循环农业促进行动以减量化、再利用、资源化为原则，把循环经济理念应用于农业发展中，转变农业增长方式，拓展农业发展领域，通过普及应用节约型农业新技术，循环利用农作物秸秆、农村生活垃圾和污水、禽畜粪便，降低生产成本，防止农业面源污染，有效解决农村环境脏、乱、差问题，将传统"资源—产品—废弃物"的线性生产方式转变为"资源—产品—废弃物—再生资源"的循环农业方式，最大限度地提高资源利用效率，实现经济、生态和社会效益的统一。

2008年7月，国务院首次召开全国农村环保会议，强调："统筹城乡经济社会发展和环境保护，切实把农村环保放到更加重要的战略位置。"8月全国人大常委会通过了《循环经济促进法》，该法于2009年1月1日起实施。该法明确指出："发展循环经济是我国国家经济社会发展的一项重大战略。"正式确立了农业循环经济的法律地位。

2011年3月14日,经十一届全国人民代表大会四次会议审查,"大力发展循环经济"被写入中国"十二五"规划纲要,成为中国"十二五"时期的重要任务之一。

2012年党的十八大报告提出,要大力推进生态文明建设,着力推进绿色发展、循环发展、低碳发展,形成节约资源和保护环境的空间格局、产业结构、生产方式、生活方式。12月,国务院总理温家宝主持召开国务院常务会议,研究部署发展循环经济。会议指出,发展循环经济是中国经济社会发展的重大战略任务,是推进生态文明建设、实现可持续发展的重要途径和基本方式。今后一个时期,要围绕提高资源产出率,健全激励约束机制,积极构建循环型产业体系,推动再生资源利用产业化,推行绿色消费,加快形成覆盖全社会的资源循环利用体系。会议要求完善财税、金融、产业、投资、价格和收费政策,健全法规标准,建立统计评价制度,加强监督管理,积极开展国际交流与合作,全面推进循环经济发展。同时,会议讨论通过了《"十二五"循环经济发展规划》,明确了发展循环经济的主要目标、重点任务和保障措施。其中明确提出要构建循环型农业体系。在农业领域推动资源利用节约化、生产过程清洁化、产业链接循环化、废物处理资源化,形成农林牧渔多业共生的循环型农业生产方式,改善农村生态环境,提高农业综合效益。之后,国务院于2013年1月23日发布《循环经济发展战略及近期行动计划》,从种植业、林业、畜牧业、渔业、工农业复合五个领域提出了农业循环经济建设的具体目标、要求及措施。

3. 农业循环经济的法制化

2014年,中共十八届四中全会审议通过了《关于全面推进依法治国若干重大问题的决定》,指出:"用严格的法律制度保护生态环境,加快建立有效约束开发行为和促进绿色发展、循环发展、低碳发展的生态文明法律制度,强化生产者环境保护的法律责任,大幅度提高违法成本。建立健全自然资源产权法律制度,完善国土空间开发保护方面的法律制度,制定完善生态补偿和土壤、水、大气污染防治及海洋生态环境保护等法律法规,促进生态文明建设。"

这说明,循环经济在中国已经由一个陌生的名词和概念上升为指导国家和地区社会经济发展与环境保护的重要原则和战略,从内涵和外延上都有了很大的发展,并进入了构建循环经济法制保障的阶段。农业循环经济作为一种全新的农业经济增长模式也需要以法制的形式全面推进。

二　农业循环经济相关重要文件

（一）中央一号文件

"中央一号文件"原指中共中央每年发的第一份文件。现在已经成为中共中央重视农村问题的专有名词。2004—2015年连续12年发布了以"三农"（农业、农村、农民）为主题的中央一号文件，强调了"三农"问题在中国的社会主义现代化时期"重中之重"的地位。从2006年至今，每年的中央一号文件都突出强调了"循环农业"，竭力谋求农业循环经济的发展。2006年中央一号文件提出，要"推进现代农业建设，积极发展循环农业"。2007年，中央一号文件提出，要"加强农村环境保护，减少农业面源污染，鼓励发展循环农业、生态农业，有条件的地方可以加快发展有机农业"。2008年中央一号文件进一步提出，要"加强农村节能减排工作，鼓励发展循环农业，推进以非粮油作物为主要原料的生物质能源研究和开发。加大农业面源污染防治力度，抓紧制订规划，切实增加投入，落实治理责任，加快重点区域治理步伐"。2010年中央一号文件指出："加强农业面源污染治理，发展循环农业和生态农业。"2012年中央一号文件指出："着力突破农业技术瓶颈，在良种培育、节能降耗、节水灌溉、农机装备、新型肥药、疫病防控、加工贮运、循环农业、海洋农业、农村生活等方面取得一批重大实用技术成果。"[①] 2015年中央一号文件第一部分"围绕建设现代农业，加快转变农业发展方式"第6条明确指出："加强农业面源污染治理，深入开展测土配方施肥，大力推广生物有机肥、低毒低残留农药，开展秸秆、畜禽粪便资源化利用和农田残膜回收区域性示范，按规定享受相关财税政策。落实畜禽规模养殖环境影响评价制度，大力推动农业循环经济发展。"2009年、2011年、2013年、2014年的中央一号文件，尽管没有直接提及"循环农业""农业循环经济"等字眼，但有关发展循环农业相关技术和内容的表述却有多处。具体内容可参见表2-1-1。

[①] 黄国勤：《1949年至今中国循环农业的发展》，《中国人口·资源与环境》2013年[专刊——2013中国可持续发展论坛（一）]。

表 2-1-1　　2006—2015 年中央一号文件对发展农业循环经济及相关内容的表述

年份	中央一号文件（题目）	关于发展"农业循环经济"及相关内容的表述（要点摘录）
2006	《关于推进社会主义新农村建设的若干意见》	● 加快发展循环农业。 ● 要大力开发节约资源和保护环境的农业技术，重点推广废弃物综合利用技术、相关产业链接技术和可再生能源开发利用技术。 ● 制定相应的财税鼓励政策，组织实施生物质工程，推广秸秆气化、固化成型、发电、养畜等技术，开发生物质能源和生物基材料，培育生物质产业。积极发展节地、节水、节肥、节药、节种的节约型农业，鼓励生产和使用节电、节油农业机械和农产品加工设备，努力提高农业投入品的利用效率。 ● 加大力度防治农业面源污染。
2007	《关于积极发展现代农业扎实推进社会主义新农村建设的若干意见》	● 提高农业可持续发展能力。 ● 鼓励发展循环农业、生态农业，有条件的地方可加快发展有机农业。 ● 加强农村环境保护，减少农业面源污染，搞好江河湖海的水污染治理。 ● 加快发展农村清洁能源。 ● 必须着眼于增强农业科技自主创新能力，加快农业科技成果转化应用，提高科技对农业增长的贡献率，促进农业集约生产、清洁生产、安全生产和可持续发展。
2008	《关于切实加强农业基础建设进一步促进农业发展农民增收的若干意见》	● 加强农村节能减排工作，鼓励发展循环农业，推进以非粮油作物为主要原料的生物质能源研究和开发。 ● 加大农业面源污染防治力度，抓紧制订规划，切实增加投入，落实治理责任，加快重点区域治理步伐。
2009	《关于促进农业稳定发展农民持续增收的若干意见》	● 开展鼓励农民增施有机肥、种植绿肥、秸秆还田奖补试点。 ● 增加中央和省级财政小型农田水利工程建设补助专项资金，依据规划整合投资，推进大中型灌区田间工程和小型灌区节水改造，推广高效节水灌溉技术，因地制宜修建小微型抗旱水源工程，发展牧区水利。 ● 安排专门资金，实行以奖促治，支持农业农村污染治理。
2010	《关于加大统筹城乡发展力度进一步夯实农业农村发展基础的若干意见》	● 加强农业面源污染治理，发展循环农业和生态农业。 ● 提高现代农业装备水平，促进农业发展方式转变。 ● 积极发展无公害农产品、绿色食品、有机农产品。 ● 大力发展高效节水灌溉，支持山丘区建设雨水集蓄等小微型水利设施。 ● 扩大测土配方施肥、土壤有机质提升补贴规模和范围。

续表

年份	中央一号文件（题目）	关于发展"农业循环经济"及相关内容的表述（要点摘录）
2011	《关于加快水利改革发展的决定》	• 大力发展节水灌溉，推广渠道防渗、管道输水、喷灌滴灌等技术，扩大节水、抗旱设备补贴范围。 • 积极发展旱作农业，采用地膜覆盖、深松深耕、保护性耕作等技术。 • 稳步发展牧区水利，建设节水高效灌溉饲草料地。 • 大力推进污水处理回用，积极开展海水淡化和综合利用，高度重视雨水、微咸水利用。 • 充分发挥水价的调节作用，兼顾效率和公平，大力促进节约用水和产业结构调整。
2012	《关于加快推进农业科技创新持续增强农产品供给保障能力的若干意见》	• 着力突破农业技术瓶颈，在良种培育、节本降耗、节水灌溉、农机装备、新型肥药、疫病防控、加工贮运、循环农业、海洋农业、农村民生等方面取得一批重大实用技术成果。 • 大力推广高效安全肥料、低毒低残留农药，严格规范使用食品和饲料添加剂。 • 实施东北四省区高效节水农业灌溉工程，全面提升耕地持续增产能力。 • 积极推广精量播种、化肥深施、保护性耕作等技术。 • 推进农业清洁生产，引导农民合理使用化肥农药，加强农村沼气工程和小水电代燃料生态保护工程建设，加快农业面源污染治理和农村污水、垃圾处理，改善农村人居环境。
2013	《关于加快发展现代农业进一步增强农村发展活力的若干意见》	• 推进农村生态文明建设。 • 加强农村生态建设、环境保护和综合整治，努力建设美丽乡村。 • 加强农作物秸秆综合利用。 • 搞好农村垃圾、污水处理和土壤环境治理，实施乡村清洁工程，加快农村河道、水环境综合整治。
2014	《关于全面深化农村改革加快推进农业现代化的若干意见》	• 建立农业可持续发展长效机制。 • 促进生态友好型农业发展。 • 落实最严格的耕地保护制度、节约集约用地制度、水资源管理制度、环境保护制度，强化监督考核和激励约束。 • 分区域规模化推进高效节水灌溉行动。 • 大力推进机械化深松整地和秸秆还田等综合利用，加快实施土壤有机质提升补贴项目，支持开展病虫害绿色防控和病死畜禽无害化处理。 • 加大农业面源污染防治力度，支持高效肥和低残留农药使用、规模养殖场畜禽粪便资源化利用、新型农业经营主体使用有机肥、推广高标准农膜和残膜回收等试点。
2015	《关于加大改革创新力度加快农业现代化建设的若干意见》	• 加强农业生态治理。实施农业环境突出问题治理总体规划和农业可持续发展规划。 • 围绕建设现代农业，加快转变农业发展方式。做强农业，必须尽快从主要追求产量和依赖资源消耗的粗放经营转到数量质量效益并重、注重提高竞争力、注重农业科技创新、注重可持续的集约发展上来，走产出高效、产品安全、资源节约、环境友好的现代农业发展道路。 • 落实畜禽规模养殖环境影响评价制度，大力推动农业循环经济发展。

(二) 其他与农业循环经济有关的政策性文件

循环农业促进行动实施以来，农业部从政策层面构建扶持循环农业发展的长效机制。发布了《农业和农村节能减排十大技术》，出台了《关于推进保护性耕作的意见》，联合有关部门印发了《关于进一步加强农村沼气建设管理的意见》，组织制订了《农业污染防治规划》，颁布实施了《农业生物质能产业发展规划（2007—2015）》、《全国农村沼气工程建设规划》；配合国家发展改革委编制了《渤海环境保护总体规划》；针对太湖蓝藻事件发生的根源，紧急组织编制了《"三湖万村"乡村清洁工程规划》和《"三湖"畜禽养殖场环境工程规划》；组织完成了太湖流域农业面源污染调查，编制了《太湖流域农业面源污染防治工程规划》。

1. 《关于推进保护性耕作的意见》

保护性耕作是以秸秆覆盖地表、免少耕播种、深松及病虫草害综合控制为主要内容的现代耕作技术体系，具有防治农田扬尘和水土流失、蓄水保墒、培肥地力、节本增效、减少秸秆焚烧和温室气体排放等作用。发展保护性耕作是对传统耕作制度的一场革命。2002 年以来，各级农机部门大力组织试验示范和推广实施保护性耕作技术，取得了明显的经济、生态和社会效益。为贯彻落实中央一号文件精神，认真实施现代农业重点行动，加大保护性耕作推广力度，促进农业可持续发展，2007 年农业部出台了《关于大力发展保护性耕作的意见》（以下简称《意见》）。

《意见》提出指导推广保护性耕作的 5 条基本原则分别是因地制宜、分类指导，突出重点、分步实施，政府扶持、农民自愿，多方合作、共同促进，不断创新、健全机制。同时要求各地从增加推广保护性耕作投入，完善保护性耕作技术模式，研究推广先进适用的保护性耕作机具，推进保护性耕作社会化服务，加强对保护性耕作效果的监测 6 个方面加快建立发展保护性耕作的保障体系。

《意见》就加大保护性耕作推广力度，要重点做好加强示范区建设，扩大实施规模，强化培训指导，积极开展宣传，探求长效发展机制 6 个方面的工作进行了系统阐述。并要求各地农业机械化管理部门积极争取政府支持，把大力发展保护性耕作摆上重要位置，列入主要议事日程，纳入社会和经济发展规划，规范项目管理，加强交流合作，营造良好的工作氛围。

2. 《全国农村沼气工程建设规划》

2007 年，农业部发布《全国农村沼气工程建设规划》，将沼气技术支撑体系和服务体系作为重要的内容，提出要按照"国家投入引导、多元参与发展、运作方式多样"和"服务专业化、管理物业化"的原则，逐步建立以省级技术实训基地为依托、县级服务站为支撑、乡村服务网点为基础、农民服务员为骨干的沼气服务体系。规划提出，中国农业资源和环境的承载力十分有限，发展农业和农村经济，不能以消耗农业资源、牺牲农业环境为代价。农村沼气将畜牧业发展与种植业发展链接起来，促进了能量高效转化和物质高效循环，形成了"种植业（饲料）—养殖业（粪便）—沼气池—种植业（优质农产品、饲料）—养殖业"循环发展的农业循环经济基本模式。以沼气为纽带的农村循环经济的基本模式，通过利用粪便、秸秆生产沼气和有机肥，推进农业生产从主要依靠化肥向增施有机肥转变，推进农民生活用能从主要依靠秸秆、薪柴向高品位的沼气能源转变，从根本上改变了传统的粪便利用方式和过量施用农药及化肥的农业增长方式，有效地节约水、肥、药等重要农业生产资源，减少环境污染，是发展循环经济、显著节约资源的生产模式和消费模式，是建立节约型社会的有效途径。

三　农业循环经济相关政策的主要内容

（一）加强农村生态文明建设

主要内容涉及加强农村生态建设、环境保护和综合整治，努力建设美丽乡村。加大三北防护林、天然林保护等重大生态修复工程实施力度，推进荒漠化、石漠化、水土流失综合治理。巩固退耕还林成果，统筹安排新的退耕还林任务。探索开展沙化土地封禁保护区建设试点工作。加强国家木材战略储备基地和林区基础设施建设，提高中央财政国家级公益林补偿标准，增加湿地保护投入，完善林木良种、造林、森林抚育等林业补贴政策，积极发展林下经济。继续实施草原生态保护补助奖励政策。加强农作物秸秆综合利用。搞好农村垃圾、污水处理和土壤环境治理，实施乡村清洁工程，加快农村河道、水环境综合整治。发展乡村旅游和休闲农业。创建生态文明示范县和示范村镇。开展宜居村镇建设综合技术集成示范。

（二）加强耕地保护和水利建设

促进生态友好型农业发展。落实最严格的耕地保护制度、节约集约用地制度、水资源管理制度、环境保护制度，强化监督考核和激励约束。分区域规模化推进高效节水灌溉行动。大力推进机械化深松整地和秸秆还田等综合利用，加快实施土壤有机质提升补贴项目，支持开展病虫害绿色防控和病死畜禽无害化处理。加大农业面源污染防治力度，支持高效肥和低残留农药使用、规模养殖场畜禽粪便资源化利用、新型农业经营主体使用有机肥、推广高标准农膜和残膜回收等试点。抓紧划定生态保护红线。继续实施天然林保护、京津风沙源治理二期等林业重大工程。在东北、内蒙古重点国有林区，进行停止天然林商业性采伐试点。推进林区森林防火设施建设和矿区植被恢复。完善林木良种、造林、森林抚育等林业补贴政策。加强沙化土地封禁保护。加大天然草原退牧还草工程实施力度，启动南方草地开发利用和草原自然保护区建设工程。支持饲草料基地的品种改良、水利建设、鼠虫害和毒草防治。加大海洋生态保护力度，加强海岛基础设施建设。严格控制渔业捕捞强度，继续实施增殖放流和水产养殖生态环境修复补助政策。实施江河湖泊综合整治、水土保持重点建设工程，开展生态清洁小流域建设。

（三）加大对"三农"投入，发展农业科技

科学技术是第一生产力，是农业循环经济发展的物质技术载体。中国农业循环经济科技政策以统筹人与自然的和谐发展为指导，以解决中国农村生态环境中的重大问题和改善生态环境为基本出发点，以转变不可持续的生产和消费方式，提高资源生产率为核心，区域和系统的综合防治为重点，为农村生态环境质量明显改善和促进农业的可持续发展提供科技支撑。同时，通过大力开展农民科技培训、构建农村科技服务体系，以此提高农民的生态保护意识。强化农业科技创新驱动作用。健全农业科技创新激励机制，完善科研院所、高校科研人员与企业人才流动和兼职制度，推进科研成果使用、处置、收益管理和科技人员股权激励改革试点，激发科技人员创新创业的积极性。建立优化整合农业科技规划、计划和科技资源协调机制，完善国家重大科研基础设施和大型科研仪器向社会开放机制。加强对企业开展农业科技研发的引导扶持，使企业成为技术创新和应用的主体。加快农业科技创新，在生物育种、智能农业、农机装备、生态环保等领域取得重大突破。建立农业科技协同创新联盟，依托国家农业科技园区搭建农业科技融资、信息、品牌服务平台。探索建立农业科技成果交易中心。充分发挥科研院所、高校及其新农村发展研究院、职业院校、科技特派员队伍在科研成果转化中的作用。积极推进种业科研成果权益分配改革试点，完善成果完成人分享制度。继续实施种子工程，推进海南、甘肃、四川三大国家级育种制种基地建设。加强农业转基因生物技术研究、安全管理、科学普及。支持农机、化肥、农药企业技术创新。

（四）加强农村基础设施建设，改善农村生活环境

搞好新农村建设规划引导，合理布局，完善功能，加快改变农村面貌。加快农村基础设施建设。调整农村饮水安全工程建设规划，加大投资和建设力度，把农村学校、国有农（林）场纳入建设范围。扩大电网供电人口覆盖率，加快推进城乡同网同价。加大农村水电建设投入，扩大小水电代燃料

建设规模。推行以奖促治政策，以治理垃圾、污水为重点，改善村庄人居环境，搞好村庄治理规划和试点，节约农村建设用地。因地制宜发展户用沼气和规模化沼气。继续发展小城镇和县域经济，充分发挥辐射周边农村的功能，带动现代农业发展，促进基础设施和公共服务向农村延伸。实施村内道路硬化工程，加强村内道路、供排水等公用设施的运行管护，有条件的地方建立住户付费、村集体补贴、财政补助相结合的管护经费保障制度。

第二节 农业循环经济之现行法律体系

一 农业循环经济相关法律规范

经过近20年的发展，中国农业循环经济取得了明显的进展，并逐渐步入法制化、规范化阶段。中国已经制定了《清洁生产法》《节约能源法》《循环经济促进法》等旨在促进农业循环经济发展的法律规范，且在已颁布的环境资源法律法规中也有不少体现发展农业循环经济的法律思想，各地方政府也制定了发展农业循环经济的地方性法律规范，共同构建起中国农业循环经济法律体系。现将中国现行农业循环经济相关法律规范文件进行整理、归纳，见表2-1-2。

表2-1-2　　　　中国现行农业循环经济相关法律规范汇总

类型	农业循环经济相关主要法律规范名称（按时间顺序）
法律	《大气污染防治法》2000年4月29日修订，2000年9月1日施行 《防沙治沙法》2002年1月1日施行 《水法》2002年10月1日施行 《草原法》2002年12月28日修订，2003年3月1日施行 《环境影响评价法》2003年9月1日施行 《土地管理法》2004年8月28日修订并施行 《渔业法》2004年8月28日修订并施行 《固体废物污染环境防治法》2005年4月1日施行 《可再生资源法》2006年1月1日施行 《节约能源法》2007年10月28日修订，2008年4月1日施行 《水污染防治法》2008年2月28日修订，2008年6月1日施行 《循环经济促进法》2009年1月1日施行 《森林法》2009年8月27日修订并施行 《食品安全法》2009年6月1日施行 《水土保持法》2010年12月25日修订，2011年3月1日施行 《清洁生产促进法》2012年2月29日修订，2012年7月1日施行 《农业科学技术推广法》2012年8月31日修订，2013年1月1日施行 《农业法》2012年12月28日修订，2013年3月1日施行 《种子法》2012年6月29日修订并施行 《消费者权益保护法》2013年10月25日修订，2014年3月15日施行 《环境保护法》2014年4月24日修订，2015年1月1日施行

续表

类型	农业循环经济相关主要法律规范名称（按时间顺序）
行政法规	《野生植物保护条例》1997年1月1日施行 《基本农田保护条例》1999年1月1日施行 《森林法实施条例》2000年1月29日施行 《水污染防治实施细则》2000年3月20日施行 《农药管理条例》2001年11月29日施行 《退耕还林条例》2003年1月20日施行 《农业转基因生物安全管理条例》2011年1月8日修订并施行 《种畜禽管理条例》2011年8月1日修订并施行 《资源税暂行条例》2011年11月1日施行 《水生野生动物保护实施条例》2013年7月1日修订并施行 《畜禽规模养殖污染防治条例》2014年1月1日施行
行政规章	《无公害农产品管理办法》2002年4月29日施行 《农药限制使用管理规定》2002年6月28日施行 《种畜禽管理条例实施细则》2004年7月1日修订并施行 《清洁生产审核暂行办法》2004年10月1日施行 《清洁生产发展机制项目运行管理办法》2005年10月12日施行 《促进产业结构调整暂行规定》2005年12月2日施行 《农药管理条例实施办法》2007年12月8日修订施行 《关于支持循环经济发展的投融资政策措施意见的通知》2010年4月19日施行 《农业部关于加快推进农业清洁生产的意见》2011年12月2日施行 《循环经济发展专项资金管理暂行办法》2012年7月20日施行 《国家循环经济教育示范基地管理规定（暂行）》2012年7月10日施行 《农业野生植物保护办法》2013年12月31日修订施行 《中央财政农业资源及生态保护补助资金管理办法》2014年6月9日施行
地方性法规及地方政府规章规范性文件（部分）	《阜新市农业循环经济管理办法（暂行）》2007年10月27日施行 《阜阳市人民政府关于大力发展农业循环经济的意见》2009年1月14日施行 《洛阳市2010年循环农业示范市建设实施方案》2010年5月6日施行 《浙江省农业废弃物处理与利用促进办法》2010年11月1日施行 《浙江省发展生态循环农业行动方案》2010年12月17日施行 《广安市人民政府办公室关于推进全市农业循环经济发展的意见》2011年7月5日施行 《台州市人民政府办公室关于加快生态循环农业发展的通知》2012年5月4日施行 《南阳市依托环境农业循环经济工程技术开展农村环境连片综合整治实施方案》2012年10月31日施行 《衢州市人民政府办公室关于加强畜禽排泄物资源化利用推进生态循环农业发展的若干意见》2013年6月4日施行 《甘肃省废旧农膜回收利用条例》2014年1月1日施行 《温州市人民政府办公室关于加快推进现代生态循环农业建设的通知》2014年2月18日施行

二 农业循环经济相关法律规范的主要内容

（一）防治农业环境污染的规定

2015年1月1日施行的《环境保护法》，以"保护和改善环境，防治污染和其他公害，保障公众健康，推进生态文明建设，促进经济社会可持续发展"[1] 作为立法理念，明确要求"国家采取有利于节约和循环利用资源、保护和改善环境、促进人与自然和谐的经济、技术政策和措施，使经济社会发展与环境保护相协调"[2]，从总体上对农业环境污染的防治进行了规定。其中，第 49 条规定："各级人民政府及其农业等有关部门和机构应当指导农业生产经营者科学种植和养殖，科学合理施用农药、化肥等农业投入品，科学处置农用薄膜、农作物秸秆等农业废弃物，防止农业面源污染。禁止将不符合农用标准和环境保护标准的固体废物、废水施入农田。施用农药、化肥等农业投入品及进行灌溉，应当采取措施，防止重金属和其他有毒有害物质污染环境。畜禽养殖场、养殖小区、定点屠宰企业等的选址、建设和管理应当符合有关法律法规规定。从事畜禽养殖和屠宰的单位和个人应当采取措施，对畜禽粪便、尸体和污水等废弃物进行科学处置，防止污染环境。县级人民政府负责组织农村生活废弃物的处置工作。"第 50 条规定："各级人民政府应当在财政预算中安排资金，支持农村饮用水水源地保护、生活污水和其他废弃物处理、畜禽养殖和屠宰污染防治、土壤污染防治和农村工矿污染治理等环境保护工作。" 2013 年 1 月 1 日施行的《农业法》也作了类似规定。《农业法》第 58 条第 1 款规定："农民和农业生产经营组织应当保养耕地，合理使用化肥、农药、农用薄膜，增加使用有机肥料，采用先进技术，保护和提高地力，防止农用地的污染、破坏和地力衰退。"第 65 条规定："各级农业行政主管部门应当引导农民和农业生产经营组织采取生物措施或者使用高效低毒低残留农药、兽药，防治动植物病、虫、杂草、鼠害。农产品采收后的秸秆及其他剩余物质应当综合利用，妥善处理，防止造成环境污染和生态破坏。"

《固体废物污染环境防治法》(2005)、《水污染防治法》(2008 年) 分别将农村固体废弃物污染的防治、农村水污染的防治纳入法律规制范围。如《固体废物污染环境防治法》第 19 条规定："国家鼓励科研、生产单位研究、生产易回收利用、易处置或者在环境中可降解的薄膜覆盖物和商品包装物。使用农用薄膜的单位和个人，应当采取回收利用等措施，防止或者减少农用薄膜对环境的污染。" 第 20 条规定："从事畜禽规模养殖应当按照国家有关规定收集、贮存、利用或者处置养殖过程中产生的畜禽粪便，防止污染

---

[1] 参见《环境保护法》(2015 年 1 月 1 日施行) 第 1 条之规定。
[2] 参见《环境保护法》(2015 年 1 月 1 日施行) 第 4 条之规定。

环境。禁止在人口集中地区、机场周围、交通干线附近以及当地人民政府划定的区域露天焚烧秸秆。"另外,中国还颁布了《生活垃圾填埋场污染控制标准》等10多项固体废物污染控制标准,制定了一系列鼓励废弃物施行综合利用的政策、办法和地方法规等。《水污染防治法》第四章第四节(第47—51条)专门规定了农业和农村水污染防治。其中第48条规定:"县级以上地方人民政府农业主管部门和其他有关部门,应当采取措施,指导农业生产者科学、合理地施用化肥和农药,控制化肥和农药的过量使用,防止造成水污染。"第49条规定:"国家支持畜禽养殖场、养殖小区建设畜禽粪便、废水的综合利用或者无害化处理设施。畜禽养殖场、养殖小区应当保证其畜禽粪便、废水的综合利用或者无害化处理设施正常运转,保证污水达标排放,防止污染水环境。"

同时,为了更好地"防治畜禽养殖污染,推进畜禽养殖废弃物的综合利用和无害化处理,保护和改善环境,保障公众身体健康,促进畜牧业持续健康发展"①,中国于2014年1月1日开始施行《畜禽规模养殖污染防治条例》(以下简称《条例》)。该《条例》是中国在国家层面制定实施的第一部农业环境保护行政法规,致力于解决畜禽养殖生产布局与环境保护不够协调、畜禽养殖者的污染防治义务不够明确、畜禽养殖废弃物综合利用的规范和要求不够具体、畜禽养殖污染防治和综合利用的激励机制不够完善等突出问题,对畜禽养殖污染预防、综合利用与治理、激励扶持、法律责任等作了全面规定。《条例》采取"疏堵结合"立法思路,通过促进畜禽养殖废弃物综合利用,变废为宝,减少畜禽养殖废弃物随意排放,有力地提升了中国畜禽养殖废弃物综合利用整体水平,有利于促进形成种养平衡、种养结合的生态农业、循环农业模式,推动畜禽养殖业环境保护水平从本质上得到提升,有利于从根本上突破农业可持续发展面临的资源和环境瓶颈。一是以疏为主,扶持引导综合利用。畜禽粪便等废弃物具有资源属性,可以用来制造有机肥、制取沼气、发电等,取得一定的经济收益。为此,《条例》明确规定,国家支持和鼓励粪肥还田、制取沼气、发电、制造有机肥等综合利用方式,鼓励和支持采取种植和养殖相结合的方式消纳利用畜禽养殖废弃物,促进畜禽粪便、污水等废弃物就地就近利用。《条例》还专章规定了一系列扶持和鼓励措施:明确对沼气、制肥等综合利用设施以及沼渣沼液输送和施用、沼气发电等相关配套设施建设予以鼓励和支持。对废弃物利用予以税收

---

① 参见《畜禽规模养殖污染防治条例》(2014年1月1日施行)第1条之规定。

优惠并享受农用电价格，对有机肥购买使用予以不低于化肥的补贴等优惠政策，利用废弃物进行沼气生产和发电的享受新能源优惠等。这些规定都将有利于促进畜禽粪便等废弃物更多地流向综合利用环节，从而从源头上减少污染环境的可能。二是堵住污染，严防废弃物随意排放。《条例》就加强畜禽养殖环境保护监管做出了系列规定。如养殖场和小区报批建设的环节需要在环评文件中明确废弃物的处理措施，要建设与其产能规模相适应的废弃物贮存、雨污分流等污染防治设施，未建设、建设不合格或不能正常运行的，不允许投产和使用，粪便、污水等废弃物未经无害化处理并达到国家和地方环保标准的，不得排放，粪肥、沼渣、沼液还田要考虑土地消纳能力，严禁随意处置畜禽尸体等。这些规定，将有助于堵住随意处置畜禽粪便等废弃物的老路，推动更多的畜禽粪便等废弃物进入利用环节。[①]

可以看出，中国目前农业环境污染防治方面的规定很好地融入了循环经济理念，认真地贯彻落实了"3R"原则。在落实减量化（Reduce）原则方面，主要体现为通过规定科学使用化肥、农药和其他农用资料，或者用新型生产资料、技术来替代常规生产资料和技术，以达到减少使用化肥、农药、农膜等农资数量，减少污染排放的目的。在落实再利用（Reuse）原则、资源化（Recycle）原则方面，主要体现为最大限度地减少废弃物排放，力争做到排放的无害化，实现资源再循环。将废弃物能源化、肥料化和饲料化。比如，可将农作物秸秆等废弃物和家畜排泄物能源化、肥料化，从而既能向农户提供清洁的生活能源和生产能源，又能向农田提供清洁高效的有机肥料。这些法律规定为农业环境污染的防治找到了新的途径：通过发展农业循环经济，从根本上解决农业环境污染问题。这一路径选择也体现在《大气污染防治法草案》[②]（2014年）中，《大气污染防治法草案》第60条规定："地方各级人民政府应当加强对农牧业活动排放大气污染物的控制。从事农牧业活动的生产经营者，应当积极开发和使用缓释肥料，加强畜牧养殖行业的过程管理，不得使用未达到质量标准的农药，减少氨、挥发性有机污染物等大气污染物的排放。国家鼓励和支持农业生产和有关企业采用先进或者适用技术，对农作物秸秆、落叶、杂草进行综合利用，开发利用沼气等生物质能源。"

[①] 韩永伟：《〈畜禽规模养殖污染防治条例〉解读之四：疏堵结合，破解畜禽养殖污染防治难题》，http://www.chinalaw.gov.cn/article/fgkd/xfgwd/201311/20131100393832.shtml.
[②] 参见《国务院法制办公室关于〈中华人民共和国大气污染防治法（修订草案征求意见稿）〉公开征求意见的通知》，http://www.chinalaw.gov.cn/article/cazjgg/201409/20140900396925.shtml.

(二)保护农业资源与农业生态环境方面的规定

目前,中国涉及农业资源与农业生态环境保护方面的规定主要有《农业法》(2012年)、《土地管理法》(2004年)、《水土保持法》(2011年)、《草原法》(2003年)、《水法》(2002年)、《森林法》(2009年)、《种子法》(2012年)、《渔业法》(2004年)、《基本农田保护条例》(1999年)、《森林法实施条例》(2000年)、《退耕还林条例》(2003年)、《水生野生动物保护实施条例》(2013年)、《农药管理条例》(2001年)等。例如《农业法》第八章对"农业资源与农业环境保护"专门进行了规定,其中第57条明确指出,发展农业和农村经济必须合理利用和保护土地、水、森林、草原、野生动植物等自然资源,合理开发和利用水能、沼气、太阳能、风能等可再生能源和清洁能源,发展生态农业,保护和改善生态环境。县级以上人民政府应当制定农业资源区划或者农业资源合理利用和保护的区划,建立农业资源监测制度。

《草原法》《森林法》《水法》《土地管理法》《水土保持法》《渔业法》等都融入了可持续发展理念,强调了草原、森林、水、渔业等资源的生态功能,突出了对农业资源的保护和促进生态效益、经济效益、社会效益相统一,体现了发展农业循环经济的思想。《草原法》第1条明确规定:"为了保护、建设和合理利用草原,改善生态环境,维护生物多样性,发展现代畜牧业,促进经济和社会的可持续发展,制定本法。"国家对草原实行科学规划、全面保护、重点建设、合理利用的方针,促进草原的可持续利用和生态、经济、社会的协调发展。《水法》第1条明确规定:"为了合理开发、利用、节约和保护水资源,防治水害,实现水资源的可持续利用,适应国民经济和社会发展的需要,制定本法。"国家厉行节约用水,大力推行节约用水措施,推广节约用水新技术、新工艺,发展节水型工业、农业和服务业,建立节水型社会。各级人民政府应当采取措施,加强对节约用水的管理,建立节约用水技术开发推广体系,培育和发展节约用水产业。国家保护水资源,采取有效措施,保护植被,植树种草,涵养水源,防治水土流失和水体污染,改善生态环境。《土地管理法》《水土保持法》明确立法目的是加强土地管理,切实保护耕地,预防和治理水土流失,保护和合理利用水土资源,减轻水、旱、风沙灾害,改善生态环境,保障经济社会可持续发展。《森林法实施条例》第12条也规定,制订林业长远规划,应当首先遵循保护生态环境和促进经济的可持续发展的原则。

此外,《种子法》《退耕还林条例》《农药管理条例》《农业转基因生物安全管理条例》以及《水生野生动物保护实施条例》等也都在一定程度上体现了农业循环经济的思想。如《农业转基因生物安全管理条例》明确规定,为了加强农业转基因生物安全管理,保障人体健康和动植物、微生物安全,保护生态环境,促进农业转基因生物技术研究制定本条例。《农药管理条例》第1条规定,为了加强对农药生产、经营和使用的监督管理,保证农药质量,保护农业、林业生产和生态环境,维护人畜安全,制定本条例。《退耕还林条例》规定,退耕还林必须坚持生态优先。退耕还林应当与调整农村产业结构、发展农村经济、防治水土流失、保护和建设基本农田、提高粮食单产、加强农村能源建设、实施生态移民相结合。《水生野生动物保护实施条例》第6条规定,国务院渔业行政主管部门和省、自治区、直辖市人民政府渔业行政主管部门,应当定期组织水生野生动物资源调查,建立资源档案,为制订水生野生动物资源保护发展规划、制定和调整国家和地方重点保护水生野生动物名录提供依据。第7条规定,渔业行政主管部门应当组织社会各方面力量,采取有效措施,维护和改善水生野生动物的生存环境,保护和增殖水生野生动物资源。禁止任何单位和个人破坏国家重点保护的和地方重点保护的水生野生动物生息繁衍的水域、场所和生存条件。

相应地,全国各地也在积极开展地方农业资源和农业生态环境保护法制建设,"目前已有 22 个省、自治区、直辖市颁布实施了《农业环境管理条例》,20 多个省、自治区、直辖市出台了《无公害农产品管理办法》,近 200 个县颁布了相关的农业生态环境管理办法"[①],有力地保障了农业资源与农业生态环境保护工作的顺利开展,为农业循环经济的发展奠定了很好的法律基础。

(三)促进农业科学技术发展方面的规定

现代农业的快速发展离不开科学技术强有力的支撑,农业生产的现代化建立在农业科学技术的基础上。因此,中国历来重视推动农业科技的发展。在中国《水法》《草原法》《森林法》《固体废物污染环境防治法》《水污染防治法》等法律法规中都有推广相关农业技术,保护农业资源,防治环境污染的规定。《农业法》第七章专门规定了农业科技与农业教育的相关内容,对发展农业科技、增加科技投入、加速农业科技成果转化与产业化、强化农业技术的推广以及建设高水平的农业科技人才队伍等方面进行了较为详

---

① 李玉基、俞金香:《循环经济基本法律制度研究——基于我国〈循环经济促进法〉的思考》,法律出版社 2012 年版,第 168 页。

细的阐释。同时，为了增强科技支撑保障能力，更好地发挥科学技术是第一生产力的作用，促使农业科研成果和实用技术尽快应用于农业生产，加强农业技术的深入推广，促进农业和农村经济可持续发展，中国颁布实施了《农业技术推广法》，并于2012年进行了修订。该法对中国构建农业技术推广体系，加强农业技术的推广和应用以及完善农业技术推广的保障措施具有重大意义，在很大程度上推动了中国农业经济的科技化。

(四) 促进农业循环经济方面的规定

中国现有的被认为是严格意义上的农业循环经济立法主要有4部，即自2006年1月1日起实施的《可再生能源法》、自2008年4月1日起实施的《节约能源法》、自2009年1月1日起实施的《循环经济促进法》、修订后于2012年7月1日起实施的《清洁生产促进法》。这4部法律都规定了农业循环经济的某些内容。如《循环经济促进法》从发展循环经济是国家经济社会发展的一项重大战略的高度，对农业经济的生产、流通和消费等过程中进行的减量化、再利用、资源化活动进行了总体规范。在减量化方面规定，县级以上人民政府及其农业等主管部门应当推进土地集约利用，鼓励和支持农业生产者采用节水、节肥、节药的先进种植、养殖和灌溉技术，推动农业机械节能，优先发展生态农业。在缺水地区，应当调整种植结构，优先发展节水型农业，推进雨水集蓄利用，建设和管护节水灌溉设施，提高用水效率，减少水的蒸发和漏失。在再利用和资源化方面规定，国家鼓励和支持农业生产者和相关企业采用先进或者适用技术，对农作物秸秆、畜禽粪便、农产品加工业副产品、废农用薄膜等进行综合利用，开发利用沼气等生物质能源。县级以上人民政府及其林业主管部门应当积极发展生态林业，鼓励和支持林业生产者和相关企业采用木材节约和代用技术，开展林业废弃物和次小薪材、沙生灌木等综合利用，提高木材综合利用率。

《可再生能源法》为农村可再生能源的开发利用，保障能源安全，改善能源结构，促进农村经济社会的可持续发展提供了充分的法律依据。其第18条规定，国家鼓励和支持农村地区的可再生能源开发利用。县级以上地方人民政府管理能源工作的部门会同有关部门，根据当地经济社会发展、生态保护和卫生综合治理需要等实际情况，制订农村地区可再生能源发展规划，因地制宜地推广应用沼气等生物质资源转化、户用太阳能、小型风能、小型水能等技术。县级以上人民政府应当对农村地区的可再生能源利用项目提供财政支持。

《节约能源法》规定了节约能源是中国的基本国策，节约在能源发展战略中占据首要位置。对中国农村经济发展过程中加强用能管理，采取技术上可行、经济上合理以及农业生态环境可以承受的措施，从能源生产到消费的各个环节，降低消耗、减少损失和污染物排放、贯彻落实"减量化"原则，制止浪费，有效、合理地利用资源具有很大的指导意义。《节约能源法》第 57 条明确规定，县级以上各级人民政府应当按照因地制宜、多能互补、综合利用、讲求效益的原则，加强农业和农村节能工作，增加对农业和农村节能技术、节能产品推广应用的资金投入。农业、科技等有关主管部门应当支持、推广在农业生产、农产品加工储运等方面应用节能技术和节能产品，鼓励更新和淘汰高耗能的农业机械和渔业船舶。国家鼓励、支持在农村大力发展沼气，推广生物质能、太阳能和风能等可再生能源利用技术，按照科学规划、有序开发的原则发展小型水力发电，推广节能型的农村住宅和炉灶等，鼓励利用非耕地种植能源植物，大力发展薪炭林等能源林。

《清洁生产促进法》对加快实现农业清洁生产作了原则性规定，要求农业生产者应当科学地使用化肥、农药、农用薄膜和饲料添加剂，改进种植和养殖技术，实现农产品的优质、无害和农业生产废物的资源化，防止农业环境污染。禁止将有毒、有害废物用作肥料或者用于造田。从使用清洁能源和原料、采用先进工艺技术与设备、提高综合利用率等方面对农业生产的全过程进行了指导，努力达到从源头削减污染，提高资源利用效率，减少甚至避免在农产品生产、服务、使用过程中污染物的产生和排放，并对不得不排放的污染物作无害化处理。与此同时，农业部还在 2011 年颁布了《关于加快推进农业清洁生产的意见》，明确指出要彻底转变农业经济发展模式，深入推进农业清洁生产，严格遵循循环经济的减量化原则，不断减少对大量外部资源投入的过度依赖，通过预防、生产过程控制以及综合治理，严格控制外源污染，同时减少农业自身污染物的大量排放，从而实现了资源利用的节约化原则和生产过程的清洁化要求。除此之外，还强调运用无害化原则，合理使用化肥、农药、饲料等生产资料；减少农用地膜残留，推广膜下滴管技术，推进节水、节药和节肥技术的使用；推广和应用低污染的环境友好型种植养殖技术等先进技术，发展绿色、无公害的循环农业。

此外，在地方上，各地政府根据自身发展农业循环经济的情况，还出台了一系列促进农业循环经济发展的办法和规定。例如：浙江省颁布了《浙江省农业废弃物处理与利用促进办法》（2010 年 11 月），并且出台了《浙江省发展生态循环农业行动方案》（2010 年 12 月）。另外，阜新市颁布了《阜新市农业循环经济管理办法（暂行）》（2007 年），阜阳市颁布了《阜阳市人民政府关于大力发展农业循环经济的意见》（2009年），广安市人民政府颁布了《关于推进全市农业循环经济发展的意见》（2011年7月），衢州市人民政府颁布了《关于加强畜禽排泄物资源化利用推进生态循环农业发展的若干意见》（2013年6月）、甘肃省颁布了《甘肃省废旧农膜回收利用条例》（2014年）等。这些地方性规定，为各地发展农业循环经济提供了法律依据，是构成中国农业循环经济政策法制体系的重要组成部分。

第二章　中国农业循环经济政策法制建设评价

第一节　中国农业循环经济政策法制建设取得的成就

农业循环经济是循环经济理念在农业生产领域的应用，作为一种新型的农业经济发展模式，要想全面地施行和发展，政策法律手段是必不可少的保障之一。近年来，中国以可持续发展为目标，制定、修订了一系列涉及农业循环经济发展的政策、法律、行政法规、部门规章、地方性法规和地方政府规章，在政策法制制度建设方面取得了很大的成就。主要体现在以下几个方面：

一　发展农业循环经济，实现可持续发展的理念已经形成

德国的鲁道夫·施塔姆勒（Rudof Stammler）认为，法律理念乃是正义的实现。正义要求所有法律努力都应当指向这样一个目标，即实现在当时当地的条件下所可能实现的有关社会生活的最完美的和谐。[①] 中国台湾地区著名学者史尚宽先生提出，"法律制定及运用之最高原理，谓之法律之理念"。"法律之理念，为法律的目的及手段之指导原则。"[②] 杨紫烜教授将法的理念解析为"法的理念是指人们关于法的宗旨及其实现途径的基本观念。所谓法的宗旨，是指贯穿于法之中的，人们创制和实施法所追求的目标"[③]。中国农业循环经济政策法制体现的法的理念，应当是实现如下正义：实现在当前中国经济发展与环境保护矛盾不断尖锐化的背景下，中国农业经济由传统的粗放型发展模式向低消耗、低排放、高效率的循环农业发展模式转变，达

[①] 转引自［美］E. 博登海默《法理学——法律哲学与法律方法》，邓正来译，中国政法大学出版社1999年版，第173页。

[②] 史尚宽：《法律之理念与经验主义法学之综合》，载刁荣华主编《中西法律思想论集》，汉林出版社1984年版，第259、263页。

[③] 杨紫烜：《经济法》，北京大学出版社、高等教育出版社2010年版，第52页。

到经济社会生活的最完美和谐。其宗旨是在农业领域不断解决农业生态环境保护与农业经济发展的矛盾，实现可持续发展，达到经济、社会、生态效益的最优化。其宗旨之实现途径为发展农业循环经济，在农业经济生产、流通和消费等过程中实施"减量化、再利用、资源化"活动。减量化，主要是指在生产、流通、消费各环节，尽量减少农业资源的消耗和废弃物的产生。再利用，主要是指将农业经济发展过程中产生的各类废弃物直接作为产品或者经过翻新、再制造后继续作为产品使用，或者将废弃物的全部或者部分作为其他产品的部件予以使用。资源化，是指将农业废弃物作无害化处理，直接作为原料进行利用或者对废弃物进行再生利用，将废弃物能源化、肥料化和饲料化。

现行农业循环经济政策法制，通过近几年的"废、改、立"行动，很好地体现了发展农业循环经济，实现可持续发展的理念。《循环经济发展战略及近期行动计划》等政策性文件将发展循环经济列为中国的一项重大战略决策，是加快转变经济增长方式，建设两型社会（资源节约型、环境友好型），不断推进生态文明建设，实现可持续发展的必然选择。要求按照减量化、再利用、资源化，减量化优先的原则，推进生产、流通、消费各环节农业循环经济的发展。与此同时，中国专门制定、修订了《循环经济促进法》《节约能源法》《可再生能源法》《清洁生产促进法》《关于加快推进农业清洁生产的意见》等促进循环经济发展的专门立法，重点修订了《环境保护法》《固体废物污染环境防治法》《水污染防治法》《农业法》《土地管理法》《水土保持法》《草原法》《水法》《森林法》《种子法》《渔业法》《农业技术推广法》《基本农田保护条例》《森林法实施条例》《退耕还林条例》《水生野生动物保护实施条例》《农药管理条例》《畜禽规模养殖污染防治条例》等一系列相关法律规范，在农业环境污染防治、农业生态环境保护方面、农业科学技术推广方面规定了发展农业循环经济的内容，树立了可持续发展理念。如大部分法律规范都在第1条开宗明义地规定，立法目的是保护生态安全、促进农业资源（草原、森林、水、大气）、农业、渔业、畜牧业的可持续发展。

二 农业循环经济政策法制内容不断丰富

经过十几年的发展，中国农业循环经济政策法制体系不断完善，内容逐渐丰富。从一种理念、一份纲领性政策文件开始，进入政策机制完备，法律、行政法规、部门规章、地方性法规与地方政府规章全方位保障的法制化阶段。其中,最明显的变化是近年来有关农业循环经济的规范性文件不断增多,据粗略统计,中央层面的政策性文件、规范性法律文件就达70多份。

从主要政策来看,目前中国已经初步构建了促进农业循环经济发展的政策体系,包括经济政策、科技政策、宣传教育政策、试点示范政策、消费政策、绩效考核政策。经济政策方面主要为采用财政、税收、金融、投资、政府奖励等经济措施促进农业循环经济的发展。如中央和省级人民政府依法设立循环经济发展专项资金,支持循环经济的科技研究开发、循环经济技术和产品的示范与推广、重大循环经济项目的实施、发展循环经济的信息服务,以及对促进农业循环经济发展的产业活动给予税收优惠等。科技政策主要体现为国家鼓励支持有利于实现农业循环经济发展的先进科学技术的研发、推广,如农业废弃物综合利用技术、再生能源开发利用技术、农业清洁生产技术,在良种培育、节本降耗、节水灌溉、农机装备、新型肥药、疫病防控、加工贮运、循环农业、海洋农业、农村民生等方面取得了一批重大实用技术成果。宣传教育政策主要表现为组织开展形式多样的宣传培训活动,通过报刊、广播电视、互联网、手机等多种途径普及循环经济知识。"2004年国庆节以后,中国各种媒体上的环保公益广告和关于循环经济的案例报道开始大量出现。"[①] 并把循环经济理念和知识纳入基础教育、职业教育、高等教育相关课程。试点示范政策主要是指实施农业循环经济示范工程,并将已经取得良好效果的农业循环经济典型进行宣传、推广。如贵阳市花溪立体生态农业示范园、北京留民营生态农场、上海崇明前卫生态农业示范园区等。消费政策主要是指国家倡导文明、健康、节约资源和保护环境的消费方式,绿色消费,反对浪费。绩效考核政策主要是指中国目前很多地方政府都将环境保护纳入政府绩效考核当中,并在某些地方开始将发展农业循环经济列为政府部门年度目标管理考核内容。

从农业循环经济相关立法的主要内容来看,涵盖了减量化、再利用和资源化原则的实质要求。减量化原则的实现主要体现在《节约能源法》《农业法》《清洁生产促进法》等法律文件中对节约能源、降低农业能源的消耗、提高综合利用率方面的规定。如,规定要保养耕地,合理使用化肥、农药、农用薄膜,增加使用有机肥料,再利用原则和资源化原则的实现主要体现在农业循环经济立法中有关将农作物秸秆等废弃物以及家畜排泄物资源化、肥

---

① 龚远星:《我国农业循环经济发展模式及法律政策研究》,硕士学位论文,福州大学,2005年,第47页。

料化等方面的规定，最大限度地减少废弃物排放，将废弃物转化为新产品、新能源进行再利用，实现资源再循环，减少污染，提高经济效益。

三 农业循环经济相关政策从纲领性规定走向具体规划

中国循环经济的发展战略首先由政府工作报告以及党和国家领导人在一些重要场合的讲话中提上日程，逐渐形成共识。因此，有关循环经济发展的规范性文件具有很强的纲领性，但缺乏具体实施措施。作为循环经济发展战略的组成部分，农业循环经济政策也具有同样问题，虽然明确了中国发展农业循环经济的总体目标，但对如何发展农业循环经济缺乏具体规划，倡导性内容多，实践操作性不强。近年来，随着农业循环经济在全国各地的不断发展实践，各具特色的农业循环经济发展模式的形成，农业循环经济发展政策也从宏观指导逐渐走向微观规制，从纲领性、口号性规定走向具体的农业循环经济发展规划。2012年，国务院讨论通过了《"十二五"循环经济发展规划》，明确了中国今后农业循环经济发展的具体目标、重点任务和保障措施；2013年，国务院印发了《发展循环经济发展战略及近期行动计划》，明确提出在种植业领域推动农作物秸秆综合利用、推动农田残膜、灌溉器材回收利用、发展节约型种植业；在林业领域加强林竹加工业节能降耗、推动林竹废弃物资源化利用、构建林业循环经济产业链；在畜牧业领域推进畜禽养殖清洁生产、加强畜禽粪污资源化利用、推动畜禽加工副产物和废弃物利用、构建农牧业循环经济产业链；在渔业领域推行实施渔业清洁生产、延伸渔业循环产业链；在工农业复合领域重点培育推广畜（禽）—沼—果（菜、林、果）复合型模式、农林牧渔复合型模式、上农下渔模式、工农业复合型模式等，提升农业综合效益，并构建了工农复合型循环经济基本模式图。同时，提出了"十二五"时期循环经济发展主要指标：到2015年，农业灌溉用水有效利用系数达到0.53，秸秆综合利用率从2010年的70.6%提高到80%，设施渔业养殖废水处理与综合利用率达80%以上，林业"三剩物"综合利用率达80%以上。

同时，地方省市也都纷纷颁布了"十二五"农业循环经济相关规划，以及促进农业循环经济发展的具体实施方案。如《浙江省发展生态循环农业行动方案》明确提出"力争到2015年，全省生态循环农业技术和模式广泛应用，农业标准化生产技术普及率达80%以上，通过认证的无公害农产品、绿色食品、有机食品达5500个以上，生产基地面积达1500万亩以上；测土配方施肥、病虫害统防统治覆盖率分别达到80%、40%以上，高效、低毒、低残留农药使用面达 80% 以上，化学农药使用量减少 10%，氮肥使用量减少 8%，化肥利用率提高 5%；农作物秸秆、规模畜禽养殖场畜禽排泄物、农村清洁能源利用率分别达 80%、97% 和 70% 以上，农业生态环境、农产品品质进一步优化，农业的经济、社会和生态效益协调发展"。又如《甘肃省"十二五"农业源减排工作实施方案》针对农业源减排，提出了 5 项具体任务：一要合理布局畜禽养殖场所，科学确定养殖密度，从源头上控制污染物排放。二要提高畜禽养殖规模化水平，减少中小养殖户户数，减少养殖污染，强力推进规模化畜禽养殖污染治理工程建设，到 2015 年全省建成投运 757 个规模化畜禽养殖场（小区）污染减排项目。三要强化环境监管，对未批先建、污染治理与资源化利用不到位的规模化养殖场（小区）责令限期改正并全程跟踪督察整改情况。四要夯实农业源减排工作基础。五要提高和完善农业源减排统计工作。真正做到了目标清晰，任务明确，很好地促进了当地农业循环经济的发展。

第二节 中国农业循环经济政策法制建设存在的问题

农业循环经济本质上是一种全新的经济发展模式，属于经济基础范畴。而农业循环经济政策法制属于上层建筑领域。马克思主义法学理论认为，经济基础决定上层建筑，上层建筑反作用于经济基础。所以，法律规范来源于经济生活，并服务于经济生活。一方面，法律只是表明和记载经济关系的要求而已，经济关系的变化影响着法律规定的发展和变化。农业循环经济的发展彻底变革了传统的通过牺牲生态环境获取经济利益的生产方式，创造性地将循环经济理论应用于农业生产领域，开创了农业经济增长和环境保护和谐相融的新模式，引发了经济关系的重大变化。"如果说我们的法律的、哲学的和宗教的观念，都是一定社会内占统治地位的经济关系的近枝或远蔓，那么，这些观念终究不能抵抗因这种经济关系的完全改变所产生的影响。"[1] 近几年，中国农业循环经济的发展实践不断推进，在农业清洁生产、农业废弃物的再利用与资源化、农业循环产业链的构建、农业生态环境的保护和治理等方面取得了相当不错的效果，成绩有目共睹，农业循环经济发展理念深入人心，对现行"非循环"的农业立法产生了很大的影响。换句话说，农业循环经济的发展实践迫切需要新的法律规范来记录这一新的经济活动。因

---

[1] 《马克思恩格斯选集》第 3 卷，人民出版社 1995 年版，第 717 页。

农业循环经济的实施而新产生经济关系需要由法律来确认和规范，将其表现为法律形式和制度形态，使其具有合法性、确定性和不可侵犯性。另一方面，法律对农业循环经济的发展具有积极的反作用。它可以把农业循环经济关系以及"减量化、再利用、资源化"活动准则概括为制度和行为模式，使之具有典型性和完善性，以指引分散的、具体的经济关系和活动向可持续发展方向发展，达到经济效益、生态效益和社会效益三者的统一。特别是在农业循环经济这一新的经济发展模式刚刚形成的时候，这种引导作用更为明显。因为引导意味着法对新兴生产关系因素的扶持，对落后生产关系因素的改造，从而加速农业循环经济的发展进程。

从目前中国农业循环经济政策法制的现状来看，不管数量还是质量都远远不能满足农业循环经济发展实践对农业循环经济政策法制的迫切的刚性需求，供需矛盾凸显，存在着较大的需求缺口，农业循环经济政策法制建设总体滞后于农业循环经济发展实践。主要存在以下问题：

一　系统的全国性的农业循环经济政策法制体系尚未建立

（一）促进农业循环经济发展的政策法规零散分布，缺乏专门性规定

中国现行农业循环经济政策法制规定并没有形成一个完备的系统，零散地分布于环境与资源保护法、经济法、农业法、循环经济法[①]等部门法中。仅以中国现行全国人大及其常委会颁布的法律规范性文件为例，目前涉及促进农业循环经济发展的主要法律规定主要有21部，其中归属于环境资源保护法的有12部，农业法3部，经济法2部，循环经济法4部。其他规定有农业循环经济内容的行政法规、部门规章以及国家政策的情形也大致相同。可见，中国并未对农业循环经济作出直接的专门的规定，只是在其他的、主要是环境资源保护等政策法规中附带性地规定了促进农业循环经济发展方面的内容，间接地起到了一些推进农业循环经济发展的效果。如《环境保护法》第49条对合理使用农药、化肥等农业生产资料、综合利用农用薄膜、农作物秸秆、畜禽粪便等农业废弃物等发展农业循环经济的内容作了规定，但其立法的直接目的是保护生态环境，而非发展农业循环经济。发展农业循环经济只是实现环境保护目的而采取的分段治理或末端治理的手段而已。

---

① 对于循环经济法的部门属性，目前在我国并没有达成共识，有学者认为是一个独立的法律部门，有学者认为不能成为一个独立的法律部门，应归属于环境与资源保护法或者应归属于经济法。本书所提的循环经济法主要是指以促进循环经济发展为主要内容的法律规范的总称。

《消费者权益保护法》的根本目的是保护消费者的合法权益，并不是建立"绿色消费制度"。再比如，《农业法》的制定是为了巩固和加强农业在国民经济中的基础地位，深化农村改革，发展农业生产力，推进农业现代化，维护农民和农业生产经营组织的合法权益，增加农民收入，提高农民科学文化素质，促进农业和农村经济的持续、稳定、健康发展，实现全面建设小康社会的目标。并没有直接规定发展农业循环经济的具体内容，难以担纲促进农业循环经济发展的专门性法规的重任。《循环经济促进法》的制定和颁布，"已经从总体上给循环经济的发展提供了法律保障，但它是一部综合性法律，内容涉及国民经济的各个领域，因此不可能对发展农业循环经济的具体措施做出详细规定，尚不能有针对性地解决农业循环经济发展过程中出现的问题"[1]。另外，与农业循环经济关系最密切、最具有专业性的立法文件是2011年12月农业部《关于加快推进农业清洁生产的意见》，但这一规定仅仅对农业清洁生产制度作了详细规定，对其他农产品环境标志制度、绿色消费制度、技术支持制度、公众参与制度等并没有进行全面规范。同时，该规定从法律渊源上来看，属于行政规章，法律效力相对较低，无法成为发展农业循环经济的专门性立法。

因此，从目前中国农业循环经济立法的客观现实来看，总体水平较低，与构建系统的全国性的农业循环经济政策法制体系这一目标显然还存在较大差距，宏观上缺乏从农业循环经济发展的整体高度进行全过程、全方位指导的农业循环经济专门性立法。当务之急是制定专门的农业循环经济法，明确发展农业循环经济的目的，构建起全面系统的制度体系，尽快填补中国农业循环经济发展核心法律的缺位。

（二）现行农业循环经济政策法制宣言性内容多、具体规定少，可操作性不强

由于中国立法遵循的基本原则是"宜粗不宜细"和"原则性和灵活性相结合"的原则，[2]所以法律规范体系中普遍存在过于原则和抽象的问题。农业循环经济现有政策法制也同样存在宣言性内容多，口号式的提倡多，但具体的权利、义务规定较少的问题。

在促进农业循环经济发展的政策规定方面，我们前文提到，目前中国已经初步构建了包括经济政策、科技政策、宣传政策、试点示范建设、消费政

---

[1] 武光太：《我国农业循环经济法律制度存在的问题及完善》，《农业经济》2014年第8期。
[2] 张文显：《法理学》，高等教育出版社、北京大学出版社1999年版，第273—276页。

策等在内的比较全面的农业循环经济政策体系,但令人遗憾的是,这一政策体系"全而不细",许多政策只是点到为止,并没有具体的实施措施。如中国明确提出要采用税收、金融等金融措施促进农业循环经济的发展,但对于具体提供哪些金融支持,采用哪些税收优惠政策等内容规定得较为笼统、概括,缺乏具体的实施细则。

在促进农业循环经济发展的法律规定方面,许多的农业循环经济发展必不可少的相关制度,在相关规定中只是"一笔带过",甚至停留在理念阶段,流于形式,对于其遵守执行、法律责任的承担并没有相应规定,法律"刚性"明显不足,直接影响法律制度的执行力和可操作性。如《农业法》第 65 条规定了各级农业行政主管部门引导农民和农业生产经营组织采取生物措施或者使用高效低毒低残留农药、兽药,防治动植物病、虫、杂草、鼠害的义务,以及对秸秆等农产品采收后的剩余物质综合利用、畜禽等动物规模养殖产生的粪便、废水及其他废弃物等进行无害化处理、对水产养殖过程中合理投饵、施肥、使用药物等问题进行了规制,对农业循环经济的发展具有重要意义。但是该法却没有规定相应的操作程序以及执行此规定的法律责任等内容。再比如《清洁生产法》第 22 条,虽然对农业生产者科学使用化肥、农药、饲料添加剂、农用薄膜的农业生产资料,禁止将有毒有害废物用作肥料或用于造田,以及农产品的绿色无公害化、农业生产废弃物的资源化等问题作了规定,但也同样沦为"软法",没有相关责任人违法的法律后果的规定。这样原则化、抽象化的规定势必会造成操作难、执行难,农业循环经济的生产者在遇到具体执行问题时,仍然是无法可依。这样会导致"有法不能依"的结果,会削弱农业循环经济政策法制的公信力,使其失去应有的意义。

二 地方性的农业循环经济政策法制基础薄弱,缺乏特色

中国位于亚洲东部、太平洋西岸。领土东西跨越 62 个经纬度、5 个时区,约 5200 千米;南北跨越的纬度近 50 度,大部分在温带,小部分在热带,有山地、高原、丘陵、盆地、平原等各类地形。因此,中国政府鼓励各地方省市根据当地的实际情况发展有特色的农业循环经济模式。相应地,国家也鼓励地方在中央法律政策的指导下根据本地区特殊情况有针对性地制定地方性农业循环经济政策法律制度,以各具特色的地方行政法规和政府规章为主导,推动地方立法在保障农业循环经济发展方面取得新的突破,从而更好地以法制推动农业循环经济的发展。在地方立法实践中,省、自治区、直

辖市人大及人民政府专门制定的地方性农业循环经济政策法律规范文件主要有《浙江省农业废弃物处理与利用促进办法》（2010年）、《浙江省发展生态循环农业行动方案》（2010年）以及《甘肃省废旧农膜回收利用条例》（2014年）。在省、自治区、直辖市以下级别制定农业循环经济地方性政策法规的主要有阜新市、阜阳市、洛阳市、广安市、台州市、南阳市、衢州市、温州市等。由此可以看出，中国地方性的农业循环经济政策法制基础十分薄弱，大多数地方省市对农业循环经济的地方立法重视不够，尚未制定农业循环经济地方性法规，更不用说制定地方特色鲜明的农业循环经济政策法制体系了。

第三篇 中国服务业循环经济政策法制建设现状及评价

循环经济是一种全新的发展观，它作为人类对传统经济发展模式反思的结果，体现了可持续发展的理念。循环经济是一种全新的经济观，它用循环经济理念重构传统经济流程，运用生态学原理和规律来指导经济发展。循环经济是一种全新的生产观，它倡导最大限度地优化配置自然资源，提高自然资源的利用效率和使用效益。循环经济是一种全新的科技观，它要求科学技术发展应有利于统筹"人与自然"的关系，实现和谐发展。循环经济倡导的是一种全新的消费观，它提倡人类物质财富的适度消费，同时考虑废弃物的回收利用和资源化，减轻对环境的污染。循环经济也是一种全新的社会观，它倡导构建资源节约型和环境友好型社会。[1]

服务业循环经济是针对服务业传统发展模式下导致的资源过度消耗和环境恶性污染而提出的。其思想是在工业、农业循环经济思想的基础上产生的，它要求在服务产品研发—生产—营销—消费—废弃物—再生利用的整个产品生命周期里，实行资源减量化和再循环的管理模式，减少资源、环境消耗，按照"资源—产品—再生资源"的闭环方式运行。服务业循环经济发展模式为破解中国服务业发展的资源环境瓶颈提供了完美的解决方案。[2] 国务院 2013 年印发的《循环经济发展战略及近期行动计划》中明确提出发展服务业循环经济的战略规划，要求加快构建循环型服务业体系，推进服务主体绿色化，服务过程清洁化，促进服务业与其他产业融合发展，充分发挥服务业在引导人们树立绿色循环低碳理念，转变消费模式方面的积极作用。循环经济不是一种自发的经济发展模式，而是政策法规引导型的经济发展模式，它需要政府通过法规约束来加以推进，也需要国家制定金融、税收、补偿、优惠、价格、激励等政策促进其发展。通过法制的推动力和政策的拉动力来弥补市场机制的缺陷。国家在发展服务业循环经济战略中担负着不可推卸的责任，应针对服务业循环型发展的特点，加快构建循环型服务业立法的

---

[1] 刘亭:《循环经济知识读本》，浙江人民出版社 2006 年版。
[2] 王强:《我国区域服务业循环经济评价研究》，硕士学位论文，河北经贸大学，2013 年。

进程，完善相关的法规规章以及相关配套政策，将服务业循环经济的发展纳入法治化的轨道。

第一章 中国服务业循环经济政策法制建设现状

　　服务业按照发展过程可以分为以批发、零售、餐饮、旅店、交通等为代表的传统服务业，以金融、地产、物流、旅游、会展、咨询、信息科技等为代表的现代服务业。传统服务业是中国服务业中的优势业态，对资源和环境系统冲击较大，能源利用较多，废弃物产生量较大，是对环境影响较强的业态。因此，发展服务业循环经济需要先重点对旅游、餐饮住宿、通信服务、物流、零售批发等传统部门开展生态化建设，以此影响并推动其他新兴部门实施循环型经济发展。循环型服务业以低消耗、低污染、产业发展与生态环境协调为目标，通过法律、行政、经济等手段，把"减量化""再利用""再循环"和生态理念融入"提供服务""实施服务""享用服务"的服务业产业系统结构中去，建立起生态服务产品的生产、消费、还原等过程的产业"生态链"。在实践中推行这一产业经济形态，必须要有相应理念的制度规范为依据。当前，中国服务业循环经济法律制度存在诸多问题，如促进服务业循环经济发展的立法体系尚未成型、促进服务业循环经济发展的政策不够全面与完善、服务业循环经济地方立法十分薄弱、现有法律法规与生态文明理念还有距离。故而，有必要从这些方面入手研究中国服务业循环经济法律制度的现状，并提出可行的建议，以促进服务业循环经济发展。

第一节 中国循环型餐饮住宿业政策法制建设现状

　　自"八五"计划以来，中国餐饮住宿业占社会消费品零售总额比例逐年递增，作为服务业中的传统部门，餐饮住宿业已成为中国国民经济中强势的经济动力，为城市 GDP 的增长做出了长足的贡献。但是，餐饮住宿业在快速发展的同时，其自身的诸多问题也日益凸显出来。尤其是餐饮住宿业对资源可持续发展、生态环境产生的消极影响已经严重制约了中国环境友好型社会的发展。为此,立法者积极开展了有利的制度和政策探索,试图通过"减量化""再利用""资源化"的立法指导思想推动在餐饮住宿业建立"低投入""低消耗""高效率""低排放"的新型生产模式,并初步形成了餐饮住宿业的清洁生产、一次性消费品生产和销售的限制、餐厨垃圾分类收集和循环化利用等专门的循环经济法律制度。

一 餐饮住宿业的清洁生产制度

清洁生产注重从源头上削减污染物的产生和生产全过程的污染控制,是对传统末端治理污染方式的根本性转变,也是对传统生产方式和发展模式的根本变革。餐饮住宿业的清洁生产属于减量化活动中的具体制度,可以最大限度地减少餐馆、酒店所产生的废弃物数量。服务业清洁生产通过从源头削减污染物质、改进食品生产工艺和设备、重复使用投入原料以及降低水、电、煤等能源的消耗量来合理利用资源。

《清洁生产促进法》是中国有关生产、消费和流通领域实施清洁生产的基本法,该法第23条对餐饮娱乐住宿业的清洁生产制度做了如下规定:"餐饮、娱乐、宾馆等服务性企业实施清洁生产,采用节能、节水和其他有利于环境保护的技术和设备、减少使用或者不使用浪费资源、污染环境的消费品。"

2009年颁布施行的《循环经济促进法》是中国循环经济法律体系中的基本法、龙头法、统帅法,该法第26条也对餐饮娱乐住宿业的清洁生产做了如下规定:"餐饮、娱乐、宾馆等服务性企业,应当采用节能、节水、节材和有利于保护环境的产品,减少使用或者不使用浪费资源、污染环境的产品。本法施行后新建的餐饮、娱乐、宾馆等服务性企业,应当采用节能、节水、节材和有利于保护环境的技术、设备和设施。"

根据以上几条法律规范,我们可以解读出服务业清洁生产制度的以下几个要点:(1)在餐饮、娱乐、宾馆行业推广采用清洁的能源燃料,对照明、空调、锅炉系统进行节能改造;开发利用可再生资源,如太阳能、风能、地热能等,提高能源利用效率。(2)生产过程中采用不产生废物或者废物产生量少的技术,不用或者少用有毒有害的原料,减少或消除生产过程中有毒有害的中间产品。(3)行业内生产的产品本身及在使用过程中不易对人体健康和生态环境产生任何影响和危害;产品失去使用功能后,应易于回收、再生和回用,也就是说,要使餐饮住宿业所生产出的副产品和废物能被减少排放或循环利用。① 总而言之，餐饮住宿业清洁生产制度的主要任务是降低资源、能源损耗和加强废物的处理与控制。餐饮住宿业发展到一定的阶段，必然要走"资源—产品—再生资源"的循环经济模式，从而有效地利用资源和保护环境。

《清洁生产法》和《循环经济促进法》中对餐饮住宿业清洁生产制度的规定简单抽象，没有具体的实施细则及其他配套的法律法规，过于原则化，不具有操作性。为此，各地方根据其服务业发展的具体情况设计制定了地方性的配套法规。目前，内蒙古自治区、以南京、杭州、武汉为代表的27个市（省会城市、地级市）、深圳经济特区等地方政府都制定了地方饮食娱乐服务业环境管理办法，为地方餐饮服务业实施清洁生产制度提供了具体的、可操作的指引。其中，上海市2003年颁布实施的《上海市饮食服务业环境污染防治管理办法》为典范，详细地规定了政府、餐饮娱乐业企业在实施清洁生产制度中的权利、义务及责任。该规定第6条指出："本市中心城、新城和中心镇范围内，新开办饮食业务项目应当使用天然气、煤气、液化石油气、电等清洁能源。前款规定范围内现有饮食业务项目尚未使用清洁能源的，应当按照市人民政府规定的期限改用清洁能源。"该条规定，对于不采用清洁能源的企业经营者将承担限期改正的行政责任，进一步扩大了清洁生产制度在餐饮行业内的实施范围。该规定的第8—10条规定了油烟、废水排放、噪声等其他污染的具体防治措施，确定了饮食业务经营者在相关措施方面的义务及违反义务要承担的责任。该办法第11条规定："在新建的成片开发地区内，新开办饮食业务项目环境保护实行告知承诺制度。实行环境保护告知承诺的区域，区、县环保部门应当将环境污染防治要求书面告知饮食业务经营者，饮食业务经营者应当书面承诺履行相应的义务。"

然而，企业经营者关注的往往是眼前的短期经济利益，对于清洁生产所带来的经济与环境效益一般没有深刻的认识。从长远来看，清洁生产可能会给企业带来产品、名誉等市场竞争力乃至各种效益，但短期成本的加大必然影响其规模的扩大、眼前利益的丧失，因此大部分企业对清洁生产没有太强的主观能动性。因此，除了国家施以法律强制手段之外，还需要财政、税收、金融等方面的政策予以鼓励刺激。《清洁生产促进法》专设第四章"鼓励措施"，规定了表彰奖励制度、财政支持、税收优惠、企业发展基金，以及规定审核、培训费用可以列于企业经营成本等经济激励措施。但是，从目

---

① 郭伟伟：《餐饮业清洁生产措施初探》，《河北环境科学》2012年增刊。

前的情况来看，多数激励清洁生产的政策更加倾向于工业和农业领域，适用于服务业主体的寥寥无几，这导致餐饮住宿企业实施清洁生产的热情不高，清洁生产的具体措施实施的持续性也较差。

二 一次性消费品生产和销售的限制制度

"一次性消费品"或者"一次性产品"是指仅作一次性使用并且难以直接利用的物品。[①] 一次性消费品在餐饮住宿业内被中国消费者广泛使用，它在给消费者的生活出行带来便利的同时，也造成了极大的资源浪费和环境污染。在生活中，容易对环境产生不良影响的一次性消费品主要包括：一次性塑料包装物（如塑料袋、包装袋、垃圾袋等），一次性饮料容器（如各种易拉罐、矿泉水等软饮料容器）、一次性餐具（如一次性筷子、一次性塑料杯、一次性饭盒等），酒店业的一次性牙膏、牙刷、拖鞋等。

为了减少资源浪费，控制环境污染，建设生态文明，国家在餐饮住宿服务业内加强了对一次性消费品生产和销售限制的力度。《循环经济促进法》第28条规定："国家在保障产品安全和卫生的前提下，限制一次性消费品的生产和销售，具体名录由国家循环经济发展综合管理部门会同国务院财政、环境保护等有关主管部门制定。对列入前款规定名录中的一次性消费品的生产和销售，由国务院财政、税务和对外贸易等主管部门制定限制性的税收和出口等措施。"

本条规定第1款一方面规定一次性消费品的生产和销售应建立在保障产品安全和卫生的前提下（如出于卫生健康的要求，一次性医疗器具不能加以限制）。另一方面规定限制生产和销售的一次性消费品的具体名录由国家循环经济发展综合管理部门会同国务院财政、环境保护等有关主管部门制定。本条第2款规定列入名录中的一次性消费品的生产和销售，由国务院财政、税务和对外贸易等主管部门制定限制性的税收和出口等措施。如2006年财政部、国家税务总局联合发布的《关于调整和完善消费税政策的通知》中，在消费税税目中新增了木质一次性筷子的税率为5%。2007年，国务院办公厅还专门发布了《关于限制生产销售使用塑料购物袋的通知》，规定从2008年6月1日起，全国范围内禁止生产、销售、使用厚度小于0.025毫米的塑料购物袋，同时在所有的超市、商场、集贸市场等商品零售场所施行塑

[①] 孙佑海、赵家荣：《〈中华人民共和国循环经济促进法〉解读》，中国法制出版社2008年版，第83页。

料购物袋有偿使用制度,一律不得免费提供塑料购物袋。配合以上的税收、经济刺激政策,一次性消费品的生产和销售量在近些年内持续下降。国务院2013年1月制订印发的《循环经济发展战略及近期行动计划》是中国制订的重要的循环经济发展战略规划,是指导"十二五"时期中国循环经济发展的行动纲领。该计划第五章第四节倡导减少使用一次性木筷、快餐盒以及客房一次性牙刷、剃须刀等用品,到2015年,餐饮住宿业单位增加值能耗明显降低,一次性用品使用率大幅降低。综上所述,一次性消费品生产和销售的限制制度是循环经济减量化活动中的重要制度,对于减少服务业对资源的消耗具有重要的意义。

三 餐厨垃圾分类处理及循环利用政策法制

近年来,随着城市居民生活水准的不断提高,中国各大城市的餐饮业迅速发展,食物残余和食品加工废料产生的餐厨垃圾的治理和资源化利用问题直接关系到人们的居住环境和食品的安全。长期以来,中国并没有对餐厨垃圾进行专门管理。居民家庭产生的餐厨垃圾,一般是与其他生活垃圾混合收集,并最终进入城市生活垃圾处理系统。餐饮业和企事业单位食堂产生的餐厨垃圾的传统处理方式,主要是由产生单位卖给利用者,然后送往郊区直接喂养"潲水猪"。一些地方甚至将进入垃圾填埋场的厨房垃圾也当成了"垃圾猪"的饲料。一方面,餐厨废弃物有着一定的经济价值,其中含有的大量蛋白质可以作为动物饲料的原料。但是,餐厨废弃物中也含有大量的有毒有害物质,如果不经处理直接将餐厨垃圾用来饲喂动物或者直接将废弃食用油脂回流到餐桌将对饲喂的动物及食用这些动物肉品或油品的人群产生巨大的危害。另一方面,餐厨废弃物的不规范收集运输,还会影响环境卫生,破坏生态环境。可见,餐厨废弃物的处置和资源化利用与无害化处理是涉及民生和生态环境的公共问题。[①] 近年来,中国地方政府对于餐厨垃圾的"无害化、资源化"处置非常重视。有关餐厨垃圾管理的地方立法已经起步,各地形成了不同的餐厨废弃物资源化利用模式,基本解决了各地区餐厨垃圾处理的循环利用问题并以较快的速度在发展。目前已有1个省、3个直辖市、12个地级市制定了餐厨垃圾管理的法律文件。2005年上海市政府正式实施《上海市餐厨垃圾管理办法》。在上海的影响下,全国各地掀起了餐厨垃圾

---

① 谢瑞林:《餐厨废弃物资源化利用与政府监管的研究》,硕士学位论文,苏州大学,2012年,第12页。

管理立法的热潮，宁波、徐州、深圳、银川、石家庄、乌鲁木齐、重庆等地制定了餐厨垃圾管理的政府规章，而福建省、北京市则以政府规范性文件的形式公布实施了餐厨垃圾相关的管理制度。① 国家层面有关餐厨垃圾处置和资源化利用的专门立法工作已经全面展开，《国家餐厨垃圾管理条例》预计在2011年年底公布。2009年11月26日上午，《餐厨废油资源回收和深加工技术标准》编制工作，在北京工商大学化工与环境工程学院启动。这是中国第二个专门针对餐厨垃圾的国家标准。此前，第一个餐厨垃圾国家标准——《餐厨垃圾资源利用技术要求》已经报批国务院。这将结束"地沟油"回收利用无章可循的局面，并与计划制定的《国家餐厨垃圾管理条例》一起，逐步搭建起一套对餐厨垃圾无害化、再利用和资源化的政策体系。②

为推动餐厨废弃物的资源化利用和无害化处理，变废为宝，化害为利，促进循环经济发展，2010年5月4日，国家发展改革委、住房和城乡建设部、环境保护部、农业部4部委联合下发了《关于组织开展城市餐厨废弃物资源化利用和无害化处理试点工作的通知》，要求选择部分具备开展餐厨废弃物资源化利用和无害化处理条件的设区的城市或直辖市市辖区进行试点。在这些试点建立适合中国城市特点的餐厨废弃物资源化利用和无害化处理的法规、政策、标准和监管体系；建立餐厨废弃物产生登记、定点回收、集中处理、资源化产品评估以及监督管理体系；探索适合中国国情的餐厨废弃物资源化利用和无害化处理技术工艺路线；形成合理的餐厨废弃物资源化利用和无害化处理的产业链；引导消费者科学消费，减少产生量；开展餐饮业分类存放、清洁生产、资源化利用、无害化处理等方面的宣传教育，促进源头减量化。2010年12月30日，国家发展改革委、住房和城乡建设部、财政部、环境保护部、农业部五部委办公厅联合下发了《关于印发餐厨废弃物资源化利用和无害化处理试点城市（区）初选名单及编报实施方案的通知》初步选择了北京市（朝阳区）、上海市（闵行区）、广西壮族自治区南宁市等33个城市（区）开展前期试点工作，要求备选城市（区）编制餐厨垃圾处理实施方案，届时将对所报方案进行评审，通过评审的列入对外公布试点城市（区）名单。③

---

① 刘爱年、刘爱良：《地方餐厨垃圾管理立法之探析》，《法学杂志》2011年第6期。
② 李旭、善忠博：《餐厨垃圾国家政策及地方法规研究和思考》，《环境科学与技术》2011年第11期。
③ 同上。

第二节 中国循环型旅游业政策法制建设现状

旅游业是依托资源和环境发展的产业，对资源与环境的依赖性极高，要求其对资源和环境的保护达到更高的标准，这就决定了旅游业要走循环经济道路，发展旅游循环经济是旅游业的必然选择。《循环经济发展战略及近期行动计划》中明确提出了旅游业发展的绿色生态理念，要求推进旅游业开发、管理、消费各环节绿色化，积极构建循环型旅游服务体系。旅游业实施循环经济发展模式，应该包括以下几个层次：首先，在旅游区开发和规划上，需合理规划、利用、保护旅游资源，同时必须重视景区的生态环境保护。其次，在经营管理的过程中，经营者要有意识地控制旅游容量以防止旅游者对环境造成过度的污染；对旅游区老化的设施，可以进行回收利用，对于不能回收的设施以无害化、无污染化的方式处理；同时，倡导使用环保、节能型旅游交通工具，在路线设计上要选择对环境影响最小化的方案。再次，旅游饭店提倡"绿色饭店"运营模式，减少一次性用品的使用，倡导可持续用品的使用。最后，对旅游者倡导"绿色消费"和"理性消费"。政府是旅游经济活动的引导者、管理者和规范者，对于旅游业实施循环型发展的措施，应从宏观规划、立法、政策等方面加以引导、鼓励和干预。

目前，中国有关旅游自然资源及生态环境保护的法律规范较多，但是有关旅游业循环经济建设的规范性法律文件较少，旅游业循环经济法制建设还处在萌芽阶段，制度构建较为落后。《宪法》第 22 条第 2 款对文物旅游资源的保护作了专门而明确的规定，明确指出国家保护各处名胜古迹、各种珍贵文物以及其他重要历史文化遗产旅游资源，为文物旅游资源的保护提供了法律依据。1989 年出台的《环境保护法》是我国有关环境保护和资源保护的一项基本法，该法第 18 条规定，在由国务院以及所属各主管部门以及由各省、直辖市、自治区人民政府划定的自然保护区、风景名胜区以及其他需要特别保护的地域范围内，不得从事具有环境污染性质的工业生产活动，在进行其他设施建设时，不允许超过规定标准进行环境污染物的排放。对那些业已存在的各种设施，它们的污染物排放不能超过规定标准，超过者要限期治理达标。可见，在《环境保护法》中，我们对旅游自然资源及生态环境保护已经作了明确的原则性规定。2000 年 12 月，国务院出台了《全国生态环境保护纲要》（以下简称《纲要》），这部行政法规虽然没有明确提出构建可持续物质循环利用的旅游行业，但有关内容已经体现了可持续发展、物质循环利用的基本理念，构成了中国发展生态物质循环型旅游业的制度萌芽。《纲要》第 17 条规定，中国旅游资源开发利用时，必须要加强生态环境保护，在开发各种旅游资源时必须要有环境保护的明确要求和目标，要做到各种旅游设施建设与自然景观之间的相互协调兼容。要科学规划旅游区域内的旅客数量，要科学规划旅游路线，要把旅游基础设施建设规模保持在当地生态环境所能承载的范围内。在进行旅游开发时要对自然景观、景点科学合理地保护，对重要自然遗迹的旅游开发要严格限制，对重点风景名胜区的旅游开发要严格控制，对索道等旅游设施的规模与数量要严格管制。对那些已经建成和正在建设的而不符合规划要求的旅游设施，必须要在限期内进行拆除。在旅游区所产生的各种污水、烟尘和生活垃圾，必须进行无害化处理，并且要达到排放标准。该条规定涵盖旅游资源的合理规划和利用、旅游容量的控制、旅游资源的保护和开发限制、旅游区内污染的无害化处理等旅游业循环经济发展的重要理念，对中国旅游业循环经济发展模式的构建提出了具体的要求。2006 年国务院颁布的《风景名胜区条例》第 24 条规定：风景名胜区内的景观和自然环境，应当根据可持续发展的原则，严格保护，不得破坏或者随意改变。2014 年，统筹规范旅游业的基本法——《旅游法》颁布实施，该法第 4 条规定，旅游业发展应当遵循社会效益、经济效益和生态效益相统一的原则。国家鼓励各类市场主体在有效保护旅游资源的前提下，依法合理利用旅游资源。《旅游法》从基本法的层面为旅游业发展循环经济提供了根本的法律保障。

在发展旅游业循环经济的过程中，标准的作用无可替代。标准是具有法律性质的技术规范，它不仅具有技术性的一面，还有法律性的一面，它具有规范性，也具有法律的约束力。国家旅游局于 2011 年颁布的《绿色旅游景区标准》明确提出以可持续发展和循环经济为经营、管理理念，在旅游景区引入绿色管理，要求中华人民共和国境内各类旅游景区实施清洁生产、绿色设计、绿色管理、绿色服务、倡导消费者进行绿色旅游和绿色消费，从而最大限度地降低对资源和环境的消耗，减少各类废弃物的产生，实现景区资源的高效和循环利用。该标准阐释了清洁生产、绿色管理、绿色服务、绿色消费、绿色旅游、绿色设计的具体含义，并对实现这些规范要求的技术标准进行翔实的规定。同年，国家旅游局还颁布了《绿色旅游饭店标准》。该标准认为绿色旅游是以可持续发展为理念，坚持清洁生产，倡导绿色消费、保护生态环境的饭店，其核心就是在生产经营过程中加强对环境的永续保护和资源的合理利用。绿色旅游饭店是一种新的理念，它要求饭店将环境管理融入饭店经营管理中，以保护为出发点，调整饭店的发展战略、经营理念、管理模式、服务方式，实施清洁生产，提供符合人体安全、健康要求的产品，并引导社会公众的节约和环境意识、改变传统的消费观念、倡导绿色消费。它的实质是要求饭店、宾馆提供符合环保要求的、高质量的产品，同时，在经营过程中节约能源资源、减少排放，预防环境污染，不断提高产品质量。该标准将循环经济的"3R"原则融入绿色旅游饭店的经营管理中，规定了绿色饭店的基本管理要求。该标准专为创建绿色旅游饭店、实施环境管理提供指导。并对创建绿色旅游饭店、实施和加强环境管理提供切实可行的建议。以上两个标准作为构建资源节约型和环境友好型社会的规范性文件，指导、规范了人们对旅游资源的开发和利用、环境保护、生态建设等行为，对于构建旅游业循环经济具有重要的意义。

第三节　中国循环型通信服务业政策法制建设现状

根据中国有关部门对移动行业的统计，中国移动行业对电力资源的需求与耗费已经达到了相当惊人的程度，更惊人的是移动行业用于传输信号的电量占了总行业耗电量的80%以上，移动通信行业节能减排工作引起了国家和社会各界的重视。《循环经济发展战略及近期行动计划》中提及构建循环性服务业必须重视通信服务业的节能减排，通过推进绿色基站建设、绿色数据中心建设、鼓励回收废旧通信产品促进通信行业实现健康可持续发展。通信行业的节能减排是一项工程浩大的系统工作，必须在加强通信业节能减排基础设施研发和推广的同时加快制定通信行业节能减排政策法律，通过具体的政策法规对通信行业加以规范，做到有法可依，有章可循。然而，查阅中国现有的循环经济法律法规政策，有关通信行业节能减排的法律少之又少，中国关于此方面的立法非常欠缺。

中国循环经济法律体系中涉及通信行业的具体法律规定主要集中在废旧手机、电池、充电器等电子垃圾的回收利用方面。《固体废物污染环境防治法》是国家在固体废物污染环境治理方面颁布的专门法，建立了固体废弃物的分类管理制度和以末端治理为主的延伸生产者责任，为通信行业电子垃圾的回收处理立法奠定了一定的基础。2008年颁布的《循环经济促进法》中的一些基本制度如减量化、资源化和再利用，对电子垃圾的相关立法也具有指导作用。2007年3月，由信息产业部、国家发展改革委、商务部、海关总署、国家工商行政管理总局、国家质量监督检验检疫总局、国家环境保护总局联合颁布的《电子信息产品污染控制管理办法》对通信行业控制、减少电子信息产品废弃物对环境造成的污染提出了明确的要求。该办法第9条规定，电子信息产品设计者在设计电子信息产品时，应当符合电子信息产品有毒、有害物质或元素控制国家标准或行业标准，在满足工艺要求的前提下，采用无毒、无害或低毒、低害、易于降解、便于回收利用的方案。第10条规定，电子信息产品生产者在生产或制造电子信息产品时，应当符合电子信息产品有毒、有害物质或元素控制国家标准或行业标准，采用资源利用率高、易回收处理、有利于环保的材料、技术和工艺。第11条规定了电子信息产品的生产者或进口者标注环保使用期限的义务。第13条规定了生产者、进口者对其投放市场的电子信息产品中含有的有毒、有害物质或元素的标注义务。第15条禁止销售者销售不符合电子信息产品有毒、有害物质或元素控制国家标准或行业标准的电子信息产品。为了规范废弃电器电子产品的回收处理活动，促进资源的综合利用和循环经济发展，国务院于2011年颁布施行了《废弃电器电子产品回收处理管理条例》。通信行业中被列入《废弃电器电子产品处理目录》的GSM手持机、CDMA手持机、SCDMA手持机、3G手持机、4G手持机、小灵通、PSTN普通电话机、网络电话机等废弃电器电子产品的回收处理及相关活动适用该条例。《废弃电器电子产品回收处理管理条例》对电子产品的废旧分离、目录管理、回收渠道、处理资格申请、建立处理基金等做了比较具体的规定。由国家环保总局、科技部等联合发布的技术指导文件《废旧家用电器与电子产品污染防治技术政策》规定了污染者责任，要求生产者、销售者以及消费者依法承担污染防治的责任。

第四节　中国循环型零售批发业政策法制建设现状

加强零售业节能减排既是商务领域落实科学发展观的重大举措，也是新形势下加快建设资源节约型、环境友好型社会的有效途径。商务部《关于"十二五"时期促进零售业发展的指导意见》中提出在零售行业积极发展绿色低碳流通方式：支持企业节能降耗，制定、推广零售业节能环保标准，支持零售企业开展节能环保技术改造，在全国零售业开展"节能示范商店"活动，重点支持企业实施照明、空调、电梯、冷藏及其他耗能设备的节能工作，严格控制商业建筑物装饰性景观照明能耗；积极倡导文明、节约、绿色、低碳的科学消费理念，积极开展节能、低碳认证，大力开展碳评估、碳积分工作，引导零售企业开展绿色采购，设立环保产品专柜，鼓励消费者购买和使用绿色低碳产品，继续做好抑制商品过度包装和限制一次性塑料购物袋使用工作；开展绿色产品销售和废弃物逆向回收渠道建设试点工作，引导连锁零售企业与生产制造企业、回收拆解企业建立合作关系，建设"循环消费示范门店"，收旧售新、以旧换新，逐步形成低碳环保产品销售、二手商品寄售和废弃物逆向回收的良性循环体系。

商务部、国家发展改革委、国家工商行政管理总局于2008年颁布施行了《商品零售场所塑料购物袋有偿使用管理办法》，要求各大中城市的商品零售场按照国家标准采购和销售塑料购物袋，并对塑料购物袋明码标价，施行有偿使用，为节约资源、保护生态环境，在超市、商场引导消费者减少使用塑料购物袋具有重要的积极作用。国家质检总局、国家标准委2010年颁布实施了《限制商品过度包装要求——食品和化妆品》国家标准，该标准主要针对市场销售的食品和化妆品，明确要求其包装设计应科学、合理，在满足正常的包装功能需求的前提下，包装材料、结构和成本应与内装物的质量和规格相适应，以有效利用资源，减少包装材料用量；根据食品和化妆品的特征和品质，选择适宜的包装材料；包装宜采用单一材质，或采用便于材质分离的包装材料；鼓励使用可循环再生、回收利用的包装材料；应合理简化包装结构及功能，不宜采用烦琐的形式或复杂的结构，尽量避免包装层数过多、空隙过大、成本过高的包装；应考虑包装全生命周期成本，不仅应采取有效措施，控制包装直接成本，还应考虑包装回收再利用和废弃物处理时对环境的影响及产生的相关成本。2009年，中国商业联合会发布《中国商业领域节能产品目录》，引导企业选择先进的节能设备、技术和产品。发布《超市节能规范》，引导超市开展节能技术改造。

第五节　中国循环型物流业政策法制建设现状

"十一五"特别是国务院印发《物流业调整和振兴规划》以来，中国物流业保持较快增长，服务能力显著提升，基础设施条件和政策环境明显改善，现代产业体系初步形成，物流业已成为国民经济的重要组成部分。总体上看，中国物流业已步入转型升级的新阶段。但是，物流业发展总体水平还不高，发展方式比较粗放、不成熟、不完善，系统分割、资源分散的物流运营体制在推动物流业粗放型发展的同时也带来高污染、高消耗、低效率等问题。随着社会物流规模的快速扩大、能源消耗和环境污染形势的加重、城市交通压力的加大，传统的物流运作模式已难以为继。这就要求我们按照建设生态文明社会的发展要求重新定位和构建现代物流业，大力发展绿色物流，推动节能减排，切实降低能耗、减少排放、缓解交通压力，以打造一个高效绿色的物流服务平台，服务于企业和社会。国务院2013年颁布的《循环经济发展战略及近期行动计划》中指出，到2015年，初步建立起低碳、循环、高效的绿色物流体系。为了抑制物流活动对环境的危害，保护环境，充分利用物流资源，促进物流产业可持续发展，必须推行环保化的绿色物流模式，使物流产业发展战略与循环经济的"3R"原则相结合。引入循环经济理念，通过改变运输方式，提高车辆、仓库利用效率，降低能源消耗，提高包装物回收再生利用率，提倡绿色包装。鼓励开展绿色流通加工，由分散加工向专业集中加工转变，减少环境污染，集中处理流通加工过程中产生的废料，减少废弃物污染。制定有利于绿色物流发展的政策法规，从源头上控制物流活动的污染发生，有效规范和约束物流活动的外部不经济性，促进绿色物流产业健康发展。但是，中国有关推进绿色物流产业发展的法规政策尚属空白。尽管在国家规划的层面已经建立了绿色物流的发展模式，但是受中国物流行业装备落后、物流专业研究基础薄弱、技术人才缺乏等因素的限制，有关绿色物流的法规政策仍处在探索阶段。

第二章　中国服务业循环经济政策法制建设评价

法的变更与发展取决于一定经济基础的变更与发展。由于中国服务业循环经济的发展尚处在探索阶段,相应地制约了相关法制建设的进步。构建服务业循环经济,必须树立"立法先行"的理念,进一步加强服务业循环经济立法工作,明确政府、企业、公众在发展服务业循环经济中的权利和义务,为服务业循环经济的发展提供全面的法律支持,这是中国发展服务业循环经济在立法上的必然要求[①]。

第一节　中国服务业循环经济政策法制存在的问题

一　促进服务业循环经济发展的立法体系尚未成型

目前中国涉及循环利用资源的政策和法规,主要体现在环保法律法规之中,涉及服务业资源循环利用的专项法规较少。我国已颁布的《循环经济促进法》未对发展服务业循环经济的具体措施做出详细规定,不能有针对性地解决服务业循环经济发展过程中出现的问题。依据循环经济法律体系中的《清洁生产法》《固体废物污染环境防治法》《节约能源法》《环境影响评价法》和《可再生能源法》等法律法规,制定了一系列促进企业节约和综合利用资源的政策。但涉及服务业中旅游、餐饮住宿、通信服务、物流、零售批发等部门的专项规定为数不多。纵观现有的法律政策,主要是服务行业主管部门出台的部门规章、管理办法和标准,一方面,这些规范性文件的效力层级较低,另一方面,这些政策政出多门,欠缺协调性,并且欠缺相关的配套措施,最终导致这些政策在服务业各领域的执行情况不尽如人意。从中国地方循环经济实践层面来看,不少省、自治区、直辖市和大城市均将发展循环经济作为政府工作的重要目标,并通过一系列地方性法规和规范性文

[①] 李玉基、俞金香:《循环经济基本法律制度研究》,法律出版社2012年版。

件确保发展循环经济目标的实现。目前,山西省、甘肃省、深圳经济特区、大连市颁布实施了《循环经济促进条例》,武汉市和广东省颁布实施了《循环经济促进法》办法。这些地方性法规延续了《循环经济法》的立法体例,内容虽涉及各个经济部门,但专门针对服务业的规定少之又少,不能对地方服务行业循环经济的提供全面的法律支持。总而言之,目前中国服务业循环经济法制体系尚未成型,相关的法条具体规定有待系统化、规范化,暂时不能适应发展服务业循环经济的要求。

二 促进服务业循环经济发展的政策体系尚未成熟

循环经济的特点决定了它不仅是一种政府的自觉行为,也是一种市场的自发行为。一方面,需要立法先行,从制度上给予全面的保障;另一方面,更需要政府通过政策导向和经济手段推进循环经济的发展。在服务业,需要建立资源环境有偿使用、排污权交易、环境标志、财政信贷鼓励等制度,充分发挥市场机制和经济杠杆的作用,使企业、社会和公众都能承担起发展循环经济的责任。通过制定税收、金融、价格和财政等优惠和鼓励政策,来推动环境友好技术、清洁生产技术、废弃物资源化技术在服务行业的广泛适用。但是,从目前的经济政策的导向来看,促进服务业循环经济发展的政策效果并不理想。自2008年中央就设立了促进服务业发展的专项资金,为此财政部和商务部联合颁布了《中央财政促进服务业发展专项资金管理办法》以促进服务业发展专项资金的管理,充分发挥专项资金使用效益。该办法第7条指出专项资金重点支持服务业发展的关键领域和薄弱环节,其中包括与节能减排、环境保护相关的服务业项目,具体涉及再生资源回收利用、报废汽车回收拆解、二手车流通、旧货流通、流通领域节能减排和绿色低碳流通体系建设等方面。专项资金采取奖励、贷款贴息和财政补助3种方式分配到具体的项目中。为此山东、辽宁、海南三个省,九江、厦门、长春等市特别出台了适用于当地专项资金申报及管理的《服务业专项资金暂行管理办法》,其他各地也积极组织符合申报条件的企业申报项目资金支持,但是在各地的申报通知中,依旧是以营业额、销售额等指标为导向,对于节能减排、环境保护的服务业项目的支持力度不能满足服务业循环经济发展的实际需求。

三 服务业循环经济促进法规与生态文明理念尚有距离

生态文明理念是迄今为止能够真正协调和处理好人与自然关系的科学理念。循环经济法应当顺应生态文明的要求,转变传统环境法的理念,以发展循环经济为主要途径实现人与自然的和谐,而不是以防治污染为主要途径实现社会的和谐。目前,指引服务行业循环经济发展的法律规范散见于《循环经济促进法》《环境保护法》《清洁生产法》《固体废物污染环境防治法》《节约能源法》《环境影响评价法》《可再生能源法》等法律法规中,既侧重于对生产、流通、消费的某一环节的污染防治,也侧重于对环境污染的末端治理,在指导思想上还未转到体现全过程控制,减少资源消耗和削减污染物排放的清洁生产上来,与循环经济生态文明的理念还有一定的距离。

第二节 中国服务业循环经济政策法制不足的原因

一 服务业循环经济发展实践的落后

服务业又称第三产业,是在第一产业——农业和第二产业——工业全面发展到一定水平的基础上形成的国民经济产业部门。自新中国成立以来,政府全力推进第一、第二产业的发展,依赖农业和工业来拉动国民经济的增长,直到施行经济体制改革之后,国家才开始重视第三产业的发展。目前循环经济在第一、二产业中业已开展,尤其是制造业,并取得初步成效。中国的服务业发展很大程度上仍是传统的线性经济高投入、高消耗、高排放、高产出模式,服务业发展循环经济也还未引起国家及其他社会层面的足够重视。相关的实践开展得较少,仅在餐饮住宿、旅游、物流等传统的服务业部门推进实施了绿色节能制度,能源循环利用程度较低,总体来看,还处在启蒙和探索阶段,与先进国家有一定差距。

人们的物质享受是建立在掠夺和占有自然资源的基础之上的,在追求更好的物质享受的同时,牺牲的是人类的环境资源,为了迎合和刺激消费者愈加膨胀的消费需求,服务业出于短期经济利益的考虑往往忽视了长远的人类生态利益,客观上导致了人类活动对自然资源的过度索取,导致了资源危机的加剧。高消费造成的另一个问题是,人们在不断提高消费要求、消费水平的过程中,往往不会考虑废弃物的回收和利用问题,从而又引起了废弃物的环境污染和资源的浪费问题。要扭转这种局面,发展循环经济是根本的出路。服务业是提供消费产品和服务的产业,要实施循环经济,就要从根本上引导消费者从"过度消费"的理念转向崇尚自然、注重资源节约的"适度消费"和"绿色消费"理念,在消费的同时注意废弃物的资源化,建立循环消费的观念。同时,倡导服务业市场主体树立节约资源、清洁生产的理念，鼓励引导服务主体实施清洁生产，采用节能、节水和其他有利于环境保护的技术和设备。并且在各地建立城市废弃物资源化利用和无害化的产业链。目前，中国部分城市和地区在不同规模和不同水平上实施服务业循环经济发展模式，但这种循环经济实践毕竟是分散的、低水平的、小规模的，几乎还没有哪个行业能做到内部流程的循环。成熟的服务业循环经济发展模式还尚未形成，从而制约了服务业循环经济法制的建设。

二 公众循环经济意识薄弱、参与度不高

循环经济是一个新的理念，在国际上兴起的时间只有20多年，在国内也是近些年的事情。虽然在国际上，有不少先进和成功的做法，但是在中国目前还处于部分行业、部分地区实践和理论研究的起步阶段。许多国家的实践证明，公众参与是促进循环经济发展不可缺少的重要手段。近年来，中国已经颁布实施了《循环经济促进法》，但公众对循环经济的范畴，减量化生产、资源再利用、循环利用的原则，发展循环经济的必要性、紧迫性，具体通过哪些手段和方式来发展循环经济，如何通过法制建设来为循环经济的发展提供制度保障等问题，仍然了解很少。构建循环型服务业需要行业内所有的市场主体和公民对循环经济的内涵和具体制度高度认同，在此基础上配合政府的政策规划将各项具体的制度落实到自身的行动中去。因此，政府应通过多种渠道激发社会主体参与循环经济发展的积极性。一方面，制定有效的激励措施，激发服务业主体的积极性；另一方面，进行大规模和大范围的宣传，在公民中进行普及宣传倡导循环经济和绿色消费。

第三节 完善中国服务业循环经济政策法制的对策

目前，促进服务业的循环经济发展的法律制度和政策主要集中于餐饮、旅游等传统行业中，实施情况也不尽如人意。在批发零售、金融、物流、通信等现代服物业的相关立法中，循环经济发展的理念及具体制度还未体现。现有的法规从效力等级来看，主要表现为部门规章、地方政府规章、标准和政府规范性文件，完善的法律体系尚未建立。反观循环经济发展水平领先国家的循环经济法律体系，基本由综合性的循环经济促进法、专门的循环经济法律法规与循环经济配套或促进循环经济发展的规定三部分组成。所以，要健全和完善服务业循环经济法律体系，就要建立由法律、行政法规、地方性法规、行政规章、标准和规范性文件所组成的服务业循环经济法律体系。

一 制定专门的服务业循环经济综合立法

中国现有的《循环经济促进法》是一部综合性的法律,涉及的内容较广泛,具体的制度可以被应用到国民经济各个部门,规定一些较宏观的、覆盖面较广的内容,诸如循环经济的概念及相关术语、基本方针、指导思想、基本原则、基本法律制度和责任等,因此该法不可能针对发展服务业循环经济作出详细而周全的规定。为了推动服务业循环经济的发展,依据《循环经济促进法》制定一部具体的、有针对性和可操作性强的《服务业循环经济促进法》来协调服务业循环经济的发展显得尤为重要。《服务业循环经济促进法》是针对服务业节约资源,废弃物综合循环利用的专门法。其指导思想应该是:在整个服务周期贯彻循环发展理念,推进服务主体绿色化,服务过程清洁化,促进服务业与其他产业的融合发展,从而引导人们树立绿色循环低碳理念,建立绿色消费模式,实现服务业的可持续发展。服务业是由零售、餐饮娱乐、房地产、旅游、物流、金融、通信、信息咨询等若干个分产业部门组成,这些部门在经济生活中提供的产品和服务种类不同,具体的运作模式也跨度较大,需要因地制宜地制定和实施有差异的具体制度。但从宗旨上来说,树立绿色消费观念,确保服务业发展与自然环境相协调,保护和改善生态环境,实现资源的永续利用等立法目标应该贯彻在所有的制度中。应积极鼓励服务业市场主体的节能减排行为,禁止各种浪费资源、破坏生态环境的行为。落实政府、企业、公民在服务业循环经济发展中的义务和责任。

二 制定服务业循环经济的专项立法

服务业涉及多个行业,提供产品具有很大的差异性,具体物质的循环利用工艺及技术要求在制度设计上要进行区别对待。所以,有必要根据不同的行业和产品,制定不同的体现循环经济理念和原则的单项法规。例如,制定适用于零售行业废弃包装物回收及循环利用的《包装容器材料收集和循环利用法》;制定推动城市餐厨废弃物资源化利用和无害化处理的《餐厨废弃物回收法》;制定适用于通信业废旧手机、电池、充电器资源化利用的《废旧电池、手机回收利用条例》等。

社会再生产的末端是消费者,在传统的环境法律体系中,消费者只承担很少的环境保护义务。但在服务业循环经济法律体系中,消费者应当承担更多的义务。因此,通过制定《绿色消费法》来引导公众树立与环境保护相协调的价值观和消费观，实行资源的综合利用，可以最大限度地使废弃物减量化、再利用、资源化和无害化，从而把危害环境的废弃物减少到最低限度。

在绿色生产和绿色消费方面，政府的绿色采购能够发挥巨大的作用。一方面，政府作为国家最大的采购方，能够购买较大份额的绿色节能产品，从而形成经济规模并实现资源节约、环境保护的作用；另一方面，政府在进行绿色采购的同时在社会上能够起到示范和引领作用，从而使得各个消费群体提高环保意识。因此，有必要在我国已有的《政府采购法》基础上制定《政府绿色采购条例》，从而进一步深化政府绿色采购制度，进一步推进服务业节能产品的生产和消费规模。

三 加强地方服务业循环经济立法

根据《立法法》的规定，地方为执行法律、行政法规的规定，根据本行政区域的实际需要和具体情况，在不与宪法、法律、行政法规相抵触的前提下，可以制定地方性法规。中国地域辽阔，各地服务业经济发展水平不一，实施循环经济的基础条件会受到经济发展的制约。因此，在发展服务业循环经济的过程中，地方政府可以结合地方实际需要制定专门的服务业循环经济法规，如服务业清洁生产、包装容器材料收集和循环利用、餐厨废弃物回收、绿色消费、绿色旅游等方面的地方条例与各省、自治区和直辖市现有的服务业环境管理、资源节约等方面的地方条例，共同构成地方服务业循环经济的地方法规体系。但是，一定要注意地方服务业循环经济立法与国家立法及与之相关的法律之间的协调。只有促进多种规则的宏观协调发展，才能更好地发挥地方循环经济立法的作用，为真正实现经济的循环发展起到保驾护航的作用。[1]

四 构建并完善与服务业循环经济相关的政策体系

（一）科技政策

循环经济模式下的服务业科技政策包含两个方面：（1）资源综合利用的技术研究与开发政策。循环经济是一种技术依托型的经济发展模式，中国的服务业长久以来属于劳动力密集型行业，节能、资源循环利用技术的研发及应用实施情况较为滞后，不能满足发展循环经济的现实要求。所以，国家

---

[1] 季萍：《资源型城市地方性循环经济立法探究》，《生态经济》2014年第3期。

应该从现阶段的实际情况出发,设立专项基金用于支持服务业资源循环利用领域的技术研究和开发活动。并且同时制定信贷倾斜、税收减免、投资优惠等措施,引导服务业主体将更多的资金投入到技术研究与开发的创新活动中。(2)资源综合利用技术的培训与推广政策。先进的节能、资源循环利用技术开发出来后,政府应当推动这些资源综合利用技术在服务业中广泛应用,分批分次组织企业培训,促使他们掌握新技术,进而在实践中大范围推广。

(二) 政府奖励政策

对于那些对减少资源消耗和保护环境有突出贡献的专利及发明,政府可以制定专门的奖励政策。同时,对于积极参与服务业循环经济发展有重大贡献的企业和个人,政府也应该给予物质或者精神的奖励,以调动公众参与的积极性。在这方面,我们可以借鉴发达国家的经验,美国、英国、日本都曾设立专门的政府奖项来充分调动环境科学技术工作者的积极性和创造性,鼓励对循环经济发展做出重要贡献的单位和个人。目前中国政府环境奖励主要集中在工业和农业领域,今后要不断向服务业倾斜。

(三) 教育宣传政策

循环经济能够有效地缓解中国当前面临的资源过度开发和环境严重污染的问题,实现经济社会协调可持续发展,它作为一种符合可持续发展战略的全新经济发展模式,是中国经济发展和环境保护的必然选择。为了尽快将这种理念转变成现实,我们不仅需要各种新技术的支持,需要法律法规的保障,更需要加强循环经济的教育和宣传,使每个公民树立起循环经济意识,改变对环境的态度,公平对待环境,自觉爱护环境以实现生态文明。

第四篇 中国循环型社会政策法制建设现状及评价

自工业革命以来,"大量生产、大量消费、大量废弃"的线性发展模式不断挑战自然生态有限承载力,这种线性发展模式的不可持续性内在需要符合可持续发展要求的循环经济发展模式的出现。从美国循环经济实践、德国循环经济立法到日本循环型社会建设,循环经济的实践发展经历了一个从经济领域的循环运行到整个社会系统的循环型建设的探索过程。循环型社会是人与自然和谐共存的社会形态,是完全符合可持续发展主体要求的发展模式。循环型社会是实现可持续发展的有效路径,是人类摆脱当前所面临的资源环境困境的唯一选择。

第一章 中国循环型社会法制建设的现状及评价

为了改善生态环境质量、缓解资源能源约束,国家先后出台了一系列的法律法规和制度规范,形成了一套较为完整的环境保护法律制度体系。在国际社会普遍发展循环经济的背景下,中国也开始了循环经济的理论研究和试点建设,并将建设资源节约型、环境友好型社会作为社会发展的目标和方向。在构建循环型社会法律制度建设方面取得了一定的成绩。

第一节 中国循环型社会法制建设的现状

1973年,中国召开第一次全国环境保护会议,通过了《关于保护和改善环境的若干规定》。该文件不仅确定了"全面规划,合理布局,综合利用,化害为利,依靠群众,大家动手,保护环境,造福人民"的"三十二字"环境保护方针,还规定了发展生产和环境保护"统筹兼顾、全面安排"

的原则，制定了"三同时"制度和奖励综合利用的政策，还提出了努力改革生产工艺，不产生或少产生废气、废水、废渣，加强管理，消除跑、冒、滴、漏，并提出"预防为主、防治结合"的防治工业污染的方针。

1978年，中国在《宪法》中明确规定"国家保护环境和自然资源，防治污染和其他公害"（第11条），首次将环境保护工作列入国家根本大法之中，把环境保护确定为国家的一项基本职责。

1979年9月，中国制定了第一部环境保护基本法——《环境保护法（试行）》。该法于1989年进行了修订，对环境保护的对象、任务、方针、政策，环境保护的基本原则和制度，保护自然环境、防治污染及其他公害的基本要求和措施，环境管理的机构和职责，科学研究和宣传教育，奖励和惩罚等作了全面的原则规定。该法还规定了"谁污染谁治理"等原则，确定了环境影响评价、"三同时"、排污收费、限期治理、环境标准、环境监测、现场检查等法律制度。

国家还制定了一系列的法律规范以及多部行政法规、部门规章，如《海洋环境保护法》（1982年）、《水污染防治法》（1984年）、《草原法》（1985年）、《大气污染防治法》（1987年）、《水法》（1988年）等。同时，国家在制定其他相关部门法时，也注意到了环境保护的要求，掀起了中国第一次环境立法高潮。[①]

以1992年联合国环境与发展大会为契机，中国政府积极响应大会确立的可持续发展战略，在世界上率先提出了"环境与发展十大对策"，第一次明确提出转变传统发展模式，走可持续发展道路。

国务院于1994年3月发布了《中国21世纪议程》，提出了中国可持续发展的总体战略、基本对策和行动方案，要求建立体现可持续发展的环境法体系，并将新的环境立法列为优先项目计划。

1996年7月，国务院召开第四次全国环境保护会议，作出了《关于环境保护若干问题的决定》，明确了跨世纪环境保护工作的目标、任务和措施。这次会议确定了坚持污染防治和生态保护并重的方针，采取《污染物排放总量控制计划》和《跨世纪绿色工程规划》两大举措，全国开始展开

---

① 如《民法通则》关于侵权的民事责任部分，作出了关于污染环境造成他人损害应承担民事责任的规定；《刑法》作出了工厂关于违反放射性、毒害性物品管理规定造成重大事故而应承担刑事责任的规定等；《国营工业企业暂行条例》规定，如果严重污染环境无法治理或限期治理不见成效，应责令其关闭、停产、合并、转产或迁移，以及企业必须依法做好环境保护工作，安全、文明生产等。

了大规模的重点城市、流域、区域、海域的污染防治及生态建设和保护工程。为了适应环境保护战略转变的需要，中国对于相关法律法规作了较大的修改和补充，掀起了第二次环境立法高潮，先后修改、制定了《固体废物污染环境防治法》（1995年）、《大气污染防治法》（1995年）、《环境噪声污染防治法》（1996年）、《水污染防治法》（1996年）、《煤炭法》（1996年）、《节约能源法》（1997年）、《防洪法》（1997年）、《防震减灾法》（1997年）、《森林法》（1998年）、《土地法》（1998年）等法律。这些法律规范的修订或制定一定程度上体现了国家环保理念的转变，突出了源头控制、总量控制、集中控制，并深化了预防为主原则的内涵，提出了体现可持续发展精神的清洁生产方针，并创设了一批新的污染控制法律制度。

中国真正将"污染预防和全过程控制"的环境保护理念体现在法律制度中的举措是《清洁生产促进法》和《环境影响评价法》的制定和实施。2002年《清洁生产促进法》明确提出"促进清洁生产，提高资源利用效率，减少和避免污染物的产生"[①]。

在开展地方性循环经济试点的基础上，2005年，国务院作出了《关于落实科学发展观加强环境保护的决定》（以下简称《环保决定》），在充分认识做好环境保护工作的重要性和紧迫性的基础上，要求用科学发展观统领环境保护工作，"积极推进经济结构调整和经济增长方式的根本性转变，切实改变'先污染后治理、边治理边破坏'的状况，依靠科技进步，发展循环经济，倡导生态文明，强化环境法治，完善监管体制，建立长效机制，建设资源节约型和环境友好型社会"[②]。《环保决定》将发展循环经济作为建设"资源节约型和环境友好型社会"的基本路径，专门规定"发展循环经济"一项，要求"各地区、各部门要把发展循环经济作为编制各项发展规划的重要指导原则，制订和实施循环经济推进计划，加快制定促进发展循环经济的政策、相关标准和评价体系，加强技术开发和创新体系建设"[③]，并抓紧拟订有关"循环经济"方面的法律法规草案。[④]

2008年8月29日，中华人民共和国十一届全国人民代表大会常务委员会四次会议通过了《循环经济促进法》，自2009年1月1日起施行，这在中国循环经济立法史上具有里程碑的意义，标志着中国循环型社会发展步入法制化轨道。

[①] 《清洁生产促进法》第1条。
[②] 国务院《关于落实科学发展观加强环境保护的决定》第2条第5项。
[③] 国务院《关于落实科学发展观加强环境保护的决定》第3条第9项。
[④] 国务院《关于落实科学发展观加强环境保护的决定》第5条第18项。

通过对中国现有与循环型社会相关的法律制度的历史沿革进行考察可以看出，中国已经建立起了一个以《宪法》为根本法、以《环境保护法》为基本法、以环境保护法律、自然资源管理和生态保护法律为主干、以《清洁生产促进法》《循环经济促进法》为核心、以大量行政法规、部门规章以及地方性法规和规章为基干的比较完整的与循环型社会相关的法律体系。整个法律制度的发展，突出地表现出了以下几个转变：一是从关注环境污染的预防与治理到追求自然生态的保护与恢复；二是从规范企业的排污行为到约束社会主体的经济行为；三是从规范具体环境行为到实现环境的宏观保护；四是从依靠激励机制到强调约束机制。

第二节　中国循环型社会法制建设的评价

通过对现有的法律制度体系的制定、执行和实施进行认真的评估，我们会发现，这一看似完整、系统的法律体系仍然将经济增长作为社会发展的首要价值目标，没有摆正环境与经济、社会发展之间的关系，没有摆脱线性经济运行机制的束缚，没有建立起推进循环型社会有效运行的社会保障机制，没有改善奢侈消费模式，没有唤起社会公众的环保意识。

一　促进循环型社会发展的法律法规体系尚未建立

虽然中国已经制定和修订了部分法律法规，但循环经济是一项系统工程，仅靠一部《循环经济促进法》远不能解决循环经济所涉及的所有问题。现行法律有的制定时间较早，虽然有源头防止污染的理念，但涉及节约资源能源，提高资源能源利用效率，废物循环利用等与循环经济密切相关的内容较少。某些领域的法律还处于空白，如中国还没有一部有关绿色消费的法律。所以说，中国促进社会循环经济发展的法律法规体系尚未建立，有关法律还亟待完善。

二　法律理念滞后，无法实现人与自然的和谐共存

中国现有法律制度将污染预防与治理、经济发展与进步作为立法目标，坚持线性发展理念，力求通过降低环境问题对经济社会发展的不利影响，以实现经济社会的发展和人类生活水平的提高。这一法律理念体现出社会的首要价值目标仍然是经济增长，环境保护只是确保经济增长的辅助手段，居于次要位置。在这一理念指导下建立的法律制度不可能将自然生态有限承载力

作为经济社会发展的底线,也不可能实现有效保护环境、推进社会可持续发展的目标。不论是作为国家根本大法的《宪法》关于"保护和改善生活环境和生态环境"以实现"防治污染和其他公害"[①]的规定,还是作为基本法的《环境保护法》"为保护和改善生活环境和生态环境,防治污染和其他公害,保障人体健康,促进社会主义现代化建设的发展"[②]的立法目的,都体现了国家末端治理型环境保护的立法理念。

三 法律体系缺损,无法实现自然生态的整体保护

现有环境保护主要关注环境污染的预防与治理,较少涉及自然资源有效利用和生态环境的保护问题。与之相应,环境保护法律制度将污染防治法作为法律体系的核心和重点。有关自然资源利用以及生态保护的规范性文件没有得到充分的重视,在环境保护法律体系中处于次要位置。《宪法》对于可持续发展战略以及人与自然环境的和谐共存没有涉及,关于环境保护的规定也是为了实现"防治污染和其他公害"的目的。《环境保护法》没有阐述国家对环境问题的基本认识,没有突出可持续发展的基本国策和战略,没有涉及可持续发展的实现方式,既没有考虑代内公平问题,也没有考虑后代人的环境需求,更没有明确政策的总体框架和目标,基本政策的规定也是零碎的、不系统的,没有起到基本法应有的作用。《清洁生产促进法》作为中国循环经济方面的主要法律,虽然规定了企业间和区域内的废物综合利用问题,[③]但这些规定基本是围绕企业的清洁生产而展开的,其附带的区域层次上的循环经济效果只是辅助性的和不系统的。《循环经济促进法》在设计基本制度时使用了"基本管理制度"的术语,行政色彩过于浓厚。

四 现有法律制度无法实现自然生态功能的保护与恢复

法律制度是按照既定的法律理念推进经济社会发展的制度保障。中国没有建立起符合循环型社会要求的法律制度是可持续发展无法实现的重要原因。经过几十年的发展,中国已经形成了一个较为完善的环境保护法律制度体系。但是,这种制度体系是在线性发展理念指导下,着眼于污染末端治理而进行建设的,其中有许多制约着循环型社会的建设,无法实现自然生态功能的保护与恢复。如现有的税收制度中,涉及环境保护的税种太少,只有资

---

① 《宪法》第26条。
② 《环境保护法》第1条。
③ 《清洁生产促进法》第9条、第10条、第13条、第16条、第35条。

源税、固定资产投资方向调节税和所得税,其他主体税种如增值税作为中国现行税收制度中的主要税收来源,对综合利用"三废"生产的项目没有优惠政策,对企业节约资源和循环利用资源起到的更是抑制作用。而资源税普遍较低,造成资源价格偏低,不利于激励企业节约和循环利用资源。而且由于资源税收入大部分归地方,在执行过程中又因为是对使用煤、石油、天然气、盐等自然资源所获得的收益征税,往往起到了鼓励地方对资源过度开发的作用,反而加剧了生态环境的恶化。此外,现有预算、统计、审计等相关制度都没有将环境的价值因素考虑到决策过程中去,因而社会成本和效益不清晰,易于造成决策误导,甚至将收入增长中的极大一部分付诸东流,昨天的 GDP 增长,会把环境代价带给今天的人们。

五 缺乏严格的实施机制和责任机制

现有的法律规定过于强调原则性,操作性不强,环境责任制度的力度不够,执行过程中存在困难。例如《循环经济促进法》第 15 条第 2 款"对前款规定……受托方应当依照有关法律、行政法规的规定和合同的约定负责回收或者利用、处置"[①],在本条中提到的有关法律、行政法规的规定和合同的约定是什么?涉及的具体内容是什么?在此并没有明确地指出,同时也没有相关的法律文件加以说明,这就可能造成无法实施或是实施难的现象。类似的内容还有第 16 条第 3 款:"重点用水单位的监督管理办法,由国务院循环经济发展综合管理部门会同国务院有关部门规定";第 17 条第 2 款和第 3 款"国务院标准化主管部门会同国务院循环经济发展综合管理和环境保护等有关主管部门建立健全循环经济标准体系,制定和完善节能、节水、节材和废物再利用、资源化等标准。国家建立健全能源效率标识等产品资源消耗标识制度。"由于配套法律的不完善,这样两条看似很有保障力度的法律条文就被束之高阁,不能发挥其相应的效力。中国环境保护不力的一个重要原因就是"有法不依、执法不严"。一些生产性企业在利益驱动下,不顾公众利益而大肆排放污染物,对"谁污染谁治理"的环境保护基本准则视而不见。这一方面是因为环境资源本身的公共物品属性,但更是因为法律规定不够详细、明确,某些条款仅有一些方向性和概念性的笼统表述,语言含混不清、强制性不够,没有完善的责任追究机制相配套,法律执行力度不够。如

---

① 《循环经济促进法》第 15 条:"对前款规定的废弃产品或者包装物,生产者委托销售者或者其他组织进行回收的,或委托废物利用者或者处置企业进行利用或者处置的,受托方应当依照有关法律、行政法规的规定和合同的约定负责回收或者利用、处置。"

《环境保护法》虽然明确规定了"新建工业企业和现有工业企业的技术改造，应当采用资源利用率高、污染物排放量少的设备和工艺，采用经济合理的废弃物综合利用技术和污染物处理技术"，[①] 但是没有任何具体的技术指标、操作程序、未予执行的法律责任追究等内容的规定，导致其实质上只是一个宣示性的条文，没有法律强制力与执行力，没有任何法上之实益。《清洁生产促进法》有关清洁生产的规定虽然涉及政府在清洁生产方面的某些职责以及企业在清洁生产方面的某些权利义务，但过于抽象、笼统，缺乏协调与配合，可操作性差，政策宣示的性质较为明显而法律意义不突出。因而，该法并未为企业开展清洁生产提供切实可行的法律支持与保障措施。[②]《循环经济促进法》第33条规定"企业应当按照国家规定，对生产过程中产生的粉煤灰、煤矸石、尾矿、废石、废料、废气等工业废物进行综合利用"。这一条款的不足显而易见，一方面是"应当"一词的应用倡导性过高，另一方面对"综合利用"的比率未作明确规定，增加了执法的弹性空间。但如果把"应当"改成"必须"，那么条文中的强制力必定会有所加强，而且如果相关企业对这些废弃物不利用，则是触犯了法律，必定会受到法律的制裁，这样才能引起人们的重视，从而加强对企业的约束：一方面督促其在生产过程中就减少废弃物的排放；另一方面是加强其对废弃物的利用，以达到法律的初衷。词语的运用不同，就会产生截然不同的两种法律后果。

六 公众参与环境保护缺乏法律支撑

循环型社会的建设离不开广大社会公众的积极参与和大力支持，离不开社会主体环境保护意识的提高和环境消费模式的变革。然而中国现有环境保护法律法规没有明确规定公民的环境权益，从而使得公民维护自身权益、参与环境保护没有明确的法律依据和法定程序。一是公民环境权没有得到法律的确认和保护。二是公众参与环境保护的权利只是零散地体现在法律法规的个别条文中，缺乏实体权利体系的建设。三是现有法律对公众参与环境保护的规定过于原则和抽象，缺乏可操作性。因而，现有环境保护法律制度十分匮乏，有关公众参与的法律规定也仅仅从形式上满足了公众参与的需求，公众参与和民主决策的管理机制基本阙如。[③]

[①]《环境保护法》第25条。
[②] 王明远：《清洁生产法论》，清华大学出版社2004年版，第106页。
[③] 吕忠梅：《中国环境法的革命》，《中国环境法论丛》（第1卷），法律出版社2001年版，第33页。

第二章　中国循环型社会政策建设现状及评价

中国要建立循环型社会，需要政府、生产者、消费者的共同努力。其中，政府的政策导向是最重要的一环。

第一节　中国循环型社会政策建设的现状

改革开放以来，中国在法律法规、产业、财税、价格、金融、贸易、消费和技术等方面，出台了许多激励和约束措施，着力构建有利于资源节约和环境保护的政策体系。近年来，中国加快了有关政策的调整与完善，对推动中国循环经济发展起到了积极作用。

一　产业政策

近年来，国家加强了对钢铁、煤炭、电力、化工等高耗能、高污染行业的宏观调控。同时，国家针对资源综合利用、清洁生产和循环经济还出台了专门的政策。这些政策在调整产业结构和产品结构，促进产业升级方面发挥了重要作用，有利于节约降耗，保护环境。

第一，规范行业发展，促进产业结构升级方面的政策。国务院《关于发布实施〈促进产业结构调整暂行规定〉的决定》明确指出对有利于节约资源、保护环境的关键技术、装备及产品予以鼓励和支持，对严重浪费资源能源、污染环境的落后工艺技术、装备及产品进行淘汰。《产业结构调整指导目录》（2005年）中详细列出了鼓励类、限制类和淘汰类的技术、装备及产品名录。根据该目录，国土资源部和国家发展改革委联合发布了《限制用地项目目录》（2006年）和《禁止用地项目目录》（2006年），将部分项目列入了限制和禁止用地项目目录，其中包括不利于安全生产、资源和能源节约、环境保护和生态系统的恢复的项目。在国家发展改革委颁布的《汽车产业发展政策》（2004年）中，体现了引导和鼓励发展节能环保型汽车和新型燃料汽车的特点。《钢铁产业发展政策》（2005年）指出，钢铁企业要按照可持续发展和循环经济理念，提高环境保护和资源综合利用水平，节能降耗，最大限度地提高废气、废水、废物的综合利用水平，力争实现"零排放"，建立循环型钢铁工厂。《关于加强电力工业结构调整、促进健康有序发展有关工作的通知》、国家发展改革委办公厅《关于做好小火电机组关停调查工作的通知》、国务院批转发展改革委、能源办《关于加快关停小火电机组若干意见的通知》等文件，体现了国家对电力工业实施"上大压下"、节能减排的政策。此外，国家对电石、电解铝、水泥等行业也出台了一系列政策，例如在国务院办公厅转发国家发展改革委《关于完善差别电价政策的意见的通知》、国家发展改革委、国家电监会《关于坚决贯彻执行差别电价政策禁止自行出台优惠电价的通知》等文件中，要求对电解铝、铁合金、电石、烧碱、水泥、钢铁、黄磷、锌冶炼8个高耗能行业实行差别电价政策，以遏制高耗能产业的盲目发展和低水平重复建设，淘汰落后生产能力，促进产业结构调整和技术升级，缓解能源供应紧张局面。

第二，鼓励资源节约和资源综合利用方面的政策。中国自1985年开始就出台鼓励资源综合利用的政策，在《关于开展资源综合利用若干问题的暂行规定》中，明确提出对资源综合利用实行鼓励和扶持政策，制定了相应的《资源综合利用目录》（1985），并随着实际情况的变化于1996年和2003年进行了两次修订。通过一系列政策，国家引导和鼓励利用余热余压、城市垃圾和煤矸石、煤泥等低热值燃料及煤层气生产电力、热力的综合利用电厂。为抑制毁田烧砖，国家征收了墙体材料专项基金，推进以固体废弃物为原料的新型墙体材料生产，同时出台了对实心黏土砖生产的限制性政策，积极推动新型墙体材料的迅速发展。2007年，国家发展改革委发布了《"十一五"资源综合利用指导意见》，在分析中国资源综合利用现状的基础上，提出了2010年资源综合利用目标、重点领域、重点工程和保障措施。确定了共伴生矿产资源综合开发利用工程、大宗固体废物资源化利用工程、再生金属加工产业化工程、废旧家电废旧轮胎等再生资源产业化工程、再生资源回收体系建设示范工程、农业废弃物和木材综合利用工程六大资源综合利用重点工程。这是中国"十一五"期间资源综合利用工作的指导性文件，也是引导投资及决策重大项目的依据。

第三，清洁生产方面的政策。1997年，国家环保总局出台了《关于推行清洁生产的若干意见》，对各级环保部门加强清洁生产的宣传、调整管理制度、制定经济政策等方面提出了指导性的建议。随后，为进一步推动全国清洁生产的发展，国家开展了清洁生产示范试点和清洁生产审计试点工作，并先后制定了《国家重点行业清洁生产技术导向目录》[第一批（2000）、第二批（2003）和第三批（2006）]。2003年，《清洁生产促进法》颁布，为认真贯彻落实《清洁生产促进法》，国务院办公厅转发了发展改革委等部门《关于加快推行清洁生产意见的通知》，从提高认识、完善政策、加快结构调整和技术进步、推进企业实施清洁生产、完善法规体系、加强对推行清洁生产工作的领导等方面对推动中国清洁生产工作提出了要求。

第四，针对循环型社会的综合性政策。2005年7月，国务院先后颁布了《关于做好建设节约型社会近期重点工作的通知》、国务院《关于加快发展循环经济的若干意见》，这两个文件是中国发展循环经济、建设循环型社会的纲领性文件。《关于做好建设节约型社会近期重点工作的通知》提出要"以节能、节水、节材、节地、资源综合利用和发展循环经济为重点，加快结构调整，推进技术进步，加强法制建设，完善政策措施，强化节约意识，尽快建立健全促进节约型社会建设的体制和机制，逐步形成节约型的增长方式和消费模式，以资源的高效和循环利用，促进经济社会可持续发展"。《关于加快发展循环经济的若干意见》提出了中国循环经济的发展目标是到2010年建立比较完善的发展循环经济法律法规体系、政策支持体系、体制与技术创新体系和激励约束机制，并指出了发展循环经济的重点工作和重点环节，要求加强对循环经济发展的宏观指导，加快循环经济技术开发和标准体系建设，建立和完善促进循环经济发展的政策机制、坚持依法推进循环经济发展和加强对发展循环经济工作的组织和领导。根据《关于加快发展循环经济的若干意见》的精神，国家环保总局发布了《关于推进循环经济发展的指导意见》，该文件明确了环保部门在推进循环经济工作中的作用与地位，并提出了环保部门推进循环经济工作的范围和具体内容。2006年3月，"两会"期间通过了《国民经济和社会发展第十一个五年规划纲要》，循环经济作为转变经济增长方式，进行资源节约型和环境友好型社会建设的重要途径，被列入其中。该纲要同时提出了"十一五"期间单位国内生产总值能耗降低20%左右，主要污染物排放总量减少10%的约束性指标。2007年5月，国务院颁发了《关于印发节能减排综合性工作方案的通知》，同意国家发展改革委会同有关部门制定的《节能减排综合性工作方案》，明确指出"要把节能减排指标完成情况纳入各地经济社会发展综合评价体系，作为政府领导干部综合考核评价和企业负责人业绩考核的重要内容，实行'一票否决'制"；并再次从深化循环经济试点、实施水资源节约利用、推进资源综合利用、促进垃圾资源化利用、全面推进清洁生产五个方面对推进循环经济工作提出了目标和要求。2007年6月，国家发展改革委会同国家环保总局、国家统计局等有关部门编制出台了《循环经济评价指标体系》，以科学评价中国循环经济的发展状况，为制订和实施循环经济发展规划、建设循环型社会提供数据支持。

二 财税政策

中国自改革开放以来，出台了不少财税政策，以促进资源节约和综合利用，保护环境。

第一，设立清洁生产专项基金和节能技术改造财政奖励资金。从2004年开始，中国已经根据《清洁生产促进法》的规定，在中央财政预算中设立了清洁生产的专项资金，重点支持清洁生产的规划、培训、技术标准的制定以及冶金、轻工、纺织、建材等污染相对严重行业中的中小企业清洁生产示范项目的建设。2007年，财政部、国家发展改革委制定了《节能技术改造财政奖励资金管理暂行办法》，对企业节能技术改造项目[①]给予支持，奖励金额按项目实际节能量与规定的奖励标准确定。

第二，实行矿产资源有偿使用制度。《矿产资源法》明确规定国家实行探矿权、采矿权有偿取得的制度；开采矿产资源，必须按照国家有关规定缴纳资源税和资源补偿费。关于探矿权、采矿权有偿取得制度，根据《矿产资源法》等法规，财政部、国土资源部制定了《探矿权采矿权使用费和价款管理办法》，规定在中华人民共和国领域及管辖海域勘查、开采矿产资源，均须按规定交纳探矿权采矿权使用费、价款，并明确了使用费和价款的收取标准。2006年，财政部、国土资源部、中国人民银行《关于探矿权采矿权价款收入管理有关事项的通知》进一步明确，自2006年9月1日起，国家出资形成的探矿权、采矿权价款收入按固定比例进行分成，其中20%归中央所有，80%归地方所有，而省、市、县的分成比例由省级人民政府根据实际情况自行确定。关于资源税和资源补偿费，《资源税暂行条例》规定，国家对原油、天然气、煤炭、黑色金属原矿、有色金属原矿和其他非金属原矿等征收资源税。根据国务院制定的《矿产资源补偿费征收管理规定》（1993制定，1997年修改），采矿权人开采不可再生矿产资源需要向国家缴纳资源补偿费，并制定了具体的征收费率，中央与省、直辖市矿产资源补偿

---

① 指《"十一五"十大重点节能工程实施意见》中确定的燃煤工业锅炉（窑炉）改造、余热余压利用、节约和替代石油、电机系统节能和能量系统优化等项目。

费的分成比例为5:5，中央与自治区矿产资源补偿费的分成比例为4:6。目前，国家正在研究制订矿产资源有偿使用制度改革方案。2006年9月，国务院批复了财政部、国土资源部、国家发展改革委制订的《深化煤炭资源有偿使用制度改革试点实施方案》，选择山西、内蒙古、黑龙江、安徽、山东、河南、贵州、陕西8个煤炭主产省（区）进行试点，提出要深化煤炭资源有偿使用制度改革，落实矿业权有偿取得制度，建立健全矿山环境治理、生态恢复和安全生产责任机制，合理调整资源税费政策，加强资源开发管理和宏观调控，促进煤炭资源合理有序开发和可持续利用。

第三，对企业开展资源综合利用实行税收优惠。一是增值税减免，包括免征增值税、增值税即征即退和减半征收三大类。（1）符合下列条件的免征增值税：企业生产的原料中掺有不少于30%的煤矸石、石煤、粉煤灰、烧煤锅炉等其他废渣（不包括高炉水渣）为原料生产的建材产品；企业利用废液（渣）生产的黄金、白银；废旧物资回收经营单位销售其收购的废旧物资。（2）以下情况增值税即征即退：利用煤炭开采过程中伴生的舍弃物油母页岩生产加工的页岩油及其他产品；在生产原料中掺有不少于30%的废旧沥青混凝土生产的再生沥青混凝土；利用城市垃圾生产的电力；在生产原料中掺有不少于30%的煤矸石、石煤、粉煤灰、烧煤锅炉的炉底渣（不包括高炉水渣）及其他废渣生产的水泥；在2005年12月31日前对企业以"三剩物"和次小薪材为原料生产加工的综合利用产品。（3）以下情况增值税减半征收：利用煤矸石、煤泥、油母页岩和风力生产的电力；部分新型墙体材料产品。二是所得税减免。企业利用废水、废气、废渣等废弃物为主要原料进行生产的，可在五年内减征或者免征所得税。三是消费税减免。自2000年1月1日起对翻新轮胎停止征收消费税。

第四，对企业从事节能节水和环境保护项目或购置相关设备实行税收优惠。在新的《企业所得税法》中明确规定，对企业从事符合条件的环境保护、节能节水项目所得免征或减征企业所得税；对企业购置用于环境保护、节能节水等专用设备的投资额，可以按一定的比例实行税额抵免。

第五，对污水处理费免征增值税。根据财政部、国家税务总局《关于污水处理费有关增值税政策的通知》，为了切实加强和改进城市供水、节水和水污染防治工作，促进社会经济的可持续发展，加快城市污水处理设施的建设步伐，对各级政府及主管部门委托自来水厂（公司）随水费收取的污水处理费，免征增值税。

第六，设立侧重于资源节约和环境保护的税种，约束资源浪费行为，减少污染物排放。一是对矿产资源征收资源税。二是开征耕地占用税，对占用耕地建设及从事其他非农业建设的行为实施税收调节，抑制乱占滥用耕地，促进合理利用耕地资源和保护耕地。三是将部分高能耗、不可再生以及不利于环境保护的消费品纳入消费税的征收范围，如对含铅汽油与无铅汽油分别按0.28元/升和0.20元/升的税率征收消费税；对汽油、柴油、摩托车、小汽车等征收消费税；在2006年出台的财政部、国家税务总局《关于调整和完善消费税政策的通知》中，新增了木制一次性筷子、实木地板等税目，同时降低了部分小排量乘用车的税负，并提高了大排量乘用车的税负。

三 资源性产品价格改革政策

根据国务院《关于加快发展循环经济的若干意见》、国务院《关于印发节能减排综合性工作方案的通知》《价格监督检查工作"十一五"指导意见》（2006，国家发展改革委）等文件，调整资源性产品与最终产品的比价关系，理顺自然资源价格，逐步建立能够反映资源性产品供求关系的价格机制，是当前资源性产品价格改革的方向。

第一，天然气价格政策。目前中国对陆上天然气出厂价格区分计划内气和自销气，分别实行政府定价和政府指导价。计划内天然气出厂价格实行中央政府定价，并按不同用途、不同油田对化肥、居民、商业和其他用气实行分类定价。自销气出厂价格实行中央政府指导价。但西气东输、忠武线、陕京线等新建管道项目，不再区分计划内气和自销气，也不再按不同用途实行分类定价，均实行政府指导价。此外，天然气价格在实际执行中还出现了协议气价形式。根据国家发展改革委《关于改革天然气出厂价格形成机制及近期适当提高天然气出厂价格的通知》，中国天然气出厂价格形成机制改革主要包括四方面内容：一是简化价格分类，规范价格管理；二是坚持市场取向，改变价格形式；三是理顺比价关系，建立挂钩机制；四是逐步提高价格，实现价格并轨。

第二，石油价格政策。中国现行成品油价格形成机制是在1998年和2001年两次改革方案的基础上形成的，是按照与国际市场价格接轨并保持国内油价相对稳定的原则确定的，即国内原油价格与国际油价接轨，而成品油价格变化则由国家发展改革委根据纽约、新加坡和鹿特丹三地成品油价格制定国内成品油零售基准价。目前，中国已经正式采用"原油加成本"的成品油定价机制，这是国内成品油定价机制的一次全新尝试。

第三，煤炭价格政策。中国1993年进行煤炭价格部分市场化改革，国家为了确保电价稳定,设定了国有大型电厂的电煤价格,从而形成了"计划煤"与"市场煤"之间的价格双轨制。自2002年起,国家逐步放开了电煤指导价格。2004年12月,国家发展改革委发布《关于建立煤电价格联动机制的意见的通知》,明确了煤电联动计算方法、首次联动的计算基准、电价调整周期、销售电价与上网电价联动等重要问题。2006年12月,国家发展改革委发布《关于做好2007年跨省区煤炭产运需衔接工作的通知》,表示2007年将进一步改革跨省区煤炭产运需衔接工作,加快建立统一开放、竞争有序的现代煤炭市场体系。自此重点电煤的特殊优惠政策彻底结束,煤炭价格完全放开。2007年8月,国家发展改革委、国家质检总局联合发布《关于进一步加强煤炭质量管理工作的通知》,要求加快推进煤炭价格形成机制改革,坚持和完善以质论价、优质优价、同质同价原则,加快建立完善反映市场供求关系和资源稀缺程度的煤炭价格形成机制,促进提高煤炭质量。

第四,水价政策。中国水价主要由水资源费、水利工程费及污水处理费组成。近年来,国家对于水价和水价改革工作十分重视。1998年以来,国务院和有关部门相继颁发了《城市供水价格管理办法》(1998,国家计委、建设部)、《关于贯彻城市供水价格管理办法有关问题的通知》(1999,国家计委、建设部)、国务院《关于加强城市供水节水和水污染防治工作的通知》《关于改革农业用水价格有关问题的通知》《关于进一步推进城市供水价格改革工作的通知》《水利工程供水价格管理办法》(2003,国家发展改革委、水利部)、国务院办公厅《关于推进水价改革促进节约用水保护水资源的通知》《取水许可和水资源费征收管理条例》(2006年1月24日国务院第123次常务会议通过)等文件。根据这些文件,中国水价改革是围绕加大征收水资源费、提高水利工程水价和提高污水处理收费等方面展开的。中国水价改革的目标是建立充分体现中国水资源紧缺状况,以节水和合理配置水资源、提高用水效率、促进水资源可持续利用为核心的水价机制。

第五,电价政策。中国从2002年开始进行电力体制改革,电价改革是其中的重要内容之一,主要政策包括:(1)建立与发电环节竞争相适应的上网电价形成机制,在实现发电企业竞价上网前,继续实行煤电价格联动。(2)实行鼓励电厂减排二氧化硫的脱硫电价政策,现有燃煤机组按国家有关要求完成脱硫改造后,其上网电量在现行上网电价基础上每千瓦时加价1.5分。此外,对脱硫设施投产运营率在90%以上的电厂,国家将扣减脱硫设备停运时间所发电量的脱硫电价款,投运率在80%—90%的,扣减停运时间所发电量的脱硫电价款并处 1 倍罚款；投运率低于 80% 的，扣减停运时间所发电量的脱硫电价款并处 5 倍罚款［《燃煤发电机组脱硫电价及脱硫设施运行管理办法（试行）》］。(3) 鼓励风力发电、生物质发电（包括农林废弃物直接燃烧和气化发电、垃圾焚烧和垃圾填埋气发电、沼气发电）、太阳能发电等可再生能源发电，其发电价格暂不参与市场竞争，实行政府定价和政府指导价两种形式。通过这些政策，国家鼓励发电企业节能减排，保护环境。(4) 对电解铝、铁合金、电石、烧碱、水泥、钢铁、黄磷、锌冶炼 8 个高耗能行业实行差别电价政策。

第六，环保收费政策。中国环保收费主要包括排污收费、污水处理收费和垃圾处理收费。(1) 排污费是排污者对环境造成污染的一种补偿，排污费全部是国家预算内资金，全额用于污染防治。由环保开票、银行代收、财政统管的方式进行征收管理和使用。在现行政策中，排污收费已从原来的超标收费改为排污即收费和超标加倍收费并行。收费标准从 2003 年 7 月 1 日起，按国家发展计划委员会、财政部、国家环保总局及经贸委员会第 31 号令《排污费征收标准管理办法》执行。向大气、海洋、水体排放污染物：工业固体废物以及噪声均需按有关规定缴纳排污费。(2) 污水处理费是建设部门从自来水价中代收，用于污水处理厂及配套管网的建设，代为处理城市生活污水，为服务性收费。《排污费征收管理使用条例》规定：排污者向城市污水集中处理设施排放污水、缴纳污水处理费用的，不再缴纳排污费。《关于加大污水处理费的征收力度建立城市污水排放和集中处理良性运行机制的通知》（1999，国家计委、建设部、国家环保总局）对污水处理费的征收、标准的核定原则和权限以及处理费的使用等内容作了规定。(3) 垃圾处理收费。根据《关于实行城市生活垃圾处理收费制度，促进垃圾处理产业化发展的通知》和《关于印发推进城市污水、垃圾处理产业化发展意见的通知》等文件，中国实行城市垃圾收费制度，在城市范围内产生垃圾的单位和个人，均应缴纳垃圾处理费。目前，污水和垃圾处理费的金额与排放量相关，收费权在地方政府，具体标准由地方政府确定。国家有关部委正着力推进环保收费改革，逐步提高排污费、污水处理费征收标准、全面推行垃圾处理收费的制度。

四　金融信贷政策

循环经济和资源节约已被列为国债投资重点。自 2004 年起，国家发展改革委利用国债资金安排了一批节能、循环经济试点企业，资源节约等方面的重大示范项目，重点流域工业污水治理项目，以及循环经济关键技术的产业化示范项目。

国家通过产业政策、金融政策的配合，引导企业向有利于节约资源能源、保护环境的方向投资。《关于加强固定资产投资项目节能评估和审查工作的通知》要求"国家发展改革委审批、核准和报请国务院审批、核准的固定资产投资项目，可行性研究报告或项目申请报告必须包括节能分析篇（章）；咨询评估单位的评估报告必须包括对节能分析篇（章）的评估意见；国家发展改革委的批复文件或报国务院的请示文件必须包括对节能分析篇（章）的批复或请示内容。自二〇〇七年二月一日之后报送国家发展改革委审批、核准的项目可行性研究报告和项目申请报告必须按要求编制节能分析篇（章）。否则，国家发展改革委将不予受理"。中国人民银行发布《关于改进和加强节能环保领域金融服务的指导意见》，提出要有针对性地做好有关节能环保领域的金融服务工作，对《产业结构调整指导目录》（2005）中列出的鼓励类投资项目，要从简化贷款手续、完善金融服务的角度，积极给予信贷支持；对淘汰类项目，要从防范信贷风险的角度，停止各类形式的授信，并积极采取措施收回和保护已发放的贷款；对不列入鼓励类、限制类和淘汰类的允许类项目，在按照信贷原则提供信贷支持时，要充分考虑项目的资源节约和环境保护等因素。2007年7月，国家环保总局首次联合人民银行、银监会联合发布《关于落实环保政策法规防范信贷风险的意见》，规定各级环保部门要依法查处未批先建或越级审批，环保设施未与主体工程同时建成、未经环保验收即擅自投产的违法项目，要及时公开查处情况。金融机构要依据环保部门通报情况，严格贷款审批、发放和监督管理，对未通过环评审批或者环保设施验收的新建项目，金融机构不得新增任何形式的授信支持。对于各级环保部门查处的超标排污、超总量排污、未依法取得许可证排污或不按许可证规定排污、未完成限期治理任务的已建项目，金融机构在审查所属企业流动资金贷款申请时，应严格控制贷款。通过绿色信贷机制遏制高耗能高污染产业的盲目扩张。

五 进出口政策

在出口政策方面，近年来中国出台了一系列调整政策，以抑制外贸出口的过快增长，特别是高耗能、高污染、资源性产品的出口，缓解能源、资源和环境的巨大压力。2004年，财政部、国家税务总局发布《关于停止焦炭和炼焦煤出口退税的紧急通知》，规定对出口焦炭、炼焦煤停止出口退税。

2005年，国家发展改革委等7部委联合发布《关于做好控制高耗能、高污染、资源性产品出口有关配套措施的通知》，控制部分高耗能、高污染和资源性产品出口，停止部分高耗能产品出口退税的政策。2006年9月，财政部会同有关部门发布了《关于调整部分商品出口退税率和增补加工贸易禁止类目录的通知》，对部分商品的出口退税政策作了调整。2007年6月18日，财政部再次与国家税务总局、国家发展改革委、商务部、海关总署等发布了《关于调低部分商品出口退税率的通知》，规定自2007年7月1日起，再次调整部分商品的出口退税政策。

在进口政策方面，国家规定对列入《国家产业结构调整指导目录》（2005）的鼓励类项目（其中包括符合可持续发展战略要求，有利于安全生产，有利于资源节约和综合利用，有利于新能源和可再生能源开发利用、提高能源效率，有利于保护和改善生态环境的项目），在规定范围内免征进口设备的关税和进口环节增值税。

六 消费政策

与循环型社会相关的针对个人的消费政策较少，仅在少数法规政策中有一些原则性规定。《固体废物污染环境防治法》第7条规定："国家鼓励单位和个人购买、使用再生产品和可重复利用产品"。国务院《关于加快发展循环经济的若干意见》指出，消费环节要大力倡导有利于节约资源和保护环境的消费方式，鼓励使用能效标识产品、节能节水认证产品和环境标志产品、绿色标志食品和有机标志食品，减少过度包装和一次性用品的使用。国家发展改革委等17个部委发布的《节能减排全民行动实施方案》（2007）提出"大力提倡重拎布袋子、菜篮子，自觉选购节能家电、节水器具和高效照明产品，减少待机能耗，拒绝过度包装，使用无磷洗衣粉等"。

此外，针对政府采购节能产品已出台了部分政策。2004年，财政部、国家发展改革委制定了《节能产品政府采购实施意见》，要求政府机构用财政性资金进行采购的，应当优先采购节能产品，逐步淘汰低能效产品；同时制定了《节能产品政府采购清单》（2004），并于2005年和2006年分别进行了修改和完善。国务院《关于印发节能减排综合性工作方案的通知》中，明确提出："对空调机、计算机、打印机、显示器、复印机等办公设备和照明产品、用水器具，由同等优先采购改为强制采购高效节能、节水、环境标志产品。"2007年，国务院办公厅颁发了《关于建立政府强制采购节能产品制度的通知》，要求建立政府强制采购节能产品制度，在积极推进政府机构优先采购节能（包括节水）产品的基础上，选择部分节能效果显著、性能比较成熟的产品，予以强制采购。

七 技术政策

中国已将循环经济列入"十一五"重大共性和关键技术研发及产业化专项，并制定和发布了一批节能、节水、资源综合利用和清洁生产的技术政策，主要包括《煤矸石综合利用技术政策要点》《中国节水技术政策大纲》（国家发展改革委、科技部、水利部、建设部、农业部，2005）、《节能技术大纲》（国家发展改革委、科技部，1996年颁发、2006年修订）、《国家鼓励和发展的资源节约综合利用和环境保护技术目录》（国家发展改革委、科技部、国家环保总局，2005）、《汽车产品回收利用技术政策》（国家发展改革委、科技部、国家环保总局，2006）、《国家重点行业清洁生产技术导向目录》（2000、2003和2006，国家发展改革委、国家环保总局）等。

此外，国家环保总局从1999年起，先后颁发了机动车排放污染防治、城市生活垃圾处理及防治、城市污水处理及防治、废电池污染防治等一系列技术政策文件，其中涉及对生活垃圾、污水、铅等资源的再生利用技术政策和鼓励发展油耗低、排放性能好的小排量汽车和微型汽车的技术政策内容等。

在《国家中长期科学和技术发展规划（2006—2020）》中，循环经济的理念贯穿于能源、水和矿产资源以及环境保护等重点领域，节能、节水、加大综合治污与废弃物循环利用成为优先主题，这些政策都为循环型社会建设起到了积极的推动作用。

第二节 中国循环型社会政策建设的评价

中国与循环经济相关的法规政策众多，既发挥了重要的宏观调控作用，也促进了中国循环经济的发展。但从总体上看，中国虽然有了一些关于污染预防、资源综合利用的规定，有的环境法律法规中也规定了一些关于循环经济的内容，甚至在一些法律条文中也有发展循环经济的规定，但对全局有重大影响的实质性内容的规定并不是很多。大多数现行的财税、价格、信贷、产业政策出台时并没有以循环经济理念为指导，并不是专门针对促进循环经济的发展而出台的。有的政策制定时间较早，已不能适应当前形势的需要；有的政策甚至与循环经济理念背道而驰；有的政策缺失，成为宏观调控的漏洞。具体可概括为以下几个方面。

一 财税政策对促进资源节约和循环利用、抑制资源浪费的力度有限

第一，增值税对发展循环经济存在抑制作用。首先，现行增值税是按照产品增值部分缴纳税收，循环利用资源的企业原材料成本低，增值部分所占比重较高，因此循环利用资源反而需要缴纳更高比例的税。其次，利用废旧物资进行生产的企业因废旧物资大多是从民间收购，无法取得增值税专用发票，不能进行进项税额抵扣，加重了该类企业的税收负担，不利于资源循环利用。最后，生产型增值税由于对企业购入的固定资产实行不抵扣制度，抑制了企业进行技术改造和设备更新的积极性，客观上阻碍了循环经济的发展。

第二，资源税征收范围窄，调节力度小。中国现行资源税征收范围包括原油、天然气、煤炭、金属矿产、固体盐等资源，目的是调节从事资源开发企业由于资源本身的优劣和地理位置差异而形成的级差收入，属于矿产资源占用税性质。一方面，征收范围过窄，如土地、淡水、森林、草原等自然资源没有列入。另一方面，征收税率过低，起不到合理利用资源的作用。不仅如此，由于资源税收入大部分归地方，又是对使用自然资源所获得的收益征税，往往起到了鼓励地方对资源过度开发的作用，反而加剧了生态环境的恶化。

第三，消费税征收范围小，与循环经济发展形势不相适应。中国自1994年开始征收消费税，十多年来在引导生产消费方面发挥了积极作用，但在征税范围、税目设置、税率结构等方面也存在与当前循环经济发展形势不相适应的问题。自2006年4月1日起，中国对现行消费税的税目、税率及相关政策进行较大调整，如对木制一次性筷子、实木地板征收消费税，扩大石油制品征税范围；提高大排量汽车的税率，相对减少小排量车的税收负担。这些措施表明了国家正在以税收手段促进环境保护和节约资源，但仍有必要进一步扩大消费税的征收范围，如对电池、塑料包装袋及其他一次性商品征收消费税等。

第四，缺少专门的环境保护税种。中国目前与环境保护有关的税种主要是资源税、消费税、城建税等，零星、分散、缺乏系统性，而且这几项收入合计占税收总额的比重只有8%左右，达不到运用税收手段保护自然生态环境、促进资源节约利用的预期效果。

二 资源价格和环保收费偏低，价格形成机制不健全

第一，在中国现行制度和价格体系下，资源价格不能反映资源的价值和资源的稀缺程度。以矿产资源为例，存在的问题主要有：一是矿业企业无偿和有偿取得的"双轨制"并存，极易导致矿山企业私下交易、非法转让、非法承包探矿权、采矿权；有些地方仍然沿用旧体制下通过行政审批无偿出让探矿权、采矿权的做法，严重阻碍了统一的探矿权、采矿权大市场的形成。二是矿产资源税征收税率过低，征收方法不合理，以"产量收费"的政策不仅带来"挑肥拣瘦"、浪费资源问题，而且还加剧了生态破坏和环境污染，助长了不利于资源环境的生产方式和消费模式的存在。三是矿产资源耗竭补贴制度的缺失。矿产资源是一种消耗性资源，耗竭补贴是自然资源工业独有的补贴，美国在1913年最早采用了这种补贴，而中国至今还没有建立该制度。四是矿产资源补偿费征收比率过低，资源税和资源补偿费存在重复征收问题。

第二，缺少支持再生资源回收利用的价格政策。对资源回收企业的政策优惠不明显，造成目前回收废旧资源再生利用往往比开发利用现成的资源成本高，废弃物的资源化利用并未得到相应的发展，在某些方面甚至出现了萎缩。如中国企业一旦使用其他企业的废弃物，如工业废渣、粉煤灰等，原来的废物产生者不仅不付费，而且还要向使用者收费，使资源综合利用企业无利可图，严重挫伤其积极性。

第三，排污收费制度存在诸多问题，企业环境违法成本低。一是排污费标准偏低。根据《排污费征收标准管理办法》（2003）确定的排污费征收标准，仅为污染治理设施运转成本的50%左右，某些项目甚至不到污染治理成本的10%。这必然导致企业宁愿交排污费也不愿进行污染治理。二是超标加倍收费对超标排放的约束力有限。现行排污收费制度已由原来的超标收费改为排污即收费和超标加倍收费并行，但是在现行排污费标准偏低的情况下，加收一倍的排污费不足以遏制超标排放的现象。由于法定罚款上限低，不足以制裁、震慑和遏制环境违法行为，致使许多企业宁愿选择违法排污并缴纳罚款，导致恶意偷排、故意不正常运转污染防治设施、长期超标排放等持续性环境违法行为大量存在。三是排污收费使用不规范。根据《排污费征收管理使用条例》（2002），排污费必须纳入财政预算，列入环境保护专项资金进行管理，主要用于重点污染源防治、区域性污染防治、污染防治新技术、新工艺的开发、示范和应用等项目的拨款补助或贷款贴息。但是在一

些地方，环保、财政等部门挤占挪用排污费的现象时有发生。

三 有利于循环经济发展的产业政策不完善，市场准入制度尚未建立

近年来，中国出台的产业政策已逐步纳入资源节约、环境友好等重要指标，引导产业发展。但目前中国产业政策也存在一些问题：一是仍然保留着计划配置资源的特点，运用最多的是直接管制手段。二是促进循环经济发展的市场准入制度尚未建立。一方面，中国现在已有各种污染物排放标准，但缺乏产品和行业的能耗与物耗标准；另一方面，对于从事资源回收、拆解、再生的企业应有相关行政主管部门的许可证，而目前这方面政策还不是很完善，不少没有能力进行废弃物循环利用的小企业、小作坊从事相关作业，在一些地区造成严重的二次污染。三是中央政府出台的产业政策，在一些地方执行时"走样"，如一些进入淘汰目录名单的产品、技术、工艺仍然在生产或运行；一些高污染的产业，如草浆、小化工等并没有因为"准入"制度而淘汰。

四 对循环经济发展的资金支持不足，融资渠道有限，绿色信贷机制还未建立

虽然国家已将循环经济和资源节约列为国债投资重点，但总的来看对循环经济的资金支持有限，向社会筹集资金的商业融资手段的作用严重不足或缺位。银行信贷、企业债券等渠道因缺少相关政策和制度扶持，没有发挥出应有的作用。尤其是中小企业，往往享受不到优惠政策。此外，中国金融机构和环保部门刚开始探索建立绿色信贷机制，在利用绿色信贷机制遏制高耗能、高污染产业盲目扩张方面仍有大量工作可做。

五 进出口政策需进一步调整

近年来，钢铁、水泥、电解铝、焦炭等行业投资过快增长，产能盲目扩大，钢坯及钢锭、电解铝、铁合金、部分有色金属等高耗能、高污染、资源性产品出口大量增加，加剧了国内能源、原材料、运输紧张的矛盾和资源环境压力。国家出台了一系列政策，控制部分高耗能、高污染和资源性产品出口，取得了一定成效，但这方面的政策相对还比较少，仍需进一步完善和调整。

六 引导和鼓励公众参与的政策较少

发展循环经济是一项系统的社会工程,需要政府、企业、科技界和社会公众共同参与。目前公众参与循环经济建设的途径有限,有关政策较少,仅在引导绿色消费方面,国家出台了少量政策。而对于公众如何监督企业发展循环经济的情况,尚未出台相应政策。

七 技术政策调整相对滞后,技术支撑体系和相关信息平台尚未建立

从科学技术规划上看,中国比较注重高新技术的发展,例如"973"计划、国家重大项目攻关计划、火炬计划等。这些计划中对环境保护和资源开发均有所涉及,但对于资源节约、资源循环利用等方面涉及较少。虽然促进循环经济发展的有关技术政策正在制定和陆续出台过程中,但与循环经济的快速发展形势仍然不适应,导致中国发展循环经济最关键的开采技术、节能技术和资源综合利用技术装备水平不高,开发能力低,动力不足。此外,相关技术推广和信息传播体系尚未建立,企业获取信息的途径不畅,给企业节约能源资源、综合利用废弃物等造成了困难,挫伤了企业发展循环经济的积极性。

分报告二

第一篇 专论篇

＊ 中国循环经济制度和政策评论[①]

第一节 现代循环经济及其制度的本质

一 人与自然的关系

人类作为自然界的一个组成部分，其生存与发展只能在自然规律之内实现。人类所能做的正确的事，就是发现自然规律，认识自然规律，按照自然规律进行生产和生活。超越自然规律，违背自然规律，必然导致被自然规律所抛弃。经济活动是人类生存与发展的基本活动，也是实现人类欲望的基本手段。但是，人类欲望的无限性，往往导致人类违背自然规律而过度向自然界索取，结果导致人与自然的关系发生矛盾，最终将人类自身的生存与发展引入不可持续的轨道。当认识到这一后果以后，人类不得不对自己的行为模式做出调整，回到正确的轨道。循环经济发展模式，就是人类利用自然资源和处理废弃物的模式进入不可持续的轨道以后进行的自我调整的结果。因此，循环经济发展模式的本质是人与自然的关系适应模式。

人与自然的关系首先是人对自然的态度。人类作为社会主体，自然界作为与人类社会相对应的客体，二者之间存在服务与被服务的关系。自然界就像我们的父母一样，它繁育了人类，为人类生存和发展提供服务。但是，人

[①] 本章报告得到中国社会科学院哲学社会科学创新工程资助，由中国社会科学院数量经济与技术经济研究所创新工程"循环经济理论与评价方法创新"课题组完成。作者：齐建国、王红、彭绪庶、李文军。

类与自然之间的关系是互动关系。人类爱护自然，保护自然，自然界处于良性状态，就可以对人类提供可持续供给的服务。但是，自然界对人类提供的服务是有限度的。它在为人类提供服务的同时，自身也需要休养生息，需要恢复生态平衡。遗憾的是，人类在以指数形式无限繁衍扩张自己的同时，每个人类个体要求从自然界得到的服务也在不断增加。因此，自然界已经不能按照人类无休止的要求不断提供越来越多的服务，因而导致了经济增长与自然生态环境恶化并存的结果。人类不彻底改变我们对繁育我们自身的"父母"的态度和行为，当我们的"父母"无力再提供给我们繁育后代的资源和适宜他们生存的生态环境时，我们自己就会断绝子孙后代的生存之路，人类就会像远古时期曾经统治地球的其他动物种类一样灭绝。这就是发展循环经济的根本原因。

二 古典与现代循环经济的区别

循环经济的本质是资源（含原始资源和废弃物资源）的高效清洁安全利用与处理模式，实现环境友好的生产与生活。对原始资源的高效利用涉及利用者的内部效率，是市场经济条件下理性经济人的基本行为方式，但对生产和生活废弃物的处理方式则是外部性问题，取决于对资源利用者内部效率生产直接影响的市场经济制度对废弃物处理和生态环境的规制。因为废弃物排放会污染环境，废弃物处理会增加废弃物生产者的成本。

从理论渊源来看，最早系统分析生产过程中废弃物循环利用的是马克思。在分析资本循环与利润率变化时，马克思认为，生产废料再转化为同一个产业部门或另一个产业部门的新的生产要素，即所谓生产排泄物再回到生产从而消费（生产消费或个人消费）的循环中，是生产条件节约的一个途径。从马克思的一系列分析中，我们可以得到三点启示：一是废弃物的循环利用是生产条件的节约；二是废弃物的循环利用在具备一定规模时才有经济意义；三是废弃物的循环利用可以提高利润率。马克思已经明确指出，利用废弃物应该建立在对初始材料最高效率利用的基础上，首先减少废弃物。显然，马克思是从资源，特别是资本节约和提高利润率角度来认识资源和废弃物循环利用的。

我国的循环经济思想源远流长。我国南方很早就有"桑基鱼塘"等古典循环经济模式。由于生产力落后，资源开发能力低下，致使资源开发和供给不足，民众早已养成了勤俭节约的传统，十分重视废弃物的综合利用。这是我国古典循环经济思想的产生和发展的历史原因。在改革开放前的相当长的时期内，为了解决粮食供给不足问题，我们大搞毁林开荒、围湖造田，以生态环境破坏为代价增加粮食生产。改革开放后，为了解决资源和能源不足的问题，我们曾经推行"大矿大开、小矿小开、有水快流"的掠夺式资源开发政策。为了加快经济增长，解决农村就业和工业品短缺问题，我们曾实施农民"离土不离乡、就业不进城"的工业化战略，大力分散式发展乡镇企业。结果是"村村点火、户户冒烟"，导致生态环境急剧恶化。由于环境问题晚于资源供给短缺现象出现，直到20世纪90年代，很多人对循环利用废弃物的认识仍然停留于节约资源的古典循环经济思维上。没有经历完工业化洗礼的中国社会还没有全面建立起环境意识，没有在资源消耗和环境污染预防之间建立起有机联系。因此，自古以来，我国对循环利用资源和废弃物的认识，都是以节约资源，至多是以节约资本，以提高传统市场经济条件下的资源利用效率，从而提高经济效益为出发点的。这种模式可能导致节约了资源，却更严重地污染了环境，无法实现人与自然的真正和谐。相比之下，发达国家发展循环经济则是在节约利用资源的基础上，以废弃物处理和利用来实现环境保护为目标，将循环经济从古典模式提升到了现代循环经济模式。

20世纪90年代末期，以环境保护和污染预防为目标的现代循环经济思想引入我国后，很多人还没有真正意识到，同样是循环利用资源和废弃物，其原因却发生了实质性的变化。现代循环经济是在因为生产力高度发达，导致资源开发和消耗过度，废弃物排放超过自然生态环境负荷的情况下发展起来的。其特征是以从源头减少废弃物排放和预防污染产生为目标，从而循环利用资源和废弃物。因为所有环境问题都是消耗资源产生的。因此，现代循环经济是在深刻认识资源消耗与环境污染之间关系的基础上，以减少废弃物排放和预防污染为目标，以资源节约和物质循环利用为手段，以市场机制为推动力，在满足社会发展需要和经济上可行的前提下，实现资源效率最大化、废弃物排放和环境污染最小化，实现人与自然和谐的一种经济发展模式。为了实现人与自然的和谐，发达国家采取了广泛的废弃物管理和环境规制，已经把环境作为经济要素纳入市场经济的循环之中。

三 建立现代循环经济制度需要认识革命和制度深层次改革

从源头减少废弃物排放，预防污染产生，对最终废弃物无害化处理和循环利用是现代循环经济的本质。减少废弃物排放就必须减少物质消耗，节约使用资源。因此，从末端控制废弃物排放和循环利用可以实现节约资源的目标。这就意味着，发展现代循环经济，可以实现建立资源节约型和环境友好型社会的双重目标。虽然节约资源可以减少废弃物和要减少废弃物就必须节约资源是等价的，但却是不同的思维范式。前者是古典循环经济思维范式，把人与自然资源的关系主要局限于物质资源对于人的浅层功能——使用层次，重在循环利用。后者是现代循环经济思维范式，把人与自然资源的关系拓展到物质对于人类的深层功能——和谐共生层次，重在人与生态环境关系的协调。这是我们的思维范式从实物导向转变为环境导向的一场革命。

在市场经济条件下，节约资源应该是企业的微观行为。价格竞争机制能够促使作为理性经济人化身的企业最大限度地节约使用资源。因为资源节约本身就是降低成本和提高利润的基本途径。在技术一定的条件下，企业是节约实物资源还是节约资本，取决于实物资源和资本的价格关系，没有企业故意以浪费资源的方式参与市场竞争，因为企业是理性的。因此，竞争领域的物质资源节约不是政府必须干预的领域。政府的职能应该是建立市场规则，防止不正当竞争和制度性浪费。

但是，在市场竞争失灵的环境保护领域，政府必须以外部成本最小化为目标，通过制度建设，对资源利用和处理方式进行干预。在下列三个资源利用领域，政府应该大力推进资源的节约利用。第一，对市场价格不敏感，资源利用效率较低的非营利部门。例如，政府和与政府相关的公共部门的资源利用。第二，因市场机制不健全而存在的大量制度性浪费，有人从浪费中获利的领域。例如，政府和公用工程建设中的大量低效率问题，建筑领域大量节能节水技术得不到应用等。第三，经济发展所需要的涉及国家安全的主要核心资源领域。

在传统的市场机制下，与资源利用和处理方式不同的是，环境保护是市场失灵的领域，环境污染是企业外部性问题，它需要政府代表社会来强劲推进。国内外的实践都清楚地表明，末端治理环境污染成本过高，效率很低，而通过减少资源的消耗和废弃物排放，从源头上预防污染产生的现代循环经济模式，可以降低环境保护的成本，实现经济增长和环境保护双赢，实现人与自然的和谐。因此，政府应该把源头预防污染、保护环境和资源节约共同确定为发展循环经济的目标。在推进资源节约为目标的循环经济政策的同时，增加实施以环境保护为导向的循环经济政策，尤其要防止目前为了节约资源而循环利用废弃物却产生严重二次污染的趋势继续蔓延。

在促进循环经济发展方面，发达国家主要以禁止类的逆向激励为主。通过立法和市场经济手段，构建适合循环经济发展的市场规则，对废弃物排放采取严格的技术标准和明确的企业的环境责任制度；通过提高废弃物排放税（或费）提高排放成本，使得循环利用资源和废弃物具有市场比较优势；通过非政府组织的压力和建立环境伦理道德体系，提高企业和社会公众的环境保护意识，增强节约和循环利用资源与废弃物的自觉性。发达国家政府一般不倾向于过多采用包括财政补贴在内的正向激励措施。主要原因是防止政府干预过多会扭曲市场信息，产生各种寻租行为，降低效率。借鉴发达国家的经验和我国历史经验，发展现代循环经济应该以构建适应循环经济发展的市场机制为主，重在重建包括严格的排污税制度、完善的资源税制度、强制性的循环经济专项立法、合理的财税政策等在内的市场规制体系。

第二节 循环经济制度与政策评价的基本思路

一 本报告对循环经济制度和政策的定义

制度由一系列规制或行为规范组成，是社会组织对其个体成员和上级统治阶层对下级阶层行为进行约束、引导的规则和规范体系。制度体现在社会运转的各个层次之中，在国家层面有政治制度、经济制度、环境保护制度等。经济制度的功能在于建立一种秩序，以降低商品交换中的不确定性，并为经济行为的绩效提供激励功能。环境制度是人们在一定社会生产力水平基础上，在认识和改造自然界的过程中形成的关于环境管理的相对稳定的社会行为规划。如果我们把环境作为一种经济要素看待时，环境制度也是经济制度的一个组成部分。循环经济制度属于经济制度和环境保护制度交叉的范畴，其功能在于协调经济行为和环境行为的关系，激励经济主体在确保经济行为效率的同时，实现环境的保护和改善。据此，本报告认为，凡是促进经济行为与环境保护之间的协调关系的法律法规，都是循环经济制度体系的组成部分。不过，为讨论方便，考虑到中国行政管理体系的部门分工特点，那些完全以环境保护为目的的法律和行政规章，例如《环境保护法》，作为循环经济的相关制度不在本报告研究范围之内。

政策是政府行政当局为了使其所服务的制度目标得以实现，在制度框架下实施的各种行政的和经济的具体措施的综合。有时制度和政策很难区分。例如，按劳分配是一种利益分配制度，每天劳动8小时，每周劳动5天是法定劳动时间，我们把这叫作周5天日8小时工作制度。加班付加班费则是基于按劳分配制度的政策，但加班费怎么付、付多少，则既是劳动制度也是劳动分配政策。总的来说，制度来源于政策又高于政策，制度通过政策得以实现。政策是为了实现制度目标针对具体情况由制度的执行者在其管辖范围内依据制度规定的原则制定的具体措施，根据情况变化可以由政策的制定者进行调整变化。制度是基于相对较长时期的规则和规范，不能由执行者随意变动，需要变动时，必须经过一定程序由制度管辖范围内的法定组织进行变动。政策不能违背制度，但政策可以先于制度出现。很多行政法规既可以认为是制度，也可以认为是政策。本报告中将行政法规纳入制度的讨论之中。

二 本报告的基本思路

本报告基于中国共产党十八大报告提出的建设生态文明，推进国民经济"绿色、循环、低碳"发展的要求，以解决经济增长与资源环境之间的矛盾为目标，对2004—2014年10年间中国促进循环经济发展的法律制度演变和政策实施机制进行总结分析和评价。在此基础上，对中国共产党十八届三中全会通过的《中共中央关于全面深化改革若干重大问题的决定》中涉及生态文明建设的部分进行全面解读，以此把握未来尤其是"十三五"期间制定循环经济制度和政策机制的方向。

《中共中央关于全面推进依法治国若干重大问题的决定》指出，"建设生态文明，必须建立系统完整的生态文明制度体制，用制度保护生态环境。要健全自然资源资产产权制度和用途管制制度，划定生态保护红线，实行资源有偿使用制度和生态补偿制度，改革生态环境保护管理体制"。这是制定循环经济制度和政策机制必须遵守的基本指导原则，也是本报告开展研究分析时所依据的主要原则。本研究报告将主要分析发展循环经济与建设生态文明的关系，绿色发展、循环发展与低碳发展的关系，未来循环经济发展需要，中国循环经济制度建设方向，以及政策演变趋势和机制转变趋势等。

第三节 过去10年中国发展循环经济的制度与政策

一 中国构建循环经济制度体系和政策体系的背景

2000年前后，中国通过改革开放实现了持续20多年的经济高速增长，经济发展遇到了严重的资源与环境的硬性约束。要继续保持经济的持续快速健康增长，必须解决经济增长与资源供给不足和环境污染之间的尖锐矛盾。在这样的大背景下，中国学术界首先引入了发达国家的现代循环经济理念，开始在中国推动发展循环经济。中国发展循环经济的直接目的是通过资源消耗减量化、资源利用循环化，降低经济增长的能源和资源消耗强度，减少废弃物排放，化解经济增长的资源与环境硬约束。中国发展循环经济的制度建设和政策体系也是围绕资源消耗节约、废弃物循环利用展开的。

2000年以前，由于资源供给不足、环境污染日益严重，中国也一直推进废弃物资源的综合利用。但是，总体上说，2000年以前的资源综合利用还主要是以增加资源供给、获取经济效益为直接目的的。2000年到2004年之间，国家环保部门在国内率先接受循环经济思想，并进行试点试验，希望通过引入清洁生产方式和废弃物资源循环利用，从源头预防污染产生，以循环经济模式，通过废弃物综合利用增加资源供给，通过清洁生产和废弃物循环利用减少废弃物排放、解决环境污染问题。但是，由国家环保部门来推动这种从源头预防污染和降低资源消耗的经济发展模式，很快就遇到了经济制度和政策方面的障碍。

首先，2000年前后，废弃物的主要生产者和排放者是企业，而企业追求的是效率。效率一般包括三个层次概念。一是技术效率，二是选择效率，三是配置效率。无论哪个层面上的效率概念，最终表示效率的指标都是投入产出关系，都是用更少的要素投入获得更多的有用产出。提出效率问题的潜在假设是，某些要素是有限的，需要提高对其使用的效用。然而，在当时中国的经济学效率分析和现实制度与政策体系中，投入要素中并没有考虑生态环境因素。也就是说，中国的主流经济学和政府政策中暗含了生态环境是一种非短缺要素的假设，认为生态环境是经济系统的外部条件，是可以无限供给的，理论和政策都没有对生态环境的利用进行严格的制度性限制和刚性约束。这是导致人们在追求其他要素使用效率的同时破坏生态环境的根源。而要改变这种状况，需要对经济制度和政策进行革命性创新。但国家环保部门没有这样的职能和权限。

其次，地方的环境保护部门都隶属于当地政府，而在地方政府经济增长第一的业绩评价体系中，经济增长是首要目标，环境保护被严重忽视，环保部门只能服从于地方政府促进经济增长的目标，无法超越行政权力制约和行政目标对经济发展中的环境保护进行有效的管理和执法，对减少废弃物排放和循环利用缺乏激励手段和能力。

到了2004年，中央的高层决策者们很敏感地觉察到循环经济模式能够有效解决严重的资源环境问题，与政府解决资源环境问题的需求高度契合，及时地决定在中国推进循环经济发展模式，并将促进循环经济发展的职能由国家环保部门转移到国务院经济主管部门。于是，2004年促进循环经济发展的具体职能就从当时的国家环保总局转移到了对经济政策具有主导权的国家发展和改革委员会。2005年6月27日，国务院发布了《国务院关于做好建设节约型社会近期重点工作的通知》，其内容仍然主要强调资源的高效节约利用，但很快于5天之后的2005年7月2日，国务院又正式发布了《国务院关于加快发展循环经济的若干意见》。意见中提出，"本世纪头20年，我国将处于工业化和城镇化加速发展阶段，面临的资源和环境形势十分严峻。为抓住重要战略机遇期，实现全面建设小康社会的战略目标，必须大力发展循环经济，按照'减量化、再利用、资源化'原则，采取各种有效措施，以尽可能少的资源消耗和尽可能小的环境代价，取得最大的经济产出和最少的废物排放，实现经济、环境和社会效益相统一，建设资源节约型和环境友好型社会。"可以说，《国务院关于加快发展循环经济的若干意见》为中国循环经济发展的制度建设和政策体系的实施奠定了基础，是中国循环经济发展的第一个里程碑。

二 循环经济制度体系建设进展

中国的循环经济制度体系由《循环经济促进法》和一系列行政法规和部门规章，如"条例""意见""通知"等。本报告将"意见""通知"也归入制度。这是因为，当中国政府希望通过制度促进或规制某一尚在发展、未明确表现出发展规律的事件或事物时，政府偏向于使用以《关于×××的意见》和《关于××××的通知》等形式的规范性文件来引导、规制社会组织和个体的行为，而不是通过明确的法律条文和政策进行强力规制。这种"意见""通知"类的文件，实际上既是政策又高于政策，是为社会组织和个体规定行为方向和规制基础。其优点是，不通过立法程序可以通过行政体系快速贯彻到实践中，如有不妥，可以随时进行调整。缺点是，缺乏可操作性，不具有法律强制性。可以说这是中国国情下依法治国的一大特色。同时，也给地方政府贯彻中央政府的执政理念以很大的灵活性，可以依据本地发展需要，选择性地重点实施中央的政策和贯彻中央的意图。

从2004年到2014年的10年间，发展循环经济的制度尚处于发展和完善的进程之中，虽然仍然不健全，但已经取得了很大进展。到2014年为止，中国全国人大以及常委会、国务院、国务院负责循环经济综合管理的部门和相关部门共制定、发布和实施了63项与循环经济相关的法律法规。其中可归纳为政策的27项，制度性质的36项。有一些管理办法、"意见"等既可以认为是法规条例，也可以认为是政策。与此同时，中央各有关部委局办和地方政府还出台了很多与资源管理、废弃物管理、环境管理有关的"意见""通知"等间接促进循环经济发展的文件。篇幅所限，本报告没有将那些针对循环经济发展专门出台的制度性和政策性措施纳入评论范围。

（一）中央政府基础性制度文件

在36项制度性文件中，2005年6月27日发布的《国务院关于做好建设节约型社会近期重点工作的通知》、2005年7月2日发布的《国务院关于加快发展循环经济的若干意见》，是中央政府各部门和地方政府制定循环经济相关制度的基本依据。这符合中国社会主义市场经济制度下依法治国的基本原则和逻辑。因为我国的宪法和各项根本性制度都是在共产党领导下制定的，所有制度必须体现代表人民群众根本利益的党的意志。发展循环经济是国务院按照党的意志和人民群众根本利益提出的发展思路和发展道路，是符合国家宪法精神原则、指导其他法律制定的决策，因而成为制定发展循环经济的法律法规的依据。

（二）法律性制度

《中华人民共和国循环经济促进法》（以下简称《循环经济促进法》）是中国促进循环经济发展位阶最高的综合性法律。该法对循环经济的定义进行规定，宣示中国政府发展循环经济的理念和意愿，对发展循环经济的政策进行规范，促进政府、各种经济主体和消费者共同采取行动，推进循环经济实践的发展，通过提高资源利用效率和循环利用资源，防止和降低污染、保护环境，实现生态和谐。《循环经济促进法》中提出了一系列规范性制度体系，包括建立循环经济规划制度；抑制资源浪费和污染物排放的总量调控制度；以生产者为主的环境责任延伸制度；强化对高耗能、高耗水企业的监督管理制度；强化产业政策的规范和引导；产品的生态设计制度和资源节约制度；废弃物资源化利用制度；财政税收激励制度；法律责任追究制度等。《循环经济促进法》对循环经济各种相关主体的行为进行了指导性规定，成为制定其他下位实体法律、法规及政策的依据。

（三）行政法规、部门规章类制度

在《循环经济促进法》的下位实体法大多缺位的情况下，中央政府制定并出台33项行政法规、部门规章及规范性文件。这些行政规章在实践中作为相关实体法缺位的补充，对促进《循环经济促进法》的落实起到了重要的作用。例如，国务院于2009年2月25日发布的《废弃电器电子产品回收处理管理条例》是指导目前废旧电器电子产品回收与循环利用实践的基本制度和政策依据。在这个条例之下，国家发改委等有关行政主管部门出台了一系列关于废旧电器电子产品回收处理的规章制度和政策，包括《废弃电器电子产品处理目录（第一批）》和《制订和调整废弃电器电子产品处理目录的若干规定》；环保部出台了《废弃电器电子产品处理资格许可管理办法》；国家财政部出台了《废弃电器电子产品处理基金征收使用管理办法》。这些行政规章构成了中国比较完整的废旧电器与电子产品回收处理制度和政策体系。

目前政府行政规章性制度主要涉及循环经济实践中亟须优先解决的一些领域，包括各种规划，示范试点方案，技术标准，节能减排的监督与统计考核，新墙体材料专项基金的使用，限制超薄塑料袋使用，废旧电器电子产品回收处理，农林废弃物循环利用，促进合同能源管理，餐厨垃圾与地沟油的安全处理与循环利用，煤矸石、粉煤灰等资源综合利用的财政税收政策，碳排放权试点、低碳技术推广应用等。这些部门规章是各级政府对相关废弃物处理与循环利用的基本依据和手段，对中国促进循环经济发展起到了不可替代的作用。

在发展循环经济的行政性规章制度中，国家《经济社会发展第十一个五年规划纲要》和《经济社会发展第十二个五年规划纲要》都列出专门章节，对循环经济发展提出了重要的具体任务和重点工作。国务院于2013年颁布了《循环经济发展战略及近期行动计划》，这也是在国家层面发布的第一个国家循环经济发展专项规划。规划对"十二五"循环经济发展的任务进行了具体安排，提出了"十百千"行动计划，对循环经济长期发展的方向和任务进行了部署。对各重点产业和重点领域发展循环经济推荐了许多有效的技术路径和发展模式，对指导企业发展循环经济具有良好的引导作用。

三 发展循环经济的具体政策情况

为使循环经济制度和法律法规得到具体实现，过去10年中，中央政府有关部门和省市政府分别制定了一系列具体的财政金融和行政性政策。其中有些是禁止性强制执行政策措施，有些是政府为推进某项事业而实施的正向引导性激励政策措施，有些则是政府倡导的方向性指导性措施。2014年以前已经实施的主要政策有以下几个方面。

（一）激励类政策

1. 政府采购政策。政府采购政策是政府为了促进某些产业和产品发展的一种通用性激励政策。目的是为某些经济社会发展和国家意志需求而市场竞争力又较弱的产品提供低成本的市场准入和扩张条件，以促进其发展。过去 10 年中中央政府已经出台的政府采购政策主要包括节能产品政府采购政策、循环经济产品优先采购政策等。2004 年财政部出台了《节能产品政府采购实施意见》。这是基于能源消耗减量化的目标，加快节能产品推广利用的激励性政策。《循环经济促进法》也提出要在政府采购中优先采购循环经济产品。一些地方政府已经公布了循环经济产品优先采购目录。但是，到 2014 年为止中央政府还没有正式制定循环经济产品政府采购专项政策，还没有颁布明确的循环经济产品认证标准和认证体系。

2. 财政补贴政策。从 2005 年开始，中央政府实施了循环经济试点国家财政补贴政策。2006—2010 年，国家发改委、财政部、工信部、科技部、环保部、商务部等部门联合，在钢铁、有色金属、煤炭、电力、化工、建材和轻工 7 个重点行业，以及重点企业、产业园区、重点领域和城市，共实施了 192 项循环经济试点。由国家财政设立循环经济专项基金，通过试点项目、国债项目、循环经济专项等，对循环经济试点进行资助。进入"十二五"规划时期，又实施了循环经济"十百千"示范行动，即开展十大循环经济示范工程、设立百家循环经济示范县市和千家循环经济示范企业。在中央政府的带动下，各省市地方政府都设立了循环经济专项资金，对数以千计的循环经济试点示范项目进行了大量财政补贴。另外，国家发改委、财政部、环保部和城乡建设部等部门还针对具体废弃物的综合利用出台了《新型墙体材料专项基金征收使用管理办法》《合同能源管理项目财政奖励资金管理暂行办法》《节能减排财政政策综合示范指导意见》《循环经济发展专项资金管理暂行办法》《废弃电器电子产品处理基金征收使用管理办法》等政策，通过财政专项资金和向生产企业征收的基金补贴废旧资源回收与资源循环利用产品生产，促进废弃物资源综合循环利用。

3. 税收优惠政策。针对循环经济的税收优惠政策，是为了减轻废弃物资源循环利用企业的财务负担，使其具有可持续发展能力而采取的主要政策，主要针对废弃物回收和资源综合循环利用产品生产环节，经过一定的审核程序而实施的税收减免优惠。2006 年，国家发改委等部门出台了《国家鼓励的资源综合利用认定管理办法》，对资源循环利用企业和产品等进行认证确认。2009 年，国家财政部和税务总局联合发布了《以农林剩余物为原料的综合利用产品增值税政策》，2011 年又发布了《关于调整完善资源综合利用产品及劳务增值税政策》，对废弃物资源综合利用企业实施税收优惠政策，特别是针对面向社会回收废弃物进行循环利用但无法获取进货增值税发票的企业，实施了增值税先征后退、即征即退的优惠措施。但这一政策在执行中出现了一些假开增值税票骗税等问题，由于监管成本过高，后来进行了调整。

4. 行政支持与指导性政策。行政支持和指导性政策包括指导地方政府和企业制定循环经济发展规划和循环经济示范试点实施方案等方面的政策。例如，《国务院办公厅关于加快推进农作物秸秆综合利用的意见》《关于组织开展城市餐厨废弃物资源化利用和无害化处理试点工作的通知》《关于推进再制造产业发展的意见》《关于开展城市矿产示范基地建设的通知》《关于印发"十二五"农作物秸秆综合利用实施方案的通知》《关于进一步推进再生资源回收行业发展的指导意见》《节能减排财政政策综合示范指导意见》《"十二五"节能减排综合性工作方案》《"十二五"资源综合利用指导意见和大宗固体废物综合利用实施方案》《国家发展改革委、财政部关于推进园区循环化改造的意见》《关于促进生产过程协同资源化处理城市及产业废弃物工作的意见》等，都是对地方政府和企业发展循环经济的指导性和行政支持政策。这些政策的实施途径，主要通过中央政府提出要求，有关部委确定实施方案，地方政府组织企业具体实施的办法进行贯彻落实。

（二）限制与禁止类政策

限制与禁止类政策具有强烈的行政效力，在循环经济政策领域的运用相对较少。已经颁布的限制类政策主要有国务院《关于限制生产销售使用塑料购物袋的通知》《商品零售场所塑料购物袋有偿使用管理办法》《废弃电器电子产品处理资格许可管理办法》《关于加强地沟油整治和餐厨废弃物管理的意见》。这些政策都是根据实践中出现的对生态环境、公民身体健康和循环经济发展具有重大负面影响，有些是具有长期负面影响问题而出台的。例如针对地沟油循环回餐桌严重影响公众身体健康的问题，国务院十分重视，不仅提出了具体的管理措施，还通过司法等的协助，采取了法律手段。这些措施的实施，对于打击非法利用废弃物危害公众健康的现象起到了巨大的震慑和消除的作用。

（三）技术类政策

技术政策属于中性规制政策，是为了促进循环经济高效规范发展而实施的政策。针对循环经济发展的技术瓶颈制约问题，相关部门制定并出台了若干技术类政策。包括《中国节水技术政策大纲》《生活垃圾处理技术指南》《中国资源综合利用技术政策大纲》《再制造单位质量技术控制规范（试行)》《清洁生产评价指标体系编制通则（试行稿）》《节能低碳技术推广管理暂行办法》等。这些技术类政策中的一部分带有强制性，一部分是确定未来的技术发展方向，主要是指导性的。

前述循环经济法律、法规与政策之间存在很多交叉。由于中国经济体制和政治体制的特殊性，政策和法规间有时很难区分，而有的法律和法规中又直接提出了一些具体政策。例如，《循环经济促进法》中就提出了很多政策性条款，比如第五章就提出了激励发展循环经济的具体优惠政策，第六章第50—54条对违反《循环经济促进法》的一些具体情况也进行了具体的政策规定。同时，在促进循环经济发展的一些具体政策中，也存在一些限制或鼓励资源循环利用的行政性条文规定。

第四节　循环经济的制度与主要相关政策执行情况评价

一　《循环经济促进法》执行情况评价

《循环经济促进法》于2008年8月29日由第十一届全国人民代表大会常务委员会第四次会议通过，自2009年1月1日起执行。此法颁布之后，各省市分别制定了适合本地区循环经济发展的相关政策、条例和办法等。《循环经济促进法》的重大作用是在全国全面普及了循环经济理念，全国各省市县都制定了循环经济发展规划，地级以上城市财政大多数都设立了促进循环经济发展的专项资金。各地区按照国家进行循环经济试点模式，确立了地方级别循环经济试点。

从中国循环经济发展的实践看，《循环经济促进法》的主要内容基本得到了全面贯彻落实。在"十一五"规划期间，为贯彻落实《循环经济促进法》，经国务院批准，国家发展改革委员会会同财政部、工信部、商务部、环保部、科技部、税务总局等部委，从2007年开始，在重点行业、重点领域、产业园区、企业和省市县开展循环经济试点的基础上，开展了第二批循环试点。两批试点的总数达到了192家，各省市区结合本地实际也开展了本地循环经济试点示范。通过试点工作，总结凝练出60个发展循环经济的模式案例，涌现出一大批循环经济先进典型，突破了一大批循环经济关键技术，研究与开发了大量循环经济产品，探索了符合中国国情的循环经济发展道路。

在"十二五"期间，在《循环经济促进法》中提出的理念、技术和管理内容得到贯彻和普及的同时,政府又制定了一系列促进循环经济发展的行政性规章和政策体系。国家经济社会发展"十二五"规划纲要专门列入了强化发展循环经济的章节,2013年国务院又出台了《循环经济发展战略及近期行动计划》,对"十二五"期间发展循环经济的重点内容和长期发展循环经济的重点方向进行了规划,设立了发展循环经济的"十百千行动"。国家发展改革委、财政部、工信部、商务部、科技部、农业部、环保部、城建部、国家税务总局、统计局等各部委局联合或独立出台了一系列制度和政策,在"十一五"试点的基础上设立了相关循环经济示范项目。

从过去10年的循环经济发展实践来看,循环经济发展模式对于节能减排起到了十分重要的协同作用。特别是在高能耗、高资源消耗和高废弃物排放的重化工业领域,通过发展循环经济,实现了产量增加,能耗强度大大下降;废弃物产生量增加,废弃物排放量大大下降的局面。例如,中国的钢铁产业是循环经济发展最快的产业之一,从2004年到2014年,中国的钢铁产量提高了200%倍,但钢铁产业耗新水总量却没有增长,排放的固体废弃物也没有增长,利用高炉废气、转炉废气和焦炉废气发电的数量增长了近200%,除二氧化硫和氮氧化物以外,实现了产量高增长,废弃物排放量减少的效果。由于利用循环经济模式进行钢铁产业资源配置,全面开展固体废弃物资源循环利用、余热余压利用,水资源分级循环利用,废气回收发电,使钢铁生产的资源能源成本下降近50%。目前,大型联合长流程钢铁企业的盈利超过50%来自于废弃物循环利用。可见,《循环经济促进法》和一系列促进循环经济发展法律法规和政策的实施,对中国循环经济发展和节能减排起到了巨大的作用。

中国的《循环经济促进法》是在2006—2008年期间研究制定的,当时中国恰逢经济高速增长,资源与能源消耗高速增长时期。那时企业盈利率高,政府财政收入增长速度也高,企业和政府都有意愿向循环经济投资。但是2008年8月全国人大常委会通过《循环经济促进法》后,美国金融危机开始向全世界扩散,中国经济受到外贸出口突然降速的影响,增长速度开始下降,为防止经济增长发生悬崖式滑坡,中央政府采取紧急措施,实施"4万亿"投资刺激内需政策。尽管如此,中国经济在2010年以后仍然持续了增长速度下滑的趋势,直到2014年,中央提出中国进入"经济新常态"。由此可见,《循环经济促进法》颁布实施以后,国内外经济形势发生了很大变化。我国经济由改革开放后35年平均近10%的超高速增长转变为7.0%左右的中高速增长,结构调整、节能减排与循环经济的发展将会使得我国经济增长对初始资源的消耗强度有较大幅度下降，国内资源开发与生产型产业和资源能源消耗强度较高的传统产业的产品价格也随之下降，投资品物价指数持续负增长，企业经济效益出现下滑，市场对再生资源的需求量下降，同时以石油为代表的国际能源和大宗矿产资源价格下滑至相对低位，导致再生资源和产品价格也不断走低，循环经济发展受到了一定程度的负面影响，发展循环经济比较利益下降，致使微观经济主体提高资源利用效率的动力减弱。这一变化使得在经济搞速度增长时期的家庭消费废弃物从有价向无价转变，使得社会废弃物资源回收变得困难，城市矿产园区企业盈利能力大幅度下滑。

但是，随着经济规模扩大和消费升级，虽然原始资源消耗增长速度放慢但需求总量仍将持续上升，而国内资源储量持续下降，重要资源对外依存度将会持续上升，资源供给安全的压力仍然在加大。在这样的背景下，持续提高资源利用效率，缓解资源和环境压力的意义更加重大。特别是，"十三五"时期，我国经济处于新常态，传统制造产业竞争加剧，企业盈利能力下降，对环境效益高但经济效益低的大宗废弃物循环利用的积极性将会严重下降，如果没有更强有力的循环经济法律法规和政策激励，循环经济发展有可能变得更加困难。

在这样的大背景下，对《循环经济促进法》进行修改和完善，加速制定配套的法律制度成为发展循环经济的新要求。实际上，《循环经济促进法》中提出的一些制度建设尚未完成。到2014年末为止，《循环经济促进法》中提出的生态设计、生产者延伸、统计制度、考核制度、针对一些重点废弃物的具体下位实体法律和规章条例等，仍然没有建立起来。特别是，《循环经济促进法》不是一部具有强制执行力的实体法，而且没有一个具体的执法主体部门进行全面执法，全面贯彻落实该法律提出的内容就需要按照该法提出的要求，由循环经济综合管理部门和其他相关部门合作，与其他已经出台的相关法律法规相衔接，制定相应的一系列下位实体法律法规体系相配套，才能落实。但是，中国的行政管理体制历来存在条块分割、部门分割的问题，而循环经济涉及生产和生活各个领域，涉及所有管理部门，不同领域、不同部门的协调极为重要，这就使得制定一个相互协调配套的循环经济法律法规体系变得极为困难。

二　行政法规、规章与政策执行情况评价

与法律相比，行政法规、规章的制定不受复杂的立法程序约束，具有快

速制定、快速执行，可以方便灵活地修改完善和调整等特点。因此，政府部门一般倾向于在体现国家法律和发展战略要求的基础上，通过制定较为方便管理和执行制度和政策，推进国家需要管理的事项。鉴于很多制度和政策难以区分，而且针对一个事件一般是既有制度又有政策同时推进，因此，对这些制度和政策执行情况进行总体评价，将按照其实施对象内容进行分类评估。

2004年以来，国务院各部委或单独或联合制定了一系列促进循环经济发展的制度和政策。综合起来，这些制度和政策可分为各种计划和规划类的规范标准；针对特定领域和特定废弃物资源循环利用的管理办法；为推进试点示范而制定的操作性规章制度和管理办法；对政府进行监督考核类的规章；循环经济技术标准与技术规范；为激励循环经济主体推进循环经济发展而发布的行政性指令等6类。

(一) 计划、规划与综合类规章执行情况的总体评价

2005年，国务院接连发布了三个重要文件，即《国务院关于做好建设节约型社会近期重点工作的通知》《国务院关于加快发展循环经济的若干意见》《国务院关于落实科学发展观加强环境保护的决定》，这三个文件奠定了发展循环经济国家战略的基础。2008年《循环经济促进法》颁布以后，按照《循环经济促进法》的要求，各省市区都制定了本地区循环经济发展规划。依据《循环经济促进法》，国家"十二五"规划纲要继承了"十一五"规划纲要的内容，继续将发展循环经济作为其中的重要一章，奠定了"十二五"期间循环经济大发展的基础。2011年，国务院发布了《"十二五"节能减排综合性工作方案》，这是国家"十二五"期间推进节能减排工作的纲领性文件，大力发展循环经济、促进节能减排，是其中的重要内容。紧接着，国务院和有关部委局在"十二五"期间制定了一系列综合性循环经济专项规划。国家发改委于2011年11月发布了《"十二五"农作物秸秆综合利用实施方案》，紧接着又于12月发布了《"十二五"资源综合利用指导意见和大宗固体废物综合利用实施方案》。

国家发改委、人民银行、银监会、证监会联合出台的《关于支持循环经济发展的投融资政策措施意见的通知》，是针对循环经济发展投融资难度较大的问题而发布的支持循环经济发展的综合性投融资政策。但是，这个文件主要论述了一些发展循环经济和支持循环经济投融资的意义，提出了一些支持方向和可用手段，没有提出任何具有操作性的政策工具和实际措施。因此，很难对其实施效果进行具体评估。

在所有规划与计划中，国务院于2013年颁布的《循环经济发展战略及近期行动计划》是中国发展循环经济最重要的国家级循环经济综合规划。该规划是中国第一部国家层面的循环经济发展专项规划，对"十二五"期间发展循环经济的重点内容进行了全面规划部署，提出了发展循环经济的系统性工作方案，提出了发展目标和具体指标，对中国各产业、城市与农村、各类产业园区、企业、重点领域等发展循环经济的模式与技术路径都进行了较为全面的规划设计，对与循环经济发展相关的城市建设、交通、生活等领域协同发展循环经济的路径也进行了部署，设立了发展循环经济的"十百千行动计划"，提出了发展循环经济的系统性保障措施。

《循环经济发展战略及近期行动计划》实际上是继《循环经济促进法》之后对中国发展循环经济最具指导性和引导性的规范性文件。在全面总结"十一五"期间循环经济发展成就和深入分析存在问题的基础上，《循环经济发展战略及近期行动计划》在第八章保障措施一章中，从完善经济政策、健全法规标准、加强监督管理、强化技术支撑与服务、建立循环经济统计制度、强化宣传教育和人才培养、积极开展合作和交流、加强组织领导8个方面提出了未来发展循环经济法制与政策的要求。《循环经济发展战略及近期行动计划》虽然到2013年1月才正式发布，但从2011年起，整个"十二五"期间的国家循环经济发展都已按照计划所提出的框架推进。《循环经济发展战略及近期行动计划》中提出的发展循环经济"十百千行动计划"已经全面实施。其中的十大工程已经全面展开，百家循环经济示范县市已经建立70%，百家产业园区循环改造示范也已经接近部署完毕，千家循环经济示范企业即将启动。

（二）针对特定领域和特定废弃物资源循环利用的法规与政策

中国循环经济发展的特点之一是，政府专门针对产生量大且对环境污染较严重的特定废弃物回收及综合利用出台了一系列的法规和政策，促进这些废弃物产生和排放的减量化。2005年以来，政府先后出台了针对塑料袋、电器电子废弃物、农林废弃物、餐厨废弃物、粉煤灰、煤矸石、冶金渣、化工渣以及其他大宗工业固体废弃物等废弃物回收与循环利用的法规和政策。

1. 针对废旧塑料袋使用与处理的法规和政策执行情况

针对废旧塑料袋产生的白色污染问题，国务院于2007年出台了《关于限制生产销售使用塑料购物袋的通知》，随后，国家发展改革委等三部委于2008年出台了《商品零售场所塑料购物袋有偿使用管理办法》，国家发改委同时又单独出台了《关于进一步做好贯彻落实"国务院办公厅关于限制生产销售使用塑料购物袋的通知"有关工作的通知》。几年来,"限塑"理念已经深入人心。目前,除了在一些农贸市场和少数小型超市仍然有免费超薄塑料袋在被使用外,几乎所有大型商场、超市、医院等都已经实施了塑料袋有偿使用制度。

2. 针对废弃电器电子产品的法规和政策执行情况

随着人们生活水平的提高,废旧电器电子产品的数量持续快速增长,对环境产生的压力越来越大。废旧电器电子产品是富含可再生利用资源的废弃物,是再生塑料、再生金属的重要来源。但在2010年以前,废旧电器电子产品回收市场十分混乱,拆解企业技术落后,二次污染严重。为了使废旧电器电子产品实现有序回收,安全拆解和清洁高值化循环利用,国务院于2009年发布了《废弃电器电子产品回收处理管理条例》,随后国家发改委出台了《废弃电器电子产品处理目录(第一批)》和《制订和调整废弃电器电子产品处理目录的若干规定》,环保部出台了《废弃电器电子产品处理资格许可管理办法》,国家财政部出台了《废弃电器电子产品处理基金征收使用管理办法》。这些行政性规章相互配套,规范了废旧电器电子产品的回收利用。目前,废旧电器电子产品大部分已经基本纳入城市矿产园区进行集中拆解和综合利用。到2013年,环境保护部共确认各类废弃电器电子产品规范拆解处理数量3987万台,占企业申报拆解总量的95.7%,处理企业共获得基金补贴33亿元。

电器电子产品是目前被纳入生产者责任延伸制度的唯一一类产品。《废弃电器电子产品处理基金征收使用管理办法》也是中国目前唯一向生产者征收产品报废后的处理费用的管理法规。从目前执行的情况来看,由于征收的基金数额小,不足以补偿报废产品全部处理费用。特别是对于含有制冷剂等危险废物的报废产品而言,产品安全拆解处理费用高,生产企业交付的处理基金低,拆解企业对承接国家这类产品责任的积极性不高。2013年环保部确认的各类废弃电器电子产品规范拆解处理数量只有3987万台,这一数量,仅相当于当年理论报废产品数量的50%左右。这一比例说明大量报废电器电子产品仍然没有进入生产者责任延伸领域,生产者责任也还不是完全责任。为有效推动废旧家电循环利用,必须保证废旧电器电子产品回收通道畅通,使社会上的废旧产品集中到国家规范的园区和企业进行安全处理和循环利用。2010年以后,结合扩大内需的宏观经济调控政策,国家启动了家电下乡和以旧换新政策,由国家财政补贴鼓励居民家庭用废旧电器电子产品置换购买新产品。这一政策构建了废旧电器电子产品回收的大通道,对规范废旧电器电子产品回收体系起到了良好的促进作用。2015 年《废弃电器电子产品处理目录》中，电子废弃物由原来的"四机一脑"扩展至热水器、打印机、电话等 14 个品类。这标志着我国生产者责任延伸制度在扩大范围，是中国电器电子废弃物处理领域迈出的又一新步伐。然而，对环境潜在威胁较大的废旧电池、废旧荧光灯管等仍然未纳入新版目录。

3. 针对秸秆等农林废弃物的法规和政策执行情况

为了充分循环利用好农作物秸秆和林业废弃物等有机类农林废弃物，防止随意焚烧造成大气环境污染，国务院办公厅于 2008 年发布了《关于加快推进农作物秸秆综合利用的意见》，财政部和国家税务总局配套出台了《关于以农林剩余物为原料的综合利用产品增值税政策的通知》，国家发改委又于 2014 年制定了《秸秆综合利用技术目录（2014）》。这些行政法规和政策的目的是督促地方政府确保禁止农作物秸秆和林业三剩物随意焚烧，使其作为资源得到循环利用，创造价值。这些文件下发以后，全国各地有效地行动起来，一方面采取行政和经济措施，对秸秆焚烧行为进行惩罚；另一方面，各级政府制定了相应的财政和税收支持政策，对秸秆收集、运输给予财政补贴，对利用秸秆和林业三剩物进行深加工制造有机肥、清洁能源、建筑材料、饲料、食用菌等的企业，进行财政补贴、实施税收优惠、土地优先利用等政策。这些规章制度得到了很好的贯彻落实。在国家发改委、农业部和各级地方政府的不懈努力下，到 2014 年，全国秸秆综合利用率已经超过 80%，有的地区已达到 100%，有效地遏制了秸秆焚烧带来的环境污染。林业三剩物的利用率更高一些。循环利用这些农林废弃物，同时还提供了大量就业机会，创造了很高的经济效益。但是，目前的秸秆利用技术路线五花八门，技术水平参差不齐，因此尚需要研究与开发高效率利用的技术体系。

4. 针对餐厨废弃物循环利用的规章制度和政策的执行情况

传统上，中国的餐饮废弃物主要用于养猪，存在严重的食物同源性隐患。2010 年以后，不断出现餐厨垃圾中的废油脂（即俗称的地沟油）被一些不法人员收集重新制成食用油进入市场的恶性事件。为了解决城市餐厨垃圾被用于饲养"垃圾猪"影响食品安全和地沟油回餐桌等恶性侵害居民健康的问题，依据《循环经济促进法》、食品安全法等相关法律和法规，国务院于 2010 年颁发了《关于加强地沟油整治和餐厨废弃物管理的意见》，国家发改委等部委于 2010 年、2011 年分别发布了《关于组织开展城市餐厨废弃物资源化利用和无害化处理试点工作的通知》《关于印发循环经济发展专项资金支持餐厨废弃物资源化利用和无害化处理试点城市建设实施方案的通知》，在全国进行餐厨废弃物综合利用试点和示范。到2014年为止，已经分4批在全国批准实施了59家国家餐厨废弃物综合利用试点示范城市。一些省市还设立了省级餐厨废弃物综合利用试点示范城市，通过试点示范，在餐厨垃圾收集、运输、选择先进适用技术和合理技术路线进行综合利用和安全处理的体制机制方面，摸索出了许多成功经验，为在全国全面推广奠定了很好的基础。

5. 针对城市矿产建设规划的制度和政策执行状况

随着城市化的快速发展和生活水平不断的提高，城市废弃物产生量一直保持快增长趋势。城市废弃物中，含有高比例的可循环利用的资源。过去，由于没有正规系统、安全清洁的收集、分类、高价值化用循环利用的体系，城市废弃物中的有价废弃物主要由进入城市的农民拾荒大军收集，然后运输到遍布全国各地作坊式的再生利用工厂进行低水平的加工利用，二次污染十分严重，成为环境污染的一大源头。"十一五"期间，为了促进城市废弃物的再生利用并使其走入规范化的轨道，国家财政部和税务总局曾经对废弃物再生利用企业实施过减免所得税和增值税即征即退的优惠政策。但在执行过程中，一些企业钻政策空子，利用优惠政策虚开增值税发票，造假套取国家税收，由于企业众多难以监管，后来这一优惠政策被取消，虽然杜绝了虚假增值税发票套取国家税收等问题，但却使大量真正的废弃物再生利用企业因为优惠政策的取消而亏损甚至倒闭。为了解决这一问题，国家发改委制定了城市矿产示范基地计划，在适当的地区合理布局建设城市矿产工业园区，对园区进行合理规划，引入技术先进和管理优秀的企业，集中进行城市废旧金属、废旧塑料、废旧家用电器、废旧轮胎等再生利用，并对其实施财政补贴和税收优惠等政策，为此，国家发改委于2010年发布了《关于开展城市矿产示范基地建设的通知》，决定在"十二五"期间，在全国集中建设80家城市矿产示范基地。全国各地申请踊跃，到2015年1月，已经分5批共批准建设国家城市矿产示范基地44家，一些省市也建立了省级城市矿产示范基地。城市矿产规划这一制度与《废弃电器电子产品处理资格许可管理办法》、废弃物进口管理规章以及后来制定的《废弃电器电子产品处理基金征收使用管理办法》等协调执行，使城市矿产示范基地建设计划得到了有效的贯彻执行，并正在取得良好的效果。凡是涉及废旧资源进口的城市矿产园区都实行了在线圈区管理，城市废弃物再生利用散乱差、二次污染严重的局面基本得到了遏制。

6. 针对大宗工业固体废弃物循环利用的制度和政策

中国正处于工业化和城市化快速发展的阶段，重化工产业规模和产量日益上升，工业固体废弃物产生量巨大，对生态环境形成了巨大的压力。因此，科学合理地回收处理和高价值地循环利用这些废弃物，就成为中国循环经济发展的重要任务之一。为此，国家发改委会同工业和信息化部制定了《"十二五"资源综合利用指导意见和大宗固体废物综合利用实施方案》，同时由国家发改委发布了《关于开展资源综合利用"双百工程"建设的通知》，在全国实施资源综合利用"双百工程"，即优先支持100家资源综合利用示范基地和100家资源综合利用骨干示范企业。资源综合利用重点是赤泥、磷石膏、尾矿、冶炼和化工废渣、建筑和道路废弃物等产生量大、利用难度大的各类产业废物综合利用。再生资源回收利用重点是废旧纺织品、废矿物油、废旧轮胎、废弃木材等新兴典型和具有区域集聚特点的再生资源回收利用。要求每个示范基地各类废物年产生量1000万吨以上的地区，所辖区域内资源综合利用支撑企业不少于5家，资源综合利用年产值超过10亿元。再生资源回收利用示范基地，年资源聚集量在200万吨以上，资源综合利用年产值超过5亿元。

针对重点固体废弃物，国务院还制定了《废弃电器电子产品回收处理管理条例》，部委制定了《粉煤灰综合利用管理办法》《关于促进生产过程协同资源化处理城市及产业废弃物工作的意见》，修改完善了《煤矸石综合利用管理办法》。

在《环境保护法》和《工业固体废物污染环境防治法》等法律的协同作用下，关于工业废弃物循环利用的制度得到全面执行。根据国家环保部发布的《2014年全国大、中城市固体废物污染环境防治年报》提供的数据，2013年，全国共有261个大、中城市共产生一般工业固体废物23.83亿吨，其中61.79%得到了综合利用，得到安全处置的占29.86%，储存比例为8.33%，只有0.02%被丢弃。其中重点企业粉煤灰的综合利用率为86.2%、煤矸石综合利用率为71.1%、冶炼渣综合利用率91.8%、钢铁产业冶炼渣的综合利用率高达94.7%。上述数据表明，关于城市固体废弃物循环利用的法律和行政规章执行情况良好。

但是，2013年以来，随着房地产业发展减速，对建材需求量下降，大宗工业固废循环利用的主渠道是制造建材，这是很多发电厂密集、冶金和化工企业密集的地区大宗工业固废综合利用产品市场萎缩，经济效益下滑，经营进入了困难境地。这一新形势变化，需要国家在政策层面加以关注调整。

7. 推进再制造的制度和政策贯彻落实情况

再制造是循环经济的高经济效益、高环境效益组成部分。为了加快再制造产业的发展，2009年，工业和信息化部办公厅发布了《关于组织开展机电产品再制造试点工作的通知》，国家发改委于2010年发布了《关于启用并加强汽车零部件再制造产品标志管理与保护的通知》，国家发改委与科技部、工信部、商务部、环保部、标准委等11个部委局于2010年联合发布了《关于推进再制造产业发展的意见》。2013年又制定了《再制造单位质量技术控制规范（试行）》。《国家循环经济战略及近期行动计划》将再制造产业化示范试点工程作为十大工程之一，计划在"十二五"期间建设5—10个国家级再制造产业示范基地，推动再制造业集聚发展，选择30家左右具有一定基础的汽车零部件再制造企业开展示范，重点支持建立发动机、变速箱等旧件回收、再制造加工、检测和质量控制体系。选择一批企业开展机床、工程机械、农业机械、矿山机械、办公用品等再制造试点，培育20家左右再制造专业化服务机构。2014年国家发改委发布了《关于印发再制造产品"以旧换再"试点实施有关文件的通知》，准备在全国开展再制造产品以旧换新试点。

2009年以来，工业和信息化部设立了两批共53家机电产品再制造试点单位，其中首批部分单位已经通过了验收。2011年国家发改委启动了国家再制造示范基地建设，经过2年多的前期准备，目前已经批复了长沙和连云港两家为国家再制造示范基地。在国家再制造示范试点的带动下，省市级示范试点和企业自发开展的再制造项目快速推进。再制造产业已经从2010年试点的汽车发动机再制造，扩展到所有机械产品和电机等领域。到2014年底，不仅再制造示范试点工作进展顺利，而且已经在全国全面扩展，形成了较大规模的再制造产业体系。

（三）针对园区循环化改造的规章与政策执行情况

各类产业园区循环化改造是中国循环经济向纵深发展的重要工作。改革开放以来，特别是1992年以后，中国引入了国外利用工业产业园集中发展工业化的经验，在全国各地建设了数以千计的工业开发区（包括经济技术开发区、高新技术产业园区、各种名称的专业性产业园区）。这些开发区有国家级的，也有省及直辖市级、地级市和县级的，甚至很多乡镇都建立了产业园区。

在这些园区建设初期，由于没有循环经济理念，园区基础设施建设、产业布局规划、招商引资等都没有考虑到资源循环利用问题。为了尽快见到实际效果，园区管理部门以尽快上马项目投入生产为目标进行招商引资，"捡入篮子即为菜"，造成园区内的企业之间缺乏物质流之间的有机联系和产业链体系，资源难以循环利用。促进循环经济向纵深发展，不能仅仅停留在社会废弃物的回收利用层面，还要向生产过程和企业之间的资源循环利用方向发展。为此，国家发改委、财政部联合推出了《关于推进园区循环化改造的意见》，并将园区循环改造列入了国家《循环经济发展战略及近期行动计划》的十大工程中的产业园区循环化改造示范工程。计划在"十二五"期间，选择100家基础条件好、改造潜力大的国家级和省级开发区开展循环化改造示范。支持改造30个化工、纺织、制革等单一产业园区，推动延伸产业链；支持改造60个综合性园区和重化工集中的园区，推动产业间横向耦合、纵向延伸、循环链接；支持改造10个工农业复合型产业园区，推动农林产品及副产物深加工利用。通过示范，凝练和推广一批适合我国国情的产业园区循环化改造范式，提高园区主要资源产出率、土地产出率、资源循环利用率，基本实现"零排放"。这一计划目前进展顺利。到2015年1月，已经分三批批准69家产业园区开展国家循环化改造示范。为了保证示范效果，国家发改委制定了《园区循环化改造示范实施方案编制指南》，申请进入示范的园区即使没有申请成功，在指南编制的过程中，每个园区都通过大量的基础研究和数据分析，进行了认真规划，厘清了园区循环化改造的思路，制定了园区产业布局优化、产业结构调整、基础设施建设共享设计和改造、管理信息化和规范化、产业链延伸与优化、废弃物循环利用体系建设的详细方案，为园区实现循环发展奠定了基础。园区循环化改造示范计划的实施，极大地推动了中国各地产业园区的循环化改造和升级。

由于产业园区众多，我国已经开展的园区循环改造示范仅仅覆盖了其中一小部分条件较好、具有较强财政支撑能力和研究开发能力的产业园区。如何促进全部产业园区进行自主性的循环化改造，仍然需要进行探索。

（四）政府发展循环经济业绩监督考核类规章政策执行情况

由于发展循环经济的目标不仅仅是为了经济效益，更重要的是为了解决环境污染问题，具有较强的社会公益性，对于企业来说，外部性效益很强，而企业内部经济效益有时并不高。因此，政府必须发挥重要的组织协调作用，帮助资源循环利用企业解决营利性和可持续发展问题。特别是跨企业间的废弃物循环利用和社会废弃物的循环利用，需要企业协调各种关系，建立资源回收体系，这需要付出较大的交易成本。政府必须协助企业降低这些交易成本，以使企业提高资源循环利用的比较利益，提高发展循环经济的积极性。这需要对政府发展循环经济的业绩进行考核，以便使其具有动力。为此，国家发改委与国家统计局等部门于2007年制定了《循环经济评价指标体系》，国务院批转了国家发改委、环保部等部门制定的《节能减排统计监测及考核实施方案和办法》，国家发改委和国家统计局等单位联合发布了《关于开展循环经济统计试点工作的通知》。这三个统计考核类规章在实践中得到了有效的实施，为对各级政府开展节能减排进行监督考核起到了重要的基础性数据支撑作用。

节能减排指标既是专门的能源环境效率考核指标，也是循环经济协同作用的直接体现。2007年以来，节能减排约束性指标考核对全国开展节能减排、转变经济发展方式起到了极为重要的作用，促进了循环经济的快速发展。但是，相比之下，循环经济的直接考核却没有取得很大进展。学术界和循环经济主管部门没有找到一个既简单直观又容易统计测算的指标来评价循环经济发展状况。目前提出的资源产出率指标在理论上虽然可以对循环经济发展状况进行间接评估，但此指标存在两大问题。一是资源产出率与产业结构关系密切，不同地区之间缺乏横向可比性。特别是，资源产出率高的地区未必是循环经济发展较好的地区，相反，以钢铁、电力、化工、有色金属等基础性重化工产业为经济主导的地区，即使循环经济发展得很好，也可能由于资源消耗强度高，使此指标较低。二是我国实行了SNA国民经济核算体系以后，不再进行物质平衡统计核算，跨行政区域间的物质流没有监测手段进行精确统计，无法获得每个地区的资源消耗数量，使得指标测算非常困难。自2010年起，国家发改委联合国家统计局在山西、浙江、山东、北京、安徽等省市，分别在省、市、县水平上开展了循环经济统计试点工作，但尚未在全国全面推开。因此，对政府进行循环经济考核的规章至今并没有得到有效地执行。

（五）技术标准与技术规范执行情况

技术标准与技术规范是重要的技术制度。制定技术标准、技术规范和政府主动推广新技术，都可以降低企业对新技术、新产品的搜索成本。政府主管部门通过制定技术标准和规范，还可以帮助企业循环经济产品顺利进入市场，降低产品市场开发成本。特别是，循环经济的直接外在表现形式是资源循环利用，涉及的废弃物资源种类繁多，再生利用技术复杂，产品品种多，需要对再生利用生产过程中的技术与产品标准体系加以规范，以保障工艺安全和产品安全。几年来，国务院有关部门共制定了7部循环经济相关技术标准、技术规范和推进技术扩散的部门规章。具体包括《中国节水技术政策大纲》《关于启用并加强汽车零部件再制造产品标志管理与保护的通知》《生活垃圾处理技术指南》《中国资源综合利用技术政策大纲》《再制造单位质量技术控制规范（试行）》《节能低碳技术推广管理暂行办法》《秸秆综合利用技术目录（2014）》。这些技术标准与规范对促进循环经济健康发展，降低企业交易成本、搜索成本和市场开发成本起到了重要作用。但总体上看，发展循环经济所需要的技术标准与规范体系尚不健全，标准与规范还落后于循环经济实践的需要。例如，对利用工业废渣制造建筑材料的技术标准与规范、利用养殖业粪便制造有机肥的技术标准与规范等都尚不健全。循环经济技术标准的缺失严重影响了一些循环经济产品的市场准入和公众信任，需要加紧研究制定循环经济技术标准体系。

第五节 经济新常态下发展循环经济的法律法规和政策需求与建议

一 经济新常态下发展循环经济面临新的制约

2008年国际金融危机以来，全球进入了以长期结构性调整转型为基础的经济增长减速期，在国际经济日益一体化的大背景下，每个国家都未能避免经济危机带来的负面影响。我国于2009年开始，动员全国力量，通过行政手段新增4万亿元投资对经济增长进行强刺激。这一行政性措施虽然避免了中国经济与世界经济同步震荡下行，但2011年以后，宏观经济增长速度还是进入了持续下滑的通道，甚至在包括房地产在内的一些领域出现了危机的征兆。来自供给侧和需求侧的变化，共同塑造了我国经济发展的"新常态"。这种新常态的最主要特征是，经济发展进入工业化的后期阶段，人口红利、结构红利、净出口红利、资源红利、生态环境红利、生产率红利、改革红利、城市化红利都逐步缩水甚至消失，过去支撑经济增长的重化工产业和房地产业增长放缓，经济增长的资源环境硬约束越来越硬，拉动经济增长的"三驾马车"动力都在下降，经济增长速度进入下行通道。与此同时，以石油和矿产品为代表的国际大宗商品供过于求，价格持续走低。

在新常态的大背景下，中国国内市场资源价格持续下降，再生资源和产品的价格随之不断降低，这对循环经济发展形成了重要制约。这种制约主要表现在以下几个方面。

第一，资源消耗强度大、废弃物产生量大的重化工产业和房地产增长放缓，导致废弃物资源和产品的供求市场相对萎缩，对资源型循环经济产品的需求增长受阻，价格持续下降，使循环经济的财务效益下降，发展潜力受到制约。例如，在劳动成本和能源价格都上升了几倍的情况下，建筑钢材价格降低到了1994年水平，在原始资源价格大幅度下降的情况下，废旧钢铁、再生塑料、建筑材料等的市场价格比2007年降低了近50%，这使得相关循环经济企业的经济效益大幅度下滑。

第二，新增劳动力供给下降，从事农业和其他产业就业的劳动力比较收入提高，导致农民拾荒大军人数急剧减少，资源型循环经济产品价格下跌、生活水平提高导致废弃物数量增多等多种因素综合影响，使多种过去作为资源的"有价废弃物"转变为"无价废弃物"，废弃物资源的收集变得更加困难。

第三，环境保护要求日益严格，导致废弃物资源再生利用的环保技术要求日益提高，废弃物转变为再生资源的环保成本日益上升，对循环经济产品的利润形成严重侵蚀和挤压，从事循环经济资源综合利用的企业生存环境变差。

第四，市场竞争加剧，导致循环经济产业链的风险日益加大。越是紧密型循环经济联合体，或循环经济产业链越长，面临的市场风险就越大。因为，循环经济体系或循环经济产业链上任何一个环节的企业因产品市场萎缩而倒闭，整个循环经济体系和产业链就会发生断裂，使循环经济体系运行发生困难。

第五，随着利益分配机制的改革，土地支撑财政和国民收入过度向政府倾斜的模式将日益难以维持。房地产业的不景气导致政府土地出让收入减少，为企业减负而调整的财政非税等收费性收入也在减少，这导致地方政府财政收入增长速度日益放缓。但社会发展与改革对公共产品的需求不断加大，又要求政府增加财政支出。这一转变将会大大降低政府对循环经济进行财政税收支持的能力。

第六，随着生活水平的提高，市场对循环经济产品的质量要求日益上升，过去的低质量低成本的循环经济产品将会逐步失去市场，因此，从事循环经济的企业必须加大技术创新投入力度，提高循环经济技术水平和产品质量。这将增加循环经济企业的投资需求。但从事循环经济的企业大多是中小企业，融资难融资贵，必将制约循环经济健康发展。

上述新变化对循环经济持续快速发展形成了强大制约，对有利于循环经济发展的法律和行政规章形成了新的急迫需求，政府必须努力通过经济体制创新和改革，为循环经济发展创造良好的制度环境和可持续发展的条件，加速完善循环经济法律法规和政策体系。

二 经济新常态下发展循环经济对法律和行政规章的新需求分析

针对经济新常态下循环经济发展面临的新形势新问题，国家和政府必须创造条件，解决存在的问题，提供恰当的制度和政策供给。

(一) 加快实施资源税制度

原生资源价格对再生资源的市场竞争力影响巨大。我国的原生资源价格形成机制中没有将生态补偿成本纳入进去，因此，价格一直较低，资源价格长期没有理顺。由于再生资源价格受工资成本、土地成本等影响较大，这些成本是随着经济发展水平的提高而持续上升的，相对高的再生资源成本和相对低的原生资源价格，使得循环利用资源的比较利益低下，这是我国循环经济发展存在的一个重大难题。在经济新常态下，如不通过制度创新解决这一问题，循环经济发展的可持续性就会受到影响，就无法实现生态文明建设的目标。因此，建立资源税制度，使资源价格形成机制建立在包括资源开发的生态恢复成本在内的全部成本补偿基础之上，是循环经济发展对制度的第一大需求。2014年以来，国际大宗商品，特别是资源性产品价格持续走低，正是出台资源税制度的大好时机。

(二) 加快实施环境税制度

2013年以来，雾霾在全国大范围高频度持续发生，表明我国的生态环境已经到了"最危险的时候"。但是，到目前为止，我国的废气、废水和固体废物排放仍然停留在超标排放缴纳排污费、达标排放则免费的阶段，这相当于达标排放零成本使用环境容量。这一现象使得排放废弃物的代价过小，从末端降低了废弃物回收循环利用在财务成本上的比较优势，未能形成资源循环利用的环境规制倒逼机制。无论从目前环境污染的严重程度看，还是从污染环境的社会成本不公平分担角度看，所谓达标免费排放的环境利用模式都应该结束了。因此，尽快实施环境税制度，取消所谓达标免费排放收费制度，是发展循环经济的第二个制度需求。我国的环境税制度研究已经持续了几年时间，实施方案已经基本完善，应尽快推出环境税制度。

(三) 完善循环经济的税收减免制度和政策

对循环经济企业的税收优惠表面上看是减少了财政的税源，但它也同时减少了环境治理的财政支持需求,变末端治理为源头预防。过去实施的税收优惠政策之所以出现了虚开增值税票骗税等问题,是由于我们的税收管理体制和废弃物管理体制存在漏洞,给不法人员提供了可乘之机。为了有效地促进循环经济发展,不能因噎废食,而应通过改革税收优惠制度执行的机制,堵塞漏洞。在社会废弃物循环利用领域,可以通过国家实施的城市矿产工程,在国家确定的城市矿产示范园区内实施物质流严格监管下的增值税优惠政策,将国家城市矿产工程、物质流监管、财政补贴、税收优惠进行集成管理。这不仅可以大幅度降低真正的循环经济企业为获得政策优惠的交易成本,提高监管效率,还可以促进废弃物资源循环利用产业的集聚发展,形成规模效率,有利于对资源循环利用的环境监管,防止二次污染。在生产领域,特别是在各种工业园区,可以实行废弃物产生与排放核算、排放责任与循环利用废弃物企业税收优惠监管的联动制度。首先,废弃物资源产生企业与废弃物循环利用企业之间必须具有委托循环利用或销售合同;依据此合同,由废弃物产生企业垫付废弃物循环利用的增值税,经监管确认其产生的废弃物确实在废弃物资源循环利用企业得到了循环利用,再返还废弃物产生企业垫付的增值税。这种由增值税票开出企业先行垫付增值税的办法,可以有效防止虚开增值税发票的行为和风险,从而降低政策实施成本。

对于来自于社会废弃物流动收购者的资源无法获得增值税抵扣发票的问题,可通过税务部门和国家城市矿产基地联合实施物质流入园监管三联单制度,即废弃物收购者与城市矿产基地管理部门之间建立废弃物资源交割接收单制度,废弃物资源再生利用企业与城市矿产基地管理部门之间也要建立废弃物资源交接单制度,资源综合利用企业的产品流出园区也要有客户的接收单,三个单子对齐并由税务部门核定后,再实施税收优惠政策。这样的制度使得税收优惠政策在阳光下运行,涉及人员和机构少,便于管理,可有效降低政策实施成本,有效防止利用票据骗税等问题发生。这样的优惠政策可只限定在国家城市矿产基地实施,可促进废弃物资源向国家城市矿产基地集聚循环利用,更好地发挥循环经济的规模效率。

(四)强化促进循环经济的综合性财政政策

发展循环经济实际上是从源头防止环境污染的基本途径。从事循环型生产和专业从事废弃物资源循环利用的企业,在很多情况下外部效益大于内部效益。他们的产出除以循环经济产品表现的实物以外,更主要的是减少了环境污染负荷,为社会提供环境公共产品。因此,政府应该对这样的企业进行补贴,通过使外部效益内部化来对企业进行激励。在生态文明建设的大背景下,"十三五"加强实施更加经济的促进发循环经济发展的综合性财政政策。

第一,加大对废弃物资源循环利用的财政补贴力度。应该在城市矿产工程实施的基础上,实施资源循环利用补贴优先于废弃物处置补贴的政策,并加大对城市矿山资源循环利用的财政补贴力度。例如,对固体废弃物循环利用的财政支持应该优先于对废弃物填埋处理的支持。填埋处理的成本应该主要由垃圾生产者负担,而不是优先由国家公共财政负担。这样的机制将会将少废弃物填埋的数量,直接降低填埋废弃物的补贴需求。为了降低财政资金支持循环经济企业的监管成本,可以适当改变过去长期实行的事前支持的模式,转变为事后支持模式。在国家城市矿产园区在建立废弃物物质流核算管理,在此基础上,按照企业实际循环利用的废弃物资源数量,进行事后补贴。这可以大大提高财政资金的使用效率。增加的财政补贴支出,可以从征收的资源税和环境税中支付。

第二,加快制定循环经济产品和技术目录,实施循环经济产品政府采购优先的政策。目前循环经济发展遇到的一项重大障碍是,随着国家大宗商品市场价格持续下降和国内经济发展阶段转型,重化工产业增长放缓,市场对资源型产品需求增长乏力,导致废弃物资源价格大幅度下降,再加上随着劳动力的短缺,来自农村的大量从事废弃物收集的低收入群体在就业相对稳定、工资水平较高的产业就业机会增多,使得过去很多高价"有价废弃物"变为低价废弃物,低价废弃物变为"无价废弃物",循环利用资源的比较优势进一步被削弱。人们普遍存在同等条件下优先选择原生资源和原生资源制造的产品的心理偏好,也进一步降低了循环经济产品的市场竞争力。因此,在"十三五"期间,为了保持循环经济的持续发展,政府应该加快制定促进循环经济产品的政府采购政策,将现有政府采购政策中的价低者竞标优先的规定修改为循环经济产品优先,并配套制定循环经济产品和技术目录。

(五) 加快制定实施生产者延伸制度和政策

生产者责任延伸是发达国家普遍实施的一种废弃物处置制度。我国《循环经济促进法》中未明确规定在中国由生产者担负对其产生的废弃物进行回收和循环利用的延伸责任,仅对强制回收产品的生产写明了生产者责任。《循环经济促进法》规定:"生产列入强制回收名录的产品或者包装物的企业,必须对废弃的产品或者包装物负责回收;对其中可以利用的,由各该生产企业负责利用;对因不具备技术经济条件而不适合利用的,由各该生产企业负责无害化处置。"但是,到 2014 年为止,我国生产责任延伸制度仍然在研究过程之中，只在废旧电器电子产品等少数领域实施了带有生产者责任性质的处理基金制度。例如，财政部等六部委联合于 2012 年发布《废弃电器电子产品处理基金征收使用管理办法》，规定对电器电子产品生产者和进口者缴纳废旧电子电器产品处理基金，国内生产者应缴纳的基金，由国家税务局负责征收，进口电器电子产品的收货人或者其代理人应缴纳的基金由海关负责征收。但在其他领域尚没有实施生产者责任延伸制度。在国家发展改革委的领导下，2015 年开始，中国社会科学院中国循环经济研究中心和日本神户大学等研究机构合作，对在发展中国家实施生产者责任延伸制度进行系统研究，并共同建立亚洲生产者责任延伸制度合作交流平台，为中国实施生产者责任延伸制度提供理论和方法支撑。

中国的消费者总体上收入水平较低，实施生产者责任制度比消费者责任制度更可行也更公平，可以防止穷人因消费二手电器和电子产品比例较大而成为废弃物处理的责任者。同时，由于对企业征收处理基金要比对消费者收取处理基金更容易，管理成本相对更低。基于前述分析，为了贯彻《循环经济促进法》，促进生态文明建设，减轻财政对废弃物处理和循环利用补贴的压力，在"十三五"期间中国应在废旧电器电子产品处理基金制度基础上，针对电器电子产品、轮胎、汽车、家具等大宗高值消费品和餐厨垃圾、包装物等量大面广的产品，尽快实施生产者责任延伸制度。随着生活水平的提高，家庭包装废弃物越来越多，特别是在广大的农村地区，包装废弃物已经成为垃圾污染的主要来源之一。应尽快采取措施，针对农村地区的特点，研究制定切实可行的包装废弃物强制回收制度。

（六）完善《循环经济促进法》并将其做实

中国发展循环经济的实践证明，行政性规章制度对促进循环经济发展是有效的，但也有很多弊端。其优点是可以针对不断变化的情况较快地制定并执行，而且容易修改，不像法律一样，制定和修改都要经过全国人大的复杂立法程序。情况变化快是中国目前发展阶段和中国当前国情的基本特征，而制定法律需要复杂的法律程序，往往需要很长的时间，造成法律总是滞后于实践需求的现象。这也是法规部门规章在中国很有效率的原因之一。但其缺点是随意性强，少数决策者进行快速决策，制定部门规章，很容易带有主观主义色彩，难以全面反映各方面利益主体的诉求。特别是由于官僚主义作风的存在，制定政策者往往又是政策的执行者和管理者，他们往往会仅从管理者方便角度考虑问题，使被管理者付出不合理的交易成本，且容易滋生腐败寻租等现象。按照十八大四中全会精神，在实施依法治国的总体要求下，一方面，要尽可能地优先通过实体性法律促进循环经济发展，加大推进循环发展的力度；另一方面，要完善行政性法规和政策的制定程序，使广大群众，特别是利益相关者参与决策过程，避免管理者单方面主观决策，产生失误。

从2009年《循环经济促进法》生效以后，中国循环经济发展实践证明《循环经济促进法》对推进循环经济发展起到了重要的推进作用。通过《循环经济促进法》的宣传，使循环经济理念在中国快速普及，极大地推进了循环经济在各领域各地区的全面发展。同时，《循环经济促进法》的出台也为各级政府制定促进循环经济发展的行政性规章制度和政策提供了法律依据。但是，我们也看到，在《循环经济促进法》和环境保护法之间还存在一些模糊地带和空白。环境保护法强调的是废弃物无害化处理，即环境末端治理，《循环经济促进法》强调的是减量化、再利用和资源化，且是减量化优先。在法律层次上，基于环境保护法的无害化处理是实体法的要求，具有强制性，基于《循环经济促进法》的资源循环利用是理念，是倡导和引导，不具有强制性，或强制性较低。

特别是，《循环经济促进法》的实质属性是行政法。其主要功能是对发展循环经济的一种理念和目标宣示，对国务院循环经济发展综合管理部门授权，采取各种激励措施推动循环经济发展，对循环经济相应承载主体规定责任和义务，对不承担责任和履行义务的进行行政处罚。但《循环经济促进法》存在的最大问题是没有具体执法部门负责执法落实。国家发改委作为国务院循环经济发展综合管理部门，环境保护部作为国务院环境保护主管部门，按照各自职责进行有关循环经济的监督管理工作。在实际执行中，国家发改委负责全国循环经济发展综合管理的部门是循环经济处，只有几个人的编制，面对巨大的工作量，即使每天24小时工作，也难以全面承担全国循环经济发展综合管理的重任。国家环境保护部对循环经济发展的监督管理既没有国务院的正式授权，也没有有效的监督机制，更没有明确的监督内容。

因此，"十三五"期间，应该综合考虑将《循环经济促进法》做实，使其成为与环境保护法具有同等地位的《循环经济发展法》，涵盖资源开发、资源利用、废弃物资源管理与循环利用等全部内容。鉴于发展循环经济是以资源环境外部效益为主导的特性，特别应明确强化国务院循环经济综合管理和促进能力，完善循环经济管理体制机制，在现有基础上健全和扩充循环经济管理机构。

（七）完善循环经济标准体系和考核体系

标准是制度的重要组成部分。我国循环经济发展虽然已经有了一些技术标准和规范，但还远远不能满足循环经济发展的需要，应该尽快研究和制定完善的循环标准体系，规范循环经济管理，以便降低循环经济利益主体的搜索成本和交易成本。

1. 制定循环经济技术标准和规范

在已经出台的技术标准基础上，尽快研究制定资源综合利用技术标准和规范，淘汰落后技术，防止二次污染，消除生产安全隐患。尽快研究制定循环经济产品标准与市场准入标准体系，规范资源综合利用产品质量标准，保障产品安全和消费者利益。

2. 制定循环经济管理标准体系和规范

按照国家《循环经济促进法》和《循环经济发展战略和近期行动计划》要求，制定循环经济管理标准体系和规范。包括各种循环经济示范试点选择标准、实施方案编制与评价标准、示范试点验收考核标准，等等。

3. 制定循环经济行政考核标准

为促进各级政府大力推动发展循环经济的积极性，应尽快研究制定行政区域循环经济业绩评价与考核标准，以便对各地区循环经济发展业绩进行科学评鉴。

（八）制定城市园林循环经济促进专项法

随着城市化水平的日益提高，城市越来越成为经济发展的主战场。城市园林建设和园林循环经济发展是城市生态文明建设的一个核心支撑，是现代城市清洁、绿色、循环、低碳发展的基石之一。城市园林面积占城市总面积的比例最低在30%以上，是城市的巨大生物质资源宝库。城市园林建设与园林循环经济一体化发展，不仅可以加速城市生态文明建设步伐，实现城市绿色循环低碳发展，提高城市品质，还可以实现巨大的经济效益，增加大量城市就业，提高城市园林建设和生态文明建设的自我投入能力。但是，到目前为止，我国城市园林建设仍然仅仅作为城市社会公共事业进行管理，只注重城市园林的景观功能，忽视生态和经济功能，致使城市园林成为城市财政的一个"包袱"，投入不足，发展缓慢，影响了城市生态文明建设。

目前我国尚没有针对城市园林建设和园林循环经济发展制定任何法律法规和政策。随着城市建成区日益扩大，园林树木种植和草地面积不断增长，应该转变对城市园林功能的认识，将城市园林功能从单一的景观功能向城市生态多样性功能和城市园林经济功能扩展，使城市园林成为城市景观美化艺术化和生态改善的载体，生态多样化和物种多样化的博览馆，城市经济的新增长点。在城市化发展过程中，抛弃利用速生丰产树种和城外古树大树移入的"一夜造古林"的急功近利进行城市绿化美化的不良做法。在城市合理规划林木树种，使城市园林建设成为多功能、高价值、可成为未来城市古迹遗产的珍稀林木花草的培植工程；成为城市生态空气净化的生态工程；成为城市园林产业循环经济的开发工程；成为城市物种多样化的博览工程。

转变思路，大力发展城市园林循环经济体系，是实现上述园林工程目标的根本途径。目前我国大多数城市园林发展存在两个极端现象。一个极端是花巨资向城市移栽古树大树"一夜造古林"；另一个极端是城市园林养护和园林废弃物循环利用投入严重不足，造成林下土壤裸露，草地荒芜，成为风干物燥之日的沙尘源。特别是随着城市绿化面积的日益扩大，家庭阳台客厅楼顶养植花草数量不断增长，园林废弃物数量持续上升，但由于缺乏高效的园林废弃物循环利用技术和资金投入不足，大量园林废弃物采取焚烧或填埋的方式处理，既造成环境污染，又浪费了大量宝贵资源。有些城市开始尝试利用园林废弃物沤制有机肥进行循环利用，但由于技术落后，制造的肥料肥效低，施用不方便，成本高，缺乏市场，无法正常运转。

城市园林建设主要以林木、草坪和花卉种植与养护为主要内容。对不同林木进行科学分类管理，在科学规划和保护城市珍贵古树景观林木的前提下，对大多数经济功能强的林木，按照对其生命周期内的碳汇功能、生态绿化功能贡献进行科学评估的结果，在这些生态功能高峰之后进行科学适时更新，利用更新的林木、林木生长期及林下联合管理种植经营生产的药果及生物基材料的基料产品、园林养护所产生的各类废弃物，引入先进的技术体系全面发展高效率的循环经济，可以使城市园林成为巨大的木材资源、林下经济资源、生物质资源、生物基材料资源、保健品资源和其他林业经济资源。以北京市为例，根据北京市园林绿化局的数据，2009年北京全市园林绿化废弃物理论蕴藏总量约为400多万吨，而且以每年5万吨以上的速度增长，通过"十二五"时期的百万亩造林工程，估计到2020年园林废弃物理论蕴藏量将会达到500万吨，对可收集范围内的园林废弃物进行精细化收集和管理，可综合利用数量按总量的20%计算超过100万吨，全国估计可综合利用量可达7000多万吨。通过对城市园林进行科学管理和按照新的园林循环经济发展思路综合开发，每年可创造经济效益1000亿元以上，可解决城市就业职位50万个以上。这是应对"新常态"下经济增长困境，创造新经济增长点的重要途径之一。

因此，需要在园林废弃物循环利用领域制定专项实体法，强化城市政府和市民在园林循环经济发展中的法律责任和义务，并制定相应的行政规章制度和财政税收优惠政策,促进园林废弃物综合循环利用产业的发展。

(九)制定农业循环经济专项法和扶持政策

基于太阳能、二氧化碳、水、氮、磷、钾和其他相关微量元素循环利用为基础的农业,是为人类生存提供食物和各种有机产品原材料的基础产业,也是循环型生产模式的原发产业。但是,以追求利润为目标的基于化学肥料和化学农药的农业对土地形成了掠夺性的利用,以增加单位面积产量为目标而大量使用化学农药和化肥,不仅使农业成为面源污染的主要来源,而且正在对食品安全形成日益严重的威胁。在农产品产量快速增长的同时,农业废弃物的产量也在迅速增加,农作物和林业废弃物焚烧、大量养殖粪便未经处理排放对农村和城市周边的生态环境形成了日益严重的污染和破坏。因此,大力发展农业内部、工农业复合和农工社复合循环经济,将种植业、养殖业、林业、饲料工业、食品工业、造纸工业、木板加工业、农作物与林产品中的生物要素(如橡胶、药物、保健品成分)提取工业、农产品深加工产业、沼气等生物能产业、高效生物有机肥产业、生物产品制造业、太阳能利用、节水技术、农业废弃物综合再生利用、生态旅游和餐饮服务业等产业和技术进行高效集成,与科学施肥施农药技术相结合,用高效生物有机肥和生物农药替代部分化肥和化学农药,降低面源污染,不仅可以实现农业经济增长,还可以全面推进基于农业产品的工业快速发展,增加就业,促进碳循环,达到农业升级增产、农民就业增收、农村能源革命、食品高质安全、资源节约利用、碳素高效循环、生态环境保护、应对气候变化等多重目标。

10年来,我国农业循环经济发展取得了巨大成就,探索出了多种高效的成功循环经济模式,其中有以家庭联产承包责任制为基础的小型"猪(牛、羊、鸡)沼果(菜)"模式;南方水田的"稻灯鱼菇"循环经济模式;基于土地经营权流转,以龙头企业为主导的"种养加"工农业复合循环经济模式;基于区域协调统一规划,由大企业主导、公司加农户的"种养加游"联合体循环经济模式;等等。农业循环经济的快速发展使农业秸秆、林业三剩物养殖废弃物、农产品加工废弃物等有废弃物得到了广泛的应用,随意焚烧秸秆等引起局部大气环境严重污染的问题基本被控制。

但是,由于农业是典型的边际效益递减产业,其发展始终处于弱势地位,特别是我国以家庭联产承包责任制为基础的农业土地利用制度已经对农业高效持续发展形成了日益明显的制约,农业循环经济发展也面临一系列体制机制、资金技术和产业组织等方面的困境。其中最为突出的三大问题中,一是农村地区,特别是经济欠发达地区普遍缺乏具有主体龙头作用的大企业进行资源有效整合和循环利用，土地分散经营使得跨农户的资源循环经常因为利益摩擦和道德风险导致相互掣肘，难以实现农林资源的优化配置和规模化循环利用。二是农村地区普遍缺乏启动资金以有效实施规模效益强的循环经济项目，使得在技术上有效可行的循环经济模式因为资金匮乏而不能启动。三是基于家庭联产承包责任制的土地利用制度导致经营主体分散，使得循环经济发展很难与生态文明建设有机结合起来，形成"五位一体"的总体布局。目前全国各地根据本地特色产生了一些有效的循环经济模式，对这些模式进行理论和实践总结，选择适合不同地区的优化集成模式，从法律和政策上予以支持和推广，对于促进农业循环经济发展和农村地区生态文明建设具有关键的现实意义。

国家发改委、农业部、环境保护部等部委已经单独或联合出台了一些农业循环经济部门规章和政策，但这些规章和政策仍然不能满足农业循环经济高效发展的需要。从过去10年的发展实践来看，急需结合十八届三中全会提出的改革精神，针对农业循环经济发展需求制定农业循环经济发展专项实体性法律，用法的形式确立各级政府、社会组织和各种涉农利益主体促进农业和农村经济发展模式向农业循环经济模式转型的责任和义务，并配套制定针对性强的支持政策。

（十）产业园区循环化建设与改造专项法和配套政策

产业园区是产业发展的集聚区，是当代提高资源集聚效益和规模经济效益的产业布局优化方式，也已经成为工业产业布局的普适模式。但是，历史经验表明，如果不在产业生态学原理指导下、利用循环经济模式规划和建设产业园区，可能导致工业企业在局部区域内高度集中、能源资源在局部地区高强度消耗、污染在局部区域高强度排放和集聚。这样的问题在一些地区已经存在。针对产业园区发展可能存在的共性潜在问题，制定循环经济园区循环建设与改造专项法，对于保持园区经济清洁发展、循环发展、低碳发展具有十分重要的意义。

专项法和相应的配套政策首先要规范地方经济实施资源集聚、高效配置和优化空间布局的路径，保证新建产业园区严格按照产业生态学原理，按照循环经济模式建设。与此同时，要继续促进"十二五"发布的《循环经济发展战略及近期行动计划》中推出的园区循环化改造工程，推进现有的各类园区优化空间布局，调整产业结构，推行清洁生产，合理延伸产业链并循环链接，搭建共享基础设施和公共服务平台，创新组织形式和管理机制，实现园区土地集约利用、资源高效利用、企业间废物交换利用、能量梯级利用、废水循环利用,大幅度提高资源产出率、土地产出率、固体废物资源利用率、水循环利用率、生活垃圾资源利用率。

(十一) 强化行政性循环经济规章与政策的时效性

任何法律、法规和政策都是针对当时的具体情况和未来发展趋势而制定的。形势变了,即使是原来有效的法律法规和政策也可能失效。中国正处于经济社会发展的快速转型期,与发达国家相比,市场和社会运行状况发生重大变化的速度要快得多,所有法律法规和政策的时效性都会相对较短。因此,持续跟踪分析经济社会形势的变化,在保证制度和政策的稳定性、连续性基础上;根据情况变化及时进行调整修正,对于保证法律法规和政策有效性十分重要。

附表1　2004—2014年有关部门出台的主要循环经济相关法律法规

序号	名　称	发布日期
1	《节能产品政府采购实施意见》	2004年12月17日
2	《中国节水技术政策大纲》	2005年4月1日
3	《国务院关于做好建设节约型社会近期重点工作的通知》	2005年6月27日
4	《国务院关于加快发展循环经济的若干意见》	2005年7月2日
5	《国务院关于落实科学发展观加快环境保护的决定》	2005年12月3日
6	《国务院办公厅转发发改委等部门关于加快推进木材节约和代用工作意见的通知》	2005年11月19日
7	《国家鼓励的资源综合利用认定管理办法》	2006年6月7日
8	《"十一五"资源综合利用指导意见》	2006年12月24日
9	《循环经济评价指标体系》	2007年6月27日
10	《国务院批转节能减排统计监测及考核实施方案和办法的通知》	2007年11月17日
11	《新型墙体材料专项基金征收使用管理办法》	2007年11月17日
12	《关于限制生产销售使用塑料购物袋的通知》	2007年12月31日
13	《商品零售场所塑料购物袋有偿使用管理办法》	2008年5月15日
14	《关于进一步做好贯彻落实"国务院办公厅关于限制生产销售使用塑料购物袋的通知"有关工作的通知》	2008年7月11日
15	《国务院办公厅关于加快推进农作物秸秆综合利用的意见》	2008年7月27日
16	《中华人民共和国循环经济促进法》	2008年8月29日
17	《关于资源综合利用及其他产品增值税政策的通知》	2008年12月9日
18	《废弃电器电子产品回收处理管理条例》	2009年2月25日

续表

序号	名　　称	发布日期
19	《关于以农林剩余物为原料的综合利用产品增值税政策的通知》	2009年2月25日
20	《关于启用并加强汽车零部件再制造产品标志管理与保护的通知》	2010年2月20日
21	《中央企业节能减排监督管理暂行办法》	2010年3月26日
22	《关于支持循环经济发展的投融资政策措施意见的通知》	2010年4月19日
23	《生活垃圾处理技术指南》	2010年4月22日
24	《关于组织开展城市餐厨废弃物资源化利用和无害化处理试点工作的通知》	2010年5月4日
25	《关于推进再制造产业发展的意见》	2010年5月13日
26	《关于开展城市矿产示范基地建设的通知》	2010年5月20日
27	《关于进一步推进再生资源回收行业发展的指导意见》	2010年5月28日
28	《合同能源管理项目财政奖励资金管理暂行办法》	2010年6月3日
29	《关于加强地沟油整治和餐厨废弃物管理的意见》	2010年7月13日
30	《中国资源综合利用技术政策大纲》	2010年7月1日
31	《关于开展循环经济统计试点工作的通知》	2010年8月31日
32	《废弃电器电子产品处理目录（第一批）》和《制订和调整废弃电器电子产品处理目录的若干规定》	2010年9月8日
33	《废弃电器电子产品处理目录（第一批）适用海关商品编号》（2010年版）	2010年12月21日
34	《废弃电器电子产品处理资格许可管理办法》	2010年12月15日
35	《关于开展循环经济统计试点工作的通知》	2010年8月31日
36	《产业结构调整指导目录》（2011年本）	2011年3月27日
37	《关于印发循环经济发展专项资金支持餐厨废弃物资源化利用和无害化处理试点城市建设实施方案的通知》	2011年5月17日
38	《节能减排财政政策综合示范指导意见》	2011年6月22日
39	《关于组织开展循环经济教育示范基地建设的通知》	2011年6月29日
40	《"十二五"节能减排综合性工作方案》	2011年8月31日
41	《关于开展碳排放权交易试点工作的通知》	2011年10月29日
42	《关于调整完善资源综合利用产品及劳务增值税政策的通知》	2011年11月21日
43	《关于印发"十二五"农作物秸秆综合利用实施方案的通知》	2011年11月29日
44	《关于印发"十二五"资源综合利用指导意见和大宗固体废物综合利用实施方案的通知》	2011年12月10日
45	《财政部　国家发展改革委关于调整公布第十一期节能产品政府采购清单的通知》	2012年1月20日

续表

序号	名称	发布日期
46	《国家发展改革委、财政部关于推进园区循环化改造的意见》	2012年3月21日
47	《国家发展改革委办公厅关于开展资源综合利用"双百工程"建设的通知》	2012年3月27日
48	《循环经济发展专项资金管理暂行办法》	2012年7月20日
49	《废弃电器电子产品处理基金征收使用管理办法》	2012年5月31日
50	《关于进一步明确废弃电器电子产品处理基金征收产品范围的通知》	2012年10月16日
51	《粉煤灰综合利用管理办法》	2013年1月5日
52	《循环经济发展战略及近期行动计划》	2013年1月23日
53	《再制造单位质量技术控制规范（试行）》	2013年1月19日
54	《清洁生产评价指标体系编制通则（试行稿）》	2013年1月19日
55	《国务院关于加快发展节能环保产业的意见》	2013年8月1日
56	《节能低碳技术推广管理暂行办法》	2014年1月6日
57	《关于促进生产过程协同资源化处理城市及产业废弃物工作的意见》	2014年5月6日
58	《关于印发循环经济发展专项资金支持餐厨废弃物资源化利用和无害化处理试点城市建设实施方案的通知》	2014年4月28日
59	《关于印发再制造产品"以旧换再"试点实施有关文件的通知》	2014年9月15日
60	《秸秆综合利用技术目录（2014）》	2014年11月24日
61	《煤矸石综合利用管理办法》	2014年12月22日
62	《国务院办公厅关于推行环境污染第三方治理的意见》	2014年12月27日
63	《关于促进生产过程协同资源化处理城市及产业废弃物工作的意见》	2014年5月6日

注：1. 五部委：国家发改委、科技部、水利部、建设部、农业部

2. 三部委：国家商务部、国家发改委、国家工商总局

3. 六部委：国家发改委、科技部、工业和信息化部、国土资源部、住房城乡建设部、商务部

4. 十部委：国家发展和改革委员会、科技部、工业和信息化部、财政部、国土资源部、环境保护部、住房城建部、交通运输部、税务总局、质检总局

第二篇 争鸣篇

导读：这部分的宗旨是重点介绍学术界尚未形成统一认识的观点及理论。虽然未有定论，但也粗具雏形，读来也许苦口、鲠喉，但至少因了争鸣的勇气和努力，也许能令读者对循环经济及循环经济法的相关问题有更全面的认识，乃至触发灵感，也未可知。仁者见仁、智者见智，有不同的看法是自然的、不可避免的，因此也是可以交流的。

第一章 循环经济的基本认识之争

循环经济作为一个"洋概念"进入我国为时尚短，即便我国已经颁布实施了《循环经济促进法》，但是在该法制定前后，理论界对于循环经济的实质、性质等基本认识存在争议，下文将选取关于循环经济的实质、性质等基本认识的代表性观点予以逐一列举。

第一节 循环经济的本质之争

理论界对于循环经济的实质的认识目前主要有垃圾经济论、生态经济论、新经济形态论、循环经济否定论4种观点。

一 垃圾经济论

循环经济的实践最早产生于工业发达国家，尤其以德国的循环经济和日本的循环型社会实践取得的效果最为瞩目，我国目前对于循环经济实践经验的借鉴也主要来自德国和日本。我国的一些学者在介绍、研究德国、日本的循环经济实践经验时认为，循环经济的实质其实就是垃圾经济，即认为循环经济就是废弃物的回收利用和资源化。戴宏民教授认为，德国发展循环经济的直接原因在于，工业生产和消费中产生的废弃物越来越多，采用传统方式填埋废弃物占地越来越大，且成本越来越高，加之德国的资源、能源短缺，促使其为了节约资源、减少垃圾处理压力，走上了针对废弃物的循环经济之路，而后，循环经济理念又扩展至生产和消费领域；从德国的循环经济立法进程来看，从1972年制定《废弃物处理法》到1986年的《废弃物限制处理法》，再到1994年《循环经济和废弃物处置法》的出台，德国的循环经济立法都是关于废弃物的法律，显示了德国立法者对于废弃物处置的认识不断深化、立法理念逐渐进步，即从法律规定如何处置废弃物，到如何避免废弃物的产生以及废弃物的循环利用要求，基于此，德国的循环经济其实质上是垃圾经济。① 周国梅、任勇等学者认为，日本建立循环型社会的历史背景及发展过程与德国的循环经济是基本一致的，同样是以解决生活和工业废弃物为主线，产生和发展了循环型社会的概念和实践，日本的循环经社会与德国的循环经济是一脉相承的，尽管称谓不同，但是本质和趋势是一样的，日本在2000年颁布的《建立循环型社会基本法》中称："循环型社会是指，通过抑制产品成为废物、当产品成为可循环资源时则促进产品的适当循环，并确保不可循环的回收资源得到适当处置，从而使自然资源的消耗受到抑制，环境负荷得到削减的社会形态。"②

此外，还有一些学者在对循环经济进行界定时，也认为循环经济的实质和内涵就是废弃物的资源化，或者说是资源的循环利用。如国务院发展研究中心研究员周宏春认为，循环经济是指通过废弃物和废旧物资的循环再利用来发展经济，目标是使生产和消费过程中投入的自然资源最少，向环境中排放的废弃物最少，对环境的危害和破坏最小，即实现低投入、高效率和低排放的经济发展。③ 汪劲教授也认为，循环经济的重要理论依据就是把物质从生产、流通、直到消费以后所溢出的散发、排弃的物质能够与再生产这个环节链接起来，因此，循环经济的重心就是"减废"和"再生"，循环经济立法的本质问题是物质的循环，核心的问题是物质的控制。④ 李海涛认为，循环经济的根本目标就是要求在经济流程中系统地避免和减少废弃物，而废弃物的再生利用只是减少废弃物最终处理的方式之一。⑤ 方莉华、张才国也认

---

① 戴宏民：《德国DSD系统和循环经济》，《中国包装》2002年第6期。
② 周国梅、任勇、陈燕平：《发展循环经济的国际经验和对我国的启示》，《中国人口·资源与环境》2005年第4期。
③ 周宏春：《循环经济：一个值得重视的发展趋势》，《新经济导刊》2002年第9期。
④ 汪劲：《生理学视角下的循环经济立法问题》，《东南学术》2006年第3期。
⑤ 李海涛：《循环经济：一种新的经济发展观》，《合肥学院学报》2004年第3期。

为，循环经济是对物质闭环流动型经济的简称，是相对于传统的线性经济而言的，其核心内涵是资源循环利用，其要求是把经济活动按照自然生态系统的模式，组织成为一个"资源—产品—再生资源"的物质反复循环流动的过程，使得整个经济系统以及生产和消费的过程基本上不产生或者只产生很少的废弃物。①

二 生态经济论

持循环经济实质上是一种生态经济的观点的学者占据主流，如蔡守秋教授认为循环经济运用生态学规律来指导人类的经济活动，使物质和能量在整个经济活动中得到合理和持久的利用，使整个经济系统以及生产和消费过程基本上不产生或者产生很少的废弃物，从而最大限度地提高资源和环境的配置效率，根本解决环境与经济发展之间的冲突，实现社会经济的可持续发展，循环经济把清洁生产、资源综合利用、生态设计和可持续消费等融为一体，强调废物减量化、资源化和无害化，因此本质上是一种不同于传统经济的生态经济，是对传统物质资料经济发展模式的革命，是一种新型的、先进的、人与环境和谐发展的经济形态，是实现经济、社会和环境可持续发展、协调发展和"共赢"发展的经济活动理想模式。② 戚道孟、刘翠娥也认为，循环经济实质上是一种生态经济，是物质闭环流动型经济的简称，它是指运用生态规律指导人类的社会生产和生活，把"资源—生产—消费—再生资源"的流程渗透到人们的生产和生活中，在生产过程中实行低开采、高利用、低排放，使生产和消费的全过程少产生或不产生废物，整个社会都达到物质、资源和能量的良性循环，使经济活动对人类社会和环境的影响降到最低，实现经济效益与环境效益的统一。③

全国人大环境与资源委员会主任曲格平教授认为，循环经济要求以环境友好的方式利用自然资源和环境容量，实现经济活动的生态化转向，其本质上是一种生态经济，它要求运用生态学的规律而不是机械论规律来指导人类社会的经济活动，与传统经济由"资源—产品—污染排放"单向流动的线性流程相比，循环经济要求把经济活动组织成一个"资源—产品—再生资源"的反馈式流程，所有的物质和能源要能在这个不断进行的经济循环中

---

① 方莉华、张才国：《"循环经济概念的科学界定及其实质"》，《华东经济管理》2005年第3期。
② 蔡守秋：《论循环经济立法》，《南阳师范学院学报》（社会科学版）2005年第1期。
③ 戚道孟、刘翠娥：《中国循环经济立法初探》，《中国发展》2005年第2期。

得到合理和持久的利用，以把经济活动对自然环境的影响降低到尽可能小的程度。循环经济为工业化以来的传统经济转向可持续发展的经济提供了战略性的理论范式，从而从根本上消解长期以来环境与发展之间的尖锐冲突。①

冯之浚教授在深入分析人类社会发展经济经历的三个阶段：传统经济模式、"生产过程末端治理"模式、循环经济模式的基础上，提出循环经济本质上是一种生态经济，它要求遵循生态学规律，合理利用自然资源和环境容量，在物质不断循环利用的基础上发展经济，使经济系统和谐地纳入到自然生态系统的物质循环过程中，实现经济活动的生态化。②

除以上几位学者明确提出循环经济的本质是生态经济外，还有一些学者虽没有明确提出循环经济的本质，但却表达了相同的观点。如周珂教授等人认为，循环经济作为环境保护的一种新事物，我国理论界对其概念有不同认识，循环经济肯定说认为循环经济的实质上是一种生态经济，同时还存在循环经济否定说和清洁生产替代循环经济说，我国目前学术界的主流学说肯定了循环经济是一种生态经济，周珂教授等人也持循环经济肯定说，认为循环经济是以资源的节约利用和循环利用为特征，建立在生态学原理基础之上，其与清洁生产的根本区别在于其具有生态性的根本特征。③ 张苏飞也认为，循环经济运用生态学规律把经济活动组成一个"资源—产品—再生资源"的反馈式流程，可最大限度地提高资源利用率、抑制废物的产生并对再生资源进行回收利用。④ 陈洁等人认为，循环经济的实质是通过模仿生态系统的构造，增加经济系统中的分解者角色，打造经济系统中的"资源—产品—再生资源"的物质循环流动的闭合回路，并对不可利用的废弃物进行无害化处理，使得物质顺畅地重新流入生态系统之中。⑤

三　新经济形态论

持循环经济的本质是一种新经济形态的观点主要见之于一些经济学领域的学者的著述中。

伍世安教授认为，迄今为止，人类社会已经经历了原始文明、农业文

---

① 曲格平：《发展循环经济是 21 世纪的大趋势》，《中国环保产业》2001 年第 z1 期。
② 冯之浚：《论循环经济》，《中国软科学》2004 年第 10 期。
③ 周珂、迟冠群：《我国循环经济立法必要性刍议》，《南阳师范学院学报》（社会科学版）2005 年第 1 期。
④ 张苏飞：《对我国循环经济立法的思考》，《科技进步与对策》2005 年第 7 期。
⑤ 陈洁、吴斌、赵元华：《论循环经济的实质与实践体系》，《西南农业大学学报》（社会科学版）2004 年第 2 期。

明、工业文明，现在正在从工业文明进入生态文明，而每一种文明形态的形成与发展都是以特定的经济形态为基础，两者相互作用，推动着人类社会不断前进，循环经济的理念产生于对工业文明的反思，因此，与生态文明相对应的经济形态应该是循环经济，循环经济顾名思义应属于经济范畴，是一种以循环为核心特征和要素的经济形态。[①]

齐建国教授认为，在技术层次上，循环经济是与传统经济活动的"资源消费—产品—废物排放"的开放（或称为单程）型物质流动模式相对应的"资源消费—产品—再生资源"闭环型物质流动模式，从技术经济学角度来看，循环经济实际上是一种技术范式的革命，循环经济作为一种新的生产方式，它是在生态环境成为经济增长制约要素、良好的生态环境成为一种公共财富阶段的一种新的技术经济范式，是建立在人类生存条件和福利平等基础上的以全体社会成员生活福利最大化为目标的一种新的经济形态，其本质是对人类生产关系进行调整，其目标是追求可持续发展。[②]

解振华认为，生态环境作为一种具有社会共有性质的短缺要素，利用它所创造的利益必须得到公平的分配，而且必须保证它的可持续利用，这显然需要社会做出一种制度安排，迫使生态环境的使用者改变原来的技术范式，采取新的技术体系和生产方式，循环经济作为一种新的生产方式、新的技术经济范式，目前仍然只是在技术层次上的探索，仍然处于发展的初级阶段，随着全球人口和经济不断增长，资源制约日益增强，循环经济必将会成为未来人类社会一种新的经济形态，但这是一个长期发展过程。[③]

孙辉教授认为，循环经济作为一种新的经济形态已经为人们所认同，新的经济形态必定对经济增长模式有新的诉求，循环经济作为一种新的经济形态，不同于传统的单程经济，是一种反馈式的、循环式的经济运行模式，作为一种新的经济形态，循环经济涵盖广泛，不仅可以应用于工业、社会生活，而且可以在农业领域进行推广。[④]

梅村认为，循环经济是人们模仿自然生态系统、按照生态系统物质循环和能量流动规律重构经济系统，努力建立的一种新的经济形态，使经济系统被和谐地纳入到自然生态系统的物质循环过程中，是一种完全区别于传统的经济形态的新型经济态势，这种区别主要体现在：传统经济是开环式经济，

[①] 伍世安：《循环经济——生态文明的基本经济形态》，《企业经济》2014年第4期。
[②] 齐建国：《关于循环经济理论与政策的思考》，《经济纵横》2004年第2期。
[③] 解振华：《关于循环经济理论与政策的几点思考》，《环境保护》2004年第1期。
[④] 孙辉：《循环经济的多维视角》，《经济研究导刊》2008年第1期。

循环经济是闭环流动型经济；传统经济的"资源"仅指自然资源，循环经济的"资源"不仅包括自然资源，还包括再生资源和绿色能源；传统经济以污染环境为代价获得经济效益，而循环经济是环境友好型经济，可以同时带来环境效益和经济效益；传统经济是事后末端处理型经济，循环经济是全过程控制、污染预防式经济；传统经济的发展导致资源衰竭、环境退化，循环经济是一种善待地球的经济发展新模式，它将引起一场走向可持续发展的社会革命。

四　本书简评

对于循环经济的研究是顺利开展循环经济立法的重要前提，尤其是对于循环经济的本质的认识，关系到循环经济立法的目的、立法的内容、立法的性质和立法的层次，有鉴于此，将理论界关于循环经济的本质之争予以列举和呈现，对于我国循环经济法律、法规的制定、国家的循环经济政策的出台以及实现循环经济的制度安排具有重要的指示作用。

笔者认为，理论界对循环经济的本质的不同认识源于看待循环经济这一新事物的不同层次和不同角度。持垃圾经济论观点的学者，实际上只是从循环经济的表象特征出发判断循环经济的本质，诚然，最早发展循环经济的德国、日本等国确实是从废弃物的处置和回收再利用起步，但是随着社会经济的发展和对循环经济认识的不断深入，德国、日本等国的循环经济早已从末端控制扩展到了生产、消费的全过程减量化、资源化，循环经济的内涵已经大大丰富，因此，垃圾经济论既不符合国际发展趋势，也不符合我国资源、能源严重短缺、人口压力加大、环境问题突出的现状。持生态经济论观点的学者，实际上是从人与自然的关系出发、从循环经济的生态价值角度认识循环经济的本质，认为循环经济是一种依据生态学规律建立起来的经济活动方式，这种认识虽然把握住了循环经济要求节约资源、保护环境的属性，但是却是从节约资源、保护环境的一般角度对循环经济的理解，忽略了循环经济本质上应当属于经济范畴。显然，新经济形态论对循环经济本质的理解更为深入，将循环经济提升到经济形态的高度，认为循环经济不仅是一种重新调整人与自然关系的经济发展模式，也是对生产关系的再调整，这种认识对于我国当前的经济发展方式变革、建立生态文明社会具有理论指导意义。

第二节　循环经济的性质之争

对于循环经济的性质，理论界也有不同的认识，总结起来，关于循环经济的性质的代表性观点主要有以下几种。

一 经济发展模式论

经济发展模式论认为，循环经济的性质是一种物质闭环流动型的经济发展模式，这种观点是理论界（主要是环境法学界和经济学界）和实务界对循环经济性质的主流认识。

环境法学界的蔡守秋教授认为，循环经济或循环型经济是对物质闭路流动型（Closing Materials Cycle）经济的简称，是由"资源—产品—再生资源"所构成的、物质反复循环流动的经济发展模式，其基本特征是低开采、高利用、低排放，基本行为准则是减量化、再利用、再循环原则，循环经济把清洁生产、资源综合利用、生态设计和可持续消费等融为一体，强调废物减量化、资源化和无害化，因此本质上是一种不同于传统经济的生态经济，是对传统物质资料经济发展模式的改革，是一种新型的、先进的、人与环境和谐发展的经济形态，是实现经济、社会和环境可持续发展、协调发展和"共赢"发展的经济活动理想模式。[1]

陈德敏教授认为循环经济作为一种全新的经济发展模式，在经济发达国家已经取得了丰富的成功经验，我国传统的经济增长方式已经不能支撑经济和社会的可持续发展，作为一种新的经济发展模式，循环经济已经成为我国经济和社会发展的必然选择。[2]

周珂教授认为，从实践发展来看，循环经济是在全球资源日益紧张的情况下、在"清洁生产"之后产生的更适应可持续发展要求的新的经济发展模式，在一定的地区与行业已有成功的范例，我们所以要推行循环经济，也并不是要真正建立一个毫无废物产生、一切都在做着周而复始地运动的经济发展模式，而是要让我们的经济发展模式无限地、不间断地向它靠近。[3] 王灿发教授认为，循环经济是根据可持续发展的要求，通过清洁生产的方式建立生产、流通、消费各环节的流程反馈系统，达到能源资源利用效果的最大化、废弃物排放的最小化和生态效益的最优化的经济发展模式，其特点就是高效。[4] 王明远教授也认为，循环经济是人们对"大规模生产、大规模消

---

[1] 蔡守秋：《论循环经济立法》，《南阳师范学院学报》（社会科学版）2005年第1期。
[2] 陈德敏：《我国循环经济立法若干问题研究》，《现代法学》2008年第2期。
[3] 周珂、迟冠群：《我国循环经济立法必要性刍议》，《南阳师范学院学报》（社会科学版）2005年第1期。
[4] 王灿发：《循环经济立法的必要性及其定位》，《东南学术》2006年第3期。

费、大规模废弃"的传统经济发展模式深刻反思的产物,是克服环境污染、资源短缺之困境,追求可持续发展的一种必然反应和有效尝试,是一种试图有效平衡经济、社会与环境资源之间关系的新型发展模式。[1]

经济学界的冯之浚教授认为,循环经济就是按照自然生态物质循环方式运行的经济模式,它要求遵循生态学规律,合理利用自然资源和环境容量,在物质不断循环利用的基础上发展经济,使经济系统和谐地纳入自然生态系统的物质循环过程中,实现经济活动的生态化。冯之浚教授通过反思和比较经济发展模式的三个阶段,即传统经济模式、生产过程末端治理模式、循环经济模式,认为循环经济不仅是一种新的经济发展模式,也是一种新的经济增长方式,循环经济倡导的是一种与环境和谐的经济发展模式。[2] 诸大建教授认为,与传统工业社会的线性经济或"牧童经济"相比,循环经济是一种善待地球的经济发展新模式,它要求把经济活动组织成为"自然资源—产品和用品—再生资源"的反馈式流程,所有的原料和能源都能在这个不断进行的经济循环中得到最合理的利用,从而使经济活动对自然环境的影响控制在尽可能小的程度。[3] 诸大建还强调循环经济是一种具有整合意义的新发展方式,是对18世纪工业化运动开始的以经济、社会、环境三维分裂为特征的传统发展模式的根本性变革,对中国以较小的环境代价获取较大的生活质量的提高、建设全面小康社会具有重大意义。[4] 李雪松、伍新木认为循环经济是针对持续经济增长对资源和环境压力而提出的一种发展理念、经济制度和技术范式相结合的新的经济发展模式,它以高效利用和循环利用为核心,以低消耗、低排放、高效率为基本特征,符合可持续发展思想。[5]

时任国家环保总局局长解振华认为,循环经济是可持续的新经济发展模式,表面上看,循环经济只不过是强调"三废"回收利用,但这是一种误解,从科学范式的角度看,循环经济实际上是基于技术范式革命基础上的一种新的经济发展模式。[6] 时任国家发展和改革委员会主任马凯认为,循环经济是一种以资源的高效利用和循环利用为核心,以"减量化、再利用、资

---

[1] 王明远:《"循环经济"概念辨析》,《中国人口·资源与环境》2005年第6期。
[2] 冯之浚:《循环经济的范式研究》,《中国软科学》2006年第8期。
[3] 诸大建:《可持续发展呼唤循环经济》,《科技导报》1998年第9期。
[4] 诸大建:《循环经济理论与全面小康社会》,《同济大学学报》(社会科学版)2003年第3期。
[5] 李雪松、伍新木:《我国水资源循环经济发展与创新体系构建》,《长江流域资源与环境》2007年第3期。
[6] 解振华:《关于循环经济理论与政策的几点思考》,《环境保护》2004年第1期。

源化"为原则,以低消耗、低排放、高效率为基本特征,符合可持续发展理念的经济增长模式,是对"大量生产、大量消费、大量废弃"的传统增长模式的根本变革。① 国家发改委经济体制与管理研究所循环经济研究室杨春平主任认为,循环经济是人类社会进入工业化中后期以来,在经济发展与资源有限性和环境承载力之间出现日益尖锐的矛盾的情况下,通过对西方发达国家传统工业化道路进行深刻反思后产生的符合可持续发展理念的经济发展模式,在宏观上表现为经济增长与资源节约、环境保护协调发展三位一体的经济发展模式,在微观上表现为资源节约型、环境友好型的技术经济生产范式。②

二 发展理念论

发展理念论认为,循环经济是变革传统式的大量生产、大量消耗、大量废弃的经济发展理念的一种全新的环境友好型的经济发展理念。孙辉教授认为,循环经济是新时期、新形势下一种新的发展理念,是对传统的经济观念、资源利用模式的重大变革,这种变革一方面改变着传统经济观念,另一方面也势必波及社会生活的方方面面,进而促进多层面的社会变革,③ 循环经济理念及其落实的积极后果应是造福当代,惠及子孙,所要实现的效益目标既是当代的,也是长远的。孙顺强从循环经济的起源、概念、理论基础、发展实践等方面,分析了循环经济是一种深化的生态可持续发展理念模式,循环经济发展理念的形成,证明人类坚持了正确的发展观和历史观,正确地把握了人类文明演进的轨迹,认识到了现代和当代工业文明的危机及其内在演变趋势。④ 张颖认为,我国人均资源占有量远低于世界平均水平,加上先污染、后治理的经济增长方式带来的环境资源压力,都会影响我国经济社会的可持续发展,因此,只有深入理解循环经济发展理念,并把这种理念应用到实践工作中,才能扭转这种不利局面。⑤

---

① 马凯:《贯彻落实科学发展观 推进循环经济发展》,《人民日报》2004年10月19日,第六版。
② 律星光:《发展循环经济,推动生态文明建设——访国家发改委经济体制与管理研究所循环经济研究室主任杨春平》,《财经界》2014年第16期。
③ 孙辉:《循环经济的多维视角》,《经济研究导刊》2008年第1期。
④ 孙顺强:《我国循环经济发展的思路和对策探究》,《生态经济》2004年第11期。
⑤ 张颖:《分析循环经济发展理念的体现运用》,《经济管理者》2014年第3期。

三 多元复合性质论

持循环经济多元复合性质论的学者认为，循环经济的性质并非仅只限于一种，而是在不同维度呈现多元复合性质。如孙维营认为，虽然很多学者已经认识到了循环经济对经济增长、生态保护、文明进步以及社会发展的重要功能，但并没有把对这些功能的认识上升到循环经济性质的高度来加以理解，而只是把这些功能看作循环经济实践不经意的附带产物，这是不深刻的，他通过分析循环经济的四个功能，即生态功能、经济功能、社会功能、文化功能，综合考虑循环经济的实践价值，提出循环经济具有4种性质：（1）相对于传统的单向性的经济发展模式，循环经济是一种生态发展模式，循环经济遵循生态系统的基本规律，既可以实现社会经济的发展，同时也能够做到不破坏生态环境，使自然界生态系统维持自身平衡；（2）循环经济是一种经济发展模式，循环经济的发展必须遵循经济规律，只有在对生态规律和经济规律的共同遵循中，才能够在实现生态环境保护的基础上实现社会经济的发展；（3）循环经济是一种社会发展模式，循环经济在构建和谐社会中具有重要的价值和功能，可以将其视为一种社会发展模式；（4）循环经济是一种文化发展模式，循环经济与文化因素具有内在的紧密联系，一方面表现为循环经济内含有深厚的文化底蕴和文化支撑，另一方面表现为循环经济实践对社会文化的发展具有重要的推动作用。[①]

四 本书简评

对于循环经济的性质的认识关系到循环经济的定位，以及循环经济立法与政策的制定、实施的范围与深度，更关系到循环经济发展的未来走向。因此，呈现关于循环经济性质的理论之争，对于进一步深化、正确对循环经济的性质的认识、为我国循环经济立法与政策提供正确的导向具有重要意义。笔者赞同循环经济的性质是一种新的经济发展模式的观点，回顾循环经济在德国、日本等工业发达国家的起源与发展历程，可以看出循环经济本就是源于环境资源无法支撑传统的经济发展模式，为了寻找经济社会发展的新出路而提出的一种新的经济发展方式，认为循环经济是一种发展理念的观点仅仅是对循环经济的表象理解，没有认识到循环经济是一场生产方式的深刻变革，也是一种全新的经济发展模式，然而，认为循环经济具有多元复合性质

[①] 孙维营：《深化对循环经济实质的认识》，《探索与争鸣》2005年第11期。

的观点，却是将循环经济过度泛化、拔高，甚至将其口号化，赋予循环经济太多任务和功能，让循环经济包容一切、统率一切、解决一切，实际上是将我国资源环境和经济发展间的矛盾简化了，不仅不符合我国的现实需求，而且会让相关立法和政策无法达到预期的效果，有架空循环经济的可能。

第二章　循环经济立法必要性之争

自改革开放伊始，我国的经济发展虽然创造了举世瞩目的"中国速度"，但是支撑经济高速发展的却是资源利用率远低于发达国家水平、以严重污染破坏环境为代价的传统粗放型经济增长方式，资源能源短缺、生态生活环境逐年恶化已成为制约我国经济、社会可持续发展的瓶颈。在此背景下，2008年8月29日第十一届全国人大常委会第四次会议通过了我国首部关于循环经济的一般性法律——《循环经济促进法》。在此之前，学术界对于循环经济立法的相关问题进行了广泛、深入的研究，学者们在一些重大问题如循环经济一般性立法的必要性、立法模式、实现路径等问题上存在不同见解，主要存在3种观点，下文将一一呈现。

第一节　现阶段无制定循环经济基本法的必要性与可能性

高利红、陈海嵩通过对循环经济一般性立法的现实基础、法律基础、思想基础的考察分析，认为我国当前不具备在全国范围内发展循环经济的社会现实基础，因此也就不存在制定循环经济一般性、综合性立法的现实必要性。[1]

从循环经济一般性立法的现实基础来看，资源的节约与再利用、废弃物排放量的减少是循环经济最基本的要求，但是我国的资源产出效率远低于世界平均水平，能源利用效率与发展循环经济取得良好效果的日本、德国相比有很大的差距，短时间内不可能达到循环经济所要求的资源利用效率；而且我国的资源循环利用率低于发达国家，离循环经济的要求有较大的距离；从废弃物处置量来看，我国当前的主要任务是控制废弃物的增长速度，离循环经济要求的逐年减少废弃物产生量还有很大的距离。基于种种现实障碍，高

---

[1] 高利红、陈海嵩：《制定我国循环经济基本法应缓行》，《科技与法律》2006年第2期。

利红、陈海嵩认为，在10年甚至更长的时间里，我国在全国范围内发展循环经济的现实基础都是确实的。

从循环经济一般性立法的法律基础来看，在制定循环经济一般性立法之前，我国现行法律法规中就已经包含了一些循环经济法的内容，如《清洁生产促进法》《固体废物污染环境防治法》《节约能源法》《矿产资源法》《水法》《绿色市场认证规则》等一系列法律法规，制定循环经济一般性立法时，必须考虑与现行法律法规的冲突和衔接问题。高利红、陈海嵩认为，循环经济一般性立法在没有解决其与现行法律法规重叠和冲突的情况下，现阶段不宜提上立法议程。

从循环经济一般性立法的思想基础来看，高利红、陈海嵩认为，对于当前主流观点主张循环经济一般性立法应当采取"促进型"的立法形式，将导致立法内容主要以鼓励性、倡导性、自愿性等原则性条文为主，淡化了行政管理和法律责任的规定，很难发挥"促进法"为发展循环经济提供法律保障的作用，《清洁生产促进法》就是前车之鉴。高利红、陈海嵩还认为，对于倡导制定循环经济"促进型"立法的学者所一再强调的循环经济促进型立法主要具有国家政策宣示功能，不仅会导致法律和相关政策的混同，更是体现了一种"法律工具主义"的倾向，因此，制定循环经济一般性立法的论证理由并不充分，现阶段不宜制定循环经济一般性立法。

王子灿也主张当前进行循环经济专项立法的时机尚未成熟，他认为目前国内对于循环经济相关立法问题的研究仅仅局限于环境保护的层面，然而循环经济是一种超越环境保护之上的新的经济发展理念，而且国内目前对于循环经济的概念也存在较大分歧，循环经济与清洁生产、生态工业的关系也存在争议。如此种种涉及法律调整范围的前提都没有定论的前提下，开展循环经济专项立法显然为时过早，王子灿认为目前应该从认真学习发达国家发展循环经济的政策、立法经验和在企业、产业领域推行循环经济的政策、手段上开展相关的立法研究工作，在这些工作取得成效后，才可以着手建设循环经济法律框架。[①]

李克荣、刘武朝也认为，通过法律手段推进循环经济发展无疑是正确的，但当前国内对循环经济的立法研究和实践积累都不足以促成《循环经

[①] 王子灿：《循环经济专项立法：时机尚未成熟——循环经济不等于环境保护》，《2005年全国环境资源法学研讨会论文集》。

济促进法》的生成，国外可供借鉴的相关立法也并不丰富，且制定《循环经济促进法》又难免与现行立法内容多有竞合。因此，制定《循环经济促进法》基本法的条件并不成熟，而转换思路，从各个立法层次分别去贯彻循环经济理念则不失为当前更好的选择。①

第二节　宜适时开展循环经济一般性立法

时任全国人大环境与资源委员会法案室主任孙佑海认为，我国现行的涉及循环经济发展的法律法规在实践中已经取得良好的效果，鉴于我国是一个发展中的大国，且自然条件差异显著、环境问题复杂严峻的现实，制定循环经济一般性立法必须按照从实际出发、有计划循序渐进、突出重点兼顾一般等原则，在条件成熟时制定一部具有中国特色的《循环经济促进法》。②孙佑海教授认为要制定循环经济一般性立法，必须首先完善立法前的基础工作，首先应当抓紧制定《清洁生产促进法》的配套法规以及资源回收利用规定，由于《清洁生产促进法》多是原则性和倡导性规定，可操作性不强，实践中往往被束之高阁，因此制定相应的配套法规，实现《清洁生产促进法》的立法初衷、使企业内部实现清洁生产是当务之急。此外，还应抓紧研究制定节能、节水、资源综合利用等促进资源有效利用、发展循环经济的法律法规，如《资源综合利用条例》《再生资源回收利用管理条例》等。要抓紧高耗能、高耗水行业发展循环经济的标准规范的制定，建立生产者责任延伸制度和消费者付费制度，建立健全发展循环经济的统计和核算制度、完善与循环经济相关的统计报表制度。其次，应当抓紧修改《固体废物污染环境防治法》和《节约能源法》，在修改《固体废物污染环境防治法》时应当增加发展循环经济、促进资源回收利用的规定，修改《节约能源法》时应当强化法律责任，以实现又节约能源、杜绝浪费的立法目的。此外，还应修改和完善与发展循环经济相关的法律制度，如"三同时"制度、国民经济核算制度、产品责任制度等。孙佑海教授认为，在完成上述相关立法修改、完善工作，在相关立法中建立发展循环经济的具体的、可操作性强的制度后，制定循环经济一般性立法不仅必要，而且可行，届时循环经济一般性立法不仅有具体落实的有力抓手，同时又能提纲挈领、统领全局，达到循环经济促进社会、经济、资

---

① 李克荣、刘武朝：《关于制定〈循环经济促进法的冷思考〉》，《河北师范大学学报》（哲学社会科学版）2006年第4期。

② 孙佑海：《循环经济立法问题研究》，《环境保护》2005年第1期。

源、环境等各方面可持续发展的目标。

王树义教授认为,进行发展循环经济相关立法虽然已成为我国经济社会发展的客观需求,但是循环经济作为一种新的理念、一种新的经济思想,要在短时间内上升至制度层面,却绝非易事,进行循环经济一般性立法首先应当准确把握"循环经济"的科学内涵,其次应当进行立法观念的变革与更新,解决了这些问题,才可以进行正确的立法活动,并建议我国现阶段可适时制定一部《循环经济促进法》或《促进循环经济发展法》,旨在对发展循环经济进行引导和促进。就"循环经济"的科学内涵来看,王树义教授认为,虽然至今没有形成一个公认的循环经济定义,但是在他看来,循环经济是一种以减少资源消耗、节约资源、提高资源利用率和资源循环利用率为基本特征,以实现物质反复循环流动为目标的经济发展模式,其核心内容是强调资源的再利用和再循环,尽量延长产品的使用期限,提高产品的重复使用率,强化废弃物的回收和利用,充分发挥资源的内在价值。王树义教授还提出,进行立法观念转变和创新应当从"末端治理"向无污染、无废物排放转变,从"物为我用"向"物尽其用"转变,从"资源无价"向"资源有价"转变,从盲目高消费向绿色消费转变。王树义教授认为,在此基础上适时制定的《循环经济促进法》或《促进循环经发展法》应当主要用于:宣示我国发展循环经济的国家政策、规定国家发展循环经济的基本法律原则、国家发展循环经济的基本目标、国家鼓励发展循环经济的主要激励措施、政府在发展循环经济中的责任、与发展循环经济相关值管理机构的设置和职责划分、公民和社会组织在发展循环经济活动中的基本权利和义务、公众参与促进循环经济发展活动的基本形式或途径等重大事项,并认为宣示国家在发展循环经济方面的基本政策是该法最重要的内容,制定这样一部法律在现阶段的基本目的是引导整个国民经济朝着循环经济的方向转变,并力求缩短这一转变过程。

第三节 宜立即开展循环经济一般性立法

主张马上开展循环经济一般性立法的学者占据了循环经济立法问题讨论的主流,持这一观点的代表性学者主要有环境法学界的蔡守秋教授、王灿发教授、周珂教授、陈德敏教授等,以及环境科学界的曲格平教授和经济学界的冯之浚教授,下文将对这些学者的观点逐一介绍。

蔡守秋教授认为,当前我国现有的环境资源法律法规中已经包含或体现某些有关循环经济的内容,已经制定了一些采用"循环经济"术语或者可以明显归类于循环经济法的法律、法规或规章,但是,尽管如此我国还没有全面、综合调整循环经济的专门法律,《循环经济促进法》可以作为循环经济法律体系中的基干法、牵头法,当前我国家加强循环经济立法的一项主要工作是研究制定《循环经济促进法》,并通过该法的制定来带动整个循环经济立法工作的全面发展。①

王灿发教授认为,从立法现状看,我国现行法律中已经存在关于循环经济的内容和规定,但是,我国目前还没有将"三化"原则贯穿整个生产、流通、消费领域从而实现循环的法律,因此,制定一部专门的循环经济法解决此问题很有必要;从法理上来看,循环经济就是要发展绿色经济,意味着每一个环境都要纳入循环的轨道,这是一个新的社会问题,随之也产生了一种新的社会关系,而我国目前还没有专门调整此类社会关系的法律,因此,从法律调整社会关系的角度来看,制定一部循环经济基本法十分必要。②

周珂教授认为我国循环经济没有专门立法,现有立法零散、不完整、不彻底,循环经济立法现状不尽如人意,已经颁布的《清洁生产促进法》虽然具有循环经济萌芽的性质,但是清洁生产和循环经济的概念并不一致,循环经济是一种范围更广、内涵更科学的经济发展模式,我国可以与时俱进、一步到位,整合原有立法成就,直接转向循环经济立法的发展方向。③ 周珂教授还提出,进行循环经济立法不仅是可持续发展的必然选择,也是世界环境与资源立法的大趋势,循环经济立法有利于我国尽快建立支撑循环经济的科学体系,有助于我国突破绿色贸易壁垒,满足参与国家竞争的需要。在立法思路上可以先行制定循环经济基本法,再在该法的指导思想下和基础上制定各单行法,最终形成一个以循环经济基本法为核心,各单行法具体落实的循环经济法律体系。④

陈德敏教授认为,循环经济作为一种全新的经济发展模式,已经成为我国经济与社会发展的必然选择,我国长期以来依赖的传统经济增长方式已经不能支撑社会与经济的可持续发展,循环经济在我国作为一种新鲜事物和新的尝试需要规则的引导和规范的制约,立法理论也要求需要通过立法将这种发展循环经济的国家意志上升到法律层面,并运用国家强制力来

---

① 蔡守秋:《论循环经济立法》,《南阳师范学院学报》(社会科学版) 2005 年第 1 期。
② 王灿发:《循环经济立法的必要性及其定位》,《东南学术》2006 年第 3 期。
③ 周珂:《循环经济立法研究》,《武警学院学报》2005 年第 1 期。
④ 周珂、迟冠群:《我国循环经济立法必要性刍议》,《南阳师范学院学报》(社会科学版) 2005 年第 1 期。

保证循环经济的有效推行和健康发展,并从以下几个方面对循环经济立法的必要性进行深入分析:首先,传统的不可持续的经济发展方式催生循环经济立法,从当前起至2020年,中国面临着历史性发展机遇,同时也需要应对人口、资源、环境带来的严峻挑战,因此,发展循环经济是21世纪的中国经济、社会可持续发展的必然选择,而要顺利实现循环经济"本土化"目标,其前提是必须要有完备的法律法规保障;其次,构建循环经济立法是中国可持续发展的战略要求,循环经济法的出台有利于健全循环经济产业体系和建立相关的科学技术支撑体系,同时,构建循环经济法不仅可以将国家发展循环经济的战略法定化,并将这一战略具体化、细则化、程序化,还可以调节循环经济过程中产生的各种利益关系,有助于突破国家贸易绿色壁垒,适应参与国际竞争的需要。因此,制定循环经济法律体系的基本法《循环经济法》非常迫切,只有如此,才能从整体上指导和构建系统的循环经济法律体系,将国际规则国内化,开创我国环境保护和资源循环利用的新思路。[1]

高庆年、陈松林等学者从制度经济学的观点和我国发展循环经济的实践两方面入手,分析了我国制定循环经济一般法的必要性:按照制度经济学的观点,制度是经济发展的主要原因和前提条件,循环经济是对传统经济增长方式和经济发展模式的变革和挑战,要完成这种变革和挑战,仅靠散乱的微观层面的行为规范的调整显然是不够的,必须首先从宏观上作体制上和制度上的系统设计和安排,循环经济发展的过程同时也就是制度创新的过程。实践中,高污染、高能耗的"五小"企业(小造纸、小化工、小矿山、小钢铁、小水泥)大量存在且屡禁不止,许多官员仍在实际工作中重发展、轻保护,都与体制、制度上的不合理、不完善存在直接关联。因此,高庆年、陈松林等学者认为,我国发展循环经济的当务之急,是制定一部以制度安排和体制创新为主要内容的循环经济基本法律,并以此统辖和指导各单行法的制定和实施。[2]

时任全国人大环境与资源保护委员会主任委员、环境科学专家曲格平教授(2007)在分析了德国、日本、美国推进循环经济的国家经验以及杜邦化学公司模式、卡伦堡生态工业园区的企业发展循环经济模式的基础上,认为发展循环经济是21世纪的大趋势,从中国经济发展长期远景来看,我们

---

[1] 陈德敏:《我国循环经济立法若干问题研究》,《现代法学》2008年第2期。
[2] 高庆年、陈松林、方晓霞:《我国循环经济立法的几个基本问题》,《法学杂志》2006年第4期。

必须把发展循环经济确定为国民经济和社会发展的基本战略目标，进行全面规划和实施，从政府来讲，就是要制定相应的法律、法规和相应的规划、政策，对不符合循环经济的行为加以规范和限制，除必要的行政强制措施外，应当更加注意运用经济激励手段和措施，以及其他激发民间自愿行动的手段和措施，以顺利推进循环经济的发展。①

时任全国人大环境与资源保护委员会副主任冯之浚教授（2007）认为，循环经济不仅是一种新的经济发展模式、也是一种新的经济增长方式，当前我国循环经济还处于起步阶段，发展循环经济仍面临一些严重障碍，需要运用行政、经济、法律等手段才可以克服，而法律手段具有规范性、稳定性、强制性、公开性和极大的权威性，是国家调控经济、社会发展的最高形式，其作用和力度是其他手段无法达到和替代的，因此，发展循环经济必须加快制定循环经济法，而循环经济法应该是一部具有战略高度和全局眼光的带有基本性质的法律，应当完整准确地体现经济社会和环境资源的协调发展。②

第四节 本书简评

《循环经济促进法》自2008年颁布以来，至今已经近10年，此处之所以将学术界关于制定《循环经济促进法》的是否必要或可行以及立法模式或立法思路的争鸣予以呈现，是想以《循环经济促进法》实施几年来的实际效果为考量，重新审视当时关于循环经济的立法论证的学术声音，试图对制定一部循环经济一般性立法是否就能实现经济、社会发展高效率、低能耗、低排放的立法疑问给出初步回答，检视当初主张马上进行循环经济一般性立法制定的学界主流所给予的立法承诺是否初步兑现，这种立法回顾不仅可以对我国未来循环经济法制建设、循环经济政策走向提供参考，也对我国法学界的学术研究有一定的反思和指引作用。

上文所呈现的关于制定《循环经济促进法》的必要性的争鸣，从总体的、长远的考虑来看，学者们实际上都不反对制定循环经济一般性立法，其争议的焦点其实集中于现阶段制定循环经济一般性立法是否必要和可行的问题，是关于制定循环经济一般性立法的时间点问题。高利红、陈海嵩等持反

---

① 曲格平：《发展循环经济是21世纪的大趋势》，《中国环保产业》2001年第21期。
② 冯之浚：《我国的循环经济与立法研究》，《浙江树人大学学报》2007年第3期。

对意见的学者是从我国当前不具备全面实施循环经济的经济、社会现实条件和法律基础、思想基础进而得出我国当前甚至在很长一段时间内都不具有制定循环经济一般性立法的必要性，其论证逻辑是从可行性论证推出必要性论证。持适时制定循环经济一般性立法的观点的学者和持马上制定循环经济一般性立法的观点的学者，实际上对现阶段制定循环经济一般性立法的看法基本一致，只是立法思路存在分歧。持前一观点的学者实际上主张按照先特殊后一般的立法思路或顺序开展循环经济立法工作，即先制定发展循环经济的专项法律法规、修改完善已有的与循环经济相关的法律法规，例如先制定《资源回收利用条例》《包装物回收利用管理办法》等单行法律法规，修改完善《固体废物污染环境防治法》《清洁生产促进法》等，然后在此基础上制定循环经济一般性立法以统领全局、建立循环经济法律体系。而持后一种观点的学者实际上秉持从一般到特殊的立法思路或顺序，即先制定循环经济一般性立法，以此指导并统领其他循环经济专项立法，并最终形成循环经济法律体系。

从我国循环经济立法现状来看，立法者采取了先一般后特殊的立法思路，希望通过制定《循环经济促进法》宣示国家发展循环经济的政策，并将国家发展循环经济的战略决定以法律的形式固定下来，明确各主体在循环经济法律关系的权利和义务，开启在全社会发展循环经济的热潮，实现我国经济社会可持续发展的目标。不可否认，《循环经济促进法》的出台对于我国循环经济法律体系逐步完善有重要意义，带动了一批相关配套法规、政策的出台，极大地推动了节能减排目标的实现，催生了一批新工艺和新技术的出现。然而，《循环经济促进法》的实施以来并没有取得预期的立法效果，主要原因在于法律规定过于抽象、原则、可操作性不强。由于基于宣示国家的循环经济政策的立法目的，《循环经济促进法》在指南规定过程中不加转换地吸纳了过多的政策性因素，导致法律的确定性和可操作性大大降低，这一做法混淆了法律和政策的本质区别，将《循环经济促进法》置于"空中楼阁"的尴尬境地，使法律的权威性大打折扣。另一个主要原因在于我国经济发展总体水平离德国、日本等发达国家差距较大，且地区差异明显，我国还处在努力将能源利用率提高至世界平均水平、降低废弃物的增长速度的经济发展阶段，公众的传统发展观念和消费观念依旧顽固，除局部地区、一些行业发展循环经济取得较好效果外，我国整体上还未达到发展循环经济所需要的经济、社会环境。基于立法水平和现实状况的制约，《循环经济促进法》的制定并没有如期实现立法承诺、实施效果差强人意。笔者认为，出于法律的稳定性的要求，规范循环经济，应当首先从既有法律法规中寻找依据或者从完善现行法律法规入手，只有在现行法律法规无法提供解决办法时，才谈得上制定一部新的法律，切忌落入"立法万能论"的陷阱，还应从各个立法层次贯彻循环经济理念，并分地区、分行业综合运用多种手段进行政策鼓励和引导。

第三章　循环经济法的立法模式与法律属性之争

中国循环经济立法于2005年纳入全国人大常委会的立法计划，2007年8月对《循环经济法（草案）》进行初次审议，2008年6月经过二次审议，同年8月29日全国人大常委会三次审议的循环经济法草案将该法律的名称修改为循环经济促进法，并表决通过，该法自2009年1月1日起施行。在《循环经济促进法》正式颁布实施之前，理论界、实务界对于中国循环经济立法模式和立法架构等问题进行了大量的讨论和建议，对于中国当前应当制定什么样的循环经济立法产生了较大的争议，下文将对争议观点予以列举和评价。

第一节　循环经济法的立法模式之争

《循环经济促进法》颁布前，中国只有《环境保护法》《清洁生产促进法》等零散体现循环经济内容和要求的全国性法律。自2005年循环经济立法纳入立法计划以来，理论界和实务界对当前中国循环经济立法应当采用何种立法模式产生了争议。由于中国循环经济立法起步较晚，需要向德国、日本和美国几个循环经济立法较为完善的国家立法进行学习和借鉴，这些国家有关循环经济的立法模式大概可以分为两类：一类是将整个经济活动纳入循环经济的德、日等国立法模式，称为经济循环型；另一类是将清洁生产立法纳入污染预防的法律范畴的以美国、加拿大为代表的立法，称为污染预防型。但是，由于美、加模式主要是注重清洁生产立法，以此作为循环经济立法的核心和基本形式，没有将循环经济纳入整个经济活动，更多地体现环境法的特性，中国学者大都在采取第一类模式上保持一致，但是由于德国与日本两个代表性的国家其在制定循环经济基本法和制定循环经济专项法的先后问题上有所不同，因此，争议大都集中于此。

一　先制定循环经济专项法后制定循环经济基本法

许多学者认为，根据中国循环经济发展现状，循环经济专项法的制定和完善应当作为当务之急,待条件成熟后,再行循环经济基本法的制定。

如蔡守秋教授认为,我国进行循环经济立法应采取三步走的分阶段立法模式:第一阶段,应当制定废物处置法和资源促进利用法等综合法,并修改现有的综合法。我国在综合性循环经济立法方面已具有一定的经验和成效,目前颁布的与循环经济有关的综合性法律有《固体废物污染环境防治法》和《清洁生产促进法》,《固体废物污染环境防治法》原则上虽然规定了固体废物的减量化和循环利用,但是其主要还是末端控制,先污染后治理,不能真正地促进循环经济的形成;而《清洁生产促进法》是世界首部统一规定清洁生产的法律,清洁生产着眼于生产服务领域,是循环经济的初级阶段,实现了从末端控制到污染预防和源头控制。因此,这一阶段立法的重点应是先把固体废物的循环利用做好,然后逐渐扩展到其他种类的废物,包括热能、液体、气体等,最后制定统一的《废物法》。另一个重点是与《清洁生产促进法》相配套,制定《资源利用促进法》,缓解能源的紧张状况,提高资源的利用率。第二阶段,是制定有关各种特定物质循环利用的专项法。循环经济是需要技术支撑的经济发展模式,我国现有的科技水平还不能完全达到利用所有废物的水准,而且实际上也不是所有的废物都能循环利用,因此要成熟一个,制定一个,满足现实的需要,目前我国应把重点放在报废汽车、建筑材料、废旧家电等的利用技术研究和循环利用立法上。第三阶段,当条件成熟时,可以借鉴日本的做法,制定循环经济基本法。[①]

李克荣则认为,尽管制定一个新的《循环经济促进法》为我们提供了一个重新建构整个循环经济法律体系的契机,但我们不可能不顾及自己已有的立法体系和他国的立法背景,而在既无循环经济实践的经验积累,又无丰富的可供借鉴的国外立法经验情况下,急迫地去制定循环经济促进法并不可行。《循环经济促进法》将要规范的内容与现有立法的关系将无法回避,特别是与《清洁生产促进法》的关系,两部立法的重复性和协调实难处理。[②]

张国华认为,我国目前不宜过早制定循环经济基本法,而应该学习德国立法模式,将立法资源先放在循环经济各单行法的制定上。理由在于:(1)德国路径更为实用,先制定各项单行法能紧跟时代发展步伐,满足循环经济发展的迫切需要,毕竟循环经济不仅是停留于纸上的经济发展理念,

---

[①] 蔡守秋、蔡文灿:《循环经济立法研究——模式选择与范围限制》,《中国人口·资源与环境》2014年第6期。

[②] 李克荣:《关于制定〈循环经济促进法〉的冷思考》,《河北师范大学学报》(哲学社会科学版)2006年第4期。

更需要人们去践行。（2）日本也并非一开始就制定循环经济法，而是在已经颁布了一系列单行条例之后才制定的，我国目前称得上循环经济法的只有一部《清洁生产促进法》，连行政规章都寥寥无几，更毋论法律了；（3）循环经济法将要规范的内容与现有立法的关系将是立法者无法回避的，特别是与《清洁生产促进法》的关系。①

二　先制定循环经济基本法，后制定循环经济专项法

然而更多的学者则倾向于先行制定循环经济基本法，如孙佑海认为当前无论在政治层面还是在立法的技术层面，都需要一部综合调整循环经济法律关系的专门法律。从政治层面来看，需要从战略的高度，考虑制定一部能够统揽全局的、带有综合法性质的推进循环经济发展的法律。通过制定一部高质量的循环经济的法律，运用权威的法律手段支撑、保障和引导循环经济大发展。从立法技术的层面看，至今还缺少从国家发展战略、规划和决策层次系统综合调整循环经济发展的法律规范。目前的《清洁生产促进法》《固体废物污染环境防治法》和《节约能源法》，受各自的法律定位所限，无法发挥从全局的高度统领推进循环经济发展的使命。在此基础上，迫切需要国家立法机关在总结立法经验的基础上，整合现行的法律措施，制定具有综合法性质的循环经济法律。②

张雪则认为，我国应当建立以基本法为核心和统帅，相关单行法为分支的推进循环经济形成、覆盖全社会生产和消费活动的法律体系，参照目前世界上循环经济立法最为完善的国家——日本，我国可以将循环经济的法律法规体系从整体上大体分为三个层次：第一层面的基本法，第二层面的综合性法律，第三层面的具体（专门）法律法规。在这一法律体系中，首先是属于基本法的《环境保护法》和《循环经济促进法》；其次是综合性法律《清洁生产促进法》和《资源综合利用法》；最后是根据各种产品性质制定的专项性法律法规。③

周珂也认为，随着经验的积累，条件的成熟，我国应逐步推广立法，参考日本按行业分别进行循环经济立法，形成一个以基本法为核心，各单行法

---

① 张国华：《资源保护与经济发展的立法选择——兼论循环经济法与环境保护法的关系》，《政法论丛》2007年第6期。
② 孙佑海：《中国应当制定什么样的循环经济法》，《法治论丛》2006年第4期。
③ 张雪：《论我国循环经济立法体系的构建》，《2005年中国法学会环境资源法学研究会年会论文集》。

具体落实的循环经济法律体系。我国完全可以先行制定循环经济基本法,再在该法指导思想下和基础上制定各单行法。①

吴国平同样认为,为了有序推进我国的循环经济体系建设,防止出现政出多门、各行其是的混乱格局,有必要抓紧制定一部统揽我国循环经济建设全局的循环经济基本法,确定我国发展循环经济的基本方针、指导思想和基本原则,并对我国实施循环经济的范围和对象,政府、企业、非政府组织在发展循环经济中的地位、权利和义务,促进循环经济发展的政策支持体系,有关循环经济的监管与法律责任等问题作出明确而系统的规定,从而为有效推进我国的循环经济发展奠定良好的法制基础,同时也为制定其他相关方面的法律法规提供基本的立法依据。②

高庆年则认为,我国发展循环经济的当务之急是在科学发展观的指导下,依照走新型工业化道路的要求,制定一部体现社会主义市场经济要求,反映循环经济发展的宏观规律,以制度安排和体制创新为主要内容的循环经济基本法,并以此统辖和指导各专项法的制定和实施,从而使基本法与专项法、专项法与专项法之间相互促进、良性互动,推动我国的循环经济健康发展。③

郝敏也认为,我国应改善就某项问题进行单个立法的习惯思路,虽然能够解决眼前问题,但却不利于各个单行法之间的协调与配套,无法形成一个层次分明、严密完整的法律体系。因此,可以参照日本的做法,首先就应该考虑制定一个统领全局具有指导作用的推动循环型社会建设的基本法——《循环经济法》,在此基础上按行业分别再制定各专项法,形成一个以基本法为核心,各单行法来具体落实的循环经济法律体系,不仅可以避免矛盾的产生,还可以保证促进法律体系整体的协调和统一。④

第二节 循环经济法的法律属性之争:"促进法"还是"强行法"

我国在循环经济立法方面一直紧跟发达国家步伐,领先于许多发展中国家,学界对于循环经济法的定位产生了一些分歧,一部分学者认为,应当出

---

① 周珂:《循环经济立法研究》,《武警学院学报》2005年第1期。
② 吴国平:《循环经济立法研究》,《政治与法律》2006年第6期。
③ 高庆年:《我国循环经济立法的几个基本问题》,《法学杂志》2006年第4期。
④ 郝敏:《构建循环经济法律体系若干问题的研究》,《河北法学》2007年第10期。

台一部规范法、强制法，使其具有充分的可操作性和可诉讼性，通过法律的强制力促使循环经济制度尽快贯彻与执行，并制裁对循环经济发展不积极的单位和个人，尽快解决实际问题；另一些学者则认为，从国情上来看，我们在清洁生产、废物回收利用、节能减排等方面的资金、技术、制度规范等均有待完善，生产水平和科研实力也亟待提升，如果建立一套严格的、强行性的法律治理循环经济发展，容易造成企业、消费者等主体的经济负担加重，成为国民经济的稳定健康发展的桎梏，因此认为制定一部政策性、促进性的旨在推广循环经济理念、引导各方主体积极贯彻循环经济政策的法律，是比较主流的观点。

比如，蔡守秋教授就认为"政策法""促进法"并没有否定法律的强制性、可诉讼性的作用，只不过其包含的强制性和制裁性条款较少，并没有完全失去法律作为社会行为规范的作用，而是根据法律调整的对象强调对有关行为的指导性、引导性。在某种意义上可以认为，法律的指导性和引导性在某些领域起着较法律的强制性和可诉讼性更加有利和有效的作用。因此，作为综合调整、全面调整、整体调整循环经济的基本法，适宜采用《循环经济促进法》这种"政策法"或"促进法"的形式，即《循环经济促进法》应该具有综合性、指导性和政策性。将《循环经济促进法》设计为循环经济政策法、促进法，以指导、引导我国循环经济的健康、有序发展[①]。

另外，也有一些学者认为，应该充分结合这两个方面，不同领域采取不同定位，协调统一。比如，高庆年认为，应在"促进型"基础上加入强制内容，由于企业作为社会主义市场经济条件下的主体，应具有自主性，对企业生产、服务的过程施加过多的、直接的行政干预，不符合市场经济的原则。而且，从西方国家在发展循环经济的法律规定上看，其基本内容也是采取促进、鼓励、指导的方式。因此，我国的循环经济立法应从实际出发，实行自愿与强制相结合，且根据情况灵活调整两者比例的原则与方法[②]。

王灿发则认为应当两者兼顾，从长远来看，应当制定一部政策法，但从我国环境资源的严峻状况看，发展循环经济，转变经济增长方式已经刻不容缓，循环经济立法也应当根据客观实际的需要作出相应调整，仅仅制定偏重环保内容的政策法，从我国的法治状况看，起不到其应有的作用。因此，从现实需要出发，王灿发认为循环经济法应当是一部环境法与经济法交叉的专

[①] 蔡守秋：《论循环经济立法》，《南阳师范学院学报》（社会科学版）2005年第1期。
[②] 高庆年：《我国循环经济立法的几个基本问题》，《法学杂志》2006年第4期。

项立法，而且要能够解决一些实际问题①。

第三节　学界对《循环经济促进法》实施现状的评价

《循环经济促进法》以"减量化、再利用、资源化"为主线，全文共7章58条，这部法律坚持减量化优先原则，建立了循环经济规划制度、抑制资源浪费和污染物排放总量调控制度和生产者责任延伸制度，强化产业政策的规范和引导并且建立了合理的激励机制和法律责任追究制度。在实践中，对于我国以减少资源消耗和环境代价，取得最大化的经济产出和最少量的废物排放，实现经济、环境和社会效益相统一，建设资源节约型和环境友好型社会提供了基本的制度规范。但由于我国循环经济发展处于起步阶段，与发达国家的生产方式和技术水平差距很大，虽然这部法律确立了循环经济发展的基本法律制度和政策框架体系，可是，其在立法制定中不加转化地容纳了过多的政策性因素，使其中一些规定过于模糊抽象，原则性条款较多而缺乏可操作性，配套的法规、规章、条例等却存在缺失和滞后，使得循环经济法并未形成一个科学、完整的体系，远没有实现立法时的目的。

如王勇认为，发展循环经济机制与配套制度不完善。再利用和再生利用原料的成本往往比购买新原料的价格更高，国家缺乏相应的财政和税收扶植政策，企业自觉进行废物再利用、资源化的积极性不高，循环经济作为口号宣传得多，落到实处得少。相关法律不健全，我国目前涉及循环经济内容的法律主要有：《循环经济促进法》《环境保护法》《矿产资源法》《节约能源法》《清洁生产促进法》《水法》《水土保持法》《土地管理法》《政府采购法》《大气污染防治法》《固体废物污染环境防治法》《水污染防治法》《环境影响评价法》《可再生能源法》《农业法》《草原法》《森林法》《渔业法》《电力法》等。从数量上看，这方面法律不少，但这些法律相当一部分是在市场经济体制目标确定之前制定的，不能适应市场经济体制下发展循环经济的要求，相关法律和行政法规规定零散，标准不统一，可操作性差。《固体废物污染环境防治法》《节约能源法》《清洁生产促进法》中较多地体现了循环经济的相关要求，但这些法律缺乏可操作性。有关清洁生产的规定虽然涉及政府在清洁生产方面的某些职责以及企业在清洁生产方面的某些权利义务，但过于抽象、笼统，缺乏协调与配合，可操作性差，政策宣示的

---

① 王灿发：《我国循环经济立法现状及相关问题探讨》，《中国发展观察》2007年第8期。

性质较为明显而法律意义不突出，原有立法并未为企业开展清洁生产提供切实可行的法律支持与保障措施。①

董溯战认为，中国资源、能源与环境法领域基本采用的是"简单的基本法+详尽的法规、规章"模式。在这种模式下，由于基本法极为简单，难以单独适用，因而，衔接得当、规范合理的法规、规章往往是基本法理念得以实现的主要保障。但是，阐释性法规、规章未能在基本法颁布后及时制定、甚至长期缺位的情况也并不鲜见，这必然使基本法成为"摆设"，中国的《循环经济促进法》也已处于这种状态。为避免此类有损法律尊严、有悖法治理念的现象发生，应调整立法模式。其一，在条件允许的时候一步到位，制定详尽的基本法。其二，在条件不允许时，要保障阐释性的法规、规章在基本法实施后及时颁布。②

李丹认为，我国循环经济发展地区间尚不平衡，有的地方发展循环经济取得了实实在在的成效，有的地方还处在动员部署阶段，实质性工作没有开展，有的地方甚至只是将发展循环经济作为一种口号，放松对发展循环经济和环境管理的要求，仍然发展一些高耗能、重污染产业，而且，相关的配套法规、规章和规范性文件尚不健全。李丹具体列举了我国《循环经济促进法》实施中出现的问题：第一，《循环经济促进法》中明确规定的配套法规、规章如《全国循环经济发展规划》《强制回收的产品和包装物的名录及管理办法》《重点用水单位的监督管理办法》等，在法律起草和实施过程中，其中的一部分配套法规已经制定出台，但全国循环经济发展规划、发展循环经济的有关专项资金的使用办法等仍然没有出台，导致各级政府支持发展循环经济的稳定投入机制还未形成，企业缺乏加大投入的内在动力和外在压力，而且，有助于保障法律有效实施的规范性文件也迟迟未能出台。第二，技术、标准、信息化网络等支撑体系尚较薄弱，技术进步对循环经济发展的支撑与引领作用有待进一步发挥。第三，循环经济评价指标体系不完善、不规范，尚不能对循环经济的发展水平作准确的评估。第四，循环经济标准体系建设较为滞后，第一、二、三产业发展循环经济的一些关键性标准缺失，循环经济信息化管理还有待完善。第五，技术信息、废弃物数据库等基础资料的管理信息体系和网络还未建立，废物回收体系不协调，覆盖全社

---

① 王勇：《我国循环经济发展对策探析——以〈循环经济促进法〉为视角》，《中共郑州市委党校学报》2009年第1期。

② 董溯战：《德、日与中国循环经济促进法的比较研究》，《生产力研究》2010年第1期。

会的资源循环利用体系尚未形成。①

宁伟则认为,《循环经济促进法》自制定实施后,其实施效果一直并不理想,引发对该法规定过于抽象、可操作性差的批评。这种法律规范的模糊性、原则性特征,源于法律的最初制定过程。正是在立法制定中不加转化地容纳了过多的政策或政治性因素,混淆了法律文件与政策性文件在性质及功能上的区别,导致丧失法律规范仰赖的确定性和可操作性的后果,呈现出"法律政策化"的现象。为避免法律制定后难以实施的困境,应当对法律政策化予以反思,重视立法过程中的法律专业化、技术化,去除立法中过多的政策性或行政性干扰,或对政策进行规范性转化,即政策法律化。②

第四节 本书简评

随着《循环经济促进法》的出台,关于循环经济如何立法和立一部什么法的争论也随之尘埃落定,但是,上述学术观点却并未失去其价值。循环经济基本法和专项法的立法先后问题,以及立法思路上应强调规范、强制、制裁、可诉抑或主张促进、引导、推广政策与理念的分歧,实质上是立足我国经济社会实际,寻求循环经济立法体系的构建与完善及如何使其更好地发挥法律规范作用和协调统一各法之间关系的科学路径。从德国与日本的立法实践中进行考量,无论循环经济基本法和专项法二者孰先孰后,两国循环经济立法体系之完善、制度联系之和谐均举世瞩目。而我国《循环经济促进法》在审议中更名,加入"促进",就是考虑到国情实际,通过理念促进、制度探索,逐渐构建完整架构,同时也对一些严重问题规定了强制性法律责任追究规范,形成了促进为主、强行为辅的立法思路。但是,由于政策的法律化使得《循环经济促进法》的一些条文过于模糊化和原则性,而且在"促进法"的要求下设置了较多的倡导性条款,导致这部法律可操作性不强,加上相关配套专项法规的缺失和滞后,使其适用效果远未达到立法的预期目标。然而,毋庸置疑的是,《循环经济促进法》作为循环经济法律体系的基本法,其纲领性的作用为我国循环经济法制建设进一步发展奠定了基础,构建出了法律体系的基本框架,在实践中也取得了一定的法律效果。而且,循环经济理念业也已逐步进入政府、企业等法律主体的发展规划中。可

---

① 李丹:《〈循环经济促进法〉施行效果评估分析》,《再生资源与循环经济》2012年第9期。
② 宁伟:《环境立法政策化探析——以〈循环经济促进法〉为例》,《法制与经济》2014年第2期。

以说，在当前我国经济社会转型和建设法治国家的关键时期，《循环经济促进法》助力传统的粗放型经济增长模式向着循环型的新型经济发展模式转变、进一步完善我国法治建设的作用明显、意义重大。综上所述并结合诸多学者的论述，未来我国在循环经济立法方面，汲取先进经验、加快体系建设、规范法律条文、完善配套法规和规范性文件、加强政府引导、吸收公众参与等工作就成了重中之重。

第四章 循环经济法与相关法律的关系之争

我国现行法律中包含或者体现循环经济内容的法律主要有《环境保护法》《节约能源法》《清洁生产促进法》《固体废物污染环境防治法》《水法》《水土保持法》《土地管理法》《政府采购法》《大气污染防治法》《矿产资源法》《水污染防治法》《环境影响评价法》《可再生能源法》《农业法》《草原法》《森林法》《渔业法》《电力法》等。其中《固体废物污染环境防治法》《节约能源法》《清洁生产促进法》中较多地直接体现了循环经济的减量化、再利用、再循环的要求，与循环经济立法的内容存在交叉和重叠，因此，在《循环经济促进法》制定过程中，理论界引发了要不要制定《循环经济促进法》，或者在《循环经济促进法》制定后《固体废物污染环境防治法》《清洁生产促进法》《节约能源法》何去何从的争论。概括起来，理论界对此问题主要有三种观点：一是认为《循环经济促进法》与《节约能源法》《固体废物污染环境防治法》《清洁生产促进法》各有侧重、并行不悖，要加强《循环经济促进法》与相关立法的协调；二是认为循环经济法草案内容与现行《清洁生产促进法》《固体废物污染环境防治法》《节约能源法》内容多有雷同，为防止法条竞合和冲突，避免立法资源浪费和法律体系混乱，现阶段没有必要进行循环经济立法；三是认为《循环经济促进法》应当吸收《节约能源法》《固体废物污染环境防治法》《清洁生产促进法》的内容，实现三法合一，《循环经济促进法》出台后可以废止《节约能源法》《固体废物污染环境防治法》《清洁生产促进法》，下文将逐一列举上述观点。

第一节 《循环经济促进法》与相关法律协调并行

大多数学者都认为制定《循环经济促进法》应当加强其与相关法律的协调，尽量减少《循环经济促进法》与原有环境资源法律的重合，防止法律冲突，使《循环经济促进法》成为循环经济法律体系的基干法、牵头法。

如王灿发教授认为《循环经济促进法》虽然与其他诸如《清洁生产促进法》《固体废物污染环境防治法》《节约能源法》等法律存在交叉和重叠的部分，但是，循环经济法与这些法律之间解决问题的侧重点不同，其他法律只是解决了资源节约或环境保护中某个方面的问题，而循环经济立法则从全面落实科学发展观的高度，将资源的节约综合利用与环境保护综合考虑，将立法目的定位为"保护环境、节约资源、促进经济发展"，并提出了新的经济增长模式应当遵守的基本原则、行为准则和规范体系。因此，王灿发教授认为《循环经济促进法》应当坚持经济和环境资源一体化的思想，实现对该法的立法宗旨、目的、指导思想和调整范围的定性定位，并通过一定的立法技术尽量避免或减少与原有环境资源法律法规的重复，使《循环经济促进法》真正成为推动我国循环经济发展的、名副其实的专项法，而不是用《循环经济促进法》去取代或包含其他环境保护和资源开发的法律。①

吕忠梅教授认为，《清洁生产促进法》《固体废物污染环境防治法》《节约能源法》等法律并不具有循环经济法所特有的和谐与综合决策的本质，因此，这些法律不是循环经济法，应当将这些法律按照循环经济法的和谐价值和综合决策功能进行一定的修改，但这种修改不能改变它们的环境法或经济法本质属性。吕忠梅教授明确指出，循环经济法与这些法律之间应该是规范协同，而不是替代，因为不论是清洁生产还是固体废弃物污染防治对于环境问题的源头治理和末端控制都有自己的目的和功能，并非一部循环经济法可以完全替代的。而且，循环经济法的规范协同范围并不局限于清洁生产、固体废弃物污染防治、节约能源这样几个方面，而必须渗入市场经济活动的每一个领域、政府决策的每一个部门、社会生产和消费的每一个环节。②

汪劲教授认为，《清洁生产促进法》和《固体废物污染环境防治法》虽然都包含了循环经济的内容，但是这两部法律带有浓厚的部门色彩，只关注生产中的某一个环节，而《节约能源法》和《可再生能源法》只规制能源领域，还存在几个环节和几个领域属于法律空白，因此，循环经济法的立法目标和方向应当是物质循环控制，填补目前这四部法律的空白。③ 季昆森也认为循环经济法是一部覆盖经济社会发展全局的法，它与《清洁生产促进法》《固体废物污染环境防治法》《水污染防治法》《大气污染防治法》《节约能源法》和《可再生能源法》虽然密切相关，但是这些法律只是从某一

---

① 王灿发：《我国循环经济立法现状及相关问题探讨》，《中国发展观察》2007年第8期。
② 吕忠梅：《循环经济立法之定位》，《法商研究》2007年第1期。
③ 汪劲：《生理学视角下的循环经济立法问题》，《东南学术》2006年第3期。

方面进行规定,而循环经济法是管全面、管全过程、起统领作用的。①

李艳芳教授认为,虽然《清洁生产促进法》《节约能源法》和《固体废物污染环境防治法》分别对清洁生产、节约能源和固体废物污染进行了专门规定,循环经济立法与这些法律出现重复立法或者交叉立法的问题在所难免,但是循环经济立法与上述法律仍然存在明显区别,不能代替这些专项立法。李艳芳教授深入分析了循环经济立法与《清洁生产促进法》《节约能源法》和《固体废物污染环境防治法》的关系,并阐述了这些专项立法的独立存在价值:首先,循环经济立法与《清洁生产促进法》相比,清洁生产与循环经济并不是完全相同的,循环经济的理念、范围、层次比清洁生产要广得多,清洁生产只是循环经济较为重要的一个方面,因此,清洁生产不能等同于循环经济,《清洁生产促进法》和《循环经济促进法》彼此不能互替。其次,循环经济立法与《节约能源法》相比,虽然它们都是实现节约型社会的手段,但是,循环经济与节约能源并不是同一概念,它们最主要的不同之处在于两者的范围不同,循环经济的范围要大于节约能源,循环经济既包括减量化,也包括再循环与再利用,而节约能源则仅具有减量化的意义,并不包括再循环与再利用。而且《节约能源法》对于保障国家能源安全具有重要意义,循环经济作为一个上位概念以及《循环经济促进法》作为上位立法,不可能对节约能源作出十分具体的规定,因此,即使出台了《循环经济促进法》《节约能源法》仍然具有独立存在的价值和作用。最后,循环经济立法与《固体废物污染环境防治法》相比,由于《固体废物污染环境防治法》是在中国没有循环经济专门立法情况下出台的法律,其调整的范围远远大于固体废物管理本身,实际上已经包含了一些发展循环经济的内容,其现有内容能够很全面地与循环经济的发展相衔接,《循环经济促进法》颁布后,应当适时对《固体废物污染环境防治法》进行再次修改,对超出固体废物管理的内容,如倡导的绿色采购、防止过度包装等规定可以删除。

肖剑鸣、吴晖明确提出,《循环经济促进法》与《清洁生产促进法》《固体废物污染环境防治法》《水污染防治法》《大气污染防治法》《节约能源法》等专项立法之间是主干法与分枝法的关系,由于我国的污染防治法具有浓重的末端治理色彩,《循环经济促进法》与上述污染防治法、清洁生产专项立法等之间在立法理念和立法方式之间存在的差异难免会导致法的实

---

① 季昆森:《关于循环经济立法中的若干问题》,《江淮法治》2006年第8期。

施和运行过程中出现冲突。为了很好地消除这种法律先后不兼容的现象，肖剑鸣、吴晖认为，一方面，应该抓紧在循环经济理念指导下修改上述专项立法；另一方面，制定《循环经济促进法》应当考虑我国的经济社会现状和法制现状，不应该过于超前立法。[1]

第二节 《循环经济促进法》可以吸收相关立法

有一部分学者认为《清洁生产促进法》《固体废物污染环境防治法》《节约能源法》等法律是在我国没有循环经济专门立法的情况下出台的，既然现在要制定《循环经济促进法》，那么就可以吸收、容纳上述法律的规定，待《循环经济促进法》出台后，就可以适时废止这些法律，以免法律重叠、冲突。如孙佑海教授在论及《循环经济促进法》与《清洁生产促进法》的关系时，认为清洁生产侧重于生产过程、注重微观层次，而循环经济涉及国民经济生活的一切相关领域，因此《循环经济促进法》的调整范围应当大于《清洁生产促进法》的调整范围，如果国家在条件成熟时制定《循环经济促进法》，就可以考虑将《清洁生产促进法》中的基本内容吸收到《循环经济促进法》中来，而相应将《清洁生产促进法》废止，至于《清洁生产促进法》中一些内容有用但没有吸收到《循环经济促进法》中的条款，可以考虑在以后制定有关的条例和细则时纳入其中。在论及《循环经济促进法》与《固体废物污染环境防治法》的关系时，孙佑海教授认为，循环经济的理念和政策源于废物的回收利用和合理处置，因此，一旦国家制定《循环经济促进法》，必然也会将现行的《固体废物污染环境防治法》中的相当一些内容纳入其中，所以，同时废止《固体废物污染环境防治法》，也就不失为一个合理的选择。孙佑海教授认为，条件成熟时要将《清洁生产促进法》《固体废物污染环境防治法》并入《循环经济促进法》，通过整合实现"三法"的合一，这样有助于减少法律之间的矛盾和冲突，有助于理顺管理体制，方便基层单位和广大人民群众，也有助于进一步实现循环经济法制的科学化和现代化，进而促进我国经济建设与环境资源保护的协调发展。[2]

梅宏将循环经济立法分为两个层次，基础层次是对生产、流通、消费等环节分别进行规制的法律，第二层次是指对经济发展与环境保护、可持续发

---

[1] 肖剑鸣、吴晖：《节约型社会的循环经济立法》，《法制论丛》2006年第4期。
[2] 孙佑海：《循环经济立法问题研究》，《环境保护》2005年第2期。

展全面调整的循环经济综合立法。梅宏认为，鉴于循环经济与清洁生产的目标一致，循环经济的概念和范围大于清洁生产，清洁生产着眼于生产领域，只是循环经济的一个初级阶段，其作为发展循环经济过程中对企业提出的技术性要求，可以包括在循环经济之中，因此，循环经济综合法的调整范围应当大于《清洁生产促进法》的调整范围，待条件成熟制定循环经济综合法时，可以考虑将《清洁生产促进法》中的基本内容吸收到循环经济综合法中来，相应地将《清洁生产促进法》废止。就循环经济综合立法与《固体废物污染环境防治法》的关系来说，梅宏认为，从国内外循环经济的实践来看，用以实现循环经济理念的制度多来源于固体废弃物管理的法律制度，而我国《固体废物污染环境防治法》中有关固体废弃物利用和处理的一些条文，显然已经涉及循环经济的重要内容，因此，在制定循环经济综合法时将现行的《固体废物污染环境防治法》中的主要制度融入其中，待循环经济综合法施行时，废止《固体废物污染环境防治法》，也就成为一个合理的选择。[①]

邱秋也认为，循环经济单项立法应当逐步为综合性立法所吸收，单项立法的目标是控制我国的各种环境问题，逐步发展循环经济，并为将来制定完备的《循环经济法》或《废弃物法》提供经验，因此单项立法是过渡性的法律，随着我国社会、经济的发展，可以为《循环经济法》或《废弃物法》所吸收和替代，从发达国家对循环经济的法律调控来看，也经历了一个由单项立法到综合性的循环经济法或废弃物法的发展过程。[②]

第三节 《循环经济促进法》与相关法律的冲突难以调和

有些学者认为，循环经济立法与《清洁生产促进法》《矿产资源法》《节约能源法》《固体废物污染环境防治法》存在重合和冲突，出台《循环经济促进法》将会导致现有法律体系混乱，并且浪费立法资源，进而提出目前不宜制定《循环经济促进法》。如张国华认为，循环经济法将要规范的内容与现有立法的关系是立法者无法回避的问题，特别是与《清洁生产促进法》的关系，因为《清洁生产促进法》中已经包含了许多循环经济基本法的内容。因此，是在保留《清洁生产促进法》的情况下再去制定《循环

[①] 梅宏：《论基础层次的循环经济立法》，《福建政法管理干部学院学报》2006年第1期。
[②] 邱秋：《论循环经济立法》，《统计与决策》2003年第4期。

经济法》，还是废止《清洁生产促进法》去制定《循环经济法》是一个棘手的问题，显然保留《清洁生产促进法》将导致两部立法的重复性和协调难以处理；而废除《清洁生产促进法》将会导致一个仅仅实施两年的立法就面临被废止的命运，这无论从哪个角度看都令人费解。所以，从节约立法成本和维持现有法律体系完整的角度看，在目前立法任务十分繁重的形势下，没有必要先进行循环经济基本法的立法工作，为防止和现行制度的冲突，更应该先制定具体的循环经济法律。①

高利红、陈海嵩也认为，如果制定循环经济基本法，就会和已有的清洁生产法律制度、《固体废物污染环境防治法》产生重叠和冲突，而如果在循环经济基本法中回避企业清洁生产问题和固体废物处置、利用问题，该法就很难称得上是一部综合性的、一般性的循环经济基本法。解决此问题的直接方法自然是废止原有法律，但是循环经济所涉及的现行法律制度并不是只有《清洁生产促进法》和《固体废物污染环境防治法》，还包括《节约能源法》《水法》《矿产资源法》《绿色市场认证规则》等一系列法律法规，如果照此思路，把这一系列法律法规都废止掉，将会导致我国环境资源法律体系更加混乱。即使通过如法律修订、法律解释等方法解决《节约能源法》《水法》《矿产资源法》与循环经济基本法的关系，只将2002年颁布的《清洁生产促进法》和2004年底刚刚修订的《固体废物污染环境防治法》废止，不仅会导致立法资源的浪费和可能造成的混乱，而且会严重损害法律的权威性。因此，高利红、陈海嵩认为，制定循环经济基本法，就不能回避其同现有法律制度冲突的问题，而这种冲突不是将现有法律废止就能解决的，为了维护法律的稳定和权威，如果循环经济基本法不能解决其同现有法律制度冲突的问题、不能厘清其与其他环境资源法律的关系的话，其就不宜提上立法议程。②

李克荣通过对《循环经济促进法（草案）》和《清洁生产促进法》《矿产资源法》的法条进行对比分析，认为《循环经济促进法》与《清洁生产促进法》《矿产资源法》的多个条款存在雷同，《循环经济促进法》将要规范的内容与现有立法的关系将无法回避，特别是与《清洁生产促进法》。不论是在保留《清洁生产促进法》的情况下再去制定《循环经济促进法》，还是废止《清洁生产促进法》再去制定《循环经济促进法》，都令人难以理

---

① 张国华：《资源保护与经济发展的立法选择——兼论循环经济法与环境保护法的关系》，《政法论丛》2007年第6期。
② 高利红、陈海嵩：《制定我国循环经济基本法应缓行》，《科技与法律》2006年第2期。

解。若一类新型的规范或制度并非是其他已有立法没有调整或不能替代的，则从节约立法成本和维持现有法律体系完整的角度看，也没有必要进行所谓循环经济促进法之立法，以防止和现行制度的冲突，防止法条竞合的出现。[1]

第四节 本书简评

在出台《循环经济促进法》之前，我国已经制定了不少包含或体现循环经济内容和要求的法律、法规，诸如上述列举的《清洁生产促进法》和《固体废物污染环境防治法》《节约能源法》《水法》《矿产资源法》《绿色市场认证规则》等，因此，如何处理《循环经济促进法》与相关法律之间的关系，不仅成了摆在立法者面前的难题，也成了理论界研究的热点。只有正确处理好《循环经济促进法》与相关法律的关系，才能为建立循环经济法律体系打好基础，为我国发展循环经济提供完善的法律保障，反之，则不仅导致现有法律体系混乱，还会损害法律的权威性，阻碍循环经济的发展。虽然笔者认为现阶段我国不存在制定循环经济基本法的迫切性，但是立法者和学界主流大力推动的《循环经济促进法》的出台已经势不可挡，因此，解决《循环经济促进法》与相关立法的关系就成了当务之急。通观上述三种观点，笔者认为，加强《循环经济促进法》与相关法律、法规的协调，并在循环经济理念指导下对相关法律、法规进行修改，是当前可行的做法。如果为了出台《循环经济促进法》而废止相关的法律、法规，不仅会导致环境资源法律体系的混乱，也会导致循环经济法律体系难以建立，甚至还会严重损害法律的稳定性和权威性。而且，我国《循环经济促进法》的定位是循环经济法律体系中起统领作用的基本法，因此，《循环经济促进法》与各循环经济专项立法之间虽然存在一定的重叠，但是各有侧重、各司其事，可以并行不悖，可以说，各循环经济专项立法是实施《循环经济促进法》的有力抓手，也是《循环经济促进法》的重要支撑。

---

[1] 李克荣：《关于制定〈循环经济促进法〉的冷思考》，《河北师范大学学报》（哲学社会科学版）2006年第4期。

第五章　循环经济法的部门法定位之争

在《循环经济促进法》出台前后，学术界对于循环经济立法的若干基本问题展开了激烈的讨论与争鸣，其中一个重要的基本问题就是循环经济法作为一部回应社会新需求的法律，其部门法属性究竟为何，纵观学者们的各抒己见，关于这一问题总结起来主要有四种观点：一是认为循环经济法应属于环境保护法的范畴；二是认为循环经济法应属于经济法的范畴；三是认为循环经济法具有综合性质，既属于环境法又属于经济法，还兼具行政法的特点；四是认为循环经济法是一个独立的法律部门，下文将一一陈述各家观点。

第一节　循环经济法属于环境保护法的范畴

持循环经济法应属于环境保护法范畴这一观点的学者认为，发展循环经济主要是为了节约能源、资源，并促进能源、资源的再利用和再循环，减少生产、消费对环境的污染、破坏，促进经济社会的可持续发展，因此，循环经济法是环境保护法的新发展，理应属于环境保护法的范畴。

蔡守秋教授认为，循环经济法是用法律协调环境资源保护与经济发展的产物，是当代环境资源法律与经济法律的交叉和整合。循环经济法虽然调整循环经济活动或行为，但循环经济不是一般意义上的经济，而是与环境资源的开发、利用、保护、治理及其管理有关的经济，即循环经济是生态经济、绿色经济或环保经济，与此相适应，循环经济法不是一般意义上的经济法，而是结合经济活动的环境资源法。虽然循环经济法与经济法有关，但其立法的目的、内容大都与环境资源的开发、利用、治理、保护及其管理有关，其遵循的生态规律和"3R"原则主要是环境资源法所坚持的规律和原则。因此，蔡守秋教授认为，循环经济法虽然包含经济法的某些内容、具有经济法的某些特点，但基本上或本质上应该属于环境资源法的范畴，即循环经济法是当代环境资源法的一个重要组成部分、分支或子系统，环境资源法学应该将循环经济法作为本学科研究的一项重要内容。

在此基础上，蔡守秋教授进一步提出，在制定《循环经济促进法》时，明确《循环经济促进法》在环境资源法总体系和循环经济法子体系中的地位和作用，有助于厘清制定《循环经济促进法》的思路，实现对《循环经济促进法》的立法宗旨、目的、指导思想和调整范围的定性定位，建立健全循环经济法子体系时应该充分利用环境资源法体系中的现成的法律资源和法律制度资源，不宜追求打破原有的环境资源法体系而完全另起炉灶，而宜采取与原有的环境资源法体系相协调的方式发展循环经济法。①

侯庆喜、李爱年认为，无论从立法目的、法律制度和法律规范还是国际社会惯例来看，循环经济法主要应属环境与资源保护法范畴，理由如下：

第一，从立法目的和立法宗旨来看循环经济正是基于环境与资源问题的严重性而提出的，要解决的主要问题也是环境与资源问题，一部围绕着环境与资源问题而制定的法律，将其划归为经济法总显得有些别扭。而且，"十一五"规划明确提出"要求经济的发展必须与人口、资源环境相协调"，而不是传统的环境保护与经济、社会发展相协调，循环经济法正是这一指导思想的具体落实，因此将以环保优先理念为背景，旨在解决环境资源问题的循环经济法被认定为属于经济法范畴肯定是错误的。第二，从循环经济法法律制度来看，绝大多数都是环境资源保护法中特有的制度和手段，具有明显的环境法的特征，如环境标准、标识制度、排污权交易制度等，虽然也有宏观规划制度、绿色国民经济核算制度等经济管理类制度，但是，这些制度和手段的出发点和归宿主要是为了解决保护环境节约资源等环境法问题，而不是为了解决市场体制等经济法问题。第三，从循环经济法调整的主要社会关系看与经济法所调整的社会关系是完全不同的。经济法所调整的是经济活动中形成的所有社会关系，在此，侯庆喜、李爱年引述了蔡守秋教授在《论循环经济立法》一文中的论述，认为循环经济法虽然也调整循环经济活动或行为，但却是为了节约资源和保护环境，循环经济是生态经济、绿色经济，与此相对应，循环经济法不是一般意义上的经济法，而是结合经济活动的环境资源法。第四，从国外的经验看循环经济法是环保法体系的组成部分，国外的循环经济一般由环保部门主管，循环经济法也一般都归属于环境法，如德国、日本、美国的循环经济工作均是由环保部门统筹。②

---

① 蔡守秋：《论循环经济立法》，《南阳师范学院学报》（社会科学版）2005年第1期。
② 侯庆喜、李爱年：《〈循环经济法〉之定位探析》，《行政与法》2007年第8期。

钱水苗、巩固认为，经济法贯彻"效率"理念，而环境法贯彻"生态"理念，在谈及循环经济法的部门法归属时，他们首先批判了传统法学理论以调整对象和调整方法划分法律部门的客观标准，认为法律部门划分应当引入以法律目的为首的"主观标准"，并从主客两方面分析了循环经济法的部门法属性：第一，从主观方面看，生态与效率的平衡在当前条件下无法完全达到，而我国建立循环经济制度的当务之急是减免污染、保护环境，生态和谐是循环经济立法最根本的目标和最重要的功能，循环经济立法应以废弃物的减量而非利润最大化为着眼点，应当贯彻生态理念而非效率；第二，从客观方面看，循环经济确实有大量内容是针对企业等典型经济主体的，企业的生产经营活动是重要的调整对象，但是从循环社会的广义层次来看，这只是循环经济制度的一部分，循环社会法律关系不仅包括企业等传统经济主体，还包括公民、非营利组织等非经济主体，传统的经济活动只是其规制内容之一。因此，钱水苗、巩固再次强调，当前立法中一定要坚持循环经济法的环境法性质，主要运用环境法的理念和原则对制度作出具体指导，并引述蔡守秋教授的观点，认为循环经济法是环境资源法体系的一个子体系。①

张田辉也持与钱水苗、巩固相同的观点，认为判断一法律之部门法属性，不仅要看其所涉及社会关系的性质、调整手段等客观因素，更要看其根本目的与所欲实现之功能。从主客观两方面对循环经济法进行法理分析后，认为循环经济法是用法律协调环境资源保护与经济发展的产物，是当代环境资源法律与经济法律的交叉和整合，循环经济促进法虽然包含经济法的某些内容、具有经济法的某些特点，但基本上或本质上应该属于环境资源法的范畴，即循环经济促进法是当代环境资源法的一个重要组成部分、分支或子系统。②

第二节　循环经济法属于经济法的范畴

持循环经济法应属于经济法范畴这一观点的学者认为，循环经济法的调整对象主要是企业等经济主体的经济活动，减免污染、保护环境仅是这一规范行为的附属效果，而不是主要的立法目的。

唐荣智通过对德国、日本、美国等国的循环经济立法的分析，将这些国

---

① 钱水苗、巩固：《循环经济的法理分析》，《浙江社会科学》2006年第3期。
② 张田辉：《〈循环经济促进法〉应如何定位——循环经济促进法的部门归属研究》，中国法院网。

家的循环经济立法分为两类：一类为污染预防型，如美国等国，清洁生产立法纳入污染预防的法律范畴，属于广义的环境法；另一类称为循环经济型，如德国和日本等国，将整个经济活动都纳入循环经济，建立循环型社会，属于广义的经济法。他认为，前者虽比末端治污进步，但仍未脱离环保理念，没有从根本上解决发展与环境的矛盾与冲突；后者从社会经济内部协调发展与经济的关系；从根本上杜绝污染问题，是治本之途，因此认为，我国对循环经济立法宜定性为经济法，当然也包含环境法与之配套。①

梁毅雄认为，循环经济法的法律性质不能因为该法律规范"与环境资源的开发、利用、保护、治理及其管理有关"就认定其是环境资源法，也不能因为"在现有环境资源法律法规中已经包含或体现某些有关循环经济的内容"就把全部的循环经济法纳入环境资源法，而要看该法律的立法理念、价值取向、调整对象、调整手段等。从循环经济建立的原动力以及在世界范围内先进的立法理念看，循环经济法与经济法的本质要求和价值取向相契合，因而循环经济法属于经济法，并从以下几个方面对此展开论证：第一，循环经济是一种先进的经济发展模式，为可持续发展经济提供了理论范式，从根本上消解了环境与发展的尖锐冲突，它已不仅仅限于环境资源问题，而是着眼于整个生产过程和经济发展进程；第二，从立法理念来看，环境法的立法理念主要关注污染预防与治理，循环经济法的立法理念关注的是经济循环；第三，从价值取向来看，循环经济法与经济法的价值取向一样——实现社会整体效益和人的全面发展，因此，循环经济法应属于经济法范畴；第四，从法律调控方式来看，循环经济法属于宏观调控法，是政府通过宏观调控的手段解决环境与经济发展过程中的冲突，从整个社会层面调控经济大循环，并通过具体的产业政策宏观调控循环经济。梁毅雄认为，将循环经济法归入经济法，而非环境法，具有理论和实践两个方面的意义：理论意义在于创新经济增长方式，解决环境污染和旧的经济增长方式带来的经济不可持续发展问题；实践意义在于协调部门法之间的调整规范，改变经济增长方式，获得可持续发展。②

王子灿认为，循环经济不等于环境保护，循环经济法也不是环境法。虽然循环经济会在一定程度上起到保护环境的作用，尤其是在保护资源方面，

---

① 唐荣智：《论我国循环经济及其法律调整》，《北京市政法管理干部学院学报》2001年第4期。

② 梁毅雄：《循环经济的法律性质论——兼与蔡守秋教授商榷》，《西安政治学院学报》2005年第5期。

但这种新型的经济理念的最根本目的还是发展经济。因此，循环经济首先是一种新的经济增长方式，也是一个新型的工业化过程；其次，循环经济因为具有保护环境的特性也会成为一种新的污染治理模式，起到保护环境与生态的作用，但它并不等于环境保护，发展循环经济的目标是实现经济的可持续发展，它所涉及的内容包括生产、流通、交换、消费和废弃物处理的社会生产全过程。因此，推动循环经济发展的主要部门应该是综合经济部门，其他各相关部门应从节约资源、提高资源利用率和保护环境的角度予以配合。① 从上述论断中可以明显看出，王子灿倾向于循环经济法应当属于经济法范畴的观点。

邓禾、王江首先分析了国外关于循环经济法部门法归属的情况，认为日本、德国的循环经济型立法属于广义的经济法，而美国、加拿大等国的污染预防型立法属于广义上的环境法，并对我国理论界对于循环经济法的部门法属性是环境法还是经济法的两种观点进行了比较研究和背景分析，在此基础上，他们认为考虑循环经济法的部门法归属，必须要和我国的循环经济，以及整个社会经济发展的背景相结合，与我国的法律现实背景相结合，与社会发展主流理念相适应。首先，循环经济要解决的是经济与环境协调发展的问题，循环经济法是通过政府的宏观调控促使环境外部不经济内部化，实现环境资源的有效利用和社会公共产品的生产，从而达到社会期望的环境目标，促进经济社会的可持续发展，在这个意义上讲，循环经济的立法当归属经济法。其次，从我国的经济发展历程看，我国的经济发展从过去的以环境资源为代价到现在的走可持续发展道路，可持续发展成为我国循环经济法发展的背景理念，在这个理念背景下发展的循环经济法，必然要求在整个社会经济生活的各个层面得到体现，因此，从社会发展的主流理念来看，循环经济法当然归属于经济法体系。②

第三节　循环经济法具有综合法性质

不主张对循环经济法划分法律部门的学者认为循环经济法是一部综合性很强的法，不管是将循环经济法归入经济法还是环境法，最终都承认其属于

---

① 王子灿：《循环经济立法与环境保护》，《苏州大学学报》（哲学社会科学版）2005年第6期。

② 邓禾、王江：《论循环经济法的归属》，《2005年中国法学会环境资源法学研究会年会论文集》。

社会法这一大范畴,既然经济法和环境法都是为了社会公共利益,循环经济法既可以属于环境法也可以属于经济法,有的学者还提出对循环经济法严格归类不但意义不大,而且会破坏循环经济法律体系的系统性,持此观点的学者虽然不多,但却也代表了一种认识,值得我们认真思考。

黄韵京通过对循环经济法属于环境法还是经济法的争论进行深入分析,认为双方学者虽得出的结论不一,但主张的理由却基本一致,都认为在立法方向上不限于环保目标,还有经济发展目标、社会发展目标,只不过是何者为重的问题而已,并认为这实际上是一个利益平衡的问题,应根据具体的情况去判断,而不应交由部门法的划分去对其进行绝对化。无论是环境法还是经济法,显然都不属于私法范畴,在利益权衡之下,必定以社会整体的利益为重,要求个体的利益必须让位于社会整体利益;短期的利益必须让位于长远利益,而社会整体利益本身即是社会总体的经济、环境利益综合考量的结果。黄韵京认为,按学科人为划分循环经济法的部门法属性,其合理性是值得商榷的。首先,这种分类方式与循环经济的发展进程相背离,循环经济立法主要是致力于推动经济增长模式转变,使社会得以可持续发展,至于循环经济法属于哪个部门法并不是主要的讨论方向,也没有必要;其次,人为划分循环经济法的部门法性质将会导致法律系统性、有效性的缺失。[①]

李艳芳认为,我国在涉及资源和能源的节约和利用效率方面,只颁布了《节约能源法》,而《节约能源法》几乎没有被人重视和实施,因此,以循环经济法应当定位在填补资源能源节约使用、循环使用、综合利用、绿色消费立法空白的位置。从部门法的归属来看,由于资源与能源的经济与环境双重属性,循环经济法既涉及资源与能源的管理问题,也涉及与资源、能源相关的废物综合利用问题,因此循环经济法是一项综合性很强的立法,既可以被看作环境资源法部门的组成部分,也可以被看作经济法的组成部分。[②]

王灿发也认为,循环经济法兼具环境法、经济法和行政法的性质。他指出关于循环经济法的定位问题,究竟应该是定位在经济法,还是行政法抑或环境法,无论是定位在哪个部门,它不仅仅是个法律部门之争的问题,还涉及立法的方向问题,他认为循环经济法不同于一般的环境保护法、经济法或

[①] 黄韵京:《循环经济立法若干基本问题探讨》,《2005 年中国法学会环境资源法学研究会年会论文集》。

[②] 李艳芳:《循环经济立法的几个问题》,《2005 年中国法学会环境资源法学研究会年会论文集》。

行政法，而是三者兼具的法，同时是以可持续发展和生态环境保护为主。①

第四节　循环经济法是一个独立的法律部门

持循环经济法是一个独立的法律部门这一观点的学者认为，循环经济法既不同于环境法也不同于经济法，而是有着特定的调整对象、产生原因和立法目的，不宜对其进行简单归类，循环经济法应该是一个独立的法律部门。

陈泉生通过对上述3种观点的比较分析，认为循环经济法作为实施可持续发展战略的应时之举，是环境时代的产物，其虽然包含经济法、环境法、行政法和科技法的某些内容，兼具经济法、环境法、行政法和科技法的某些特征，与上述四者有交叉，但是它并不隶属于上述四者，而是与上述四者并列，它们各有分工，职责各有侧重，共同成为适用于环境时代促进可持续发展战略实施的法律制度。陈泉生认为，循环经济法作为一门独立的新兴的法律部门，有着自己特定的调整对象，即它只调整因循环经济活动所形成的各种社会关系，并且旨在促进传统发展模式向循环经济发展模式的转变，并从三个方面论证了这一观点：第一，循环经济法有特定的调整对象，即它只调整因循环经济活动所形成的各种社会关系，这是它区别于其他法律部门的一个根本特点，因此它可以作为一个独立的法律部门。第二，循环经济法是经济、社会高速发展与资源紧缺和环境恶化的矛盾日趋紧张的情况下产生的一种新的经济增长模式，是人类对人与自然关系深刻反思的结果，是人类社会发展的必然选择，这些原因是循环经济法得以产生、发展的基础，其他法律部门的产生和发展都不依赖这些原因。第三，循环经济法的目的和任务是，旨在促进传统发展模式向循环经济发展模式的转变，从而实现人类社会的可持续发展，这些目的和任务也是其他法律部门所无法完成的。②

马成慧、王永强也认为，循环经济法可以作为一个独立的法律部门，循环经济法有着不同于经济法、环境法等其他法律的调整对象、调整方法和法律内容，并从这三个角度进行了论证：首先，关于循环经济法的调整对象是指发展循环经济，建立循环型社会中所产生的和存在的各种特殊关系，其主要解决的问题是明确法律调整的范围和各法律主体的责任，大力推进循环经济发展的各项法律制度。其次，循环经济法的调整方法也不同于经济法、环

---

① 王灿发：《循环经济立法的必要性及其定位》，《东南学术》2006年第3期。
② 陈泉生：《循环经济法初探》，《福州大学学报》（哲学社会科学版）2007年第1期。

境法等其他社会法,循环经济法的重要任务是对目前的生产方式、经济发展方式进行革新,对环境问题及其所引起的社会问题进行疏导。最后,循环经济法的内容也不同于其他社会法,循环经济法的宗旨在于改变经济增长方式,建立循环型经济社会,获得可持续发展,所要实现的是在其调控下确立一种新型的经济发展模式,从社会经济内部协调发展与环境之间的关系。[1]

第五节 本书简评

对于循环经济法的部门法属性,绝大多数学者认为循环经济法究竟主要是属于环保法还是经济法的这个法律性质问题一定要弄清楚,不能含糊其词,不能以兼具环保法性质和经济法性质而敷衍了事,因为这不仅仅是个法律部门之争的问题,还涉及立法的方向问题,涉及谁在循环经济活动中负有更大责任的问题。如果循环经济法的定位不准确,将会成为以发展循环经济为借口、以环境资源为代价的污染大法。笔者也赞同此观点,一方面是因为我国的法学研究有划分法律部门的传统,另一个很重要的原因在于只有对循环经济法进行准确的定位,才能建立科学、完备的循环经济法律制度,实现经济社会的可持续发展。

从上述 4 种观点的争论来看,笔者赞同循环经济法应当属于经济法范畴,但是应当明确的是循环经济法不是传统意义上的经济法,是一种新型的、环境友好型的经济法。从循环经济的实质来看,循环经济实际上旨在实现生产、消费过程中的物质闭环流动,减少废弃物的产生,因此,循环经济法主要是政府通过法律、政策、理念引导传统的经济发展模式向循环型经济模式转变,循环经济法调整的主要是经济活动的全过程,通过对生产、消费领域进行相应的引导和管理,建立循环经济制度,实现经济社会的可持续发展。虽然,从客观上来看,循环经济法通过倡导新的经济发展模式,带来的结果是节约能源、资源、保护环境,但是仍不能改变其立法的主要目的是政府为了调控整个经济活动向着循环型经济发展。因此,笔者认为,循环经济法主要属于经济法的范畴,但是也需要环境法、行政法等其他法律的配合。

---

[1] 马成慧、王永强:《试论循环经济法在我国法律体系中的地位》,《牡丹江师范学院学报》(哲学社会科学版) 2007 年第 6 期。

第三篇 专项立法篇

第一章 中国再生资源循环利用法制建设及其评价

第一节 概述

在改革开放三十多年的时间里，作为"世界工厂"的中国，通过消耗大量的资源取得经济的飞速发展。与此同时，因为技术落后、产业层次低，中国的GDP单位能耗大大高于发达国家，也高于世界平均水平。生产性废料和民众生活使用后报废的各类产品数量猛增，这样的形势要求我国废物处理和再生资源回收再利用的水平必须快速提升。目前，包括再生资源利用在内的各种问题，如提高资源利用效率，降低单位能耗，无害化处理各类废物、保障能源的供给、治理环境污染等已经成为中国在发展经济的同时，不得不面对和处理的严峻挑战。

总体来说，中国再生资源的循环利用法律制度发展经历了不同的几个阶段。在新中国成立后至改革开放前的这一段时间里，中国一直处于资源短缺、物资匮乏的年代，政府提倡勤俭节约、收旧利废，通过国家力量，建立起了较完善的废旧物资回收系统。在这一时期，废旧物资的回收和再加工利用一直是国家计划经济体系内的计划任务，承担这一任务的是物资系统和商业部门下属的企业。改革开放后，相关部门完全管控和国有企业专营的情况有所转变，个体工商户被允许进行部分生活废旧物品的收购和加工，但生产性废旧物资等类别还是严格受到控制。20世纪80年代到90年代，我国积极参与实施了联合国环境规划署推动的清洁生产行动计划，同时，随着国家经济体制改革步伐的不断加快，再生资源的回收循环利用体制也进行了改革。到 2000 年，我国已经有各类废旧物资回收企业 5000 多家，回收网点 16 万个，回收加工厂 3000 多个，从业人员 140 多万人。自 2002 年全国人大常委会制定《中华人民共和国清洁生产促进法》，2005 年国务院下发《关于加快发展循环经济的若干意见》和 2008 年《中华人民共和国循环经济促进法》颁行以来，再生资源的循环利用进入快速发展时期，整个国家在建设环境友好型、资源节约型社会的主导思想下，开始从全社会的各方面推进循环经济和再生资源利用工作。至 2013 年底，全国共有再生资源回收企业 10 万多家，从业人员和超过 1800 万。2013 年废钢铁、废塑料、废有色金属、废纸、废轮胎、报废汽车、废弃电器电子产品、报废船舶 8 大品种回收量超过 1.6 亿吨，回收总值接近 4800 亿元，取得了显著成效。

资源利用效率是衡量经济发展水平的基本指标，同样的经济产出如果消耗更多的资源，就意味着更低的发展效率和更重的资源负担，同时也让生态环境背负了更大的压力。如何提高资源利用效率成为我国新时期经济发展和能源转型的首要目标。

第二节　中国再生资源循环利用的法制现状

一　宪法和法律

（一）宪法

宪法是我国法律体系中具有最高法律效力的根本大法，宪法规定了我国的基本制度，也规定了人民和政府的基本权利和义务。虽然宪法中并未直接出现"再生资源"或"循环利用"的字样，但是宪法的某些条文对国家资源的使用和环境的保护进行了表述，这些内容都是从原则上、从根本上表明了我们对待资源和环境应有的态度和举措。其中，《宪法》第 14 条规定：国家厉行节约，反对浪费；第 26 条规定：国家保护和改善生活环境和生态环境，防治污染和其他公害。这两个条文的内容是和再生资源的循环利用有关系的。厉行节约和反对浪费就意味着在生产和生活中，对生产资料和生活物资的利用要有节制，不能无限制地生产，也不能无约束地消耗。有再次利用价值的资源不能浪费，要重新利用起来，这也是节约的本意。改善生活环境和生态环境，防止污染和其他公害也意味着对生产和生活中产生的废物、垃圾要进行处理，要依照对环境保护的要求和对公害防治的标准去处理，如果不加处理，就会对生活环境和生态环境产生负面的影响。这些需要处理的废物和垃圾之中存在大量的可再生、可再利用的各类资源，就需要我们尽量去回收加以利用。

从宪法的规定来看，为了厉行节约，反对浪费，为了改善生活环境和生态环境，一定要做好对再生资源的循环利用工作，这是国家根本大法给我们确立的重要任务。

(二) 法律

在再生资源循环利用领域，目前由全国人大及其常委会制定的法律主要有3部，分别是1995年制定、2004年经过修订重新颁布的《固体废物污染环境防治法》，2002年制定、2012年经过修订重新颁布的《清洁生产促进法》，以及2008年制定、2009年1月1日开始实施的《循环经济促进法》。

1.《中华人民共和国固体废物污染环境防治法》

这部法律在1995年10月30日通过审议，自1996年4月1日起施行。后经2004年12月29日通过修订，于2005年4月1日起重新施行。

该法在第3条第1款就明确规定：国家对固体废物污染环境的防治，实行减少固体废物的产生量和危害性、充分合理利用固体废物和无害化处置固体废物的原则，促进清洁生产和循环经济发展。第2款又规定：国家采取有利于固体废物综合利用活动的经济、技术政策和措施，对固体废物实行充分回收和合理利用。通过上述规定我们可以看到，这部法律对固体废物的态度，就是要减量、充分回收再利用和无害化处理。而对充分回收和再利用这个方面，这部法律做出了许多详细的规定。

第18条第2款规定：生产、销售、进口依法被列入强制回收目录的产品和包装物的企业，必须按照国家有关规定对该产品和包装物进行回收。这是对生产者延伸责任的一项规定，即生产者不仅要对生产过程中的环境污染承担责任，还需要对报废后的产品或使用过的包装物承担回收利用或者处置的责任。原法对生产过程中的污染防治责任规定得比较全面，而对使用后的产品和包装的回收利用及处置责任基本没有涉及。为此，这部法律在修订时增加了这条规定，但此条规定仍然稍显薄弱。

进口固体废物的理由就是能够进行再生资源的利用和回收，这些废物的产出国对环境保护有着严格的要求，回收和处理利用的成本很高，我国进口这些废料用作再生资源的利用是有着成本优势的，但此时，控制和防治进口固体废物的污染就变得至关重要。第25条规定了对进口固体废物的管理方式，对不能作为原料或者不能以无害化方式利用的固体废物禁止进口；对可以用作原料的固体废物实行限制进口和自动许可进口分类管理。也就是说，不能将任何外国产出的固体废物进口处理，而是要选择更有利用价值、更安全的予以进口。根据这条的内容，环保部、商务部、国家发改委、海关总署和国家质检总局于 2011 年共同制定了《固体废物进口管理办法》予以专项规定。

2.《清洁生产促进法》

2002 年 6 月 29 日审议通过，自 2003 年 1 月 1 日起施行的这部法律，在 2012 年 2 月 29 日予以修正，重新公布后，自 2012 年 7 月 1 日起施行。

该法对生产、建筑、交通等各领域提高资源利用、减少污染物的排放方面做出了整体的制度性规定，其中也有不少直接与再生资源循环利用相关的内容。

第 10 条规定：国务院和省、自治区、直辖市人民政府的有关部门，应当组织和支持建立促进清洁生产信息系统和技术咨询服务体系，向社会提供有关清洁生产方法和技术、可再生利用的废物供求以及清洁生产政策等方面的信息和服务。这是第一次以法律形式规定要建立可再生利用废物供求政策及信息的咨询社会服务体系。

第 16 条第 1 款规定：各级人民政府应当优先采购节能、节水、废物再生利用等有利于环境与资源保护的产品。这是确立在政府采购中对节能产品和再生资源生产的产品进行优先选购义务，也是加大此类产品应用的财政支持。

第 19 条规定：企业在进行技术改造过程中，应当采取以下清洁生产措施：（三）对生产过程中产生的废物、废水和余热等进行综合利用或者循环使用。这一规定在很大程度上督促企业在技术改造中尽量采取能够对再生资源或能源进行重复利用，达到降低能耗，减少污染的目的。

第 20 条规定：产品和包装物的设计，应当考虑其在生命周期中对人类健康和环境的影响，优先选择无毒、无害、易于降解或者便于回收利用的方案。这一条对包装材料的减量化、无害化有很大的促进作用，也为销售后包装材料的回收再利用奠定了良好的前提条件。这一规定与《固废污染防治法》第 18 条的规定互为辅助，共同为产品包装材料的设计、使用和回收确定了基本制度。

第 33 条规定：依法利用废物和从废物中回收原料生产产品的，按照国家规定享受税收优惠。这一规定是鼓励再生资源回收利用企业发展的重要政策。通过税收优惠，减轻该类企业的经营税负，提高企业的盈利能力，使得这个领域的企业获得了快速的发展。

《清洁能源促进法》早在2002年就制定颁布了，这部法律第一次系统性地提出了要在所有生产、服务和产品使用过程中提高能效、减少污染和排放，但有些规定过于笼统，各个主管部门的权责划分也不是非常明晰，有些规定与其他法律法规的配合与衔接也显得不是很顺畅。

3.《循环经济促进法》

《循环经济促进法》作为我国在循环经济领域的专门性法律，于2008年8月29日在第十一届全国人民代表大会第四次会议上审议通过，于2009年1月1日起实施。全文共有58个条文，全文分为7章。一共用了37个条文在基本管理制度、减量化、再利用和资源化和激励措施几个方面详细规定了各项内容。

该法第2条规定了循环经济、减量化、再利用和资源化这些基本概念。在明确定义基本概念的同时，指出循环经济领域主要包括减量化（Reduce）、再利用（Reuse）和资源化（Resource）三项基本内容。

再利用又称之为再使用，要求人们在生产或生活中，尽可能多次或者以尽可能多的方式重复使用物质，防止物品很快成为垃圾。再制造是指将废弃产品及零部件修复、改造成质量等同于或者优于原产品的过程。再制造不同于修理或一般的再利用，它是通过加工或升级改造的大批量制造，是一种更高形式的再利用。

资源化是指将废物直接作为原料进行利用或者对废物进行再生利用，它强调的事发挥资源的最大利用效能。将废物直接作为原料是指不经加工直接使用利用废物，如粉煤灰或余热利用等。再生利用是指将废物的全部或者部分作为原料经过加工予以利用的过程，其产品为再生产品。

该法第四章用13个法律条文基本覆盖了再生资源循环利用的所有方面和全部的产业流程，规定了从规划开始就要把资源的循环利用考虑进去，在各种行业类别中都要建立资源的循环利用制度和方法。针对无法在生产环节直接进行循环利用的废物或消费端产生的废旧物品，要予以规范回收、运用先进技术处理和高效再利用。

二 行政法规

国务院作为行政法规的制定机关，依据法律的规定或授权，在再生资源的循环利用方面制定了一些具体的专项制度。总体来说，现行有效的行政法规主要有3件，2001年6月16日颁布并于同日实施的《报废汽车回收管理办法》，2004年5月30日颁布、2004年7月1日施行的《危险废物经营许可证管理办法》，2009 年 2 月 25 日颁布、2011 年 1 月 1 日实施的《废弃电器电子产品回收处理管理条例》。

（一）《报废汽车回收管理办法》

汽车生产因为需要使用钢铁、电子、橡胶、玻璃、化工产品等多类上游资源，属于典型的高资源聚集度的产品，因此，汽车产业也一直是国家大力发展，显著拉动经济的重要产业。随着汽车产业的发展，个人汽车数量显著增加，据统计，中国于 2009 年超越美国，成为世界第一大汽车产销国并保持至今。废旧汽车的回收、拆解和再利用是我们必须解决的问题。废旧汽车富集了很多资源，所以对再生资源领域来说，废旧汽车是非常有利用价值的"城市矿产"。在 1990 年 12 月 4 日，原物资部、全国老旧汽车更新改造领导小组办公室就联合发布了《报废汽车回收实施办法》，1995 年 11 月 27 日，原国内贸易部、全国老旧汽车更新改造领导小组办公室又发布了新的《报废汽车回收管理办法》，1996 年 10 月 25 日，原国家经贸委下发《关于加强报废汽车回收工作的通知》，1997 年 12 月 12 日，原国内贸易部、国家经贸委发布《报废汽车回收（拆解）企业资格认证实施管理暂行办法》，这些都极大地促进了报废汽车回收的发展。国务院于 2001 年颁布实施了目前仍在适用的《报废汽车回收管理办法》，在回收监管体系、回收企业资格确定、治安管理、回收价格、法律责任等方面进行了系统规定。但这一办法经过十多年的时间，已经不能适应目前的报废汽车回收处理现状的要求，在报废汽车的回收体系、拆解生产利用企业的管理和发展、新型汽车产业规划的衔接、生产者回收责任等领域都亟须修订。2013 年国务院《关于印发循环经济发展战略及近期行动计划的通知》中也明确表示，需要加快修订《报废汽车回收管理办法》。

配合这部管理办法的实施，最新的《机动车强制报废标准规定》已于 2012 年 8 月 24 日商务部第 68 次部务会议审议通过，并经国家发改委、公安部、环保部同意并联合予以公布，自 2013 年 5 月 1 日起施行。这个标准规定实施的同时，之前颁布的《关于发布〈汽车报废标准〉的通知》《关于调整轻型载货汽车报废标准的通知》《关于调整汽车报废标准若干规定的通知》《关于印发〈农用运输车报废标准〉的通知》《摩托车报废标准暂行规定》同时废止。

（二）《危险废物经营许可证管理办法》

对于危险废物的管理，一直以来都是比其他品类更加严格。这不仅是回收利用资源、保护环境防治污染的要求，更是维护公民人身安全、保证社会秩序稳定的重要事项。在2005年4月1日起新修订的《中华人民共和国固体废物污染环境防治法》实施后，国务院就根据新法的规定制定了这样一个办法，对在中华人民共和国境内从事危险废物收集、贮存、处置经营活动的单位，必须办理危险废物经营许可才能开展在这一领域的业务。整个管理办法在许可证申领条件、申领程序、监督管理体制和法律责任等方面对危险废物的回收处置单位和主管部门进行了严格规定。

在危险废物的进口事项上，我国加入了《控制危险废物越境转移及其处置巴塞尔公约》（简称巴塞尔公约），该公约于1989年订立，我国于1991年批准该公约，1992年8月20日该公约对我国生效。2008年6月6日，环保部、发改委共同发布了《国家危险废物名录》，自2008年8月1日起实施，其中列明了各品类共498种危险废物。另有2011年环保部、商务部、国家发改委、海关总署和国家质检总局共同制定的《固体废物进口管理办法》予以专项规定。同时，环保部、商务部、发改委、海关总署和国家质检总局于2009年开始公告《进口废物管理目录》，每两年修订一次重新予以公布。目前最新的目录是2014年12月30日公布的《进口废物管理目录》（2015年），于2015年1月1日起执行。在2015年最新的目录中规定了各品类共94种禁止进口类的固体废物；各品类共55种限制进口类可用作原料的固体废物；各品类共18种自动许可进口类可用作原料的固体废物。

（三）《废弃电器电子产品回收处理管理条例》

中国人口数量巨大，消费类电器和电子产品的生产和消耗数量也是惊人的。电器及电子产品在生产过程中使用的各种金属和塑料元器件均可作为再生资源予以回收利用，是跟报废汽车一样的"废物富矿"。以废旧计算机为例，其成分为废钢铁约占50%、铜铝约占24%、塑料约占18%、线路板约占8%，其中，线路板含有金、银、钯等贵重金属（1吨线路板中，可以分离出130千克铜、0.45千克黄金、20千克锡）。所以，废弃电器和电子产品是重要的再生资源，对这一类废弃物的回收和利用需要专门进行立法予以规范。但是，本条例并未在废弃电器电子产品的生产者回收和其他主体分类专门回收的领域予以详细规定。

依据本条例，环保部于2010年12月15日颁布《废弃电器电子产品处理资格许可管理办法》，自2011年1月1日起与本条例同日开始施行。最新的《废弃电器电子产品处理目录》（2014年版）由国家发改委、环保部、工信部、财政部、海关总署、税务总局于2015年2月9日公布，自2016年3月1日起实施。《废弃电器电子产品处理目录（第一批）》同时废止。在这个最新版目录中，确定了电冰箱、空气调节器、吸油烟机、洗衣机、电热水器、燃气热水器、电视机、移动通信手持机、电话单机等生活使用电器和打印机、复印机、传真机、监视器等办公使用电器共 14 个种类进行回收处理。该 14 个种类并未涵盖目前废弃电器电子产品的所有大类，随着科技的发展和产品的多样化，需要将更多地生产性、生活消费类和办公消费类电子产品纳入《废弃电器电子产品处理目录》。

三　部门规章

在法律和行政法规的规定以外，很多具体的、更具可操作性的内容是由国家主管再生资源循环利用各个领域的部委以制定行政规章的方法予以调整。

再生资源循环利用领域，主管部门较多、政策变化也很快，目前具有法律效力的部门规章主要有 3 件，1994 年 1 月 25 日颁布并于同日实施的《废旧金属收购业治安管理办法》（2006 年 1 月 20 日修订），2007 年 3 月 27 日颁布、2007 年 5 月 1 日实施的《再生资源回收管理办法》，2007 年 9 月 27 日颁布、2008 年 2 月 1 日实施的《电子废物污染环境防治管理办法》。

（一）《废旧金属收购业治安管理办法》

废旧金属一直是再生资源领域的最重要部分，自新中国成立以后中国就一直十分关注对废旧金属的回收和利用，但在废旧金属的回收中，发现有很多将生产性或完好的物资进行偷盗、拆解后，当作废旧金属贩卖的情况。国家为了规范废旧金属回收领域的市场秩序，查处收购国家禁止收购的金属制品，打击偷窃、盗抢、收赃销赃的犯罪行为，制定了这个专门针对废旧金属收购行业的治安管理办法。但是，1994 年 1 月由公安部制定的这个办法是针对当时的经济条件和行业发展情况设定制度，尽管在 2006 年经过修订，但这个办法已经不能适应目前的发展需要，虽然它依然是合法有效的部门规章，但其中有关内容已经被等其他新的规定所吸收和取代。所以实质上，这是亟须对其进行修改和完善的一个规章。

（二）《再生资源回收管理办法》

2007 年 3 月 27 日，商务部联合国家发改委、公安部、建设部、全国工商总局、环保总局联合发布《再生资源回收管理办法》，于 2007 年 5 月 1 日起生效实施。早在 2002 年《再生资源回收利用"十五"规划》中就提出研究制定《再生资源回收利用管理条例》，2005 年国务院下发的《关于加快发展循环经济的若干意见》中也提出加快再生资源利用的法规和规章，但国务院一直也没能出台相关条例,所以在2007年,由六部委联合出台的本办法对再生资源、生产性废旧金属的概念都进行了明确。

该办法从经营规则、监督管理、惩罚措施等各方面对再生资源的回收利用进行综合性规定。其中,这一办法出台的最大作用就是改变了再生资源回收领域工作不成体系,多头管理,各自为政的情况。六部委共同制定发布的这一个办法对六个主管机关的权责进行了明确规定。第15条规定:商务主管部门是再生资源回收的行业主管部门,负责制定和实施再生资源回收产业政策、回收标准和回收行业发展规划。发展改革部门负责研究提出促进再生资源发展的政策,组织实施再生资源利用新技术、新设备的推广应用和产业化示范。公安机关负责再生资源回收的治安管理。工商行政管理部门负责再生资源回收经营者的登记管理和再生资源交易市场内的监督管理。环境保护行政管理部门负责对再生资源回收过程中环境污染的防治工作实施监督管理,依法对违反污染环境防治法律法规的行为进行处罚。建设、城乡规划行政管理部门负责将再生资源回收网点纳入城市规划,依法对违反城市规划、建设管理有关法律法规的行为进行查处和清理整顿。上述规定厘清了各个主管部门的工作范围,明确了各部门的权责,既能让各部门更好地进行配合,也能够防止互设障碍、互相推诿的情况。为贯彻实施该办法,商务部于2007年5月21日制定《再生资源回收经营者备案说明》,对再生资源回收经营者的备案登记进行了规定,对经营主体进行严格管理。

(三)《电子废物污染环境防治管理办法》

2007年9月27日,原国家环境保护总局颁布《电子废物污染环境防治管理办法》,于2008年2月1日起生效施行。该办法从拆解、利用、处置电子废物行业污染防治的角度,明确了此类再生资源回收利用过程中,各主管部门、从业者及其他主体应该遵守的各项规定。该办法中对电子废物、工业电子废物、电子类危险废物、拆解、利用这些属于进行了定义,明确了各自的内涵和外延。

该《办法》共5章26条,从各方面对电子废物污染环境的防治进行了规定。如第11条具体规定了拆解、利用和处置电子废物应当符合相关技术标准和技术政策,同时规定了禁止使用的识别和处理方式。第3章相关方责任,对电子电器产品和电子电气设备的生产者、进口者和销售者,都赋予了不同的义务,包括有毒有害物质和不当处理后果等信息的公开,回收系统的建立等。这是目前关于生产者责任延伸最详细的规定。

该办法的出台,对电子废物回收利用方面起到了很好的规制作用,不仅严格了相关产业流程,同时也促进了行业的正规化、无害化、高效率的发展。不足的是,该办法只是针对电子废物,其他废旧物品的回收、利用和拆解并不能统一适用,这也造成了在调整范围内的回收利用工作能够有序开展,在调整范围外的其他类别产品上,就显得有些规制不足了。

第三节　中国再生资源回收利用法制的问题和建议

目前我国再生资源利用领域主要存在以下几个问题:上下游产业整体关联缺失、资金支持少、主体责任不明确、政策制定不配套不统一。产生这些问题的原因也是多方面的,但主要有几个方面。第一,认识不到位。社会上依然将再生资源当"垃圾"对待,某些政府部门也没有认识到废旧物品作为"城市矿产"的资源属性,导致对此项工作认识不足、投入不足,没有统一规划,行业的发展明显滞后于经济的整体发展;第二,责任不明确。再生资源回收利用涉及社会生产的各个行业和领域,但目前除电子废弃物、汽车等产品的回收有具体的规定,其他领域特别是价低量小的品种,缺乏相关制度规范。产品生产者责任延伸制度也不够健全,没有规定销售者和消费者也对废弃后的产品回收负有责任;第三,监管执法不力。行业内的企业数量多、规模小,而且经营分散,这些都导致监管机构对那些无照经营、技术落后或无环保设施的小企业无力监管,更大程度上是无效监管;第四,相关配套制度和政策不完善。税收政策、补贴政策等都不利于调动企业积极性,在缺乏政策支持和制度创新的同时,监管政出多门、职权分散、缺乏配套性也是很重要的制度缺陷。

解决上述问题,首先需要从顶层设计着手,制定规范全行业发展的顶层制度。其次还要在各个具体内容上填补制度空白,对目前尚未制定规范的领域抓紧出台相关规定。再次就是注意规定的互相配合与协调,以往各自为政、多头管理、多重规定甚至相互矛盾规定导致效率低下、成效不佳的情况必须得到改变。

第二章 中国废旧金属循环利用法制建设及其评价

第一节 概述

废旧金属属于再生资源中的重要组成部分，总量占比很大。废旧金属的回收利用是国家发展重工业和制造轻工业产品的原材料渠道。我国废旧金属的循环利用经历了初期国家指令收购，行政统一调拨使用，到逐步放开专营但控制重点领域，再到全面放开，由市场主体自行竞争收购，政府加以引导和管理的几个不同阶段。在这几个阶段中，同时又存在行业治安管理、进口废旧金属的管控与环境保护问题并行的特征。目前我国废旧金属循环利用发展良好，已经在数量和质量上取得了长足的进步，但在体制机制上还是存在一些问题和不足，亟待得到解决。

第二节 中国废旧金属循环利用法制的发展历程

一 改革开放前的废旧金属循环利用制度

我国新中国成立以后至改革开放前的这段时间，一直处于物资匮乏的时期。整个社会生产和人民生活都是短缺状态，所以，废旧物资特别是废旧金属的循环利用被列入国家计划经济中的重点内容。国家设有一整套专门的机关和单位完成指令性计划，对废旧金属进行独家回收，根据国家计划，将各类废旧金属统一由政府调配使用。如1956年国务院转发《中华全国供销总社关于废杂铜、废锡收购工作中存在的问题和解决意见的报告的通知》中规定，供销社在收购废杂铜、废锡过程中，不许出现对个人强迫命令的现象，要贯彻自愿出售的原则。1958年国务院《关于加强废钢铁、杂铜收购工作的指示》中规定，街道办事处、农业生产合作和人民公社应当积极主动协助收购部门将一切可以交出来或者换下来的铁制和铜制物品，迅速交给国家收购部门。同时规定，对废金属的收购要由供销社全面负责，收集到的废旧金属都应由冶金部和计委协商统一调剂使用。

1963年，国务院颁行了《废钢铁回收管理暂行办法》，规定废钢铁的回收利用工作，由国家物资管理总局金属回收管理局统一管理。价格由全国物价委员会及各地物价部门审批确定。全国所有废钢铁都被列为计划物资，由主管机关下达任务，各地供销社进行独家收购，然后依照年度计划上交国家，再由国家统一调配使用。其中对适合手工业和地方工业作为生产原材料的废钢铁，要求应当尽量拨给手工业和地方工业使用，而且力求做到定点、直接供应。这个办法作为废钢铁回收的专项规定，为专收专营制度提供了法律保障。

1978年，国务院转批供销合作总社《关于进一步贯彻执行周总理对废旧物资工作题词的请示报告的通知》，这个通知下发后，开始在全国恢复对废旧物资的全面利用，该通知要求不仅要恢复工作领导、健全相关机构，更要合理增设收购网点，整顿废旧物资市场，不断扩大回收，特别要加强农村的回收。

总体来说，新中国成立后至改革开放前这个时期的相关规定都带有强烈的行政计划色彩，废旧金属的行政化回收和利用对我国新中国成立初期经济的发展特别是对机械工业和国防工业的发展起到了很大的支持作用，从这个角度讲，废旧金属的循环利用也是当时我国社会经济发展的重要保障。

二　改革开放后的废旧金属循环利用制度

党的十一届三中全会决定实行改革开放的政策后，废旧金属的回收利用制度也逐渐开始变化。改革开放之初，国家计划性、指令性的任务依然还在延续，随着商品经济的发展，物资生产的不断丰富，严格的国家行政化管理体制循序放开，国有单位一家独揽的局面被打破，收购和利用废旧金属的工作逐步由具备市场主体资格的各类企业和个人承担起来。

如1980年，国务院转批国家经委、供销合作总社等部门《关于改进个人拣拾的生产性废旧金属器材收购工作的报告》的通知中，还是依然坚持了供销合作社的收购部门和当地政府指定的收购部门是个人拣拾的生产性废旧金属器材的专门收购机构。而且还要严格凭户口簿或工作证及居委会或生产大队的证明信登记收购。到1985年，商业部《关于进一步加强废旧物资收购工作的通知》中仍然提出，废钢铁是商业部门管理的计划商品，是重要的工业原料，需要加强计划商品的管理。1985年北京市人民政府制定的

《关于废金属收购管理暂行规定》也是以国家指令计划经营为原则，而且规定北京地区的废金属一律不得出售给除物资部门以外的任何单位。

20世纪80年代中后期，废旧金属收购领域出现越来越多的个体户参与收购经营、集体或个人承包国有收购点等情况也逐渐增多，国家的指令性计划和任务经常无法完成，国家开始改变原有的废钢铁和其他废旧物资的计划体制，逐步放开经营。1986年，国家计委和国家经委下发《关于改革废钢铁计划管理体制的通知》，决定从1987年起，取消回收废钢铁的指令性计划，开放废钢铁市场。这一决定拉开了废旧金属管理制度的改革序幕。1987年，国家经委、财政部、商业部、国家物资局联合下发《关于进一步开发利用再生资源若干问题的通知》中规定，生产性废旧金属仍然严禁个人收购，其他种类的再生资源可以由个人或集体组织进行收购利用。同时规定，以再生资源为主要原料生产的产品，凡国家没有定价的，企业可自行定价。

1988年底，物资部和国家工商行政管理局下发《铂族金属废料回收利用暂行办法》，这是我国关于专门品类废旧金属回收利用的专项规定，对铂族（包括铂、钯、铑、铱、钌、锇）废旧金属的回收、经营、提炼、加工和进出口都进行了规定。这一规定的出台，极大地促进了这一品类废旧金属的循环利用工作。对铂族金属的有效节约和深度利用提供了制度保障。

随着社会经济的快速发展，各地废旧金属循环利用的发展也呈现出蓬勃发展的势头，各地区都制定了本地区关于废旧金属回收利用的相关地方性法规。如1990年，上海制定了《上海市废旧金属管理办法》；1991年，甘肃省制定了《甘肃省废旧金属收购经营管理暂行办法》；1992年，齐齐哈尔制定了《齐齐哈尔市废旧金属管理办法》等。上述各地的管理规定遵循国务院和各部委的要求，基本上维护了国有主管单位垄断回收和排他经营生产性废旧金属的原则，对生活性的废旧物资允许由合法取得经营资质的企业或个人进行回收。目前在这个时期制定的相关规定基本已被废止。

1994年，公安部颁布《废旧金属收购业治安管理办法》，这一办法对废金属收购领域的影响很大，这一规定中改变了以往国营单位以外不得收购生产性废旧金属的限制，进一步拓宽了非国有单位和个人开展废旧金属收购的范围，极大地活跃了市场，促进了废旧金属收购的发展。同时，这一规定对废旧金属收购业治安管理，保护合法经营，预防和打击销赃等违法犯罪方面也发挥了很大的作用。该办法经过2006年的修订，至今仍然是废旧金属回收利用领域的一个重要规定。

随着废旧金属收购和再利用产业市场的逐步放开，国内生产和生活所产生的废旧金属等物资不能满足日益增长的再生资源需求，于是有人把目光投向了国外。有很多国外的企业不愿意在本国付出巨大成本处理废旧金属，想要逃避本国的环保处罚和环保成本，由于当时我国环境保护要求低，废物处理成本小，国外企业的环保压力和国内市场的强劲需求共同作用，导致大量国外的废旧金属包括危险废物被进口至我国境内，甚至出现了走私废旧金属和其他废旧物资的犯罪行为。为了规范进口废旧金属的市场秩序、防止违法进口或走私的外国废旧金属对我国公民造成人身损害、对我国自然环境造成严重破坏，国务院办公厅于1995年下发《关于坚决控制境外废物向我国转移的紧急通知》，又在1997年下发《关于禁止受放射性污染的废旧金属进口的紧急通知》。上述两个通知对当时分散经营、秩序混乱的废旧金属进口经营单位进行了清理整顿，进一步严格口岸审批查验制度，同时也严厉打击了废旧金属走私进口的行为，遏制住了外国废旧金属大量向我国转移的势头。

这个时期的法律制度主要还是集中在对产业的调整和开放。多年形成的旧的计划体系慢慢向符合市场需求的开放体系转变，在这个过程中更多的是考虑安全和稳定，对产业的整体发展没有大的规划和长期的基础性的建设，对产业造成的环境污染问题也没有重视。

三　新时期我国废旧金属循环利用法律制度的发展

自2005年《固体废物污染环境防治法》、2007年《再生资源回收管理办法》和2008年《循环经济促进法》颁布以来，废旧再生资源的循环利用越来越受到政府和社会的重视。各地都依照上述法律法规制定了本地的相关条例，在废旧金属的收购利用方面，各地也制定了专项规定予以调整。如江西省2007年颁布了《江西省生产性废旧金属收购业管理暂行办法》，对从事废旧金属收购的企业提出了各项具体要求，规定了法律责任。其中禁止以废旧金属为原料的加工生产企业直接收购生产性废旧金属，而是必须由具备资格的回收企业进行收购。天津市2010年修订了《天津市收购废旧金属和信托寄卖业治安管理办法》，该办法主要对限制和禁止收购和销售的废旧产品予以规定，对收购废旧金属和经营旧货出售的企业和个人设置了从收到卖的整套规定。

环境的不断恶化也使得国家和社会越来越重视对污染的防治。除了《固体废物污染环境防治法》予以规定外，各个单项类别的具体污染防治和管理也在近几年制定了具体的规则。如2011年，环保部发布《放射性同位素与射线装置安全和防护管理办法》，明确规定了废旧金属回收熔炼企业应建立辐射监测系统，防止发生因监测和防护不力，出现放射性污染造成损失的情况发生。这一规定将此前一直不受重视的废旧金属回收熔炼企业辐射安全工作提高到了一个新的管理水平上。各地也依据这个办法制定了本地的相关细则。

废旧金属回收利用的技术发展一直是提高利用效率，增强利用能力的重要保障。上海市在2005年发布《生产性废旧金属收购企业设置与管理技术规范》这一地方标准，对从事废旧金属收购的企业提出了统一、严格的要求。这一标准成为行业发展的直接动力，企业为了达到标准的要求，主动淘汰落后技术，研发使用新工艺新设备，同时健全企业内部各项管理规范，这个标准让上海市在这个行业整体业务能力得到了大幅度提升。

这一个时期是中国经济迅速发展的时期，各类新产品的极大丰富必然导致废旧回收产品的巨量激增。这个时期国家开始着眼于基础性、系统性、长远性的规划上。对整个产业的自身发展，包括与其他产业发展的协调与适应，污染问题的解决等方面都开始作综合考虑。但目前的法律制度的科学性、完整性仍然不能满足现实的需求。

第三节　中国废旧金属循环利用法制的不足

废旧金属的循环利用，要从整个产业链条上都进行规范和管理，同时要处理好行业治安管理、环境保护要求等各项其他工作。就目前我国在这个领域现行的法律制度来看，主要存在以下几个需要完善的方面：

一　回收体系的规划和建设方面

针对不同的废旧金属产生来源，需要建立不同的回收体系。如生活类、产业类、服务消费类和公共机构类的不同渠道产生不同内容的废旧金属，在城市和在农村也有不同的回收方式，作为循环利用的第一个步骤，如何更好、更便捷、更高效地回收是需要解决的首要问题。目前我国的法律制度尚未有对回收体系整体规划和建设的相关规定。

二　产业标准的制定方面

任何行业的发展，标准化都是一个重要的基础和保障。一个科学合理、功能齐全、同意权威的标准体系是提高生产效率、加快产业升级的动力源和助推剂。在回收目录、产品分类、分拣加工作业、运输储存、回收污染控制技术等基础类和通用类标准的制定上，这也是导致行业技术水平低，能力差距大，整体效率不高的原因之一，我们目前对标准的制定还欠缺很多。

三　配套扶持制度方面

我国废旧金属循环利用的发展离不开行业之外各项保障制度的配合与支持，如财税政策的支持、科技创新能力的支持、土地政策的完善和支持、金融服务的支持等。只有各个部门协同配合，都为这个行业的发展提供一些扶持和帮助，才会让废旧金属的循环利用工作开展得更好。当然，目前上述这些保障支持制度的建立需要更深入地改革继续推进，才能获得良好的效果。

第三章　中国废旧橡胶循环利用法制建设及其评价

目前，发展循环经济、走可持续发展道路以及建立环境友好型、资源节约型社会已成为全社会积极提倡的三项热点，也是中央的要务所在。要想实现上述目标，很重要的一点就是搞好橡胶产品循环利用，变废为宝，从而实现资源节约、环境保护以及经济发展。我国目前橡胶产品循环利用工作开展得并不理想，相对于发达国家有较大差距。导致这项工作存在诸多不足的一个重要原因就是：橡胶产品循环利用的法律法规缺失。法律法规的缺失使橡胶产品循环利用无法可依，因而造成管理混乱，发展缓慢。为使我国橡胶产品循环利用工作全面做到有法可依，本部分对橡胶产品的循环利用立法进行研究，希望抛砖引玉，为橡胶产品立法"引"来更多有意义的研究成果。

第一节　废旧橡胶产品循环利用法制概述

一　废旧橡胶产品循环利用的含义

（一）废旧橡胶产品的含义

废旧橡胶主要是废旧轮胎等橡胶制品，是国际公认的有害垃圾。大量废旧轮胎的长期露天堆放，不仅占用了大量土地资源，而且不能自然降解，易滋生病菌，产生自燃着火，历史上美国、日本等国家都曾因为大量堆积的废轮胎造成黑色污染，甚至酿成大的火灾。然而以废旧轮胎为主的废旧橡胶，又是一种可以再生利用的资源。国外废旧橡胶的综合利用做法通常是作为燃料使用，1 吨废旧橡胶大体可以替代 1.74 吨左右的煤，主要用于水泥、工业锅炉、发电厂等，热裂解（废旧轮胎通过热裂解处理）或制造再生橡胶或胶粉。

所谓废旧轮胎，是指被替换或淘汰下来已失去作为轮胎使用价值的轮胎，以及工厂产生的报废轮胎。"废""旧"两者亦有区别，旧轮胎指胎体完好，经过翻新还可使用的轮胎；废轮胎指无法再翻新使用的轮胎。一方面，废旧轮胎属于不熔或难熔的高分子弹性材料，具有很强的抗热、抗生物、抗机械性,并难以降解。长期露天堆放,不仅占用大量土地,而且极易滋生蚊虫传播疾病,引发火灾;另一方面,废旧轮胎作为一种可再生资源被称作"黑色金矿",一条旧轮胎经过多次翻新后相当于2—3条轮胎,而翻新所消耗的原料只相当于生产一条同规格新轮胎的15%—30%,16%—24%的钢丝为优质弹簧的原料,58%—60%的橡胶混合物可生产橡胶粉和再生胶,其产品和延伸制品可以广泛应用于橡胶、化工、交通和城建等国民经济重要产业,成为重要的二次资源。因此,如何充分利用我国的废旧轮胎,节约橡胶资源,防止环境污染,是中国社会经济可持续发展必须解决的问题。目前,我国废旧轮胎资源综合利用大致有以下几种途径:

1. 原形改造废旧轮胎。通过捆绑、剪裁、冲切等方式,将废旧轮胎改造为港口码头及船舶的护舷、防波护堤坝、漂浮灯塔、公路交通墙屏、路标以及海水养殖渔礁、游乐游具等。原型改造是一种非常有价值的回收方法,但是,该方法消耗的废旧轮胎量并不大,仅占废旧轮胎量的1%,所以只能作为一种辅助途径。

2. 热解废轮胎。废轮胎经高温裂解可提取具有高热值的燃气、富含芳烃的油、炭黑及钢铁等,但是,该方法技术复杂、成本高,易造成二次污染,且回收物质质量欠佳又不稳定,目前没有在国内推广。

3. 翻新旧轮胎。轮胎翻新是指轮胎经局部修补、加工、重新贴覆胎面胶,进行硫化,恢复其使用价值的一种工艺流程。汽车轮胎在使用过程中最普遍的破坏方式是胎面的破损,因此轮胎翻新是利用旧轮胎的主要方式之一。在使用、保养良好的条件下,一条轮胎可以翻新多次,至少可以使轮胎的总寿命延长1—2倍。每翻新一次,可重新获得相当于新轮胎寿命的60%—90%的使用寿命,平均里程为5万—7万千米。轮胎翻新不仅延长了汽车轮胎使用寿命、促进了旧轮胎的减量化,而且减少环境污染,是循环经济的重要产业。

(二)橡胶产品循环利用的必要性

目前,我国废旧轮胎的产生量在1亿条以上,随着汽车工业的快速发展,废旧轮胎的产生量还将不断增加。我国再生胶生产技术处于国际领先水平,橡胶行业一贯重视废旧橡胶综合利用,在行业的扶持下,涌现出一批发展循环经济、致力于废旧橡胶处理和利用的大中型企业,和具有自主知识产权的生产工艺和再生胶生产中治理尾气的环保处理装置的企业。然而,在废旧橡胶综合利用中还存在问题,一些地区的废旧橡胶综合利用小厂只顾眼前利益,生产技术水平低、企业"三废"治理未达标,产品质量低;不达标的小型废旧橡胶综合利用企业不仅争抢废旧轮胎资源，同时又造成了二次污染；轮胎的翻新利用率不高，小作坊式的翻新轮胎加工，蕴藏安全隐患。专家建议要使用予硫化胎面进行轮胎翻新，呼吁大型轮胎企业加入轮胎翻新行列，在轮胎销售中指导用户正确使用轮胎，在轮胎花纹磨损到翻新范围内进行翻胎，从而提高轮胎的翻新率。会上与会代表呼吁建立废旧橡胶综合利用企业准入制，即对轮胎翻新及再生胶、胶粉生产企业实行准入制；减少废旧轮胎产生量，延缓产生周期，同时，行业呼吁坚决禁止一切废旧轮胎和橡胶产品进口，有效利用国内现有的废旧橡胶资源，保护环境[①]。

随着我国人民生活水平的不断提高和汽车工业的迅猛发展，社会汽车保有量快速增长，这必然伴随着两个重要问题：一是橡胶资源匮乏的问题；二是废旧轮胎问题。从2002年起我国橡胶消耗量连续三年位居世界第一，2004年橡胶消耗量达420万吨，其中约有70%用于轮胎生产，而我国本身橡胶资源匮乏，橡胶原料主要依靠进口满足国民经济发展的需求。据有关方面测算，中国将成为轮胎第一生产大国，废旧轮胎的产生量将位居世界第一。

有关专家指出，由于废旧轮胎占废橡胶产品的60%以上，因此废橡胶的综合利用主要是指废旧轮胎的处理和利用。目前我国废旧轮胎处理以再生胶为主，但是与环境亲和性最好的轮胎翻新在我国却长期处于落后状态。最近几年间我国每年轮胎翻新量仅为400万—450万条，约为新轮胎产量的3%和废旧轮胎产生量的10%，新胎与翻新胎的比例仅29∶1，远远低于10∶1的世界平均水平。且目前翻新胎以斜交胎为主，翻新质量也较低，目前首先应做好国内产生的旧轮胎翻新和废轮胎综合利用工作，坚决禁止废旧轮胎进口及走私行为。

（三）我国橡胶产品循环利用立法现状

有关环保专家指出，要解决废旧轮胎管理问题，就要尽快制定《废旧轮胎回收利用管理办法》，将废旧轮胎资源回收利用逐步纳入法制化管理轨道。通过法律规定，明确生产、使用单位的责任和义务，禁止随意堆放、丢弃、焚烧、走私废旧轮胎。将废旧轮胎列入国家强制回收目录，实行"以旧换新"制度，在各地成立废旧轮胎回收处理集散中心，建立健全废旧轮胎的回收利用网络及机制。同时，研究制定鼓励废旧轮胎回收利用的经济政策。建立废旧轮胎回收利用专项基金，征收废旧轮胎处理费，用于废旧轮胎

[①] 李尚振、代丰：《我国废旧轮胎资源循环利用的现状、对策及发展前景》。

回收管理、加工利用补贴和技术开发。对从事废旧轮胎加工利用的企业实行税收优惠政策，减轻企业负担，鼓励企业进行技术改造，促使其不断发展。同时研究无偿回收废旧轮胎的可行性。

工商管理部门有关人士认为，废旧轮胎市场目前确实十分混乱，合法翻新的轮胎、非法翻新的轮胎和走私的废旧轮胎难辨真伪，消费者如贪图便宜，很容易上当。废旧轮胎市场，亟须要通过有关法规进行管理①。

进口旧轮胎用于翻新在我国尚属新兴领域，黄岛检验检疫局工作人员在日常监管中搜集了近百个轮胎在翻新、使用过程中的缺陷加以说明后整理成册，编制了《翻新用旧轮胎缺陷样照》，为生产企业相关产品的质量管理提供了有效的技术支撑。通过几年的分析、调研以及对企业运行发展状况的了解，黄岛检验检疫局完成了科研课题《进口翻新用旧轮胎全过程质量安全控制体系研究》，在2011年全省系统科研项目评奖中荣获科技进步二等奖，为行业的进一步发展打下坚实的基础，并弥补，国内空白②。

第二节　中国橡胶产品循环利用法制评价与未来的工作

一　我国橡胶产品循环利用法制评价

目前我国还没有形成鼓励废旧轮胎资源再生和循环利用的制度体系、法律体系、政策体系和社会机制。尽管我国回收利用途径和技术并不落后，但管理、政策和立法的滞后已经严重阻碍了废旧轮胎回收利用产业的发展。

在管理上，许多发达国家相继成立了废旧轮胎回收利用管理机构，如美国的"废胎管理委员会"，加拿大的"废胎回用管理协会"等。我国尚无废旧轮胎回收利用的管理部门，也未建立正规的回收利用系统。企业之间盲目、无序竞争，市场管理不规范，使产品质量好、技术先进的企业得不到应有的支持。

在立法上，发达国家对于废旧轮胎回收利用建立了一套相对完整的法律政策体系，如美国的《资源与回收法》、法国的《废弃物及资源回收法》等。这些法律要点是：按照谁污染谁治理的原则，征收轮胎消费者废轮胎回收处理费，建立专项基金，用于社会分散的废旧轮胎集中回收；将废旧轮胎

---

① http://www.maifp.com/policy/2007-3-4/ShouBu-FeiJiuLunTaiHuiShouLiYongGuanLiTiaoLi-WeiWangChuSi-i348044.htm.

② http://www.aqsiq.gov.cn/zjxw/dfzjxw/dfftpxw/201110/t20111027_201437.htm.

送往加工处理企业作为资源再生产品，并从专项基金支付处理补贴；对从事废轮胎加工再利用企业实行低税率，以鼓励民间投资；奖励和强制推广资源再生产品的使用。我国至今没有关于废旧轮胎回收利用的具体立法，"谁污染，谁治理"在废旧轮胎回收利用方面没有具体的措施。

在政策上，我国对废旧轮胎回收利用产业尚无具体的产业政策，甚至国际公认的无害化、资源化利用废轮胎生产橡胶粉行业，尚未纳入政府的产业目录，使投资该行业的外商和民间投资者遭遇政策障碍。国外废旧轮胎多是无偿利用，政府还有补贴，并实行免税政策。由于废旧轮胎从民间收购，无法获得增值税发票以抵扣进项税，实际上造成了重复征税，使本来微利的行业变成亏损，生存困难，更谈不上发展。这种政策上的不平等，对我国废旧轮胎回收利用行业发展不利。

我国中国轮胎翻修利用协会会长姜治云日前向媒体介绍，我国已经将废旧轮胎的循环利用列为重点发展领域，并决定从制定法律法规、给予税收优惠、提供贴息贷款等多方面全力支持废旧轮胎的循环利用。他说，我国目前正在积极起草《废旧轮胎回收利用管理条例》，现已初步形成了该条例的草案，并且很快就会在政府的官方网站上公开发布。

二 推进我国废旧轮胎循环利用产业发展的对策和建议

废旧轮胎循环利用产业以废旧轮胎的"减量化、无害化、资源化、再循环、再利用"成为国民经济的新增长点，符合市场效益、社会就业、资源循环利用和环境保护"四统一"的原则，已经被国家列为循环经济的重点发展领域。面对新的机遇，当务之急是如何建立适合中国特色的废旧轮胎资源循环利用发展运行机制和发展模式，为此针对行业发展过程中的问题提出以下对策和建议：

（一）加快制定废旧轮胎资源循环利用的管理法规，依法管理，规范行业发展。国家应当尽快建立和完善废旧轮胎回收利用管理法规和细则，明确生产、使用单位的责任和义务，对废旧轮胎综合利用进行科学定位；建立健全废旧轮胎的回收利用渠道，以及回收处置费的征收、登记、缴纳、使用及管理办法；规定行业的组织管理和协调监督、规划、优惠政策，废橡胶利用技术研究和开发、二次污染治理，产品及其原材料标准、回收、统计、公报、奖励和处罚，及对废旧轮胎回收利用企业实行资质认证制度等。据悉，我国正在积极起草《废旧轮胎回收利用管理条例》。

（二）完善对废旧轮胎资源循环利用行业的鼓励政策和机制。首先，要尽快建立废旧轮胎回收利用收费与补偿机制。根据国务院《关于环境保护若干问题的决定》中"污染者付费、利用者补偿"的原则，建立废旧轮胎处理收费与补偿制度，明确轮胎消费者有缴纳处理费的义务，调整轮胎生产者、使用者、回收利用者的利益。一是从轮胎制造者和进口商的销售环节收取污染处理费，将其主要用于补偿废旧轮胎回收运输成本和各地回收集散中心、加工处理企业的政策性补贴等；二是由国家制定的税务部门从轮胎生产企业的销售、进口环节征收增值税时代征，纳入国家财政预算资金实行统一管理，实行差别化补偿制度；三是对收取的废旧轮胎处理费与使用实行透明化操作，除国家各级审计部门监督外，要接受社会舆论监督，定期向社会公告资金使用情况。其次，建议国家在税收、信贷、投资等方面给予扶持。对废旧轮胎加工利用企业实行税收优惠政策，以减轻企业负担；通过各种渠道，增加对废旧轮胎资源综合利用科技开发的投入。对废旧轮胎资源综合利用科技开发，高新技术产业化示范项目，纳入科技三项费用的支持范围；废旧轮胎列入国家强制回收目录，实行"以旧换新"制度，在全国各地成立废旧轮胎回收处理集散中心，负责本地区废旧轮胎集中回收、分类、初加工及再利用的集散。另外，国家对于废旧轮胎循环利用最科学、附加值最高的资源化途径要进行政策引导。例如，发展胶粉工业是废旧轮胎资源综合利用的方向，我国胶粉工业刚起步，生产技术达到世界一流水平，关键在应用与推广，国家应组织协调橡胶行业、建材行业、公路、公共场所等领域的应用，并对胶粉生产及应用单位给予政策支持，尽快出台国家、地方标准，并在税收上给予优惠等。

（三）充分发挥中国橡胶工业协会和中国轮胎翻修利用协会的作用，进一步加大宣传力度。充分发挥中国橡胶工业协会和中国轮胎翻修利用协会的作用，使其成为政府和企业的桥梁和纽带。要加强调查研究，建立废旧轮胎资源回收利用信息系统和数据库，抓好统计基础工作，及时收集、整理和发布国内外废旧轮胎资源回收利用信息，根据不同时期废橡胶利用情况提出决策性建议；组织产、学、研相结合，对废橡胶利用过程中重大发展方向的项目组织攻关研究；加快废橡胶行业不同层次人才的培养；总结废橡胶利用企业生产、经营和管理中的先进经验，在行业中推广、交流。另一方面，通过协会的宣传，提高全社会对废旧轮胎循环利用的意识，促进我国废旧轮胎资源回收利用行业健康、稳定、有序发展。总之，废旧轮胎的循环利用产业具有很高的经济效益和环保效益，是我国发展循环经济的重要组成部分。我国废旧轮胎资源循环利用的潜力巨大，市场前景美好，需要通过政府和社会从

多方面的支持，促进废旧轮胎资源循环利用产业的健康发展，这对于可持续发展的实现具有十分重要的意义

三 实践领域的探索：新型高效废旧轮胎处理发电项目在山东投产

经过近10年的研制开发，山东西迪艾万达新能源有限公司将自行研制开发的"自动化内旋式废轮胎常压裂解"工艺设备及技术，与国内新型的发电机组相结合，实现利用废旧轮胎发电的目标。近日，该项目在山东章丘开工建设，这是继风力发电、核发电、生物质发电之后新能源技术和领域的又一重大突破。

目前，随着汽车工业的发展，越来越多的废轮胎形成了"黑色污染"，给环境和人民生活造成了巨大的影响。从2002年起，我国已经连续5年成为世界橡胶消费第一大国。目前，全世界每年有约15.5亿只轮胎报废，其中回收利用的只占15%—20%，其他大多只是简单的地面堆积或掩埋处理，废旧轮胎的长期堆放不仅占用大量土地，而且极易滋生蚊虫，容易引起火灾。废轮胎属于不能自然溶解的高分子弹性材料，有着较高的弹性和韧性，即使掩埋100年，废轮胎也不会自然降解，所以如何利用废旧轮胎成了大家关心的问题。

山东西迪艾万达新能源有限公司自主研制的"自动化内旋式废旧轮胎裂解设备"包括低温动态常压热裂解、动态隔离裂解、贫氧热裂解、可燃气体高效回燃、炭黑利等技术，其设备包括粉碎设备、输送设备、裂解设备、加热炉、冷凝器、中间罐、废气处理罐、炭黑设备、储油罐等。整套技术于2007年12月22日由山东省科技厅委托济南市科技局组织专家鉴定委员会主持鉴定后，2007年12月25日山东省科技厅批准了该科研成果。该装置采用大型滚刀式轮胎破碎分离设备和内旋式裂解设备，消除了目前国内同类设备存在的安全隐患，大大提高了废旧轮胎处理效率和燃油回收率，改善了工人操作条件，该设备是目前中国大陆唯一能达到万吨级废旧轮胎年处理能力及安全运行的装置。

与国内外目前的废旧轮胎裂解设备相比，该技术能够让轮胎物料在动态旋转过程中均匀受热裂解，避免了局部温度高产生过裂解和二次焦化，保证了出油率和油品质量，同时保证了裂解釜和出气管道的相对静止，解决了裂解釜的密封难题，保证了设备的安全运行。并在设备方面和工艺技术方面都进行了创新。山东大学环境科学研究所所长崔兆杰教授认为，"热裂解"技

术是在合理的工艺条件及催化剂的作用下将废轮胎裂解成油品专用调和剂、船舶锅炉用燃料油、炭黑、钢丝和可燃气体,实现了将废旧轮胎中各种组成成分充分彻底地回收利用,不污染环境、不仅合理有效地处理了废轮胎、消除了污染,带动了设备制造业和加工业,还在一定程度上缓解了能源危机,对节约能源、保护环境、实现资源循环利用、发展循环经济具有重大的意义。

目前,章丘电力公司已与山东西迪艾万达新能源有限公司就该废旧轮胎发电项目合作达成共识,高效废旧轮胎处理发电项目建成并依照要求通过运行检验等环节后,所发的电将会并入国家电网,真正实现资源共享,有效地补充和缓解当地以及山东省电力紧张的状况。

第四章 中国城市典型废弃物循环利用法制建设及其评价

自《国务院关于加快发展循环经济的若干意见》印发以来，国家发改委会同六部门先后组织了两批国家循环经济试点，各省市结合自身情况也在各自行政区域内组织了循环经济试点。在试点推动下，我国重点行业、重点领域的循环经济发展取得了显著成效。但随着近年来我国城市化进程加快，城市典型废弃物产生总量增长较快，环境压力大，安全隐患多，利用方式粗放，价值不高的问题日益突出。多数城市都尚未建立起安全高效的废弃物循环利用体系，缺乏对城市废弃物进行全面收集、科学分类、高效循环利用和安全处理的经验。全面收集、科学分类、高效循环利用和安全处理的经验。

正是在这一背景下，为了更好地借鉴日本等循环经济发展较为先进国家的经验，同时也是落实中日两国政府首脑会谈关于加强循环经济合作的内容，国家发改委同JICA商定合作开展"城市典型废弃物循环利用体系建设与试点项目"。项目计划为期4年3个月，主要是选定餐厨废弃物、包装废弃物和废旧轮胎三类城市典型废弃物，通过技术和人员合作，在贵阳市（餐厨废弃物和包装废弃物）、西宁市（餐厨废弃物和废旧轮胎）、青岛市（餐厨废弃物和废旧轮胎）和嘉兴市（餐厨废弃物和包装废弃物）开展循环利用体系试点，在此基础上，开展政策研究，为形成具有中国特色的城市典型废弃物利用法律和政策体系提供建议。

第一节 中国城市典型废弃物循环利用法制概述

一 城市废弃物的含义

城市废弃物包括餐厨废弃物、包装废弃物、废旧轮胎、园林废弃物、建筑垃圾等，是针对居民收入水平提高和城市化快速扩张，在城市生活各领域中产生的各种固体废弃物的一种并不严格的统称。废弃物通常分为产业废弃物和一般废弃物，前者通常是指工业企业产生或需要按照工业处理方法处理的废弃物，后者可分为家庭废弃物和企业一般废弃物，是指居民和企业产生的普通废弃物。对应地，在我国城市废弃物中的餐厨废弃物和包装废弃物属于一般废弃物，而废旧轮胎，无论是产自居民家庭、工商企业和工矿企业，均属于产业废弃物的范畴。

二 我国典型城市废弃物循环利用法制现状

（一）中央一号文件

《国务院关于加快发展节能环保产业的意见》规定，深化废弃物综合利用，推动资源综合利用示范基地建设，鼓励产业聚集，培育龙头企业。积极发展尾矿提取有价元素、煤矸石生产超细纤维等高值化利用关键共性技术及成套装备；开发利用产业废物生产新型建材等大型化、精细化、成套化技术装备；加大废旧电池、荧光灯回收利用技术研发；支持大宗固体废物综合利用，提高资源综合利用产品的技术含量和附加值；加快建设餐厨废弃物无害化处理和资源化利用设施。

国家发展改革委办公厅、财政部办公厅关于印发循环经济发展专项资金支持餐厨废弃物资源化利用和无害化处理试点城市建设实施方案的通知：以城市为单位，支持试点城市餐厨废弃物收集、运输、利用和处理体系建设和改造升级，以及法规、标准、管理体系等能力建设。主要支持内容如下：

1. 餐厨废弃物收运体系建设。包括餐饮单位、集体食堂油水分离装置、收集装置配置，收运车辆和工具配置，餐厨废弃物成分检测装备配置等。

2. 资源化利用和无害化处理项目建设。包括基础设施建设、厂房建设、主要生产设备购置以及环保配套设施、辅助生产设施建设等。

3. 能力建设。包括收运台账、处理监控等电子信息管理平台建设，生产过程及产品监测系统，技术研发平台建设，法规、标准体系建设等。

支持方式与测算标准：对于餐厨废弃物资源化利用和无害化处理试点城市建设，中央财政采取预拨与清算相结合的综合财政补助方式予以支持，补助资金由地方政府根据有关建设方案统筹使用，专项用于餐厨废弃物收运和利用体系建设。补助资金根据有关建设方案，以城市新增餐厨废弃物资源化利用和无害化处理总量为算账依据，参考餐厨废弃物资源化利用和无害化处理成本，按新增总投资额的一定比例核定。

(二) 地方相关文件

1. 六盘水市人民政府《关于大力开展大宗工业固体废弃物综合利用促进循环经济发展的意见》中规定：本意见所指大宗工业固体废弃物主要包括：煤矸石、粉煤灰、脱硫石膏和冶金渣，同时也适用于对尾矿、煤泥、化工渣等固体废弃物的综合利用。该市并制定各类废弃物综合利用规划布局，切实抓好资源综合利用范围和企业的认定工作。煤矸石、粉煤灰、脱硫石膏、冶金废渣等大宗工业固体废弃物的综合利用在《资源综合利用目录》中均属综合利用类资源，在该市可依据《资源综合利用目录》享受相应的增值税、所得税等税收减免优惠政策。

目前该市正研究制定积极的产业政策：（1）制定产业发展目录；（2）严禁黏土砖生产；（3）限制采矿权数量，控制开山采石总量；进一步采取激励和约束相结合的政策措施；引导企业加快新产品的开发；简化行政审批程序；从财政、电力资源配置、用地、税费、融资方面加大政策扶持。并提供工作保障，加强监督力度。

由于大宗工业固体废弃物综合利用涉及煤炭、电力、建材、冶金、化工等多个行业和生产、建设、流通、消费等各个环节，是一项综合性较强的系统工程，已经初步形成政府主导、经信部门牵头、环保部门协助、有关部门协作、有关企业参与、社会全面监督的管理体系。

2. 陕西省发展和改革委员会转发国家发展改革委办公厅、财政部办公厅《关于印发循环经济发展专项资金支持餐厨废弃物资源化利用和无害化处理试点城市建设实施方案的通知》中规定：包括餐饮单位、集体食堂油水分离装置、收集装置配置，收运车辆和工具配置，餐厨废弃物成分检测装备配置等须加强建设。其次，资源化利用和无害化处理项目建设的开展包括基础设施建设、厂房建设、主要生产设备购置以及环保配套设施、辅助生产设施建设等。再次，能力建设包括收运台账、处理监控等电子信息管理平台建设，生产过程及产品监测系统，技术研发平台建设，法规、标准体系建设等。最后，支持方式与测算标准。对于餐厨废弃物资源化利用和无害化处理试点城市建设，中央财政采取预拨与清算相结合的综合财政补助方式予以支持，补助资金由地方政府根据有关建设方案统筹使用，专项用于餐厨废弃物收运和利用体系建设。补助资金根据有关建设方案，以城市新增餐厨废弃物资源化利用和无害化处理总量为算账依据，参考餐厨废弃物资源化利用和无害化处理成本，按新增总投资额的一定比例核定。

附表1　　相关文件对城市废弃物循环经济及相关内容的表述

年份	文件（题目）	关于发展"城市废弃物循环经济"及相关内容的表述（要点摘录）
2013	《国务院关于加快发展节能环保产业的意见》	深化废弃物综合利用。推动资源综合利用示范基地建设，鼓励产业聚集，培育龙头企业。积极发展尾矿提取有价元素、煤矸石生产超细纤维等高值化利用关键共性技术及成套装备。开发利用产业废物生产新型建材等大型化、精细化、成套化技术装备。加大废旧电池、荧光灯回收利用技术研发。支持大宗固体废物综合利用，提高资源综合利用产品的技术含量和附加值。推动粮棉主产区秸秆综合利用。加快建设餐厨废弃物无害化处理和资源化利用设施。
2011	国家发展改革委办公厅、财政部办公厅关于印发循环经济发展专项资金支持餐厨废弃物资源化利用和无害化处理试点城市建设实施方案的通知	以城市为单位，支持试点城市餐厨废弃物收集、运输、利用和处理体系建设和改造升级，以及法规、标准、管理体系等能力建设。主要支持内容如下： （一）餐厨废弃物收运体系建设。包括餐饮单位、集体食堂油水分离装置、收集装置配置，收运车辆和工具配置，餐厨废弃物成分检测装备配置等。 （二）资源化利用和无害化处理项目建设。包括基础设施建设、厂房建设、主要生产设备购置以及环保配套设施、辅助生产设施建设等。 （三）能力建设。包括收运台账、处理监控等电子信息管理平台建设，生产过程及产品监测系统，技术研发平台建设，法规、标准体系建设等。 支持方式与测算标准：对于餐厨废弃物资源化利用和无害化处理试点城市建设，中央财政采取预拨与清算相结合的综合财政补助方式予以支持（具体方式详见组织实施程序），补助资金由地方政府根据有关建设方案统筹使用，专项用于餐厨废弃物收运和利用体系建设。补助资金根据有关建设方案，以城市新增餐厨废弃物资源化利用和无害化处理总量为算账依据，参考餐厨废弃物资源化利用和无害化处理成本，按新增总投资额的一定比例核定。
2012	六盘水市人民政府关于大力开展大宗工业固体废弃物综合利用促进循环经济发展的意见	2010年，全市大宗工业固体废弃物总量为2800万吨，约占全省的1/3，累计堆存量1.5亿吨，约占全省的1/2，综合利用率27%，低于全省37%和全国65%的平均水平。"十二五"末，我市将形成煤炭、电力、煤化工、冶金、建材、装备制造六大支柱产业，基本建成全国循环经济示范区和西南地区重要的能源基地、资源深加工基地和装备制造业基地，届时，全市煤炭产能将达1.5亿吨、电力装机容量1500万千瓦、钢产量1000万吨、水泥产量1000万吨。随着我市工业化和城镇化进程加快，对煤炭、电力等资源的需求越来越大，大宗工业固体废弃物的产生量将逐年增加。据预测，到2015年，全市每年将产生煤矸石2700万吨、粉煤灰1724万吨、脱硫石膏242万吨、冶金渣等废弃物271万吨，加上历史堆存的各种固体废弃物，将面临巨大的环境压力。因此，大力开展大宗工业固体废弃物综合利用，走循环经济发展道路已刻不容缓。 本意见所指大宗工业固体废弃物主要包括：煤矸石、粉煤灰、脱硫石膏和冶金渣，同时也适用于对尾矿、煤泥、化工渣等固体废弃物的综合利用。并制定各类废弃物综合利用规划布局切实抓好资源综合利用范围和企业的认定工作。根据国家有关规定和《资源综合利用目录》，我市煤矸石、粉煤灰、脱硫石膏、冶金废渣等大宗工业固体废弃物的综合利用在《资源综合利用目录》中均属综合利用类资源，可依据《资源综合利用目录》享受相应的增值税、所得税等税收减免优惠政策。

续表

年份	文件（题目）	关于发展"城市废弃物循环经济"及相关内容的表述（要点摘录）
2012	六盘水市人民政府关于大力开展大宗工业固体废弃物综合利用促进循环经济发展的意见	研究制定积极的产业政策：1. 制定产业发展目录；2. 严禁黏土砖生产；3. 限制采矿权数量，控制开山采石总量；进一步采取激励和约束相结合的政策措施；引导企业加快新产品的开发；简化行政审批程序；从财政、电力资源配置、用地、税费、融资方面加大政策扶持。并提供工作保障，加强监督力度 大宗工业固体废弃物综合利用涉及煤炭、电力、建材、冶金、化工等多个行业和生产、建设、流通、消费等各个环节，是一项综合性较强的系统工程，必须形成政府主导、经信部门牵头、环保部门协助、有关部门协作、有关企业参与、社会全面监督的管理体系，才能确保取得实效。
2011	陕西省发展和改革委员会转发国家发展改革委办公厅、财政部办公厅关于印发循环经济发展专项资金支持餐厨废弃物资源化利用和无害化处理试点城市建设实施方案的通知	（一）餐厨废弃物收运体系建设。包括餐饮单位、集体食堂油水分离装置、收集装置配置，收运车辆和工具配置，餐厨废弃物成分检测装备配置等。 （二）资源化利用和无害化处理项目建设。包括基础设施建设、厂房建设、主要生产设备购置以及环保配套设施、辅助生产设施建设等。 （三）能力建设。包括收运台账、处理监控等电子信息管理平台建设，生产过程及产品监测系统，技术研发平台建设，法规、标准体系建设等。 支持方式与测算标准：对于餐厨废弃物资源化利用和无害化处理试点城市建设，中央财政采取预拨与清算相结合的综合财政补助方式予以支持（具体方式详见组织实施程序），补助资金由地方政府根据有关建设方案统筹使用，专项用于餐厨废弃物收运和利用体系建设。补助资金根据有关建设方案，以城市新增餐厨废弃物资源化利用和无害化处理总量为算账依据，参考餐厨废弃物资源化利用和无害化处理成本，按新增总投资额的一定比例核定。

第二节　中国城市典型废弃物循环利用法制评价与未来的工作

一　我国城市典型废弃物循环利用法制评价

（一）我国城市典型废弃物循环利用法制建设取得的成就

1. 与时俱进，由简入繁，逐步推进建立和完善废弃物循环利用法律体系。从历史上看，我国城市废弃物管理沿用了一种典型的"先污染后治理"路径和模式。一方面，是由于废弃物产生量是随经济发展和城市化扩张而增长的，客观上符合人们对环境问题认识的发展顺序；另一方面，从单一的环境视角出发推动废弃物处理，到转变为从环境和资源双重视角出发建立废弃物循环利用体系，既反映了人们对垃圾和废弃物关系的认识变化，更重要的是，建立废弃物循环利用体系是一项系统工程，必须以经济发展和居民支付能力提升为前提基础。我国城市典型废弃物循环利用法制经历了从中央一号文件到部分城市地方立法的过程，虽然从目前能查阅的资料看到立法体系仍然不够完善，但是已经由相关的法律，逐步在推进我国城市典型废弃物循环利用法制的建设，满足我国城市进一步发展和城市化发展的要求。

2. 结合责任分担制和延伸生产者责任制，利益相关者各负其责，相互协作，实施全流程链条式管理。根据相关法令，废弃物处理实行政府和排放企业、个人的责任分担制。除制定一般废弃物处理计划外，政府对区域废弃物负有处理责任，可以设置政令指定一般废弃物处理设施需以直营或委托业者形式处理家庭排放的废弃物，包括收集、运输和中间处理业务等，以许可形式许可业者处理企业系统的一般废弃物。

3. 分门别类，区别对待，有针对性地建立废弃物循环利用体系和处理方法，实现资源效用最大化。一般废弃物和产业废弃物性质不同，循环利用体系自然有所不同。家庭和企业是两类不同的废弃物排放者。在建立废弃物循环利用体系时也必须考虑其差异性，区别对待。考察发现，即使具体到不同种类的废弃物，我国在建立循环利用体系也非常注重针对性。

（二）我国城市典型废弃物循环利用法制建设存在的问题

1. 废弃物分类制度还尚未建立。不仅普通家庭没有意识去设置多个垃圾桶进行分类，超级市场、公共场所将废弃物也没有进行细致的分类。分类不仅体现在废弃物产生环节，还包括排放者的分类投放，环境部门或中间业者的分类回收运输、保管，处理前通常要采用技术或人工手段再进行细致的分选。分类是减量化的重要手段，有助于提高废弃物的资源价值，降低循环利用和处理成本，吸引企业介入。因此，分类既是建立废弃物循环利用体系成功的基础，也是其成功的关键。

2. 资源化还没有深入人心。从"垃圾"概念到"废弃物"概念，反映了社会意识观念的深刻转变，不仅仅是民族素质高低的问题，而是"废弃物是资源"的观念要深入人心。分类是手段，资源化是目的。对分类的强调也反映出对废弃物资源价值的重视。从分类到最终处理，废弃物循环利用体系的每一个环节都应高度重视任何一点儿可利用的资源。填埋是废弃物循环利用的最后一个环节。

3. 环保教育缺失。通过废弃物循环利用，大力推动循环型社会建设，促进废弃物循环利用体系的日趋完善，通过教育强化民众认知，提高民众素养，也是重要的一环。建立废弃物循环利用体系时，恰当、有效地利用了国民对于资源稀缺的心理。这仅是教育的一个侧面。在机场、火车站、宾馆和饭店，应该投放更多关于垃圾分类和废弃物循环利用的宣传材料，餐厅也应该有类似的宣传招贴画，图文并茂，生动形象，以引导、帮助外来者对废弃物合理的分类和投放。学龄儿童从小要在校学习废弃物循环利用知识，通常从小学四年级开始，学校要组织学生到废弃物处理设施参观见习。废弃物处理设施如垃圾焚烧发电厂、填埋场等，同时是重要的教育场所，不仅宣传、教育设施一应俱全，同时还展示小学生写出的见习感想。一些地方还应设有垃圾分类日。通过持续和潜移默化的教育，年轻的一代不仅对废弃物有了正确的认知，也会影响他们的行动，促进废弃物循环利用体系的成功和可持续运作。

4. 没有充分调动市民参与热情。各城市自治体在制定环境相关法律、计划时，或者是在许可建造废弃物处理设施时，都需要邀请市民广泛参与，而不仅仅是征求意见。只有市民参与制定的法律和计划，市民才有意愿遵守和执行，才是具有可操作性法律和计划。根据法律，市民可以申请组成类似于非政府组织的市民自治体，宣传、推广废弃物循环利用知识和家庭简单易行的再利用、资源化方法，或者是直接开展废弃物回收。

5. 废弃物管理理念先后经历了从公共卫生、传染病预防向环境保护，再到环境保护与资源节约利用并重的转变。目前，废弃物循环利用体系尽管强调资源化，但并没有放弃或放松环境保护要求。在某种意义上，资源节约利用促进废弃物排放的减量化，也是环境保护的重要手段。总体上来看，促进资源节约利用和环境保护是开展废弃物循环利用的双重目的。在废弃物循环利用体系中强调环境标准主要有三类手段：一是制定严格的排放标准，包括投放地点环境保护标准和最终处置的排放标准等。废弃物循环利用要平衡其技术经济的合理性，最终必然要产生少量无法利用的垃圾，填埋或向空气、水系统中排放。二是资格许可制。从事废弃物收集、运输、加工处理的企业、设施、重要工具如车辆等，均需向环境部门申请准入资格，获得许可方可投入建设或运营。三是全流程链条式管理。实施不仅便于环境部门可追溯的全过程监管，也便于其落实责任追究机制。

二 对建立和完善我国城市典型废弃物循环利用体系的启示和建议

近年来，尤其是"十一五"期间，我国加大循环经济工作力度，逐步形成了相对完善的社会废弃物回收体系，建立了若干静脉产业园区，促进各类废弃物的资源化，不仅减少了数十亿吨的废弃物排放，还为经济建设提供了40多亿吨的再生资源,对加快发展循环经济、实现节能减排目标、促进"两型"社会建设起到了重要的支撑作用。但当前面临的问题和挑战也很多。一方面,随着我国城镇化扩张,居民收入水平提高不断提升消费水平,城市人均和总的生活废弃物排放量都将呈增加趋势;另一方面,随着经济发展重心日趋转向实现"包容性增长",既要缓解资源、环境对经济增长的约束,也要不断提高人民群众的"幸福指数",营造和维持良好城市环境的愿望更加强烈,加快完善城市典型废弃物循环利用体系的压力空前加大。

第一,厘清城市典型废弃物管理体制。城市废弃物类型多样,由于涉及生产、流通和消费等诸多领域,既有建设部门管理,也有环境部门、环卫部门甚至城管部门在管理,商务、工商、发改委和公安等部门在部分环节也负有管理责任。针对同一种废弃物各城市管理体制不一,同一城市通常也有多个部门在管理。要建立以城市为主体的废弃物循环利用体系,必须结合城市实情,针对不同类型废弃物,厘清管理体制,明确不同管理部门的权责。

第二,坚持立足国情,立足可操作性,加快完善我国现有城市废弃物循环利用体系。学习借鉴不是全盘照搬,必须把国情和可操作性作为建立我国城市废弃物循环利用体系的立足点和出发点。一是要加快试点,在试点基础上出台废弃物循环利用相关法律法规。城乡二元化、区域发展不平衡是我国的基本国情。目前我国尚不具备立即出台统一的典型城市废弃物循环利用法律法规并在全国范围普遍推广实施的条件。制定废弃物循环利用法律法规必须考虑地区、废弃物类型的差异性。目前选择具备一定基础的城市,选择典型废弃物开展试点,在总结经验基础上再制定全国性政策、法律法规的总体思路是恰当的。今后应加快试点,扩大试点面,尽可能覆盖我国东、中、西部不同地区、不同经济发展水平和不同规模城市,鼓励各地探索不同的模式,以便于更好总结经验和规律。二是分区域、分重点、分阶段灵活推广实施。此外,由于城市废弃物类型多样,不同城市环境容量不同,阶段性经济发展任务不同,除废弃物处理标准、环境排放标准和再生产品质量标准等应具有强制性外,其他全国性政策、法律法规应具有一定的弹性,或采用建议标准,给予实施城市适当自主性。今后可按照经济发展水平、人口等条件,选定大中型城市,选择若干种典型废弃物,先易后难,先少后多,分阶段推广实施已出台法律法规。例如,对餐厨废弃物,初期可选择食品加工企业、食品批发和零售企业,以及机关、企事业单位食堂,然后再根据时机扩大到宾馆和大中型饭店等。对包装废弃物,初期可选择纸、塑料(瓶、包装袋)、金属等几种类型,分类不易过细,以降低执行成本。三是在充分尊重现有社会废弃物回收渠道的基础上，探索加快完善废弃物循环利用体系的有效途径和模式。我国现有城市废弃物收集、分类是以农民工为主体的"游击队"与城市建设或环卫部门相互结合的生活垃圾收集队伍，前者收集、分拣具有较高利用价值的废弃物，后者从事居民生活垃圾清运和处理。在劳动力成本较低情况下，无论是从就业还是提高资源利用率角度，这一回收模式都是十分有效的。在此基础上，各地也逐步形成了或大或小的"垃圾产业链"。由于居民或事业单位等废弃物排放者可以从出售废弃物中获得经济收益，短期内我国很难过渡到类似日本的"谁污染、谁付费"模式，在城市就业压力仍很大的情况下，至少在现阶段，建立和完善城市废弃物循环利用体系必须充分考虑现有的社会废弃物回收渠道，以尊重这些弱势群体的生存权和工作权。建议针对不同类型废弃物采取不同措施，对于包装废弃物，逐步推广回收、运输许可制，引导"游击队"联合走向正规经营、企业化经营。对于餐厨废弃物，由于涉及食品安全和加工处理企业的规模化经营，应采用回收、运输特许或许可制，加强排放和回收、运输环节监管，严厉打击非法回收、运输活动。

第三，围绕减量化和资源化，针对典型废弃物循环利用体系的薄弱环节加大工作力度。资源化是推动废弃物循环利用的主要目标之一。我国目前仍处于工业化中期，经济结构具有较强刚性，需求结构以物质产品为主导，经济增长对物质消耗强度高、污染排放强大的产品需求仍处于快速增长阶段。要缓解资源和环境压力，不仅要大力促进废弃物资源化，提高废弃物综合利用率，同时还需要从源头入手，实现生产和生活环节的物质消耗减量化，减少废弃物产生，从而降低废弃物收集、运输、分类处理、再生制造等各个环节的二次资源和能源消耗。因此，今后应围绕减量化和资源化，把补全现有废弃物循环利用体系的薄弱环节作为工作重点。一是要尽快完善资源价格形成机制。加快资源税收体系建设步伐，提高原始资源消耗成本，提升资源节约和废弃物循环利用的比较利益，促进企业降低资源消耗。二是加快制定合适的废弃物分类标准。分类是减量化和资源化的基础性工作。根据国情和各城市具体情况，加快出台包装容器和轮胎分类标准，实现"有法可依"，推动废弃物分类回收、运输。三是加快研究建立延伸生产者责任制度。实施延伸生产者责任制度，既可以促进企业实施生态设计，促进废旧产品的再利用，降低废旧产品资源化成本；同时还可以通过弥补废弃物处理企业收益，引导更多企业提高废弃物资源化技术，并提高再生产品市场竞争力。四是强化废弃物处理市场准入、技术和环境标准。在废弃物综合利用率高的背后，废弃物处理方式简单,产品质量不高,二次污染严重是比较突出的问题。通过强化处理企业的市场准入,处理技术和环境标准,加强处理环境监督,抬高废弃物处理企业进入门槛,促进企业加强技术创新,提高废弃物综合利用水平,减少二次污染。五是着力推动降低城市生活废弃物填埋量。我国各城市生活废弃物最终处理率高,最终填埋量大,填埋场建设环境质量要求高,潜在风险大,不少城市垃圾填埋场还面临剩余年限不足的问题。随着城市生活垃圾热值不断提高,今后应加大力度采取措施,推动在分类基础上,促进生活垃圾的能源化利用,包括建设垃圾焚烧发电厂,推动冶金、水泥建材等企业协同处理等,努力降低填埋量。六是研究财税支持企业进入废弃物循环利用工作。目前我国多数城市都是主要以财政支持生活垃圾回收、处理,对餐厨废弃物处理采用特许方式,对其他废弃物回收、运输、中间处理和资源化利用等企业或经济活动,财税支持形式不一。小的民营企业基本很难获得财税支持。中央财政和税收政策主要支持资源综合利用产品制造和少数开展废弃物回收、加工的试点企业或园区。现阶段我国还难以仅由中央财政给予废弃物处理设施建设、改建资金补助不同,但也应梳理财税支持企业进入废弃物循环利用的环节,降低企业进入的交易成本,并实现不同所有制和不同规模企业的平等国民待遇。七是加快推进废弃物处理设施的合理布局。国内市场是无国界的,废弃物跨界转移基本上是没有任何约束的。目前我国不可能在限制废弃物的跨界处理。静脉产业园不仅有利于监管,也有利于共享环境基础设施,降低废物处理成本。应结合区域经济发展和现有静脉产业园布局,按照生态设计、企业入园的基本方针,合理规划、布局废弃物处理设施,集中发展静脉产业园,避免废弃物处理企业四处布点,遍地开花。

第四,充分调动各地区、各部门、环保组织、废弃物循环利用相关企业和市民参与完善废弃物循环利用体系的积极性。建设废弃物循环利用体系涉及方方面面,由于政治体制不同,发展改革委只能牵头行政性法规和政策制定,任何一个部门也难以独立承担完善废弃物循环利用体系的重任。我国不仅要求市民参与,更离不开各地区、各部门、环保组织和相关企业的大力协作。要改善传统上向市民、环保组织和企业征求意见的参与方式,应从法律法规和政策制定环节就吸收利益相关者参与,积极探索扩大利益相关者参与的途径和方式。对各地区和各部门而言,法律法规和政策执行环节应体现一定的灵活性,以便于调动其创造性和积极性。只有充分调动各方积极性,形成合力,才能共同促成废弃物循环利用体系的完善、高效和可持续发展。

附录

附录一 中央层面有关循环经济法制建设的重要讲话及文件选摘

一 中央层面有关循环经济法制建设的重要讲话

（一）习近平谈循环经济

1. 在中共中央政治局第六次集体学习时的讲话（节录）（2013年5月24日）

决不以牺牲环境为代价去换取一时的经济增长。要以对人民群众、对子孙后代高度负责的态度和责任，真正下决心把环境污染治理好、把生态环境建设好，努力走向社会主义生态文明新时代，为人民创造良好生产生活环境。

推进生态文明建设，必须坚持节约资源和保护环境的基本国策，坚持节约优先、保护优先、自然恢复为主的方针，着力树立生态观念、完善生态制度、维护生态安全、优化生态环境，形成节约资源和保护环境的空间格局、产业结构、生产方式、生活方式。

要正确处理好经济发展同生态环境保护的关系，牢固树立保护生态环境就是保护生产力、改善生态环境就是发展生产力的理念，更加自觉地推动绿色发展、循环发展、低碳发展，决不以牺牲环境为代价去换取一时的经济增长。

国土是生态文明建设的空间载体。要按照人口资源环境相均衡、经济社会生态效益相统一的原则，整体谋划国土空间开发，给自然留下更多修复空间。要划定并严守生态红线，构建科学合理的城镇化推进格局、农业发展格局、生态安全格局，保障国家和区域生态安全，提高生态服务功能。要牢固树立生态红线的观念。在生态环境保护问题上，就是要不能越雷池一步，否则就应该受到惩罚。

节约资源是保护生态环境的根本之策。要推动资源利用方式根本转变，大幅降低能源、水、土地消耗强度，大力发展循环经济，促进生产、流通、消费过程的减量化、再利用、资源化。

要实施重大生态修复工程，增强生态产品生产能力。环境保护和治理要以解决损害群众健康突出环境问题为重点，强化水、大气、土壤等污染防治，着力推进重点流域和区域水污染防治，着力推进重点行业和重点区域大气污染治理。

只有实行最严格的制度、最严密的法治，才能为生态文明建设提供可靠保障。最重要的是要完善经济社会发展考核评价体系，把资源消耗、环境损害、生态效益等体现生态文明建设状况的指标纳入经济社会发展评价体系，使其成为推进生态文明建设的重要导向和约束。要建立责任追究制度，对那些不顾生态环境盲目决策、造成严重后果的人，必须追究其责任，而且应该终身追究。

2. 十八大以来习近平关于经济工作的重要论述（节录）

增长必须是实实在在和没有水分的增长，是有效益、有质量、可持续的增长。经济工作"要以提高经济增长质量和效益为中心"，"增强经济增长的内生活力和动力"。要以科学发展为主题，把推动发展的着力点转到质量和效益上来，下大气力推进绿色发展、循环发展、低碳发展。其中，提高经济发展质量和效益的主线，是推进经济结构战略性调整和经济发展方式转变。"加快推进经济结构战略性调整是大势所趋，刻不容缓。国际竞争历来就是时间和速度的竞争，谁动作快，谁就能抢占先机，掌控制高点和主动权；谁动作慢，谁就会丢失机会，被别人甩在后边。"中央作出我国正处于结构调整阵痛期的重要判断，充分说明了结构调整的紧迫性。

要大力推进产业结构调整，重点是化解产能过剩，推动产业转型升级。要充分利用国际金融危机形成的倒逼机制，积极推进产能过剩行业调整，坚决遏制产能过剩和重复建设。要把使市场在资源配置中起决定性作用和更好发挥政府作用有机结合起来，坚持通过市场竞争实现优胜劣汰。同时，要推动战略性新兴产业发展，支持服务业新型业态和新型产业发展，加快传统产业优化升级，扎实推进产业结构转型。

转变经济发展方式要处理好经济发展同生态环境保护的关系。既要绿水青山，也要金山银山。宁要绿水青山，不要金山银山，而且绿水青山就是金山银山。要牢固树立保护生态环境就是保护生产力、改善生态环境就是发展生产力的理念，更加自觉地推动绿色发展、循环发展、低碳发展，决不以牺牲环境为代价去换取一时的经济增长。

3. 两会期间看望浙江代表时的讲话（节录）（2012年3月6日）

要求浙江继续化压力为动力，加强节能减排、节能降耗。坚持"停劣上优""腾笼换鸟",实现经济社会发展与生态文明建设同步推进。要着眼于不断增强可持续发展能力,全面实施"811"生态文明推进行动,加快循环经济试点省建设,建立节能环保长效机制,加快形成节约能源资源和保护生态环境的产业结构、增长方式和消费模式,着力建设富饶秀美、和谐安康的生态浙江。

4. 习近平在党的十八届一中全会上的讲话(节录)(2012年11月15日)

在前进道路上,一定要坚持以科学发展为主题、以加快转变经济发展方式为主线,切实把推动发展的立足点转到提高质量和效益上来,促进工业化、信息化、城镇化、农业现代化同步发展,全面深化经济体制改革,推进经济结构战略性调整,全面提高开放型经济水平,推动经济持续健康发展。

5. 在全国组织工作会议上发表的重要讲话(节录)(2013年6月28日)

要坚持全面、历史、辩证看干部,注重一贯表现和全部工作。要改进考核方法手段,既看发展又看基础,既看显绩又看潜绩,把民生改善、社会进步、生态效益等指标和实绩作为重要考核内容,再也不能简单以国内生产总值增长率来论英雄了。

6. 在湖南考察时的讲话(节录)(2013年11月3日至5日)

转方式、调结构是我们发展历程必须迈过的坎,要转要调就要把速度控制在合理范围内,否则资源、资金、市场等各种关系都绷得很紧,就转不过来、调不过来。各级都要追求实实在在、没有水分的生产总值,追求有效益、有质量、可持续的经济发展。

7. 在考察格林美武汉分公司时的讲话(节录)(2013年7月22日)

变废为宝、循环利用是朝阳产业。垃圾是放错位置的资源,把垃圾资源化,化腐朽为神奇,是一门艺术。

8. 在海南省博鳌同出席博鳌亚洲论坛2013年年会的中外企业家代表座谈时讲话(2013年4月8日)

中国发展形势总的来说是好的。中国在今后相当长时期仍处于发展上升期,工业化、信息化、城镇化、农业现代化带来巨大国内市场空间,社会生产力基础雄厚,生产要素综合优势明显,体制机制不断完善。我们确定了"两个一百年"的奋斗目标,提出了实现中华民族伟大复兴的中国梦,实现这些目标必将给中国经济源源不断注入新的活力和动力。经过我们努力,经济增速完全有可能继续保持较高水平。中国将把推动发展的着力点转到提高质量和效益上来，下大气力推进绿色发展、循环发展、低碳发展。

9. 在参加十二届全国人大二次会议贵州代表团审议时的讲话（节录）（2014年3月7日）

要创新发展思路，发挥后发优势。正确处理好生态环境保护和发展的关系，是实现可持续发展的内在要求，也是推进现代化建设的重大原则。绿水青山和金山银山决不是对立的，关键在人，关键在思路。保护生态环境就是保护生产力，改善生态环境就是发展生产力。让绿水青山充分发挥经济社会效益，不是要把它破坏了，而是要把它保护得更好。要树立正确发展思路，因地制宜选择好发展产业，切实做到经济效益、社会效益、生态效益同步提升，实现百姓富、生态美有机统一。要扎实推进扶贫开发工作，把扶贫开发工作抓紧抓紧再抓紧、做实做实再做实，真正使贫困地区群众不断得到真实惠。

（二）李克强谈循环经济

1. 2014年夏季达沃斯世界经济论坛讲话（2014年9月10日）

中国经济还处在发展中的阶段，但环境资源的矛盾已经十分突出，必须加大节能环保的力度，应对气候变化，既是中国作为一个负责任大国应尽的义务，也是自身发展的迫切需要。可以说，这也是从中国根本利益出发的。必须加强生态文明建设，发展绿色产业，并认真履行相应的国际责任，中国正在研究到2030年前后，中国控制温室气体排放的行动目标。这其中包括二氧化碳的排放峰值、碳排放强度比例的下降值、非化石能源比重的上升值，中国推进绿色、循环、低碳发展，不仅有决心而且有能力，中国将紧紧地依靠科技创新进行艰苦卓绝、持续不断地努力来加大环境治理的力度，发展节能环保产业的速度，着力完成节能减排的任务，与世界各国一道应对气候变化，并采取实实在在的行动。

2. 十二届全国人大三次会议开幕作的政府工作报告（2015年3月5日）

打好节能减排和环境治理攻坚战。环境污染是民生之患、民心之痛，要铁腕治理。今年，二氧化碳排放强度要降低3.1%以上，化学需氧量、氨氮排放都要减少2%左右，二氧化硫、氮氧化物排放要分别减少3%左右和5%左右。深入实施大气污染防治行动计划，实行区域联防联控，推动燃煤电厂超低排放改造，促进重点区域煤炭消费零增长。推广新能源汽车，治理机动车尾气，提高油品标准和质量，在重点区域内重点城市全面供应国五标准车用汽柴油。2005年底前注册营运的黄标车要全部淘汰。积极应对气候变化，扩大碳排放权交易试点。

实施水污染防治行动计划，加强江河湖海水污染、水污染源和农业面源污染治理，实行从水源地到水龙头全过程监管。推行环境污染第三方治理。做好环保税立法工作。我们一定要严格环境执法，对偷排偷放者出重拳，让其付出沉重的代价；对姑息纵容者严问责，使其受到应有的处罚。

能源生产和消费革命，关乎发展与民生。要大力发展风电、光伏发电、生物质能，积极发展水电，安全发展核电，开发利用页岩气、煤层气。控制能源消费总量，加强工业、交通、建筑等重点领域节能。积极发展循环经济，大力推进工业废物和生活垃圾资源化利用。我国节能环保市场潜力巨大，要把节能环保产业打造成新兴的支柱产业。

森林草原、江河湿地是大自然赐予人类的绿色财富，必须倍加珍惜。要推进重大生态工程建设，拓展重点生态功能区，办好生态文明先行示范区，开展国土江河综合整治试点，扩大流域上下游横向补偿机制试点，保护好三江源。扩大天然林保护范围，有序停止天然林商业性采伐。今年新增退耕还林还草1000万亩，造林9000万亩。生态环保贵在行动、成在坚持，我们必须紧抓不松劲，一定要实现蓝天常在、绿水长流、永续发展。

3. 中央经济工作会议（节录）（2014年12月9日至11日）

从资源环境约束看，过去能源资源和生态环境空间相对较大，现在环境承载能力已经达到或接近上限，必须顺应人民群众对良好生态环境的期待，推动形成绿色低碳循环发展新方式。

4. 十二届全国人大三次会议记者会答记者问（节录）（2015年3月15日）

政府在治理雾霾等环境污染方面，决心是坚定的，也下了很大的气力，但取得的成效和人们的期待还有比较大的差距。要向雾霾等污染宣战，不达目的决不停战。治理要抓住关键，今年的要害就是要严格执行新出台的《环境保护法》。对违法、违规排放的企业，不论是什么样的企业，坚决依法追究，甚至要让那些偷排、偷放的企业承受付不起的代价。对环保执法部门要加大支持力度，包括能力建设，不允许有对执法的干扰和法外施权。环保等执法部门也要敢于担当，承担责任。对工作不到位、工作不力的也要问责，渎职失职的要依法追究，环保法的执行不是棉花棒，是撒手锏。

我看到媒体报道，治理是一个系统工程。我前天看到有个别媒体报道，说今年《政府工作报告》关于雾霾等环境污染治理的表述放在比较靠后的位置。我想说明，今年报告有很大的变化，就是我们把节能减排的指标和主要经济社会发展指标排列在一起，放在了很靠前的位置。报告里从调结构到提高油品生产和使用的质量等，都和治理雾霾等环境污染相关联，这是一个需要全社会人人有责的治理行动。当然，治理要有个过程，如果说人一时难以改变自己所处的自然环境，但是可以改变自己的行为方式。

5. 在参加十二届全国人大二次会议和全国政协十二届二次会议青海代表团审议时的讲话（节录）（2015年3月6日）

青海地处西部高原，经济发展和生态保护要"双轮驱动"。要更加重视保护三江源等地区生态环境，发展循环经济，在生态文明建设上"先行快跑"。合理有序勘探和开发资源，加快发展特色优势产业，加强交通等重大基础设施建设。加大投入，支持打好扶贫开发攻坚战。使各族群众在改革发展中得实惠，让"大美青海"越来越美。

6. 在参加十二届全国人大二次会议云南代表团审议时的讲话（节录）（2014年3月7日）

云南区位优势独特。要大力支持云南以开放促开发、促发展，推进体制机制改革创新，促进投资贸易便利化，加快建设面向西南开放的"桥头堡"，为我国与东南亚等周边地区深化经济合作当好"排头兵"。云南生态环境基础较好，产业发展要围绕"绿色"做文章，突出在发展中保护，在保护中发展，把特色产业做强做优。

7. 在参加十二届全国人大二次会议山西代表团审议时的讲话（节录）（2014年3月7日）

山西是重要的能源资源基地，要勇于探索，敢闯敢试，在经济提质增效升级上创造新经验。一要以加快改革为动力，推动经济转型。用好国家资源型经济转型综合配套改革试验区这个平台，促进经济结构"由重转轻"、发展方式"由粗转精"，推动民营经济多元化发展。二要以特色产业为依托，打造发展新优势。发挥好资源禀赋，大力发展清洁能源，努力在煤炭清洁利用技术上有突破。提高非煤产业比重，做大做强文化旅游等服务业，培育新兴优势产业。

（三）张高丽谈循环经济

1. 京津冀协同发展领导小组第三次会议讲话（节录）（2014年9月4日）

要深化研究论证京津冀区域和三省市功能定位，科学合理确定在国家和区域发展大局中的"角色"和"职责"，合理分工，优化配置，并和环渤海地区发展协调衔接。要加快实施交通、生态、产业三个重点领域率先突破，着力推动网络化布局、智能化管理、一体化服务，构建安全可靠、便捷高效、经济实用、绿色环保的综合交通运输体系；着力推进绿色循环低碳发展,加强生态环境保护,发挥重点治理工程带动作用,节约利用资源,形成区域良好生态格局;着力实施创新驱动发展战略,促进产业有序转移承接,推动产业结构调整优化升级。要尽快完善协同发展规划总体思路框架,为编制总体规划奠定坚实基础。

2. 中国环境科学研究院和中国环境监测总站调研讲话(节录)(2014年6月5日)

要坚持环境保护基本国策,坚持保护优先,在保护中发展,在发展中保护,以对人民群众、对子孙后代高度负责的态度,科学系统谋划推动环保工作,坚决向污染宣战,下决心把环境污染治理好、把生态环境建设好,推进生产方式、生活方式和消费模式的绿色转型。

3. 在参加十二届全国人大二次会议宁夏代表团审议时的讲话(节录)(2014年3月7日)

宁夏在我国西部大开发中具有重要战略地位,要按照习近平总书记系列重要讲话精神和李克强总理报告要求,坚持稳中求进、改革创新,扎实做好今年各项工作。要深入实施西部大开发战略,抓住建设丝绸之路经济带的历史性机遇,高起点、高标准培育壮大特色优势产业,在承接产业转移中提质增效,形成新的经济增长点。要正确处理经济发展与环境保护的关系,推进重大生态工程建设,严守生态保护红线,走绿色循环低碳发展之路。要大力保障和改善民生,深入开展扶贫攻坚,帮助困难群众加快脱贫致富。

(四)张德江谈循环经济

中国共产党重庆市第四次代表大会讲话(节录)(2012年6月)

统筹城乡生态环境保护和建设,构建长江上游重要生态屏障。始终把生态环境保护和建设作为长期战略任务。加强库区水环境保护和消落区治理,搞好天然林保护和沿江防护林建设,加强地质灾害防治,努力实现"一江碧水、两岸青山"。因地制宜搞好城乡绿化。实施石漠化综合治理、小流域综合治理、水土保持等生态环境工程,搞好工矿采空沉陷区生态恢复重建。按照资源节约、环境友好的要求,淘汰落后产能,加强节能减排,严格防治工业污染,积极建设低碳经济、循环经济示范区。强化次级河流污染治理,搞好城乡污水、垃圾无公害化处理,加强农村面源污染综合治理,努力实现绿色发展。

(五)俞正声谈循环经济

会见芬兰议长海内卢奥马时的讲话(节录)(2014年6月13日)

近年来,中芬两国关系发展势头强劲。双方在经贸、教育、科技和文化等领域的合作成果丰硕。中方愿进一步加强与芬兰在环境保护、发展绿色经济、绿色能源、北极保护等领域合作，共同构建和推进两国面向未来的新型合作伙伴关系。

二　重要文件选摘

（一）《国家发展改革委贯彻落实主体功能区战略推进主体功能区建设若干政策的意见》（节录）

制定实施主体功能区配套政策，要按照党的十八大精神和部署，坚持以科学发展观为指导，加快实施主体功能区战略，围绕推进主体功能区建设这一战略任务，分类调控，突出重点，在发挥市场机制作用的基础上，充分发挥政策导向作用，引导资源要素按照主体功能区优化配置，为主体功能区建设创造良好的政策环境，着力构建科学合理的城市化格局、农业发展格局和生态安全格局，促进城乡、区域以及人口、经济、资源环境协调发展。

加大节能减排的监管力度，强化单位国内生产总值能耗和二氧化碳排放降低等指标的约束性作用，减少经济增长的资源消耗和环境损害，提高经济增长的质量和效益。加快完善城镇污水、垃圾处理等环境基础设施。适当控制新建火电项目，稳步发展沿海核电项目。积极开展适应气候变化工作，提升城市综合适应能力。

合理控制开发强度，避免盲目开发、无序开发。鼓励按照产城融合、循环经济和低碳经济的要求改造开发区，限制大规模、单一工业园区的布局模式，支持开展园区循环化改造以及低碳园区、低碳城市和低碳社区建设，防止工业、生活污染向限制开发、禁止开发区域扩散。

从保障国家粮食安全和重要农产品供给的大局出发，加大强农惠农富农政策力度，鼓励限制开发的农产品主产区加强耕地保护，稳定粮食生产，发展现代农业，构建循环型农业体系，增强农业综合生产能力，加大社会主义新农村建设投入力度。

（二）国务院印发《能源发展战略行动计划（2014—2020年）》（节录）

能源是现代化的基础和动力。能源供应和安全事关我国现代化建设全局。当前，世界政治、经济格局深刻调整，能源供求关系深刻变化，我国能源资源约束日益加剧，能源发展面临一系列新问题新挑战。要坚持"节约、清洁、安全"的战略方针，重点实施节约优先、立足国内、绿色低碳和创新驱动四大战略，加快构建清洁、高效、安全、可持续的现代能源体系。到2020年，基本形成统一开放竞争有序的现代能源市场体系。

明确了我国能源发展的五项战略任务。一是增强能源自主保障能力。推进煤炭清洁高效开发利用，稳步提高国内石油产量，大力发展天然气，积极发展能源替代，加强储备应急能力建设。二是推进能源消费革命。严格控制能源消费过快增长，着力实施能效提升计划，推动城乡用能方式变革。三是优化能源结构。降低煤炭消费比重，提高天然气消费比重，安全发展核电，大力发展可再生能源。四是拓展能源国际合作。深化国际能源双边多边合作，建立区域性能源交易市场，积极参与全球能源治理。五是推进能源科技创新。明确能源科技创新战略方向和重点，抓好重大科技专项，依托重大工程带动自主创新，加快能源科技创新体系建设。

(三)《国务院关于加快发展节能环保产业的意见》(节录)

资源环境制约是当前我国经济社会发展面临的突出矛盾。解决节能环保问题，是扩内需、稳增长、调结构，打造中国经济升级版的一项重要而紧迫的任务。加快发展节能环保产业，对拉动投资和消费，形成新的经济增长点，推动产业升级和发展方式转变，促进节能减排和民生改善，实现经济可持续发展和确保2020年全面建成小康社会，具有十分重要的意义。

提升再制造技术装备水平。提升再制造产业创新能力，推广纳米电刷镀、激光熔覆成形等产品再制造技术。研发无损拆解、表面预处理、零部件疲劳剩余寿命评估等再制造技术装备。重点支持建立10—15个国家级再制造产业聚集区和一批重大示范项目，大幅度提高基于表面工程技术的装备应用率。

建设"城市矿产"示范基地。推动再生资源清洁化回收、规模化利用和产业化发展。推广大型废钢破碎剪切、报废汽车和废旧电器破碎分选等技术。提高稀贵金属精细分离提纯、塑料改性和混合废塑料高效分拣、废电池全组分回收利用等装备水平。支持建设50个"城市矿产"示范基地，加快再生资源回收体系建设，形成再生资源加工利用能力8000万吨以上。

深化废弃物综合利用。推动资源综合利用示范基地建设，鼓励产业聚集，培育龙头企业。积极发展尾矿提取有价元素、煤矸石生产超细纤维等高值化利用关键共性技术及成套装备。开发利用产业废物生产新型建材等大型化、精细化、成套化技术装备。加大废旧电池、荧光灯回收利用技术研发。支持大宗固体废物综合利用，提高资源综合利用产品的技术含量和附加值。推动粮棉主产区秸秆综合利用。加快建设餐厨废弃物无害化处理和资源化利用设施。

(四)《国务院关于深化预算管理制度改革的决定》(节录)

优化财政支出结构。对重点支出根据推进改革的需要和确需保障的内容统筹安排，优先保障，不再采取先确定支出总额再安排具体项目的办法。结合税费制度改革，完善相关法律法规，逐步取消城市维护建设税、排污费、探矿权和采矿权价款、矿产资源补偿费等专款专用的规定，统筹安排这些领域的经费。统一预算分配，逐步将所有预算资金纳入财政部门统一分配。在此之前，负责资金分配的部门要按规定将资金具体安排情况及时报财政部门。

附录二 中央出台的循环经济相关法律法规与政策

一 法律（1篇）

序号	文件名称	文号	发布日期	实施日期	现行有效
1	中华人民共和国循环经济促进法	主席令第××号	2008.08.29	2009.01.01	现行有效

二 行政法规（3篇）

序号	文件名称	文号	发布日期	实施日期	现行有效
1	国务院关于印发循环经济发展战略及近期行动计划的通知	国发〔2013〕××号	2013.01.23	2013.01.23	现行有效
2	国务院关于同意建立发展循环经济工作部际联席会议制度的批复	国函〔2006〕××号	2006.01.27	2006.01.27	现行有效
3	国务院关于加快发展循环经济的若干意见	国发〔2005〕××号	2005.07.02	2005.07.02	现行有效

三 部门规章（44篇）

序号	文件名称	文号	发布日期	实施日期	现行有效
1	国家标准委、国家发展改革委关于山东泓达生物科技有限公司等37家单位开展国家循环经济标准化试点的通知	国标委工一联〔2014〕××号	2014.12.30	2014.12.30	现行有效
2	国家发展和改革委员会、环境保护部、科学技术部、工业和信息化部、财政部、商务部、国家统计局公告2014年第19号——通过验收的国家循环经济试点示范单位名单（第一批）	2014年第××号	2014.11.05	2014.11.05	现行有效

续表

序号	文件名称	文号	发布日期	实施日期	现行有效
3	环境保护部关于中国神华陶氏榆林循环经济煤炭综合利用项目环境影响报告书的批复	环审〔2014〕××号	2014.05.3	2014.05.30	现行有效
4	环境保护部关于首钢贵阳特殊钢有限责任公司实施城市钢厂搬迁建设新特材料循环经济工业基地项目环境影响报告书的批复	环审〔2014〕××号	2014.05.30	2014.05.30	现行有效
5	国家标准委办公室关于印发《2014年国家循环经济标准化试点项目申报指南》的通知		2014.04.08	2014.04.08	现行有效
6	国家发展改革委关于组织开展循环经济示范城市（县）创建工作的通知	发改环资〔2013〕××号	2013.09.04	2013.09.04	现行有效
7	国家发展改革委、环境保护部、科学技术部等关于组织开展国家循环经济示范试点单位验收工作的通知	发改环资〔2013〕××号	2013.07.30		现行有效
8	国家发展和改革委员会办公厅、财政部办公厅、教育部办公厅、国家旅游局办公室关于印发循环经济发展专项资金支持国家循环经济教育示范基地建设实施方案的通知	发改办环资〔2013〕××号	2013.04.03	2013.04.03	现行有效
9	国家发展和改革委员会关于发布"全国循环经济工作先进单位标志牌"式样的通告		2013.02.16	2013.02.16	现行有效
10	国家发展改革委关于表彰全国循环经济工作先进单位的通报	发改环资〔2012〕××号	2012.10.09	2013.02.16	现行有效
11	财政部、国家发展改革委关于印发《循环经济发展专项资金管理暂行办法》的通知	财建〔2012〕××号	2012.07.20	2012.09.01	现行有效
12	国家发展改革委办公厅、教育部办公厅、财政部办公厅、旅游局办公室关于印发国家循环经济教育示范基地有关申报管理规定的通知	发改办环资〔2012〕××号	2012.06.27	2012.06.27	现行有效

续表

序号	文件名称	文号	发布日期	实施日期	现行有效
13	国家发展改革委、环境保护部、科技部、工业和信息化部公告2012年第13号——国家鼓励的循环经济技术、工艺和设备名录（第一批）	国家发展改革委、环境保护部、科技部、工业和信息化部公告2012年第××号	2012.06.01	2012.06.01	现行有效
14	国家标准化管理委员会、国家发展和改革委员会关于山东泉林纸业有限责任公司等11家单位开展国家循环经济标准化试点工作的通知	国标委工一联〔2012〕××号	2012.04.20	2012.04.20	现行有效
15	国家发展改革委、教育部、财政部、国家旅游局关于确定北京德青源农业科技股份有限公司等9家单位为首批国家循环经济教育示范基地的复函	工信厅节〔2012〕××号	2012.03.22	2012.03.22	现行有效
16	国家发展改革委、教育部、财政部、国家旅游局关于确定北京德青源农业科技股份有限公司等9家单位为首批国家循环经济教育示范基地的复函	发改环资〔2012〕××号	2012.02.17	2012.02.17	现行有效
17	国家发展改革委办公厅关于举办第二届中国国际循环经济成果交易博览会的通知	发改办环资〔2012〕××号	2011.12.21	2012.01.31	现行有效
18	国家发展改革委办公厅关于请组织推荐全国循环经济工作先进单位的通知	发改办环资〔2011〕××号	2011.12.21	2011.12.21	现行有效
19	国家发展改革委办公厅、教育部办公厅、财政部办公厅、国家旅游局办公室关于组织开展循环经济教育示范基地建设的通知	发改办环资〔2011〕××号	2011.06.29	2011.06.29	现行有效
20	国家发展改革委办公厅、财政部办公厅关于印发循环经济发展专项资金支持餐厨废弃物资源化利用和无害化处理试点城市建设实施方案的通知	发改办环资〔2011〕××号	2011.05.17	2011.05.17	现行有效

续表

序号	文件名称	文号	发布日期	实施日期	现行有效
21	国家标准化管理委员会关于同意巨化集团公司等6家单位开展国家循环经济标准化试点工作的批复	国标委工一联〔2011〕××号	2011.03.02	2011.03.02	现行有效
22	国家标准化管理委员会关于印发《国家循环经济标准化试点考核评估方案（试行）》的通知	国标委工一联〔2011〕12	2011.03.02	2011.03.02	现行有效
23	工业和信息化部关于组织推荐工业循环经济重大技术示范工程的通知	工信厅节函〔2011〕××号	2011.01.14	2011.01.14	现行有效
24	国家发展和改革委员会办公厅关于印发《循环经济发展规划编制指南》的通知	发改办环资〔2010〕××号	2010.12.31	2010.12.31	现行有效
25	国家标准化管理委员会关于同意太原、长治、晋城、运城四个城市开展循环经济标准化试点工作的批复	国标委工一联〔2010〕××号	2010.06.23	2010.06.23	现行有效
26	国家发展改革委、人民银行、银监会、证监会关于支持循环经济发展的投融资政策措施意见的通知	发改环资〔2010〕××号	2010.04.19	2010.04.19	现行有效
27	国家标准化管理委员会关于印发《循环经济标准化试点工作指导意见》的通知	国标委工一联〔2009〕××号	2009.06.29	2009.06.29	现行有效
28	国家发展改革委办公厅、中国工程院办公厅关于开展循环经济专家行活动的通知	发改办环资〔2009〕××号	2009.04.20	2009.04.20	现行有效
29	环境保护部公告2009年第12号——关于发布《钢铁工业发展循环经济环境保护导则》等两项国家环境保护标准的公告	环境保护部公告2009年第××号	2009.03.14	2009.07.01	现行有效
30	国家标准化管理委员会关于同意江苏福昌环保科技集团有限公司和江苏昆山协孚人革制品集团有限公司承担循环经济标准化试点工作的批复	国标委工一〔2008〕××号	2008.12.15	2008.12.15	现行有效

续表

序号	文件名称	文号	发布日期	实施日期	现行有效
31	国家发展改革委办公厅、全国人大环资委办公室、环境保护部办公厅关于举办学习《循环经济促进法》电视大赛的函	发改办环资〔2008〕2542号	2008.11.07	2008.11.07	现行有效
32	国家发展改革委办公厅关于组织参观循环经济博览会并参加"中日循环型城市论坛"的通知	发改办环资〔2008〕××号	2008.10.06	2008.10.06	现行有效
33	国家标准化管理委员会关于同意南京钢铁联合有限公司承担循环经济标准化试点工作的批复	国标委工一〔2008〕××号	2008.09.10	2008.09.10	现行有效
34	国家标准化管理委员会关于同意江苏春兴合金（集团）有限公司承担循环经济标准化试点工作的批复	国标委工一〔2008〕××号	2008.09.10	2008.09.10	现行有效
35	国家发展改革委办公厅关于请组织实施循环经济高技术产业重大专项的通知	发改办高技〔2007〕××号	2007.09.21	2007.09.21	现行有效
36	国家发展和改革委员会办公厅关于印发循环经济试点实施方案编制要求的通知	发改办环资〔2005〕××号	2005.11.14	2005.11.14	现行有效
37	国家发展和改革委员会、国家环境保护总局、科学技术部等关于组织开展循环经济试点（第一批）工作的通知	发改环资〔2005〕××号	2005.10.27	2005.10.27	现行有效
38	国家环境保护总局关于印发《国家环保总局关于推进循环经济发展的指导意见》的通知	环发〔2005〕××号	2005.10.10	2005.10.10	现行有效
39	卫生部关于北京经济技术开发区天然气联合循环热电厂工程项目职业病危害预评价报告的批复		2005.06.09	2005.06.09	现行有效
40	国家环境保护总局关于同意日照市创建国家循环经济示范市的复函	环函〔2004〕××号	2004.11.22	2004.11.22	现行有效
41	循环经济示范区申报、命名和管理规定（试行）	环发〔2003〕××号	2003.12.31	2003.12.31	现行有效

续表

序号	文件名称	文号	发布日期	实施日期	现行有效
42	国家环境保护总局关于同意辽宁省列为全国循环经济建设试点省的复函	环函〔2002〕××号	2002.05.31	2002.05.31	现行有效
43	国家环境保护总局关于贵阳市人民政府请求将贵阳市作为我国建设循环经济生态城市试点的复	环函〔2002〕××号	2002.05.11	2002.05.11	现行有效
44	铝工业发展循环经济环境保护导则			2009.07.01	现行有效

附录三 甘肃省循环经济与可持续发展法制研究中心简介

甘肃省循环经济与可持续发展法制研究中心，是由甘肃省教育厅批准的省级人文社会科学重点研究基地，是我国国内唯一一个专门研究循环经济法制研究中心，属于甘肃政法学院跨学院、跨学科综合性研究机构。中心主任由甘肃政法学院校长李玉基教授担任，副主任民商经济法学院俞金香副教授负责日常工作。中心主要从法学角度从事循环经济与可持续发展相关领域问题的学术研究和政策研究。

中心研究团队由专兼职研究人员组成，现有专兼职研究人员30人，其中兼职研究员10人，专职研究员20人。其中，教授8人，副教授15人，讲师7人，博士学历16人，目前兼职教授与客座教授共计6人。

中心的主要研究领域包括：循环经济法制建设，环境资源法制建设，区域生态法制建设，生态金融法制建设等。其中，循环经济法制建设是近年来国内前沿的研究领域，也是中心的重点研究方向，研究实力雄厚，在国内享有较高的知名度。

中心的研究工作所有力地促进了学科建设与发展，具体负责甘肃政法学院重点学科"循环经济法学"的建设，取得明显成效。中心研究人员除与博士、研究生和客座访问学者一起开展科研项目之外，还承担甘肃政法学院研究生院硕士研究生的培养和教学工作。中心面向社会长期招聘可做和兼职研究人员，接受访问学者。中心部分研究成果为甘肃省及国家循环经济与可持续发展、气候变化及其应对、环境保护及自然资源利用、生态金融等相关法制和政策问题提供咨询。为服务于我国的可持续发展战略实施，中心还选取部分案例，与一些地方、非政府机构或企业建立了良好的合作关系。

中心重视通过举办研讨会、论坛等学术交流活动，开展对外学术交流与国际合作。自2013年中心成立以后，积极主办和协调组织、参与各类学术活动，每年选派2—3名研究人员进修访学、出国（境）交流。每年选派5名左右的研究人员参加国内本专业学术会议。每年组织开展至少10次学术报告、学术论坛等学术交流活动。通过多种途径，建立了中心与高校法学院系、研究机构、法律实务部门和社会的交流互动，使中心成为学校开展学术交流的重要窗口和平台。

中心积极承担各级人大、政府、司法部门、企事业单位的委托研究课题，吸收市级部门工作人员参加课题组开展合作研究，聘请实际部门工作人员为基地专兼职研究人员。参与地方循环经济立法，为区域可持续发展法制建设和经济社会发展提供智力支持，使研究基地成为学校服务社会的思想库和咨询服务基地。

中心通过建立研究人员聘任制度和内部分配制度的改革，形成机构开放、人员流动、内外联合、竞争创新的运行机制。以项目合同促科研产出，搭建联系相关学科的研究平台，打破院系与学科之间的封闭建设状况，与学科建设互相支撑、互相促进，在科研体制改革方面发挥了示范作用。

中心为了加强研究成果的宣传和扩散，建有专门网站，及时反映中心学术活动动态，展示最新研究成果。中心不定期编印《循环经济政策与法制研究快讯》和系列研究报告和工作论文。

联系方式：
段老师 E-mail：363796745@qq.com
网址：http//fzyj.gsli.edu.cn
通讯地址：甘肃省兰州市安宁西路6号甘肃政法学院

附录四　甘肃省循环经济与可持续发展法制研究中心 2014 年重大工作事项

一　制定中心规章

经过中心会议讨论、研究，制定出中心发展的相关规章。包括：《甘肃省循环经济与可持续发展法制研究中心管理办法》《甘肃省循环经济与可持续发展法制研究中心财务管理办法》《甘肃省循环经济与可持续发展法制研究中心成果管理办法》《甘肃省循环经济与可持续发展法制研究中心人员聘任暂行办法》《甘肃省循环经济与可持续发展法制研究中心日常管理办法》等。

二　召开甘肃省循环经济与可持续发展法制理论座谈会

2014 年 12 月 13 日下午，由甘肃政法学院"甘肃省循环经济与可持续发展法制研究中心"主办、民商经济法学院协办的"循环经济与可持续发展法制理论"座谈会在办公楼第一会议室举行。座谈会由甘肃政法学院副校长、甘肃省循环经济与可持续发展法制研究中心主任李玉基教授主持。中国社会科学院数量经济与技术经济研究所副所长齐建国研究员、兰州大学资环学院陈兴鹏教授、兰州大学法学院俞树毅教授、兰州大学经济学院副院长汪晓文教授、兰州大学管理学院赵润娣博士、甘肃正天合律师事务所史于稚律师，以及甘肃政策法学院科研处、民商经济法学院、法学院、学术期刊部等部门主要负责人及中心相关教师出席了座谈会。

座谈会的主题一是甘肃省循环经济与可持续发展法制研究中心建设思路征集，二是对依法治国与促进循环经济发展理论问题的探讨。甘肃省循环经济与可持续发展法制研究中心执行副主任苟金香副教授首先介绍了中心的基本情况及初步建设思路，希望专家学者能够建言献策。与会专家学者从理论研究中心、智库功能发挥、社会服务责任、数据库建设等多个方面对于中心下一步的工作思路提出了中肯、务实的见解和建议，并针对中国循环经济发展的现状及甘肃省建设循环经济示范省的基本背景，从经济学结合法学、理论结合实务、宏观结合微观的角度，深入探讨了依法治国促进循环经济发展的若干理论问题。

三　聘任中心研究员

2014年12月13日，由甘肃政法学院副校长、甘肃省循环经济与可持续发展法制研究中心主任李玉基教授代表甘肃政法学院宣布聘任中国社会科学院齐建国研究员、兰州大学陈兴鹏教授为甘肃政法学院客座教授。希望客座教授能够积极发挥引领、指导作用，为中心的建设多做贡献，也希望今后能够有更多这样高层次的座谈机会，与校内外各位专家学者更好地进行交流。

四　举办中心首场学术讲座

2014年12月13日上午9时，应甘肃省循环经济与可持续发展法制研究中心邀请，中国社会科学院数量经济与技术经济研究所副所长、中国循环经济研究中心主任齐建国研究员莅临甘肃政法学院，作题为"中国的循环经济"的学术讲座。讲座由中心执行副主任俞金香副教授主持，兰州大学资环学院陈兴鹏教授、经济学院副院长汪晓文教授、法学院俞树毅教授、甘肃政法学院民商经济法学院院长刘晓霞教授和科研处副处长牛君副教授做点评嘉宾。中心及民商经济法学院、法学院部分教师、本科生、研究生参加了讲座。

讲座中，齐建国教授从"什么是循环经济"切入，解读了我国循环经济促进法对"循环经济"的定义。立足于中华民族伟大复兴的历史背景，分析了中国现代化发展的阶段特征：1990年以前是资源导向阶段，1990—2000年间是环境导向的污染治理阶段，2000—2004间污染普遍情况下中央政府意识觉醒阶段，2004年至今为科学发展观引导下的循环经济发展全面推进新阶段。指出中国的循环经济特点如下：低成本劳动力与有价废弃物高度回收；低环境成本与二次污染并存；企业内部循环为基础。齐研究员进一步指出中国的循环经济发展模式演变包含如下内容：从废弃物综合利用向生产模式和产业组织结构优化转变；从粗放循环利用向高值化集约利用转变；从线性模式向网状模式转变；从增量循环向存量改造与增量循环相结合的集成化循环发展；从主要重视工业循环经济向各产业循环经济协同发展；循环经济产业组织结构：跨产业、跨企业联合体等。最后对生产者责任延伸促进循环经济发展进行了深入剖析。

后　记

　　环境资源与经济的协调发展已经成为科学发展观的核心要义。循环经济代表着从环境治理到绿色增长的一个变革趋势，应该成为一种普适经济模式。法制的核心是通过权利义务的设定调整法律关系主体间的利益关系，进而实现法治秩序的形成。循环经济能否在法制的保障下稳步推进，成为循环经济究竟是"昙花一现"还是"常青树"的根本标准。而公民是否能够从发展循环经济中受益并获得福利增长，进而实现更自由而全面的发展，更是对循环经济法制建设提出的挑战。本年度报告由甘肃省循环经济与可持续发展法制研究中心发布，旨在以发布年度报告的方式，从法制的视角观察和记录我国循环经济的发展历程。

　　本报告是甘肃省循环经济与可持续发展法制研究中心研究员集体智慧的结晶。报告的基本构思和编写大纲由李玉基确定，并在李玉基的指导下完成全部书稿。总报告第一篇由俞金香撰写，第二篇由罗艺撰写，第三篇由谢静撰写。分报告一第一篇第1章由卢凡撰写，第2章由范兴嘉撰写，第二篇由盛玉华撰写，第三篇由张博撰写，第四篇由韩敏撰写；分报告二第一篇由俞金香整理，第二篇由鲁冰清整理撰写，第三篇第1章和第2章由史于稚撰写，第3章和第4章由张庆霞撰写，附录由马莉整理撰写，全书由俞金香统稿。

　　《中国循环经济政策与法制发展报告2016》正在紧张地撰写中，也即将由中国社会科学出版社出版，希望在各位读者关注的目光里，关注可持续命题——循环经济——的本报告能够"可持续出版"。

2015年10月